「　谨此，感谢中国拥军优属基金会
对双拥事业的关心和厚爱　」

记录
双拥晚会

涂国政　史维勤　主编
中国拥军优属基金会　编

中国社会出版社
国家一级出版社·全国百佳图书出版单位

图书在版编目 (CIP) 数据

记录：双拥晚会 / 涂国政，史维勤主编；中国拥军优属基金会编 .-- 北京：中国社会出版社，2018.1

ISBN 978 - 7 - 5087 - 5925 - 8

Ⅰ. ①记… Ⅱ. ①涂… ②史… ③中… Ⅲ. ①军民关系—晚会—中国 Ⅳ. ① E225

中国版本图书馆 CIP 数据核字 (2018) 第 054361 号

书　　名：记录：双拥晚会
主　　编：涂国政　史维勤
编　　者：中国拥军优属基金会

出 版 人：浦善新
终 审 人：尤永弘
责任编辑：李冬雁

出版发行：中国社会出版社　**邮政编码**：100032
通联方式：北京市西城区二龙路甲 33 号
电　　话：编辑室：（010）58124823
销售部：（010）58124825
传　真：（010）58124822
网　　址：www. shcbs. com. cn
shcbs. mca. gov. cn
经　　销：各地新华书店

中国社会出版社天猫旗舰店

印刷装订：中国电影出版社印刷厂
开　　本：170mm × 240mm　1/16
印　　张：20.25
字　　数：400 千字
版　　次：2018 年 12 月第 1 版
印　　次：2019 年 11 月第 2 次印刷
定　　价：88. 00 元

中国社会出版社微信公众号

2012年双拥晚会《双拥歌曲联唱》剧照（解放军报社供图）

2012年双拥晚会无伴奏男声合唱《天路》剧照（解放军报社供图）

2012年双拥晚会情景诗报告《心蕾绽放》剧照（解放军报社供图）

2012年双拥晚会杂技《星空之恋》剧照（解放军报社供图）

2012 年双拥晚会男子集体舞《沙场雄风》剧照（解放军报社供图）

2013 年双拥晚会舞蹈《神州欢歌》剧照（解放军报社供图）

2013 年双拥晚会演员合影

2013 年双拥晚会军乐与民乐《鱼水情深》剧照（解放军报社供图）

2013 年双拥晚会杂技《虎跃龙腾》剧照（解放军报社供图）

2013 年双拥晚会小品《光荣花》剧照（解放军报社供图）

2013 年双拥晚会歌舞《祖国春光好》剧照（解放军报社供图）

序　言 *Preface*

恢宏壮美的双拥时代画卷

双拥晚会是我党创造的一种军民联欢、辞旧迎新的文艺活动方式。从延安的双拥运动开始，这种形式就伴随着我们的双拥运动延续了几十年。2013年，随着中国军队的改革发展、强军目标的确立，双拥运动的创新发展，全国性的春节双拥晚会逐渐退出了历史舞台。然而，从1989年至2013年，持续了25年的双拥晚会，依然给中国的双拥运动在文艺舞台上留下了许多难忘的场景。为了记录这段历史，记录那些反映军民鱼水情的优秀文艺节目，记录那个时代背景下的双拥故事，记录军民共创的经典节目，记录由这个晚会推向全国的艺术佳品，我们“艺海拾贝”。

为此，在纪念中国人民解放军建军90周年之际，我们把25年来双拥晚会的演出盛况，演艺人员的体会和相关评论文章收集汇编成册，奉献给那些曾经的策划者、参与者，以及为这一场场晚会提供素材的广大军民，让后来者能够找寻到那个时代的双拥脚印。

在这本书中，我们将欣赏到一幅幅记录着国家和军队建设发展的舞台画面，品鉴着一件件精心编排、打造锤炼的艺术精品，领略着一种中国特有的军民情怀……这是给建军节日的美好献礼，也是对未来双拥征程的鞭策激励。

1989年春节前夕，在北京北太平庄的远望楼宾馆内举行了一场只有300人参加的别开生面的军民迎新春文艺晚会。这场晚会由全国双拥工作领导小组、中华人民共和国民政部、国家广播电影电视总局、中国人民解放军总政治部联合主办，出场的演员均是之后活跃在中国文艺舞台上的著名演员：范琳琳、胡月、卢秀梅、阎维文、蔡国庆、任雁、李娜等，拉开了中国改革开放之后的军民联欢晚会的序幕。至此，双拥晚会成为每年春节期间文艺舞台上一道亮丽的风景线。

时光流逝25年，回眸这一场场精美的晚会，尽管节目形式风格不同，但始终坚持表现国家和军队建设发展的辉煌成果，始终坚持表现巩固和加强军政军民团结的宏大主题，始终坚持表现人民与军队同呼吸、共命运、心连心的鱼水情谊，始终坚持表现贴近时代、贴近生活、贴近基层的艺术创新，始终坚持表现隆重热烈、喜庆欢快、昂扬振奋、壮美崇高的格调氛围。无论是名人名家，还是业余文艺骨干，都满腔热忱地反映时代风云，讴歌时代精神，展现军民风貌。晚会以鲜明的时代特色、军旅情怀和创新追求，赢得了广大群众和部队官兵的赞誉和口碑。

每届双拥晚会，中共中央政治局全体常委及党和国家的领导同志都出席观看并给予肯定，这充分体现了对双拥工作的关怀重视，更是对以文艺晚会形式弘扬双拥精神的肯定和褒扬。每届双拥晚会在中央电视台播出后，都受到了广大人民群众的热烈赞美，不仅增添了军民同庆、官兵同乐的节日气氛，更是鼓舞着“军民团结如一人、试看天下谁能敌”的豪迈情怀。

在这本书中，我们将欣赏到一幅幅记录着国家和军队建设发展光辉进程的舞台画面，品鉴着一件件精心编排、打造锤炼的艺术精品，领略着一种种展示和体现国粹、军魂、民韵的风情；将看到伟大祖国和人民军队在改革开放春风里日新月异的时代风采，感受到军民团结、双拥共建收获的累累硕果，见证了军人特有的钢铁意志和保家卫国、牺牲奉献的品质，体会到了时代跳动的脉搏和祖国前进的足音，这黄钟大吕般的厚重艺术珍品让人不绝于心、永志难忘。

习近平总书记在2016年全国双拥模范城（县）命名暨双拥模范单位和个人表彰大会上强调，最伟大的力量是同心合力。新形势下，双拥工作只能加强、不能削弱。军地合力，军民同心，我们就一定能实现“两个一百年”奋斗目标，实现中华民族伟大复兴的中国梦，共同创造更加美好的未来。双拥晚会作为主题文艺晚会，无疑是中华文化艺术百花园中的一朵奇葩，它的美丽将永存在人们的记忆之中，它的芬芳将点缀社会主义文艺百花园更加万紫千红，它所弘扬的双拥精神，将激励广大军民为实现强军兴军梦，为实现中华民族伟大复兴的中国梦而共同奋斗！

目　录 *Contents*

《鱼水欢歌》——1989 年春节拥军优属、拥政爱民电视文艺晚会

今年民政部领导不在电视台发表拥军优属讲话，改为与总政治部、中央电视台联合举办拥军优属、拥政爱民——

春节电视文艺晚会

晚会将于 2 月 3 日晚中央电视台第一套节目播出

本报讯：新春佳节，由民政部、总政治部、中央电视台联合主办的 1989 年春节拥军优属、拥政爱民电视文艺晚会，将奉献给几百万人民子弟兵、几千万烈军属等优抚对象以及为双拥工作作出贡献的人们。

任雁、翟宪立、程桂兰等优秀民歌手，76 岁的老艺人骆玉笙，通俗歌手李娜、蔡国庆、杭宏，著名相声演员师胜杰，著名歌唱演员阎维文、冯健雪、范琳琳、董文华等为晚会演出，为晚会增光添彩。

晚会上，将由民政部部长崔乃夫、中国人民解放军总政治部副主任周文元、武警总部政委张秀夫，向人民子弟兵和烈军属等优抚对象发表慰问讲话。拥军优属、拥政爱民英雄模范人物将与广大观众共贺新春。

晚会寓教于乐，以情动人。李维康、郑邦义、瞿弦和、黄梅莹主持晚会。晚会将歌舞、小品、相声、戏曲等艺术形式融为一体，是一台满足于多方面、多层次观众欣赏的综合性文艺晚会。晚会将在中央电视台第一套节目中的《旋转舞台》特别节目里播出。播出时间定于 2 月 3 日晚。

孙立仁

回望首届“双拥晚会”那些事

孙立仁

1989 年 2 月 3 日晚，位于北京北太平庄的远望楼举行了一场别开生面的军民迎新春文艺晚会。尽管这场晚会观众只有 300 人，但登台演出的人大都是日后驰骋中国文艺舞台的风云人物。这台晚会的主持人是李维康、郑邦义、瞿弦和、黄梅莹，演员有：任雁、程桂兰、秦鲁锋、董青、黄卓、姜志、周灵燕等。在中央电视台黄金时间段播出，由民政部、总政治部、中央电视台联合主办的 1989 年春节拥军优属、拥政爱民主题电视文艺晚会，奉献给几百万人民子弟兵，奉献给几千万烈、军属等优抚对象，奉献给一切为双拥工作作出贡献的人们。

晚会上民政部部长崔乃夫、总政治部副主任周文元、武警总部政委张秀夫将向人民子弟兵，向烈、军属等优抚对象发表春节慰问讲话，向全国人民拜年……

20 世纪 80 年代，是双拥活动开展的火红年代。特别是逢年过节，从中央到地方、从城镇到乡村、从干部到群众都把这件事挂在心上。活动的形式，也是丰富多彩，经常变换着。记不清是从哪年开始的，春节前夕，民政部领导和总政治部领导要在中央电视台搞一次军地“春节慰问讲话”。年年的这个慰问讲话，让我们这些做具体工作的同志费尽了心思。稿子年年写，讲话年年说，新意在哪儿？

每年腊月二十九，央视一套《新闻联播》节目后，民政部和总政治部的领导在电视里面发表慰问讲话。两个讲话，尽管有字幕引领，免去些唐突。可形式上，还是显得比较呆板、单调。能不能在形式上有所创新呢？每到这个时候，大家都在想。1988 年春节过后，是谁首先提起搞晚会的呢？笔者真的是说不清了。笔者咨询了一些当年的同事，他们也都说是记不住了，其实也不愿意贪天功为已有。或许是优抚局拥军优属处与办公厅宣传处的同志们，在闲聊时碰撞出来的火花？当时，搞晚会还是很时髦的。能否把领导慰问讲话搬到晚会上去讲呢？这在形式上肯定是一个创新。这个主意得到了优抚局的领导和同志们的赞成，也得到了有关部领导的支持。然而，办晚会是需要花钱的。当时，民政部能拿出多少钱来筹办晚会呢？为此，笔者电话咨询了健在的陈玉亭老领导。他说：“是我找主管计财的常务副部长张德江同志，申请晚会筹办经费的。德江副部长听完汇报，非常支持，一口答应拿出 20 万元办晚会。还说不够再给！”

领导的重视，就是工作的动力。民政部优抚局和总政群工部联系，立刻取得了一致性意见。接着和广播电影电视部联系，又取得了中央电视台的支持。不久，便成立了晚会联合筹备组。这时，好像是 1988 年的秋季。

晚会联合筹备组是由民政部优抚局（还有办公厅宣传处）、总政群工部、武警总部群工处、广播电影电视部总编室的同志组成的。同时，请来了中央电视台文艺部的导演齐青云、董长武，中央歌舞团政研室主任任志萍，总政文艺部干事（原《解放军歌曲》编辑部的）陈奎及，还有空政文工团的李强同志，等等。

最初，筹备组设在总政西直门招待所的一所旧楼里，大家在那里见面、相识。不长时间，筹备组又搬到远望楼宾馆，租下两间房，正式开始了筹备工作。笔者主要是为导演服务，美其名曰：导演助理。

大家聚在一起，热情很高。谈晚会主题、议节目构成，邀请演员，写串联词，等等。最后晚会主题确定为，鱼水欢歌，共叙鱼水之情。节目由歌舞、戏曲、小品、相声等组成。邀请演员，是根据节目构成邀请的，大小演员有百十来位。晚会的串联词，由任志萍执笔，陈奎及和民政部办公厅宣传处的周定华协助。

办一台晚会，找演员和请演员是很费工夫的。好在那时候的演员是非常好请的。一听说能上电视，二、三线的演员们有些是自动请缨的。请一线的演员，难在和央视春晚节目的“撞车”上。为了解决演员和节目的“撞车”问题，当时央视春晚的导演张晓海等还主动到筹备组来协商过。其结果是，总政歌舞团的“大姐大”上春晚，而不能在我们的晚会上亮相了。

邀请演员，主要是靠电话联系。双方意见一致了，再商定进录音棚的时间和录像、演出时间。个别的，还需要面谈和详谈。那几年，气功颇受人们的关注，节目中不能没有。我是陪着齐导演去气功大师家里商谈节目的。面对具有神秘感的气功，我们选择了较神奇的两个节目。当时，我有点不信，建议导演能否现场看看？齐导演说，不用看，一定错不了。我们又来到了北空幼儿园，审查了小朋友们的舞蹈节目，孩子们听说能上电视，高兴得不得了，表演起来非常地卖力气。我还单独跑了几个演员的家里。李维康老师家住在魏公村中国京剧院宿舍的一个老楼里，房间里简朴得不能再简朴了。夫妻俩忙于事业，孩子只能自己吃饭，厨房里显得有些乱。中央歌舞团的青年歌唱演员任雁，就住在团里的筒子楼里，但房间布置得很有情调。蔡国庆家住在北京新中街的一栋楼里，我进了他自己的房间，只见室内十分整洁，房间四壁上挂满了新年贺卡。一问，都是些追星族们寄来的。有些还镶嵌着女孩的照片，有些词句写得甜腻腻的。那时的蔡国庆，尽管很有名了，但还算不上大牌歌星。他和李娜、杭宏等人，还唱不了独唱，只能安排在联唱里面。当时，能上独唱的演员有当红的歌星范琳琳、胡月、谢津、巴哈尔古丽等。

晚会制作，是十分讲究程序的。节目构成确定后，有些还得需要进入创作。有好歌找演员，容易。有演员没好歌，就难了，就得现创作。从写歌词到作曲，是需要一个过程的。好在任志萍、陈奎及都是写词的，又和作曲的熟悉，还不算难。范琳琳有现成的《父老乡亲》，胡月有《黄土高坡》，巴哈尔古丽有《阿娜尔罕的黑眼睛》可唱。而董文华和阎维文唱的，都是为他们专门赶制创作出来的独唱歌曲。电视音乐是要求音响质量的。因此，所有的演唱和音乐都要进入录音棚录制。录音是有先后顺序的，首先录入的是鼓击。就是人们经常在音乐中听到的咚咚、咚咚咚的声音。这是乐谱的基本节奏，和交谊舞中的咚嚓嚓、咚嚓嚓相类似。有了基本节奏，才可以录入其他，有些器乐合奏是一起录，有些是一种器乐单独录，然后再合成。有了音乐后，再录入人声。然后的然后，再合成为一个完整的有伴奏的演唱。这些，都是为了保证电视播出时的效果而做的。那时的晚会，观众们在电视上所看到的，都是演员们在台上跟着播放的录音棚里制成的合成音乐，对着口型完成的。因为，现场录制的演唱尽管真实，但它是嘈杂的、不纯净的，达不到电视播放的标准。本台晚会的录音师是央视的首席录音师胡晓炜，她是团中央的老领导胡绩伟的女儿。

晚会的音乐伴奏，用的是北京的首席乐队。它是由北京音乐团体中的各个乐队的首席乐手，组成的一个乐队。他们都是这个行业中的高手，个个身怀绝技。录制过程中，一般地说只录一遍就成。也有功夫不到家或受某种情绪影响，演奏过程中出差错的。一旦出现这种情况，会让录音师胡晓炜训斥得抬不起头来。也有很牛气的，如吉他手张健，进棚录吉他伴奏，只见他走了一遍就完活儿了。这样的演奏水平，不能不让人佩服。从中，让我知道了这个行业里，最牛气的是有耳力、有音乐鉴赏力的录音师。他们都是音乐学院培养出来的高才生，很专业的。

央视的录音棚，让我知道了什么是音响，什么是顶级的音响设备。当你坐在录音师身边，可以感觉到音乐从四面八方向你涌来，声音是错落的、有序的，有主次关系的。声音是多维的、环绕的，又是有方向感的。这里，才是欣赏音乐的天堂。让你感到新奇的是，它的录音轨制有 30 多道。一个人的伴唱，可一变二，二变四，四变八，八变十六，十六变三十二。最后，由一个人变成了一个合唱队。蔡国庆唱联唱的那个部分，缺少点背景音乐，就是胡晓炜让我们的两个工作人员进棚演唱而录制成的。哈哈，这是不是很自豪呢?

歌唱演员们的水平是参差不齐的。那时候，还没有实力派和包装派之分。可在我的眼里，已经有了区分。唱民歌的和经过音乐学院专业学习的，一般都是实力派。董文华进棚，过了一两遍就成了。而那些唱通俗的，就苦了！有些人连简谱都认不好，唱错的地方还得由作曲家一句一句地纠正。我在一旁都会唱了，而他还在那儿别扭着呢！急得胡晓炜直打转转儿。

从天津请来唱京韵大鼓的骆玉笙老人是自带琴师的。一个是弹弦的，一个是拉胡的。老人家唱的是电视剧《四世同堂》中的插曲《重整河山待后生》。这个节目介乎于可进可不进棚的。最后进了还是没进，记不清了。

晚会筹备期间，各方领导都非常重视。民政部优抚局领导陈玉亭对晚会过问得多一些，时刻关心着节目和同志们的工作。其间，民政部副部长范宝俊还到晚会筹备组来看望大家，嘘寒问暖。在晚会筹办的关键时候，总政文化部部长徐怀中、群工部部长祝廷勋，民政部优抚局局长张子勤、陈玉亭等领导专门来筹备组听取晚会筹办情况的汇报，给予了同志们精神上的鼓励。

既然晚会筹备组设在远望楼，那么录制晚会的现场能不能也放在这儿呢？经过大家论证，认为条件允许，宾馆的上级机关国防科工委也十分支持。筹备组决定就将晚会录制现场，放在远望楼宾馆的大会议厅。这个地方，拿那时的眼光看，还是可以的。除去搭建的舞台，还有可摆放下 20 多张圆桌的地方，形式上完全可以效仿中央电视台的“春晚”。

整台晚会，实际上是为了电视播放而录制的。因此，晚会在正式演出前，每个节目都是需要提前录像的，为后期的编辑制作留足材料。搭舞台，似乎用了一个星期的时间。晚会的舞美设计，是空政的舞美师设计的。大样出来后，大家讨论了几次，意见还是趋向于传统的，这让设计师很难堪。拿现在的眼光看，其设计才华被泯灭了。设计师设计的最初式样，我记得非常清楚，是很新潮的三角形的时空结构。看 20 年后的晚会，那个式样还经常出现在舞台上。设计师在很不情愿的情况下，修改出眼前这个较传统的舞美设计，当时却让大家都看好它。

录像时，各路人马到齐，大厅里、化妆间到处都是人。那时的演员们还是很随和的，随便找个地方或站或坐，等着录像。李娜素面朝天的，如走在街上你是看不出她是演员的。卢秀梅故意用东北大楂子味儿和我打着招呼。说实在的，歌唱演员中，长得漂亮的真是不多。当年，我就觉得巴哈尔古丽漂亮。因为，她长着一双迷人的大眼睛。其实，真正漂亮的是舞蹈演员，可她们最辛苦却又出不了名。说不清是空政的还是海政文工团的一位大姐，伴舞下来让我猜她多大了。我看着她的腰身和模样，说是 18，还是 20？逗得她哈哈大笑，回头告诉我，她今年 37 岁啦!

节目录像，是按正式演出的顺序来的。开场歌舞，在《军队和老百姓》的乐曲变奏中，8 名担着花篮的女演员跳着舞步上场。随后，30 名孩子手持鲜花，簇拥着 4 名主持人亮相，郑邦义、李维康、瞿弦和、黄梅莹出场给人们拜年!

第一个节目是联唱《歌声中的回忆》。由任雁、程桂兰、秦鲁锋、董青、黄卓、姜志、周灵燕演唱《麻窝草鞋送亲人》《送郎当红军》《拥军秧歌》《九九艳阳天》《谁不说俺家乡好》《边疆泉水清又纯》《洗衣歌》。接下来，有张德富、范琳琳、胡月、谢津、巴哈尔古丽、卢秀梅、阎维文、冯健雪的独唱。中间穿插着骆玉笙的京韵大鼓、师胜杰的相声以及小品，还有刁丽、吴琼、吴素英、戴月琴的戏曲联唱、气功表演《过纸桥》，等等。最后是通俗歌曲联唱，由蔡国庆、郭公芳、吴立坤、张涓、杭宏、李娜演唱《祖国赞美诗》《军营男子汉》《想给边防军写封信》《战地迪斯科》《静夜思》《每段路》《飞扬的青春》。晚会压轴的是董文华的独唱，是一首新创歌曲，任志萍写的词。歌曲的名字记不清了，可有一句歌词记得，“望见你那身穿的绿军装……”

录像过程中，花絮很多。留下深刻印象的是气功表演，本来这个节目是不需要事先录制的。气功师插空，将一张桌子搬上台来，上面摆放着8个汽水瓶。气功师站在3米开外，伸出右臂，亮掌发功，欲用外气将汽水瓶推倒。他试了几下，瓶子没倒。身子向前移了1米，瓶子还是没倒。把汽水瓶去掉3个，再发功亮掌推瓶，就是不倒。气功师抱怨自己没有休息好，状态不佳。无奈之下，他让其同伴躲在桌子底下，协助他表演。只听他发出“嘿”的一声，同伴应声而抖动桌子，才见瓶子七零八落地倒下了。这不成了魔术表演了吗?我小声跟导演嘀咕着，导演也摇头，说演出时可不能这样干！这时，我看到气功师请来的一位录像师在录像。哈哈，原来是借景发挥呀！

临近1989年新年，晚会进入了审查阶段。民政部优抚局领导张子勤、陈玉亭，总政群工部部长祝廷勋和中央电视台文艺部张副主任等到现场审查节目。这是第一场节目的彩排。从编导、演员到现场的工作人员都非常重视，各个方面、部门都做了充分准备。晚会在欢快的乐曲中开幕，领导们看得非常认真。看完节目后，领导们对晚会给予了充分的肯定，认为晚会主题鲜明，政治性强，艺术性高，很有节日气氛。节目编排突出了双拥主题，也紧扣双拥主题。军地节目的比例得当，有几个很过硬的节目。整台节目是合乎时代要求和双拥要求的。特别得到领导肯定的是，民政部、总政治部等联合搞文艺晚会是第一次，在缺少经验、人力不足、经费不多、时间紧张等因素下，克服困难，忘我地工作，完成了这台节目实属不易。当然，对节目的不足之处也提出了改进意见。

想起来也是，那时候政府部门与军队政治部门联合组织搞晚会实属少见。在短短三个多月的时间里，一切从头做起，敢于触及自己不熟悉的领域，担当起重大的政治责任，去搞一台费力又难讨好的晚会，如没有一定的政治眼光、政治魄力和决心是难以完成的。当然，这主要是来自各级领导和方方面面的支持。从民政部部长崔乃夫，副部长张德江、范宝俊，到总政治部主任杨白冰、副主任周文元和广播电影电视部的领导的高度重视与关心。从中央电视台的艺术、技术的支持，到演员们辛勤的付出和晚会全体筹办人员的不懈努力，等等。可以说，当年的晚会筹办者们没有想到，他们是在打造一个品牌！一个经久不衰的双拥晚会的品牌。

那时参加演出的演员们基本上是尽义务的，根本没有什么出场费。军队演员由军队方面给予一定的误餐补助。地方的，给一点点车马费。大家都是为了艺术，为了任务凑到一起的。那时讲的是一种境界，讲的是一种奉献精神。唯一觉得新鲜的是，当时接受了一家汽水厂商的赞助。汽水厂商不要求任何回报，不要求打字幕和广告。只要演员们、工作人员们喝他们的汽水就行！汽水的名字是“麒麟”牌，口味有点像雪碧。这是晚会筹备组的司机陈继红拉来的。

晚会的正式演出只有两场。第一场演出民政部部长崔乃夫，副部长张德江、范宝俊等部领导，总政治部主任杨白冰、副主任周文元，武警总部政委张秀夫等领导到了现场。舞台下，20多张圆桌坐得满满的。开场舞蹈中4名主持人亮相问好，李维康手持话筒，走到崔乃夫部长面前请他讲话。崔部长热情洋溢地说："借此机会，我代表民政部向解放军和武警部队全体指战员表示亲切慰问！也向全国广大烈军属、优抚对象拜年了！拥军优属是全国人民义不容辞的责任。我们要加强国防观念，继续把拥军优属工作搞得更好！"崔部长把话筒交给总政治部周文元副主任，周副主任说："感谢地方各级党政领导和广大人民群众对军队建设的关心和支持！在新的一年里，全军各部队要进一步做好拥政爱民工作，支持地方改革，参加国家经济建设，为保卫和建设祖国作出新的贡献！"武警总部政委张秀夫代表武警部队全体官兵向大家拜年！

演出帷幕正式拉开，节目一个接着一个，演员们上台又下台，工作人员忙前又跑后。演出现场，十分有序，气氛热烈，红红火火。我协助舞台监督负责催台，闲暇中看着节目，心里油然生出几分自豪感。因为，这毕竟是自己直接参与的一台晚会，其中的酸甜苦辣品味起来还是别有一番滋味的……

2013年，应《中国双拥》杂志编辑的邀请，我撰写了这篇文章，这是记录24年前的事情。如今时过境迁，一切都发生了变化。央视文艺部的导演齐青云、董长武，已经退休多年。中央歌舞团的任志萍，后来当了副团长。总政文化部干事陈奎及，后来当了总政歌剧团的团长。他们俩，也已经退休了。负责组织演员的空政文工团的李强和他爱人，曾为后来的双拥晚会当过导演的央视文艺部导演白志群，也都退休了。民政部的工作人员和总政的张鸿松、张鸿魁及武警总部的贾处、李智华也退休了。眼前，只有我还在岗。但有些事也想不起来了，只好给我的老领导陈玉亭、总政群工部群工处长张鸿松和当年一起忙活的同事周定华、葛长荣打电话，咨询、核对一些事情。就这样，也难免有些人与事会有出入，望读者们指教和海涵。

《鱼水欢歌》

1989年春节拥军优属、拥政爱民电视文艺晚会
节目单

一、开场歌舞

表演单位：武警总队文工团　空军蓝天幼儿艺术团

二、民歌联唱　《歌声中的回忆》

1. 麻窝草鞋送亲人　　**演　唱**：任　雁　翟宪立
2. 送郎当红军　　**演　唱**：程桂兰
3. 拥军秧歌　　**演　唱**：秦鲁锋　董　青
4. 九九艳阳天　　**演　唱**：赵　欣　黄　卓
5. 谁不说俺家乡好　　**演　唱**：姜　志
6. 边疆泉水清又纯　　**演　唱**：周灵燕
7. 洗衣歌　　**齐　唱**：任雁领唱

三、舞蹈　《缎燕腾飞》

表演单位：空军蓝天幼儿艺术团

四、独唱

1. 男高音独唱　《战士的回答》　　**演　唱**：张德富
2. 女声独唱　《西部之恋》　　**演　唱**：范琳琳

五、京韵大鼓　　**演　唱**：骆玉笙

六、女声独唱

《愿你幸福长寿》　　**演　唱**：卢秀梅

七、戏曲联唱

1. 京剧《穆桂英挂帅》选段　　**演　唱**：刁　丽
2. 越剧《三看御妹》选段　　**演　唱**：吴素英
3. 黄梅戏《桂小姐选郎》选段　　**演　唱**：吴　琼
4. 评剧《花为媒》选段　　**演　唱**：戴月琴

八、相声《窗口》 **表 演**：师胜杰 于世尤

九、女声独唱

1. 女声独唱 《挑战》 **演 唱**：谢 津
2. 女高音独唱 《阿娜尔罕的黑眼睛》 **演 唱**：巴哈尔古丽

十、独唱 舞蹈

1. 女声独唱 《南沙的故事》 **演 唱**：冯健雪
2. 双人舞 《沙漠的故事》 **表 演**：陶 金 陆金茹

十一、小品 《两次婚礼》 **表 演**：军艺戏剧系

十二、男女声独唱

1. 女声独唱 《壮 别》 **演 唱**：胡 月
2. 男高音独唱《别情依依》 **演 唱**：阎维文

十三、气功表演

《水上浮萍》 《过纸桥》 《掌折钢柱》 《倒串瓶》

表 演：袁锡奎等

十四、通俗歌曲联唱 《青春飞扬》

1. 祖国赞美诗 **演 唱**：李 娜
2. 军营男子汉 **演 唱**：吴立坤
3. 想给边防军写封信 **演 唱**：郭公芳
4. 战地迪斯科 **演 唱**：蔡国庆
5. 静夜思 **演 唱**：张 涓
6. 每段路 **演 唱**：杭 宏
7. 飞扬的青春 **演 唱**：集体演唱

十五、结束歌舞

女高音独唱 《更比往年美》 **演 唱**：董文华

伴 舞：海军政治部歌舞团

1988.12.30

首都隆重举行春节军民大联欢

解放军报北京1990年1月21日讯：在1990年新春佳节到来的前夕，民政部、总政治部、中央电视台联合在中国剧院隆重举行春节军民大联欢。党中央和中央军委领导同志江泽民、杨尚昆、宋平、刘华清、杨白冰等，与一千多名来自全国的英模代表及首都军民欢聚一堂，喜迎90年代第一春。

出席联欢会的领导同志还有李锡铭、秦基伟、王平、伍修权、李德生、杨得志、张劲夫、廖汉生、雷洁琼、陈希同、谷牧、王光英、马文瑞、钱伟长、程思远、洪学智、赵南起、崔乃夫和解放军三总部其他领导同志。

这次军民大联欢是继去年“七一”“八一”“十一”组织的《人民军队忠于党》《人民军队爱人民》《人民军队爱祖国》三台大型歌舞演出之后的又一次成功的演出。披上节日盛装的中国剧院张灯结彩，充满了热烈、喜庆的气氛。在阵阵激越欢快的锣鼓声中，身着各民族艳丽服装的男女青年载歌载舞涌向舞台。晚会由《喜鼓催春》《春满大地》《一往情深》《鱼水新篇》和《团结前进》5个部分组成，突出了“军民团结向前进”的主题。演员们热情地讴歌了在艰苦卓绝的战争年代军民并肩走过的光辉历程，生动地展示了在建设和保卫人民共和国的岁月里军民鱼水相依的血肉之情。特别是通过各族人民对新生活的礼赞，突出地表现了党的十一届三中全会以来，在党中央、国务院、中央军委领导下，军政军民团结的光荣传统得到发扬光大，充分体现了维护全国安定团结的方针。

晚会充分展示了我国民族文化的优秀传统。来自军队的15个文艺团体和北京、上海、安徽、陕西、四川等地的艺术家，相继登台献艺，将歌舞、杂技、曲艺、戏剧汇于一台，使联欢会五彩纷呈，美不胜收。一阵悠远的马林巴琴的乐声，似温柔的轻风传来了《春满大地》的信息。急促而有节奏的《拥军花鼓》以及《横山里下来些游击队》《妇救会送军鞋》，把观众的思绪带到了那烽火燃烧的岁月。《鱼水新篇》《美酒敬亲人》《拉着骆驼送军粮》和《团结前进》等节目，则从不同的侧面反映了军爱民、民拥军的光荣传统在神州大地上开出的新花，构成了一幅宏伟壮丽的军民团结一往无前的立体画卷。

来自祖国四面八方的英模代表，成了联欢会上引人注目的“特邀演员”。当主持人满怀敬意把“百色起义”团的政委、“雷锋班”班长、“南京路上好八连”指导员、天安门广场“国旗班”班长、“喀喇昆仑钢铁哨卡”的守卫者和来自江苏邳县、黑龙江佳木斯市、陕西延安市、山东寿光县等地的拥军优属模范介绍给观众时，剧场里爆发出了热烈的掌声。当年轻的女歌唱家深情地唱起《乡村“总理”》这首歌时，观众都向那位来自齐鲁大地的“模范民政助理员”投去尊敬的目光。当14年前被解放军从唐山大地震的废墟中搭救出来的未满周岁的婴儿、如今正在党的怀抱中幸福成长的姑娘党育苗出现在舞台上时，音乐戛然而止，剧场里的空气似乎一下子凝固了，人们屏住气静静地听着苗苗发自肺腑的声音：“多少年来，我一直想找到这位解放军叔叔，告诉叔叔和我九泉之下的妈妈，我已经长大了！”姑娘悲喜交集，泣不成声。“唐山抗震救灾模范红二连”的代表走上台去，与姑娘紧紧地拥抱，感情的潮水撞击着人们的心扉，一些领导同志禁不住用手帕轻轻抹去眼角的泪花。演出后，江泽民、杨尚昆同志疼爱地把苗苗搂在怀里，关切地询问她的情况。演出结束时，江泽民、杨尚昆、宋平、刘华清、杨白冰等领导同志走上舞台，与英模代表和演员合影留念。整台演出给人以强烈的信念：在以江泽民同志为核心的党中央、中央军委的领导下，各族军民紧密团结，意气风发，必将从胜利走向新的胜利。

江泽民、杨尚昆、宋平、刘华清、杨白冰等领导同志和参加联欢会的军内外文艺工作者合影留念。

郑　一　陈大鹏

歌鱼水之情　展民族风采

——观 1990 年春节军民大联欢演出节目

郑　一

道不尽的爱民佳话，唱不完的拥军之歌。由民政部、总政治部、中央电视台联合主办，由军内外二十几个文艺团体参加的《军民团结向前进》联欢会，由《喜鼓催春》《春满大地》《一往情深》《鱼水新篇》《团结前进》5 个部分组成，色彩纷呈，气势宏大，充满了热烈、欢快、喜庆、祥和的气氛，艺术地展示了军政军民团结的风貌。

随着联欢会帷幕的徐徐拉开，我们首先听到了《喜鼓催春》那激越的战鼓，看到了那动人的翩翩舞姿。这个节目，是根据著名作曲家李焕之创作，反映 20 世纪 40 年代解放区拥军优属、拥政爱民情景的《春节序曲》改编的。在唢呐、大筒子、云锣、花盆鼓、定音排鼓、编钟等乐器的合奏下，身着各种民族服饰的男女青年载歌载舞，此情此景，叫人回忆起当年那如火如荼的军爱民、民拥军的热烈场面，也洋溢着全国军民喜迎新春的愉悦之情。而百唱不衰的陕西民歌《拥军花鼓》和《横山里下来些游击队》、四川民歌《盼红军》，以及中华人民共和国成立后广为流传的《请茶歌》《解放军同志请你停一停》等，则使我们又一次体验了人民群众对子弟兵的一片挚爱。传统民歌《妇救会送军鞋》，是第一次推上电视晚会。新创作的歌曲，如《父老乡亲》《乡村“总理”》《叔叔，你在哪里》《沂蒙山　母亲山》，歌曲虽短，思想容量却大——“忘不了吱扭扭的小车下江南／颤悠悠的扁担齐支前……忘不了碾军粮的石碾还在转／缝军衣的银针还在穿……”这里有对光荣传统的追思，又有对鱼水新篇的礼赞。词曲相谐，将沂蒙山歌、山东戏曲融为一体，增强了歌曲的艺术感染力。

联欢会上，带有浓郁民族色彩的艺术节目争奇斗艳。这其中包括重庆川剧院沈铁梅演唱的《思凡》选段，京剧著名裘派传人、北京军区战友京剧团李长春演唱的《二进宫》

选段，越剧著名袁派高徒方亚芬演唱的《琴心》，安徽省黄梅戏剧院马兰、黄新德演唱的《夫妻观灯》选段等，它们或清新别致，或以生活气息浓厚、欢快酣畅见长。其间，杂技编排新颖，一气呵成，高潮迭起，令人惊叹不已，闪现出了传统民族文化之光。

值得着重提及的是，在这台五彩缤纷的联欢会上，部队的文艺工作者演出的节目进一步显示了新的艺术风貌。无论是歌曲独唱，还是舞蹈，抑或是其他形式的节目，都强烈地表现了民族文化和时代精神的融会贯通，表现了人民军队热爱党、热爱人民、热爱新生活的高尚革命情操。在表演上，演员们精益求精，作风严谨，表现出较强的创新意识。有的青年演员把民族唱法与通俗唱法融为一体，听来别有意味。更为可喜的是，其中几位少数民族军人歌手的演唱受到了普遍欢迎。西藏军区文工团独唱演员巴桑演唱的《高原上的格桑花》，感情质朴，音色明亮、甜美；新疆军区歌舞团夏米力作曲并演唱的《巴达木》，律动感强，又豪放明快。

这台以《军民团结向前进》为主题的演出，本身就是今日军民情深谊长的真实写照！

节目单

1990年军民迎新春文艺晚会

《军民团结向前进》节目单

主持人：张　晏、韩英岚、余　昕

序：喜鼓催春

音乐：根据李焕之《春节序曲》改编

编舞：蒋华轩　　**编曲**：林伟华

指挥：王惠然

表演：罗　伟　王　燕　武　军等

第一场　春满大地

音乐统配：季　承　晓　藕　曲成久

编舞：沈培艺　乌买尔·赛都拉

一、高原上的格桑花

作曲：敖昌群　　**编词**：奎　及　幼　容　克　正

演唱：巴　桑（藏族）　　**伴舞**：刘丽兰等

二、春到长白山

作曲：崔山明　　**填词**：李幼容

译词：孙英善　　**演唱**：金春姬（朝鲜族）

伴舞：郝　丽　李　媛等

三、美丽的草原我的家

作词：火　华　　**作曲**：阿拉腾奥勒

演唱：李静娴　　**伴舞**：杨　斌　王国强等

四、巴达木（巴达木是新疆的一种干果，象征美好幸福）

作曲：夏米力　　**作词**：赵思恩

演唱：夏米力（乌孜别克族）

伴舞：米　拉　加米拉等

五、**绢花迎春**

编舞：蒋华轩　　**表演**：沈培艺等

六、相声　拥军情

作者：钪　钺　　**表演**：牛　群　冯　巩

第二场　一往情深

音乐统配：臧云飞　曲成久　丁晓里　　**编舞**：左　青　陈瑞君

一、拥军花鼓（陕西民歌）

填词：安　波　　**演唱**：韩丽卿　彭书民

伴舞：李永明等

二、横山里下来些游击队（陕西民歌）

演唱：冯健雪　　**伴舞**：潘引红等

三、盼红军（四川民歌）

领唱：姜　志　　**伴舞**：刘丽兰等

四、妇救会送军鞋（山西民歌）

编曲：羊　鸣　　**编词**：晨　枫

演唱：卢秀梅　　**伴舞**：常　宁等

五、杂技　钻地圈

表演：严志诚　符合斌　吴国辉　李志新等

六、戏曲演唱

音乐编配：郭鼎立

川剧《思凡》选段　　**演唱**：沈铁梅

京剧《二进宫》选段　　**演唱**：李长春

越剧《西厢记》选段　琴心　　**演唱**：方亚芬

黄梅戏《夫妻观灯》选段　　**演唱**：马　兰　黄新德

第三场　鱼水新篇

音乐编配：姚　明　臧云飞　吴崇生

编舞：左　青　陈瑞君　乌买尔·赛都拉　华　超等

一、请茶歌

作词：集体　　**作曲**：解策励

演唱：张暴默　　**伴舞**：裴英梅　孙　磊等

二、沂蒙山　母亲山

作词：李幼容　陈奎及　　**作曲**：姚　明

演唱：阎维文　　**伴舞**：王　伟　潘引红

三、美酒敬亲人

作词：杨　华　　**编曲**：晓　河　茹　辛

演唱：周灵燕　　**伴舞**：孙　磊　童晓红等

四、父老乡亲

作词：石顺义　　**作曲**：王锡仁

演唱：范琳琳　　**伴舞**：金承和等

五、乡村“总理”

作词：李幼容　陈奎及　　**作曲**：吴崇生　王锡仁

演唱：冯健雪　　**伴舞**：刘克云等

六、叔叔，你在哪里——唐山大地震幸存儿童的歌

作词：剑　兵　　**作曲**：羊　鸣

演唱：张　莹

七、大雁情

作词：石　祥　　**作曲**：吴崇生

演唱：董文华

八、荷花赋

编舞：黄少淑　房进激　　**作曲**：丁晓里

表演：沈培艺等

九、圈舞

表演：林元哲

第四场　团结前进

音乐统配：臧云飞　姚　明　郭鼎立

编舞：乌买尔·赛都拉　陈瑞君　罗　伟

一、呵！边关

作词：刘世新　　**作曲**：孟庆云

演唱：杭天琪　　**伴舞**：姜公国　李永明等

二、拉着骆驼送军粮（新疆民歌）

编词、编曲：双　江　　**演唱**：郁钧剑

伴舞：石小峰等

三、解放军同志请你停一停

作词：权宽浮　　**作曲**：石　夫

演唱：韩芝萍　　**伴舞**：刘克云　王　凯等

四、祖国，我远航回来了

作词：赵莱静　　**作曲**：梁建明

领唱：秦鲁锋　安　华　熊卿材　曲　波

五、梦中的白云

作词：凯　传　　**作曲**：羊　鸣

演唱：郑　莉　　**伴舞**：罗　伟　柳　倩　迪里努尔等

六、盘子舞

编舞：乌买尔·赛都拉　　**作曲**：努斯英提·瓦吉丁

表演：希里拉依等

七、成熟的季节

作词：曹　勇　　**作曲**：士　心

演唱：毛阿敏

八、打虎上山

演唱：刘　斌

九、没有强大的祖国，哪有幸福的家

作词：郁钧剑　　**编曲**：双　江　士　心

演唱：彭丽媛

十、杂技　大武术

表演：严志诚　何　欣　崔红卫　罗　洪　郑卫国等

编导　撰稿：《军民团结向前进》编导组

舞美、服装、灯光设计：《军民团结向前进》舞美组

电视导演：白志群

参加创作、演出、舞台工作单位：

中国歌剧舞剧院
上海越剧团
陕西歌舞剧院
北京市海淀区群英小学
兰州军区战斗歌舞团
北京军区战友歌舞团、京剧团
南京军区前线歌舞团
广州军区战士歌舞团、杂技团
空军政治部文工团、话剧团
解放军艺术学院
总政治部歌剧团
武警部队政治部文工团
中国广播艺术团
安徽省黄梅戏剧院
四川省重庆川剧院
沈阳军区前进歌舞团
新疆军区政治部文工团
济南军区前卫歌舞团
西藏军区政治部文工团
海军政治部歌舞团
第二炮兵政治部文工团
总政治部歌舞团
解放军军乐团

《心连心》——1991年军民迎新春文艺晚会

首都隆重举行春节军民联欢晚会

解放军报北京1991年2月8日讯：春节前夕，民政部、总政治部、中央电视台联合在中国剧院隆重举行《心连心》1991年春节军民联欢文艺晚会。中共中央和中央军委领导同志江泽民、杨尚昆、李鹏、宋平、李瑞环、刘华清、杨白冰等与来自全国10个"双拥模范城""双拥模范县"的代表、双拥先进代表、军人家属代表，以及首都军民欢聚一堂，喜迎中国人民传统节日的到来。

出席联欢晚会的还有秦基伟、宋任穷、王平、李德生、萧克、余秋里、耿飚、杨成武、赵南起和中央、国家机关有关部门、人民团体，北京市、解放军三总部及驻京各大单位、武警部队的领导同志。

披上节日盛装的中国剧院充满了喜庆色彩，用霓虹灯做成的"心连心"3个大字高悬在舞台台口上方；悬挂在大厅上方的，由新近被民政部、总政治部命名的10个"双拥模范城""双拥模范县"向晚会赠送的10盏大宫灯，五彩缤纷，分外醒目。在豪迈而欢快的乐曲声中，身着民族服装的女演员与英姿焕发的战士形象，在舞台上交织成一幅军民一家、水乳交融的动人画卷，为晚会带来了温馨的春意。晚会的声乐，以柔美深情的歌词、亲切舒缓的旋律、娴熟真挚的演唱，给人留下了深刻的印象。来自总政歌舞团以及其他部队艺术团体的著名歌唱家克里木、彭丽媛、董文华、程志、王秀芬、郁钧剑、熊卿材、阎维文、毛阿敏、耿莲凤、杭天琪、周灵燕等纷纷登台献艺，各种演唱风格荟萃一堂。著名歌唱家彭丽媛代表全军指战员，为参加晚会的10位"双拥模范城""双拥模范县"的代表以及全国各地为拥军工作作出卓越贡献的人民群众，演唱了新创作的歌曲《拥军市长》，深切表达了子弟兵对人民的深厚情感和崇高敬意。晚会还特地请来了河北省固安县光荣院院长韩淑珍。她30年如一日照顾在战争中致残的老军人和烈士遗孤，献出了青春年华与毕生的心血。当歌唱家董文华走下舞台，为这位受人尊敬的老妈妈演唱以她的事迹为题材的歌曲《默默地奉献》时，全场响起了热烈的掌声。青年歌手周灵燕演唱的《心儿全给了他——军人妻子的歌》，献给军人妻子的代表何开花和郑昌芬，唱出了千万个军人妻子的美好品质和动人心声。此外，毛阿敏演唱的《不要问为什么》、《渴望》主题歌，刘斌演唱的《不老的爱》，王红涛演唱的《南腔北调》，齐啸云演唱的京剧选段也各具特色，受到了观众的热烈欢迎。

晚会的舞蹈创作和表演，显示出了军队艺术团体雄厚的创作实力和整齐的演员阵容。舞蹈家刘敏、沈培艺、赵明以及来自部队各文艺团体的舞蹈演员，展现了优美多姿的舞蹈群像。舞蹈《牡丹颂》以其绚丽的画面、浓厚的民族风格和优雅的动作造型，歌颂了祖国的美好。新创作的歌舞《双拥花灯》吸收民间花灯的优长，以其绚丽多姿的色彩、欢快优美的节奏，形象地歌颂了双拥活动中的新气象。

晚会上的喜剧小品和杂技节目令人赏心悦目。来自沈阳军区的喜剧演员黄宏，以其诙谐幽默的表演，演出了喜剧小品《演讲》，使观众在笑声中感受到青年一代对解放军的热爱。广州军区战士杂技团为晚会带来了两个技巧难度高、形式新颖的节目《顶圈》和《百戏迎春》，一些少年杂技演员的出色表演给观众留下了深刻的印象。

演出结束后，江泽民、杨尚昆、李鹏、宋平、李瑞环、刘华清、杨白冰等领导同志走上舞台，与"双拥模范城""双拥模范县"的代表、双拥先进单位和先进个人代表及全体演员合影留念。

这台晚会已为中央国家机关、北京市的干部群众演出10场，观众达一万多人。

江志顺　陈大鹏

节目单

1991年军民迎新春文艺晚会

《心连心》节目单

一、歌　舞：心连心

作词：贺东久　**作曲**：杨林华　**编舞**：蒋华轩

指挥：吕蜀中

二、合　唱：前进吧祖国

作词：魏　风　**作曲**：孟贵彬　**领唱**：程　志

指挥：刘云厚

三、独　唱：珠穆朗玛的记忆

作词：剑　兵　**作曲**：羊　鸣　**演唱**：巴　桑

四、独　唱：说句心里话

作词：石顺义　**作曲**：士　心　**演唱**：阎维文

五、独　唱：心儿全给了他

作词：李幼容　**作曲**：孟宪斌　**演唱**：周灵燕

六、舞　蹈：冰山上的婚礼

作曲：郭洪钧　克里木

编导：刘　英　古兰丹姆

表演：克里木　张小梅　安尼瓦尔等

七、男声合唱：为祖国的腾飞

作词：胡宏伟　**作曲**：马登弟　**领唱**：熊卿材

八、童声独唱：去远方

作词：王晓岭　**作曲**：铁　源　**演唱**：黄木木

九、独　唱：爱在故土里生根

作词：高　峻　**作曲**：王祖皆　**演唱**：耿莲凤

十、独　唱：

1. 祖国的怀抱里

作词：张　南　**作曲**：唐　澎

2. 默默地奉献

作词：李幼容　**作曲**：孟宪斌　**演唱**：董文华

十一、杂技：顶圈

表演：林永丽　杜　林　任　杰　张　楠

十二、男声合唱：参军乐

作词：金　戈　**作曲**：刘云厚

十三、独　唱：暖流

作词：金　戈　　**作曲**：姚　明　　**演唱**：杭天琪

十四、独　唱：不老的爱

作词：陈虹原　　**改词**：剑　兵　　**作曲**：姚　明

演唱：刘　斌

十五、戏曲连唱：南腔北调

1. 黄梅戏：赏花
2. 豫剧：谁说女子不如男
3. 四川清音：布谷鸟咕咕叫
4. 沪剧：燕燕做媒
5. 京剧：打虎上山

演唱：王红涛（战士）

十六、京剧清唱：《智取威虎山》选段

1. 这些兵急人难
2. 自己的队伍来到面前

演唱：齐啸云

十七、舞　蹈：牡丹颂

作曲：孟宪斌　　**编导**：刘　英　　**表演**：刘　敏等

十八、小　品：演讲

创作：黄　宏　　**表演**：黄　宏

十九、独　唱：祝愿我的祖国

作词：何玉锁　王嘉实　　**作曲**：孟宪斌　　**演唱**：王秀芬

指挥：郑　健

二十、独　唱：马铃阵阵响

作词：中　霞　　**作曲**：郭万春　　**演唱**：郁钧剑

二十一、独　唱：

1. 不要问为什么

作词：贺东久　汪　沉　　**作曲**：印　青

2. 悠悠岁月

——电视连续剧《渴望》主题歌

作词：易　茗　　**作曲**：雷　蕾　　**演唱**：毛阿敏

二十二、独　唱：

1. 走自己的路

作词：李幼容　　**作曲**：孟庆云

2. 蒙山高沂水长——舞剧《沂蒙颂》插曲

作词：集　体　　　　　　　**作曲**：刘廷禹

3. 拥军市长

作词：幼　容　奎　及　**作曲**：士　心　　　　　**演唱**：彭丽媛

二十三、歌　舞：双拥花灯

作词：陈奎及　　　　　　**作曲**：印　青

编导：赵　明　韩笑黎　段若玉

表演：沈培艺　赵　明等

二十四、杂　技：百戏迎春

表演：高俊生　王东歌　朱燕敏　王志彪　崔红卫　秋　菊等

指挥：吕蜀中　于　海

总 策 划：《心连心》创作编导组

舞台监督：林正培

节目主持人：张　晏　司晓红

前台主任：王未名

后台主任：贺振军　张　良

文学撰写：李幼容等

伴舞编导：刘　英　韩笑黎　段若玉

舞美设计：刘和平　樊　跃　张庆涛

音乐录音：黄　毅

录音助理：吴志文　王继红

灯光设计：沙晓岚

服装设计：宋　立

参加演出单位：

中国人民解放军总政治部歌舞团　　中国人民解放军总政治部歌剧团
中国人民解放军军乐团　　中国人民解放军艺术学院
北京军区战友歌舞团　　海军政治部歌舞团
空军政治部文工团　　第二炮兵政治部文工团
广州军区战士杂技团　　沈阳军区前进杂技团
济南军区前卫歌舞团　　南京军区前线歌舞团
西藏军区文工团　　中国京剧院
国防科工委司令部直属业余演出队　　总参四部战士业余演出队
空军蓝天幼儿艺术团　　北京市育英学校小学部
北京市计算机技术研究所　　天津通信广播公司
中国剧院

江泽民出席总政迎新春文艺晚会观看《党的女儿》时强调

搞好党的建设　密切联系群众

宋平、李瑞环、李铁映、吴学谦、朱镕基、杨白冰、王平、李德生、余秋里等出席

解放军报北京1992年1月27日讯：“杜鹃花呀杜鹃花，默默无言吐春芽，风风雨雨压不倒，清香万里送天涯。”清新的歌声、动人的旋律，今晚又一次回荡在中国剧院。总政治部举行迎新春文艺晚会，专场演出民族歌剧《党的女儿》。江泽民、宋平、李瑞环、李铁映、吴学谦、朱镕基、杨白冰、王平、李德生、余秋里等中央领导同志观看演出并给予高度评价。

江泽民等领导同志在演出结束后，上台接见演员并合影留念。江泽民即兴讲话，他说，歌剧《党的女儿》给我们上了一次生动的党课。我们的党，我们的人民军队，只要始终密切联系群众，就永远不可战胜。中华人民共和国从成立那一天起，中国人民就站起来了！中国人民备受一切列强欺侮的时代一去不复返了。千言万语，归根结底，我们要一心一意，抓住当前的时机，把我们的经济建设搞上去，把我们的党建设好。我们可以告慰几千万长眠在地下、为革命牺牲的烈士，我们正在遵循“一个中心、两个基本点”的路线，沿着有中国特色的社会主义道路奋勇前进！

歌剧《党的女儿》是在军委、总政治部领导直接关心指导下，调动我军部分优秀文艺工作者，贯彻全军文艺创作座谈会精神而创作成功的一个优秀剧目。全剧通过女共产党员田玉梅在白色恐怖下九死一生的艰险经历，塑造了共产党人在革命处于低潮时期，仍然对党“生死不再离开你，刀砍雷劈不动摇”的光辉形象，歌颂了无产阶级革命者“只要能为党报效，头可抛心可掏”的坚定的革命信念。

《党的女儿》自去年11月首次搬上舞台至今，已连续演出了十几场。参加党的十三届八中全会的部分领导同志、出席全国双拥模范城县命名大会的代表、驻京部队的老同志和首都文艺界人士等先后观看了演出。军内外广大观众以及有关方面专家认为，这是20世纪90年代的一部好戏，有很感人的革命内容，是中国共产党人的正气歌。在艺术上，这部歌剧走了一条民族化的道路，开一代歌剧新风，为振兴中国民族歌剧起到了很好的促进作用。许多观众说，在新春佳节到来之际，总政治部推出歌剧《党的女儿》，使我们进一步看到了战争年代军民之间、党和人民之间血肉相连的亲密关系，唤起了我们对中国共产党的无比崇敬之情，坚定了在世界风云变幻的今天革命到底的信念。

观看今晚演出的还有中央、国家机关有关部委，三总部，驻京各大单位和武警总部的领导同志王忍之、贺敬之、艾知生、高狄、朱穆之、穆青、王兆国、伍绍祖、宋德福、徐志坚、高占祥、范宝俊、黄启璪、徐惠滋、韩怀智、何其宗、于永波、李继耐、周克玉、张工、张连忠、魏金山、刘安元、杨永斌、丁衡高、于泽民、李际均、周玉书、徐寿增、董学林等。

1月27日，江泽民等中央领导同志出席总政治部迎新春文艺晚会，观看歌剧《党的女儿》。

陈大鹏

《党的女儿》（歌剧）节目单

六场民族歌剧
（根据同名电影改编）
中国人民解放军总政治部主办

剧情简介

1935年，江西苏区杜鹃坡。

红军长征北上抗日，杜鹃坡一片白色恐怖。刑场上，女共产党员田玉梅在老支书的掩护下死里逃生。

田玉梅没有被敌人的血腥屠杀吓倒，擦干身上的血迹，决心和敌人斗争到底。她找到原区委书记马家辉，报告老支书临刑前说党内有叛徒。而叛徒就是马家辉。田玉梅险些遭叛徒的暗算。马家辉和白军团长设计埋下重兵妄图一举消灭游击队。在这危机四伏的关头，田玉梅一片赤诚化解了七叔公对她的疑团。她再入虎穴，把桂英心中的革命之火重新点燃，揭穿了马家辉的叛徒嘴脸。

田玉梅、七叔公和桂英连夜上山找游击队报告敌情。可游击队已经转移。在与上级党组织失去联系的危急时刻，三人自觉地成立了战斗小组。

游击队得到七叔公的报告，周密部署，打了敌人的伏击。田玉梅和桂英在筹盐时，与马家辉遭遇。她们勇斗叛徒，除掉了马家辉。桂英为了掩护田玉梅壮烈牺牲。枪响引来了白军，田玉梅为了拖住敌人，保护游击队交通员小程，被白军抓住。田玉梅豪气凛然，视死如归，怀着对共产主义必胜的信念慷慨赴义，她那不朽的精神化作满山盛开的杜鹃花。

编　　剧：阎　肃　王　俭　贺东久　王受远等
执　　笔：阎　肃
音乐设计：王锡仁　季　承　王祖皆
作　　曲：王祖皆　张卓娅　印　青　王锡仁　季　承
音乐编配：方天行
配　　器：方天行　张　鹰　景建树　印　青
导　　演：苏　陀　张海伦　汪　俊
指　　挥：桑叶松　刘　森
舞美设计：田力维　牟德国
灯光设计：鞠　毅　曹庆华
服装设计：高　延
编　　舞：邵　力　江　明

场　序

时　间：1935年春
地　点：江西某地
第一场　黄昏·杜鹃坡村外
第二场　深夜·马家辉家
第三场　拂晓·七叔公草寮前
第四场　夜晚·马家辉家
第五场　凌晨·青竹坳游击队旧营地
第六场　清晨·杜鹃岭

演员表

田玉梅　女共产党员……………………彭丽媛
七叔公　采药老人……………………杨洪基
桂　英　女共产党员　马家辉之妻……………………孙丽英
马家辉　原区委书记　叛徒……………………秦鲁锋
鹃妹子　田玉梅之女……………………蒋小涵
小　程　游击队交通员……………………孙戈弋
孙团长　白军团长……………………刘培斋
七烈士　……………………本团演员
白军排长　……………………刘新春

白军士兵 ……………………………………………本团演员
演奏、合唱 …………………………………本团乐队　合唱队
领　唱 ……………………………………………孙士藻　杨亚萍
舞　蹈 ………………………………解放军艺术学院舞蹈系学员

职员表

舞台监督：林　建
前台主任：潘凌云　冷培厚
后台主任：李　海
导演助理：李　烈
场　　记：李凤书　陈　玲
剧　　务：李　海　尚凤琴　张建平　阎俊茹
舞台管理：刘余善
舞美监制：毛信科
排练伴奏：钱致文　徐　卫　洪　夏　冯德新　郭祥顺　鲍　芳
合唱排练：温玉泽　张汝正
化　　妆：韩淑珍
音响指导：袁湛泉
音响效果：王继臣
绘　　景：吴锡宝　谭铁志　臧　虹
灯　　光：张允华　翟永强　刘　钰
装　　置：吴运杰　李文进　孙振业
服　　装：毕晓霞

中国人民解放军总政治部歌剧团演出

协作演出单位：总政治部歌舞团
解放军艺术学院
沈阳军区前进歌舞团
南京军区前线歌舞团
空军政治部文工团

纪念双拥五十周年文艺晚会在京举行

解放军报北京 1993 年 1 月 18 日讯：1 月 18 日，北京中国剧院内，军民联欢，喜气洋洋。一组《心连心》大联唱，引得全场几代人心情激荡，击节称赏。由全国双拥领导小组、中华人民共和国民政部、中国人民解放军总政治部、中央电视台联合举办的《正月里来唱新春》文艺晚会，将纪念双拥运动五十周年的活动推向了最新高潮。

党和国家领导人江泽民、李鹏、万里、李瑞环、刘华清、胡锦涛、李铁映、丁关根、邹家华、温家宝、张震、任建新、秦基伟等和首都 1000 多军民一起兴致勃勃地观看了演出。

全国双拥领导小组组长陈俊生，民政部部长崔乃夫，总政治部主任于永波，广电部部长艾知生等国务院部委，解放军三总部及各大单位、武警总部、人民团体的负责人也出席了晚会。

122 盏大红灯笼将舞台装扮得喜庆、热烈，烘托出了浓郁的节日气氛，开场歌舞《咱们的大秧歌》和《送红军》使人们深情地回忆起红军时期就开始的军民鱼水之情，再现了延安宝塔山下拥政爱民、拥军优属活动。《特区回旋曲》更展示了当今的改革大潮中军民并肩建设现代化的动人场面。这台由中国人民解放军陆海空三军文艺工作者创作并演出的节目，以精彩纷呈的舞蹈、歌曲、京剧、小品、杂技等艺术形式表现了半个世纪来军爱民、民拥军的深情厚谊；特别体现了邓小平南方谈话和党的十四大胜利召开以来军民共建社会主义现代化宏伟事业的丰功伟绩，军队优秀艺术家的精彩表演，博得了全场观众阵阵掌声。

演出结束后，江泽民、李鹏、万里、李瑞环、刘华清、胡锦涛等登上舞台同演员握手、合影，祝贺演出成功，台上台下更是一片欢声笑语。

正月里来唱新春

民政部、总政治部、中央电视台 1993 年春节双拥晚会纪实

翔　翔

锣鼓响，秧歌起，彩旗舞。

春节前夕，首都中国剧院焕然一新。由民政部、总政治部、中央电视台联合举办的双拥晚会，正在这里隆重举行。

这是首都军民难忘的一天，党、国家和军队的领导同志江泽民、李鹏、万里、李瑞环、刘华清等和首都军民一起观看演出，共同纪念双拥活动五十周年，庆祝中国人民传统节日的到来。

想当年，乡亲十里长相送，山路弯弯情切切；更难忘，为了将士御寒衣，纺车悠悠意绵绵；战淮海，百万民工披星戴月，车轮滚滚；过长江，万艘民船前赴后继，风帆猎猎。

悠扬的乐曲声中，杭天琪、宋祖英、毛阿敏相继登台演唱了《送红军》《纺车谣》《大车轮》等歌曲。歌声表现了广大人民群众为人民子弟兵所作出的巨大贡献和牺牲，抒发了不论在炮火连天的战场，还是在后方大生产运动中，军民团结一致，同心协力共同战斗的意志感情。京剧演员朱宝光、刘莉莉演唱的京剧《沙家浜》选段，更把观众的思绪引向了烽火绵绵的战争岁月。

战争年代，杀敌上前线，民拥军，民也是军；如今建设新生活，军助民，军也是民；五色斑斓改革风情画中几多军人身影，八音管弦开放回旋曲中如许战士豪情。

保卫祖国，建设祖国，是和平时期我军的崇高使命。舞蹈《特区回旋曲》以时代的节奏、欢快的舞姿，展现了我军官兵投身改革开放大潮的勃勃英姿。郁钧剑演唱的《我把太阳迎进祖国》、董文华演唱的《长城长》以及舞蹈《花开四季》，以抒情的歌声和柔美的舞姿，歌颂了祖国的大好河山，抒发了广大军民热爱祖国、向往未来的豪情壮志。由黄宏、魏积安表演的小品《小站》，以幽默风趣的语言和感人的细节，歌颂了我军女军人投身部队事业的忘我精神。真是：军民共建之乡北国南疆八方锦绣，改革开放之年春兰秋菊四季花香。

雄鸡呼唤着奋起，春潮涌动着机遇。

扬起时代的风帆，迎接新世纪的太阳。

邓小平同志视察南方引来东风万里，党的十四大指明胜利航程。由阎维文、彭丽媛演唱的《红叶寄情》《共同拥有》，以深挚的感情，歌颂了军人和亲属为国防事业共同作出奉献的崇高境界。歌舞《风帆·太阳》，以宏大的气魄和崭新的舞蹈语汇，表现了汹涌澎湃的改革大潮和历史大趋势。晚会在大联唱《心连心》中走向高潮。驻京部队文艺团体的众多歌唱家杭天琪、程桂兰、熊卿材、梦鸽、李双江、赵静、秦鲁锋、董文华、毛阿敏等演唱的《请茶歌》《红星歌》《边疆是我温暖的家》等，打破习惯性的舞台空间，采取大胆创新的音乐、舞美和灯光手段，唤起了人们对过去历史的回忆、对双拥活动的展望。

今夕爆竹辞旧岁，明朝金鸡报新春。

五十个秋啊五十个春，五十年的故事唱不尽。

晚会在歌舞《父老乡亲》中走向尾声，上百名少年舞蹈演员、部队文艺工作者，或手捧鲜花、或手舞彩旗，在彭丽媛的领唱中且歌且舞，歌颂着晚会的一个鲜明主题：同呼吸、共命运、心连心。

节目单

1993年军民迎新春文艺晚会

《正月里来唱新春》节目单

一、歌舞《咱们的大秧歌》

编舞：张继钢　**作曲**：江镇宁

领唱：梦　鸽　王　岩　**表演**：全体歌舞演员

二、歌舞《送红军》

编舞：刘　英　**作曲**：张乃诚　**演唱**：杭天琪

三、女声独唱《纺车谣》

作词：赵大鸣　**作曲**：郭洪钧　**演唱**：宋祖英

四、女声独唱《大车轮》

作词：贺东久　**作曲**：孟庆云　**演唱**：毛阿敏

五、京剧《沙家浜》选段（现代京剧选段）

演唱：朱宝光　刘莉莉

六、男声独唱《这话听着亲》

作词：王晓岭　**作曲**：杨林华　**演唱**：刘　斌

七、舞蹈《特区回旋曲》

编舞：刘　英　**作曲**：陈翔宇　**表演**：全体舞蹈演员

八、男声独唱《我把太阳迎进祖国》

作词：胡世宗　郁钧剑　**作曲**：士　心

演唱：郁钧剑

九、女声独唱《长城长》

作词：阎　肃　**作曲**：孟庆云　**演唱**：董文华

十、小品《小站》

编剧：黄　宏　徐小帆　王铁虎

表演：黄　宏　魏积安

十一、舞蹈《花开四季》

编舞：刘　英　**作曲**：宝　玉　季　承

表演：张晓梅　臧　丽等

十二、男声独唱《红叶寄情》

作词：贺东久　**作曲**：孟庆云　**演唱**：阎维文

十三、女声独唱《共同拥有》

作词：贺东久　**作曲**：刘　青　**演唱**：彭丽媛

十四、歌舞《风帆·太阳》

编舞：大　齐　**作词**：赵大鸣　贺东久

作曲：士　心　**表演**：沈培艺　郭　峰等

十五、杂技《女子大跳板》

编导：宁根源　罗宝山　蔡荣华

表演：杨　冬　伍　莺　贾　娟　李亚萍　肖　蕾等

十六、大联唱《心连心》优秀曲目

编曲：臧云飞

1. 军民团结一家亲　**演唱**：杭天琪
2. 请茶歌　**演唱**：程桂兰
3. 红星歌　**童声合唱**
4. 二月里来　**演唱**：梅　华　白　雪
5. 军队和老百姓　**演唱**：熊卿材
6. 大红枣　**演唱**：梦　鸽
7. 解放区的天　**演唱**：李双江
8. 解放军同志请你停一停　**演唱**：李丹阳
9. 心中的歌献给解放军　**演唱**：赵　静
10. 骏马奔腾保边疆　**演唱**：秦鲁锋
11. 边疆的泉水清又纯　**演唱**：董文华
12. 边疆是我温暖的家　**演唱**：毛阿敏

十七、终曲——歌舞《父老乡亲》

演唱：彭丽媛与合唱队　全体舞蹈演员

演出单位：总政治部歌舞团　总政治部歌剧团

八一话剧团　解放军军乐团

海军政治部歌舞团　空军政治部文工团

第二炮兵政治部文工团　北京军区政治部战友歌舞团

北京军区政治部战友京剧团　南京军区政治部前线歌舞团

广州军区政治部战士杂技团　中国剧院

总 导 演：孙加保

舞台总监：刘　英

报幕词撰写：袁厚春　李幼容　赵大鸣

节目主持：刘小娜　司晓红　安　华

舞台监督：林正培　李云龙　张　良

乐队指挥：郑　健　桑叶松　刘云厚

舞美设计：樊　跃　毕起亮

灯光设计：沙晓岚

服装设计：宋　立　姜小明

舞美管理：段京飞

舞台管理：毛永顺

音　　响：吕国成　任小兵　王盛唐　王继臣

灯光管理：黄绍武　张仕聪　秦良亭　雷书道　赵培明

电 脑 灯：杨卫东　谢家富　王永增

舞美装置：张心玉　朱宜庄

吊　　杆：葛双赵　马明朝

机械舞台：姜　滨　吕克杰

追　　光：吴力力　王宝成

道　　具：曹志平

美　　工：刘朝晖　季宏敏

服装制作：李立宪　黄美娟

音乐制作：黄　毅　吴志文

字幕操作：王　超　张晓东

前台主任：林　建

后台主任：郑仁龙　张永泉　崔纪森

《又是春风满人间》——1994年军民迎新春文艺晚会

迎新春　庆胜利　唱团结　向未来

军民迎新春文艺晚会在京举行

解放军报北京1994年2月5日讯：又是春风满人间。由全国双拥工作领导小组、民政部、广播电影电视部和总政治部联合举办的1994年军民迎新春文艺晚会，今天在中国剧院隆重举行。江泽民、李瑞环、刘华清、胡锦涛等党、国家和军队领导同志与来自全国各地的爱民英雄、拥军模范代表以及首都军民观看了演出。

出席晚会的还有：李岚清、钱其琛、尉健行、王汉斌、张震、任建新、倪志福、李锡铭、迟浩田、李贵鲜、彭珮云、罗干、洪学智、张万年、于永波、傅全有等。

彩旗、宫灯、霓虹管，将节日的中国剧院装饰得面貌一新、博大辉煌。江泽民等党、国家和军队领导同志，在这里和军内外各界人士共庆中国人民的传统节日。

今年的军民迎新春晚会，以浓墨重彩表达了迎新春、庆胜利、唱团结、向未来的主旨，热情讴歌全军干部战士认真贯彻邓小平同志新时期军队建设思想和江主席提出的军队建设总要求，建设现代化正规化革命军队的昂扬斗志和奉献精神，深情颂扬军爱民、民拥军、军民鱼水相依的深情厚谊，生动展现了全国军民在党的十四大和十四届三中全会精神鼓舞下，加快改革开放步伐，满怀信心迈向新世纪的精神风貌。晚会会集了全军创作和表演的优秀人才。浓郁的民族特色和高雅的艺术品位，使观众无不欢欣鼓舞。歌舞《爱情湖畔》，舞蹈《绢花迎春》《腾飞》等以优美、欢腾的舞姿歌颂了军民团结如一人的鱼水深情；歌曲《祖国，我与你同行》《人民军队忠于党》等歌颂了我军指战员沿着革命化现代化正规化道路奋勇向前的勃勃英姿；小品《水中情》《夜练》等歌颂了边防战士为祖国为人民的无私奉献精神。晚会以大型歌舞《彩虹，通向新世纪》为压轴节目，辉煌的场面，激越的旋律，新颖的舞美设计，表达了全国军民紧密团结在以江泽民同志为核心的党中央周围，按照邓小平同志建设有中国特色的社会主义理论，艰苦创业，继往开来，阔步走向21世纪的豪迈气概。

江泽民等领导同志兴致勃勃地观看了演出，对一些节目给予高度评价。演到高潮处，江总书记高兴地竖起大拇指，坐在旁边的李瑞环、刘华清等领导同志发出会心的笑声。演出结束后，江泽民、李瑞环、刘华清、胡锦涛等领导同志上台与演职人员亲切握手，祝贺演出成功，并和大家合影留念。

观看演出的还有中央和国家机关有关部门、解放军三总部、驻京部队各大单位、武警部队的领导同志。

卞　振　陈大鹏

迎来春风满人间

1994年军民迎新春文艺晚会纪实

陈大鹏

迎新春的中国剧院，张灯结彩，披红挂绿。由全国双拥工作领导小组、民政部、广电部和总政治部联合主办的1994年军民迎新春文艺晚会在这里隆重举行。

晚会在欢快的传统民族乐曲《阿细跳月》中拉开序幕，年轻英俊的战士和身穿傣族服装的姑娘边舞边打鼓，共庆新一年的来临。台上台下，音乐、舞蹈，汇成欢乐、祥和的节日气氛。

“在这春满人间，万家团圆的时刻，我们更加思念那些日夜守卫在祖国的边海防，把青春献给祖国、献给人民的解放军和武警指战员……”晚会主持人彭丽媛、阎维文、宋祖英以深情的话语引出了由刘斌、李丹阳、韩芝萍、孙丽英演唱的一组双拥歌舞：《爱情湖畔》《边寨春曲》《星星河边》《洗衣新歌》。

一滴水可以映出大海的波澜。由赵亮、唐静、王强演出的小品《水中情》，通过地方演员到海岛连队慰问演出，为水而引起的一连串误会，巧妙歌颂了边海防战士的无私奉献精神和人民对子弟兵的鱼水深情。著名柳琴演奏家王红艺，以一曲《十五的月亮》献给那些坚守在保卫祖国、建设祖国岗位上不能回家过年的朋友。缕缕琴声，仿佛是亲人向远方的干部战士娓娓诉说。

浩荡的东风，鼓起民族振兴的翅膀；改革开放的大潮，更加波澜壮阔。舞蹈《腾飞》，敲响着祖国前进的鼓点。象征雄鹰的战士，迈开豪壮的步伐，搏击长空，我们伟大的祖国，展翅腾飞。

服装绿，战旗红，是军营鲜亮的色彩；脚步铿锵，歌声嘹亮，是士兵特有的旋律。崔守利、刘云厚等合唱的《士兵的旋律》，唱出了奋发向上、团结战斗的力量。

春来了。艳阳高照，冰雪消融，流水欢歌，百花盛开。舞蹈《绢花迎春》中手持五彩手绢的姑娘们边跳边舞，彩绢变化出绚丽多姿的图景，把人们带进了春天的喜悦之中。组歌舞《春风里的歌》，如诗如画，别有一番风味。刘敏的独舞，犹如春天里的一股清风；宋祖英、杨洪基、周灵燕、阎维文、彭丽媛的歌声，则像春天的脚步，扣动着人们的心。

在全国“新苗杯”杂技比赛中获金奖的小武术《向太阳》，是一个精彩的高品位节目。它将高难技巧与现代舞蹈、音乐、舞美语汇融成一体，创造出激动人心的艺术境界，令人振奋。黄宏、魏积安的小品《夜练》，通过两个老汉到军营看望儿子引出的一段故事，表达了人民对子弟兵的深情厚谊，剧中的误会巧合令人不时开怀大笑，又不禁为其中的挚情挚爱而动容。

晚会以大型歌舞《彩虹，通向新世纪》压轴，150余名舞蹈演员翩翩起舞，200人的男、女战士合唱队引吭高歌，程志、王秀芬的领唱声若洪钟，气势宏伟。七条彩虹横贯整个舞台，犹如通向新世纪的桥梁。此时，全场上下沸腾起来，回响着一个时代的强音，紧密团结在党中央周围，为祖国的腾飞、为军队的强大阔步前进！

节目单

1994年军民迎新春文艺晚会

《又是春风满人间》节目单

节目主持人：彭丽媛　阎维文　宋祖英
序　　　幕：军民大团结舞
编　　　导：邓　林　段若玉
音 乐 编 配：陈春光　孟宪斌

一、双拥歌舞
音乐编配：杜　鸣　陈永信
1. 爱情湖畔
作词：瞿　琮　**作曲**：王祖皆　张卓娅
编舞：张晓芯　**演唱**：刘　斌
2. 边寨春曲
作词：高　峻　**作曲**：王和声
编舞：曹　平　**演唱**：李丹阳
3. 星星河边
作词：瞿　琮　**作曲**：王祖皆　张卓娅
编舞：邓锐斌　**演唱**：韩芝萍
4. 洗衣新歌
作词：李俊琛　**作曲**：罗念一
编舞：佘大鸣　**演唱**：孙丽英

二、小品：**水中情**
编剧：姜若瑾　**导演**：冯继唐
表演：赵　亮　唐　静　王　强

三、柳琴独奏：**十五的月亮**
作曲：铁　源　徐锡宜　**编曲**：王惠然
指挥：郑　健　**演奏**：王红艺

四、女声独唱：**祖国，我与你同行**
作词：晓　岭　**作曲**：孟庆云
演唱：董文华　**乐队指挥**：郑　健

五、舞蹈：**腾飞**
编导：刘　英　**作曲**：郭鼎立
表演：刘　波　孙育鹏　陈　庆等

六、联唱：士兵的旋律

音乐编配：臧云飞　陈春光　郭洪钧

合唱排练：刘云厚　崔守利

舞蹈编导：姜　刚　高　山

1. 人民军队忠于党

作词：张永枚　　**作曲**：肖　民

演唱：佟铁鑫

2. 打靶归来

作词：牛宝源　王永泉　　**作曲**：王永泉

演唱：栾荣国　孙伟国　赵景春

3. 当兵的历史

作词：李　峰　　**作曲**：印　青

演唱：杭天琪　蔡国庆

4. 战友之歌

作词：刘苗鑫　杜　奇　　**作曲**：杜兴成

演唱：郁钧剑

5. 军民团结向前进

作词：陈克正　高　峻　　**作曲**：晓　河

演唱：熊卿材

合唱：北京卫戍区仪仗大队合唱队

解放军北京医学高等专科学校合唱队

七、舞蹈：绢花迎春

编导：门文元　乔　良　　**作曲**：高　扬　高大林

表演：陆　岩等

八、组歌舞：春风里的歌

音乐编配：杜　鸣　　**编导**：邢时苗

引子　春姑娘

音乐制作：孟宪斌　　**表演**：刘　敏

1. 春风

作词：万九如　　**作曲**：王锡仁

演唱：宋祖英

2. 江海汉子

作词：陈亦兵　　**作曲**：印　青

演唱：杨洪基

3. 哨风铃

作词：瞿　琮　陈步春　　**作曲**：杜　鸣

演唱：周灵燕

九、男声独唱：故乡

作词：马连义　　**作曲**：张乃诚

演唱：阎维文　　**乐队指挥**：刘　森

十、女声独唱：黄河魂黄土情

作词：贺东久　　**作曲**：王惠然

演唱：彭丽媛　　**乐队指挥**：刘　森

十一、杂技小武术：向太阳

编导：游险峰　李　华　高素琴　　**作曲**：杜　鸣

表演：张　喜　李　勇　胡　亮　宋兆宇　黄　维　朱　付

十二、小品：夜练

编剧：小　帆　振　斌　亦　兵　黄　宏

导演：王　群　　**表演**：黄　宏　魏积安

十三、大型歌舞：彩虹，通向新世纪

作词：贺东久　　**作曲**：丁晓里　范伟强

编导：张继钢　　**领唱**：王秀芬　程　志

领舞：汪　洋　黄　英

演出单位：总政治部歌舞团

总政治部话剧团

北京军区政治部歌舞团

济南军区政治部歌舞团

广州军区政治部杂技团

海军政治部话剧团

空军政治部话剧团

解放军艺术学院

解放军北京医学高等专科学校合唱队

中国剧院

总政治部歌剧团

解放军军乐团

沈阳军区政治部歌舞团

广州军区政治部歌舞团

海军政治部话舞团

空军政治部歌舞团

第二炮兵政治部歌舞团

北京卫戍区仪仗大队合唱队

35201 部队业余演出队

策　　划：瞿　琮　郑邦玉　袁厚春

总 导 演：刘　英

舞蹈统筹：张继钢

音乐统筹：孟宪斌

歌词统筹：王晓岭

小品统筹：郑邦玉　陈亦兵

撰　　稿：田　泉　赵大鸣

舞美设计：樊　跃　刘和平

灯光设计：沙晓岚

服装设计：宋　立　李丹莉　姜小明　吴　伟　李　力
陈淑贞　程眉承

舞台监制：车得栽

舞台监督：张　良　李云龙

前台主任：申若东　王未名　刘炽炎　王照成

后台主任：林　建　郑仁龙

舞台管理：段京飞　毛永顺　许良好

场　　务：崔秀华　诸慧君　庄西安　高继强　杨长启
何　畏　孔志军

电 脑 灯：杨卫东

灯　　光：张仕聪　秦良亭　赵培明　陈　绪　袁先华

音　　响：吕国成　任小兵　王盛堂

录　　音：吴致文　黄　毅

化　　妆：隋　颖　米毓惠

道　　具：曹志平　谭　征

字　　幕：张晓东

舞台装具管理：总政歌舞团舞美队
总政话剧团舞美队
中国剧院技术组

《春天与我们同行》——1995 年军民迎新春文艺晚会

高唱鱼水深情　讴歌伟大祖国

首都军民1995年迎新春晚会欢快热烈

江泽民、李鹏、乔石、李瑞环、刘华清、胡锦涛等领导同志出席

解放军报北京1995年1月26日讯：军民携手喜迎佳节，鱼水欢歌情深意长。由全国双拥工作领导小组、民政部、广播电影电视部、总政治部联合举办的文艺晚会《春天与我们同行》，今晚在中国剧院隆重举行。党和国家领导人江泽民、李鹏、乔石、李瑞环、刘华清、胡锦涛，与1000多名首都军民欢聚一堂，喜迎新春。

披上节日盛装的中国剧院张灯结彩，充满了热烈、欢庆的气氛。晚7时40分，当江泽民等领导同志来到晚会会场时，全场响起了热烈掌声。大幕初启，随着欢快的民族吹打乐、军乐声，舞台上相继出现欢腾的舞狮和耍龙灯。由阎维文、李丹阳、蔡国庆等演唱的《除夕夜》《遥远的拜年》《行一个军礼》等，表达了全军将士对祖国、对战斗在祖国各条战线的广大人民的深深的祝福。一组男女对唱联唱《送郎当红军》《九九艳阳天》《月亮走我也走》《十五的月亮·望星空》，歌颂了军民之间连绵不断的鱼水之情。舞台写真表演《军嫂的故事》，把韩素云爱国拥军先进群体的动人事迹浓缩，艺术地展现在舞台上，使在场的许多观众感动得流下了热泪。舞台上的表演结束后，真实的军嫂韩素云及先进群体报告团成员走上舞台和大家见面，这时，场内响起经久不息的掌声，表达了广大观众对军嫂韩素云的崇高敬意。由董文华、熊卿材、范琳琳演唱的组歌《共和国的步伐》，是歌唱祖国、歌唱改革开放的颂歌，演员们深情的演唱，把观众的思绪带向了祖国美好的未来。

这台晚会歌颂了改革开放以来的大好形势，讴歌了军民鱼水深情，反映了部队指战员们的精神风貌。晚会追求高雅、庄重、欢庆的艺术氛围，出现了一批思想性、艺术性俱佳的好作品。柳琴与二胡重奏《绿了江南》、舞蹈《绿叶》《沸腾的交响》以浓墨重彩歌颂了万象更新的祖国新面貌。由72名12岁的小学员演出的舞蹈《陆地·海洋·天空》以及男声合唱《当兵的人》《争创先进连队之歌》，以崭新的舞蹈语汇和高昂雄壮的歌声，展现了三军将士的勃勃英姿。晚会上的两个小品《正步走》《俺爹来特区》，寓庄于谐，内容新颖，令人捧腹又回味无穷。晚会在彭丽媛领唱的歌舞《中国 走向辉煌》中结束，穿着56个民族服装的各族军民携手并肩，高唱颂歌走向舞台，表现了亿万军民在以江泽民同志为核心的党中央领导下昂首阔步、不断进取的坚定信心。

晚会结束后，江泽民、李鹏等领导同志走上舞台和演员亲切握手，祝贺演出成功，并和大家合影留念。

出席今天晚会的还有中央、国家机关有关部门，三总部、驻京部队各大单位及武警部队，北京市的领导同志。

陈大鹏

铁马金戈迎春来

文艺晚会《春天与我们同行》观后

小　英　大　鹏

春天，是一年四季中最美好的季节，它象征着生命，象征着美好的未来。由全国双拥工作领导小组、民政部、广播电影电视部、总政治部联合举办的庆祝春节、歌颂双拥的文艺晚会《春天与我们同行》，正是以这样的题旨，展现在亿万观众面前。

追求思想性与艺术性、观赏性的高度统一，寓德于美，寓庄于谐，使人在轻松优美的艺术享受中，感悟到强烈的时代精神和催人奋进的力量，是这台晚会的一个最突出的特点。总政交响乐团和总政合唱团以气势夺人的男声合唱和伴奏，展现了人民军队的英武豪迈、阳刚雄健；由72名12岁男女小兵表演的舞蹈操《陆地·海洋·天空》，以整齐、迅速的手臂动作和服饰变化，组成奇异的舞台视觉画面，出神入化地表现了三军将士的勃勃英姿。大型歌舞《中国 走向辉煌》，营造出祖国各族军民欢腾而充满生气的艺术氛围。

世界上没有一个国家的军队像中国一样和人民永远保持着鱼水般的亲情。从阎维文的《除夕夜》到李丹阳的《遥远的拜年》，情感真挚地表现了除夕之夜，为祖国和人民的安宁与幸福而驻守海边防的战士们，对祖国、人民、家乡、亲人的衷心祝福和思念；从《送郎当红军》《月亮走我也走》到《十五的月亮》等脍炙人口的传统歌曲，经过富有新意的舞美灯光和具有时代特点的配器，艺术地传达了从历史到今天军与民之间亲如一家、水乳交融之情。晚会充满激情与创意地精心编演的舞台写真表演《军嫂的故事》，是一个从形式到内容都有新意的节目。编创者不囿于广大观众已经熟悉的韩素云事迹的局限，生动表现了拥军爱国作奉献的好军嫂的高尚情操和人民群众对军嫂的深情厚谊，震撼人心，催人泪下。

追求高雅、庄重、欢庆的艺术情调，是这台晚会的另一个特点。双拥晚会年年搞，如何使晚会既有时代气息又让观众爱看、耐看？这是摆在主创人员面前的一大难题。主创人员不拘一格地把多种艺术形式有机结合起来，创造了崭新的舞台形象和综合艺术效应。既有歌曲和舞蹈，又有小品和诗朗诵，还增加了杂技节目。开场的民族吹打乐和军乐糅合在一起，使传统的吹打乐增加了艺术力度，赋予了鲜明的时代感，让人耳目一新。类似的综合式舞台表现手段，在晚会中不断出现。器乐与舞蹈相结合的《柳琴与二胡——绿了江南》；诗、乐、舞三位一体的《绿叶》，打破往常节目艺术手法的单一，将舞美、灯光、表演等形式有机结合在一起，产生了多层次的艺术效果。晚会上的两个小品引人入胜，是近几年小品创作中不可多得的佳作。黄宏和赵亮表演的小品《俺爹来特区》，内容新颖、时代特色鲜明，在严肃的军事题材中令人捧腹。新近入伍的喜剧演员郭达的表演，令人忍俊不禁，回味无穷。晚会在串联形式上采用对联的手法，也是众多晚会上不多见的。这些从全军广泛征集选择的新春联，作为整场晚会穿针引线的脉络，提高了观众的参与性，也使晚会在节目之间的空隙有着趣味横生的内容表现和深厚的文化意蕴。

节目单

1995年军民迎新春文艺晚会

《春天与我们同行》节目单

节目主持人：郁钧剑　刘小娜　司晓红

序：民族吹打乐与军乐合奏《迎春鼓乐》

作曲：王和声　王惠然

指挥：王惠然

一、男声独唱《除夕夜》

作词：瞿　琮　晓　岭　**作曲**：臧云飞

编舞：邢时苗　**演唱**：阎维文

伴舞：刘晓栋　姜　华等

二、女声独唱《遥远的拜年》

作词：石顺义　**作曲**：王祖皆

编舞：张小芯　**演唱**：李丹阳

伴舞：赵　霞　胡艳萍等

三、男声独唱《行一个军礼》

作词：瞿　琮　**作曲**：臧云飞

编舞：刘　英　**演唱**：蔡国庆

伴舞：刘　波　高　峰等

四、小品《正步走》

编剧：李立山　王根利　李文启

导演：李文启　**表演**：郭　达　施展展

五、男女对唱联唱《情深谊长》

1.《送郎当红军》（革命传统歌曲）

编配：陈春光　**编舞**：左　青　王　艳

演唱：梦　鸽　孙伟国　**伴舞**：郭　清　郭敬东等

2.《九九艳阳天》

作词：胡石言　黄宗江　**作曲**：高如星

编配：陈春光　**编舞**：左　青　王　艳

演唱：于文华　赵景春　**伴舞**：王　燕　夏小虎等

3.《月亮走我也走》

作词：瞿　琮　　**作曲**：胡积英

编配：陈春光　　**编舞**：王　艳　左　青

演唱：白　雪　陈小涛　　**伴舞**：周　敏　白　卓等

4.《十五的月亮 · 望星空》

作词：石　祥　　**作曲**：铁　源　徐锡宜

编配：陈春光　　**编舞**：王　艳　左　青

演唱：张华敏　戴玉强　　**伴舞**：张文联　刘　勇等

六、舞台写真表演《军嫂的故事》

作词：王焰珍　郑振环　　**导演**：惠　彬　王　群

表演：温玉娟　林达信　宋春丽　马红鹰　刘润成　周立国等

七、女声独唱《人间有真情》

作词：赵大鸣　　**作曲**：张乃诚　张卓娅

演唱：宋祖英

八、小兵舞蹈操《陆地 · 海洋 · 天空》

编导：张继钢　段若玉　　**作曲**：臧云飞

作词：赵大鸣

表演：解放军艺术学院舞蹈系学员

九、舞蹈《绿叶》

编导：邢时苗　刘　英　　**作曲**：郭鼎立

配诗：周　涛　屈　塬　　**朗诵**：彭丽媛

表演：王海洋　臧　莉等

十、男声合唱

1.《当兵的人》

作词：王晓岭　　**作曲**：臧云飞　刘　斌

2.《争创先进连队之歌》

作词：集体　　**作曲**：孟庆云

演唱：解放军合唱团　　**伴奏**：总政交响乐团

指挥：刘云厚　　**领唱**：张积民

十一、柳琴与二胡《绿了江南》

作曲：王惠然　　**柳琴演奏**：王红艺

二胡演奏：陈　军　　**编舞**：左　青　王　艳

伴舞：王　红等

十二、组歌《共和国的步伐》

1. 女声独唱《春天的故事》

作词：蒋开儒　叶旭全　　**作曲**：王佑贵

编舞：刘　英　　**演唱**：董文华

伴舞：夏春菊　梁　虹等

2. 男声独唱《京九铁路赞美诗》

作词：李幼容　　**作曲**：丁晓里

演唱：熊卿材

3. 女声独唱《编织明天的彩虹》

作词：贺东久　　**作曲**：孟庆云

编舞：邢时苗　张小芯　　**演唱**：范琳琳

伴舞：杜　娜　李冰心等

十三、舞蹈《沸腾的交响》

编导：张小芯　　**作曲**：杜　鸣

表演：杜大壮　杨　庆等

十四、小品《俺爹来特区》

编剧：小　帆　铁　虎　振　斌　亦　兵　黄　宏

导演：王　群　　**表演**：黄　宏　赵　亮

十五、歌舞《中国 走向辉煌》

作词：瞿　琮　　**作曲**：孟宪斌　杜　鸣

编导：邢时苗　　**演唱**：彭丽媛

舞蹈表演：夏小虎　刘圆圆等

演出单位：
总政治部歌舞团
总政治部歌剧团
总政治部话剧团
解放军军乐团
解放军艺术学院
八一电影制片厂
海军政治部歌舞团
空军政治部歌舞团
空军政治部话剧团
第二炮兵政治部歌舞团
北京军区政治部歌舞团
北京军区政治部京剧团
济南军区政治部歌舞团
成都军区政治部话剧团
中国剧院

策　划：瞿　琮　郑振环　袁厚春

总导演：刘　英

舞蹈统筹：左　青

音乐统筹：臧云飞　孟宪斌

歌词统筹：李幼容

小品统筹：王　群　王铁虎

撰　稿：赵大鸣　屈　塬

舞美设计：樊　跃　佘景新　田力维　王　震　刘朝辉

灯光设计：沙晓岚

服装设计：宋　立　李　力　吴　伟　惠　静

舞台监制：郑仁龙　陈　绪　毕启亮

舞台监督：李云龙

前台主任：申若东　刘炽炎　陈伟能

后台主任：王照成　李　社　毕义茂

舞台管理：许良好　毛永顺　朱宜庄

场　务：王　静　诸惠君　林正培　高继强　冷定辉　初国良　庄西安

灯　光：张仕聪　黄绍武　雷书道　秦良亭　赵培明　刘小鹿　王军平

电脑灯：杨卫东

追　光：吴力力　蒋建升

音　响：吕国成　任晓兵　窦　军　王胜堂　李　涛　寇　淳

录　音：吴志文

服　装：姜小明　李立宪　黄美娟

道　具：曹志平

装　置：张心玉　葛双起　马明朝　王鹏飞　姜　滨　姜春荣
王安平　徐　旭　李文灿　李宇清

字　幕：张晓东　王　超

《祖国永远是春天》——1996年军民迎新春文艺晚会

同唱鱼水深情　共颂伟大祖国

军民迎新春文艺晚会精彩纷呈

江泽民、李瑞环、朱镕基、刘华清、胡锦涛等党和国家领导人出席

解放军报2月14日讯：在欢庆"八五"成就，满怀信心迈向"九五"计划和新世纪目标之际，我国军民迎来新春佳节。今天，中共中央总书记、国家主席、中央军委主席江泽民和李瑞环、朱镕基、刘华清、胡锦涛等党和国家领导人，在中国剧院观看军民迎新春文艺晚会《祖国永远是春天》，与首都军民欢聚一堂，喜迎新春。

出席今天文艺晚会的党、国家和军队的领导同志还有：丁关根、李铁映、姜春云、尉健行、张震、张万年、迟浩田、任建新、王光英、布赫、罗干、朱光亚、傅全有、于永波、王克等。

今天，高高挂起的大红灯笼和色彩斑斓的霓虹灯，把中国剧院装饰一新，参加晚会的军民沉浸在一片欢乐、祥和的节日气氛之中。

这台由全国双拥工作领导小组、民政部、广播电影电视部和总政治部联合举办的1996年军民迎新春文艺晚会，分"鱼水欢歌""军徽闪亮""多彩的花季"三场，通过歌舞、小品、杂技等多种艺术形式，抒发了军民之间源远流长的鱼水情谊和人民军队意气风发建设现代化的壮志豪情，展现了我国人民欢庆"八五"成就，满怀信心向着"九五"计划和跨世纪目标迈进的精神风貌；体现了我国社会主义现代化事业犹如春天一样永远生机勃发的深刻意蕴。整个演出表达了全国军民在以江泽民同志为核心的党中央和中央军委的领导下，努力建设社会主义现代化宏伟大业的坚定信念和热爱党热爱祖国的真实感情。

这台晚会会集了全军各文艺团体的优秀创作和表演人才，彭丽媛、董文华、阎维文、郁钧剑、宋祖英、韩芝萍、刘斌、程桂兰、吕继宏、黄宏、郭达等竞相献艺。《金珠玛米亚古都》《吐鲁番的葡萄熟了》等人们熟悉的歌曲和舞蹈，洋溢着军民鱼水之情；战士自己表演的《战士的周末》和《军营小唱》等反映了火热的军营生活；《三峡交响》《浦江之夜》等展现改革开放的宏伟画卷；小品《歪打正着》和杂技《欢乐的边寨》《银色畅想》等立意新颖，妙趣横生，演员的精彩表演博得大家的热烈掌声。

演出结束后，江泽民等党和国家领导人高兴地走上舞台，和演员们亲切握手，祝贺演出成功。

观看演出的还有中央、国家有关部门和北京市的领导同志。

王文杰　陈大鹏

祖国永远是春天

——观 1996 年军民迎新春文艺晚会

闻 毅

在新春佳节来临之际，由全国双拥工作领导小组、民政部、广播电影电视部和总政治部联合举办的庆祝春节、歌颂双拥的文艺晚会，即将推上舞台和电视屏幕。

今年双拥晚会的题目为《祖国永远是春天》，其内容主要表现全国军民在以江泽民同志为核心的党中央和中央军委的领导下，团结一致共同奋斗，努力建设社会主义现代化宏伟大业的坚定信念，热爱党热爱祖国的美好情感；反映我们的社会主义现代化事业有如春天一样永远生机勃勃的深刻含义。晚会由一组人们倍感熟悉和亲切的双拥历史歌曲拉开帷幕，并伴之以不同地域和民族特色的舞蹈形式，歌颂了军队和人民之间的鱼水关系，同时也反映了我们的祖国是一个多民族大团结的温暖家庭，人民子弟兵保家卫国的使命感和自豪感也因此而更显突出。多年来为人们喜爱的歌曲，如《金珠玛米亚古都》《吐鲁番的葡萄熟了》，在优美亮丽的新编舞蹈形象的配合表演中，不仅勾起观众对过去美好感情的回忆，而且具有了今天舞台的审美意蕴。

这台晚会在艺术手法上的一个显著特点，是构思独特，格调清新。不少节目不拘一格地把多种艺术形式有机结合起来，创造了崭新的舞台形象和整体效果。尤其在表现部队战士风貌和军营生活一部分中，编导采取了朴素真实的现实主义与抒情的浪漫主义相融合的舞台艺术手段，突出渲染了火热的连队生活气息与士兵的青春风采。比如歌舞表演《战士的周末》《军营小唱》等，其生动活泼的战士群像，潇洒威武的仪仗表演，让人耳目一新。在这组节目中，不仅刻画了我军在新的历史时期把思想政治建设放在首位，注重质量建军的整体形象，而且还通过《水兵难忘》等以近年重大军事活动为背景创作的歌舞新作，突出表现了我军在以江泽民同志为核心的党中央和中央军委的领导下，维护祖国领土完整，完成民族统一大业的坚定信念和钢铁意志。

晚会的第三部分，浓墨重彩地讴歌了我国“八五”期间取得的辉煌成就及跨世纪的宏伟蓝图，展现于舞台的，有鲜花盛开的田野，有奇迹般崛起的西部，有迷人的沿海都市之夜，有遨游太空的银色畅想。尤其值得一提的是，在《三峡交响》音乐舞蹈中，重现了毛泽东、邓小平、江泽民三代领导人亲切而庄严的声音，使晚会平添一种深邃的历史感。这一部分的歌舞，艺术形式缤纷恢宏，其舞台美术设计壮丽开阔，色彩绚丽，气势宏大，给人以深刻的印象。

晚会上优秀的小品、杂技演出，十分引人入胜。此次创作的小品节目，内容新颖，时代特色鲜明，在严肃的军事题材中，创造出了令人捧腹的效果。著名喜剧演员黄宏、郭达和喜剧新秀赵亮、孙涛都参加了演出。由“战士”“战旗”两个杂技团带来的在国内外屡次获奖的精彩杂技，与歌舞交融，给高难技巧赋予了空灵超拔的抒情、写意性。整台晚会演员阵容强大，多种艺术形式精品荟萃，必将为节日期间的首都舞台和电视荧屏增光添彩。

节目单

1996年军民迎新春文艺晚会

《祖国永远是春天》节目单

晚会号角 作曲：孟宪斌

第一场　鱼水欢歌

一、歌舞《双拥秧歌》

作词：李幼容　作曲：丁晓里
编舞：张小芯　苏冬梅　于春仪　魏景英
演唱：刘　斌　韩芝萍
表演：郭敬东　陈捍东　吴　曼　朱　爽等

二、歌舞《吐鲁番的葡萄熟了》

作词：瞿　琮　作曲：施光南
配器：朱嘉禾　编舞：吾买尔
演唱：巴哈尔古丽　领舞：迪里努尔　郭　峰
表演：王　燕　刘红涛等

三、歌舞《金珠玛米　亚古都》

作词：朱　田　作曲：程化栋
配器：朱嘉禾　编舞：苏冬梅
演唱：李丹阳　表演：刘　波　胡　鹰等

四、歌舞《长鼓声声》

作词：王持久　作曲：丁晓里
配器：朱嘉禾　编舞：官美华
演唱：夏春菊　梁　虹等

五、歌舞《我们巡逻在草原上》

作词：瞿　琮　作曲：朱嘉禾
编舞：官美华　苏冬梅　演唱：聂建华
领舞：杨　庆　表演：王　庶　朱山江等

六、杂技《欢乐的边寨》

编导：李西宁　作曲：万　里
表演：熊　鹰　王守博　陈　时等

七、男女双簧《家书》

作者：张振彬　导演：张振彬
表演：刘亚津　童　瑶

第二场　军徽闪亮

八、仪仗表演

作曲：舒永刚　　编导：李福祥

表演：中国人民解放军仪仗大队战士

九、歌舞《军营小唱》

作词：石顺义　　作曲：羊　鸣

配器：贾　麟　　编舞：赵　明

演唱：郁钧剑　　表演：杜大壮　刘晓栋等

十、歌舞《巡逻走在霓虹街》

作词：王晓岭　　作曲：孟庆云

配器：张　伟　　编舞：丁　颖

演唱：屠梅华　张　迈　　表演：范秀林　李晓玲等

十一、歌舞《水兵难忘》

作词：瞿　琮　　作曲：平　远

编舞：赵　明　赵小津　　演唱：王秀芬

表演：王　毅　营　峰等

十二、歌舞《战士的周末》

编导：高　山　朱践为

表演：北京卫戍区 51424 部队战士

1.《爱军习武歌》

作词：王晓岭　瞿　琮　　作曲：王路明

2.《东南西北兵》

作词：刘世新　　作曲：臧云飞

演唱：宋祖英

第三场　多彩的花季

十三、歌舞《祖国正是花季》

作词：胡宏伟　　作曲：杜　鸣

编舞：杨月林　　演唱：董文华

领舞：小米粒　　表演：黄　英　王　静　陶　蕾等

十四、朗诵与舞蹈《三峡交响》

作曲：丁晓里　　编导：邓　林

朗诵：周贵元　车　云　　领舞：沈培艺　黄启成

表演：彭　勃　王宜军等

十五、杂技《银色畅想——献给攀登科技高峰的人们》

杂技编导：许素娥　宁根福　高素琴　孙培利

作曲：杜　鸣　　**舞蹈编排：**姜　钢　沈　伟

表演：洪优凤　汤海燕　王绮文　钟晓杰等

十六、歌舞《西部的崛起》

作词：屈　塬　　**作曲：**孟庆云

配器：张　伟　　**编舞：**李　华　郭　平

演唱：阎维文　　**表演：**孙育鹏　翟卫江等

十七、歌舞《浦江之夜》

作词：陈亦兵　　**作曲：**王祖皆　张卓娅

配器：杜　鸣　　**编舞：**杨　威

演唱：程桂兰　　**表演：**杜永妮　赵　霞等

十八、小品《歪打正着》

编剧：张振彬　李文启　**导演：**李文启

表演：黄　宏　孙　涛　谢　联

十九、《托起明天的辉煌》

作词：屈　塬　　**导演：**张千一

编舞：郭　平　李　华　**演唱：**彭丽媛

表演：曹若冰　孟　可　王　红　蒋　卉　曾繁蓉　张乔梅等

节目主持人：刘小娜　林达信　于紫菲

策　　划：瞿　琮　袁厚春

总 导 演：左　青

音乐统筹：孟宪斌

舞蹈统筹：张继钢　仇　非　李福祥　李　华

小品统筹：王寿仁

文学撰稿：赵大鸣

舞美设计：樊　跃　刘和平

灯光设计：沙晓岚　孙天卫

服装设计：宋　立　姜小明　李　力　李　伟　吴　伟　惠　静　徐　婷　程眉承

舞美总监：车得栽

舞美监制：毕启高　陈　绪

美　　术：王　震　宋刚成　张庆涛　林安康

剧　　务：马永木　张　良　屈　塬　申若东　苏　丛

舞台监督：郑仁龙　李云龙

前台主任：刘炽炎　段京飞　马子玉　李　社

后台主任：诸惠君　孟　薇　王照成　任延龄　杜永妮

舞台管理：毛永顺　许良好

音　　响：任晓兵　吕国成　王胜堂　程景宙　李　涛　寇　淳

灯　　光：张仕聪　黄绍武　雷书道　秦良亭　赵培明　黄　斌
汪晓路　王军平

电 脑 灯：杨卫东

追　　光：吴力力　蒋建升

服装制作：李立宪　黄美娟　陈淑贞　刘丽荣

小品化妆：李丹莉

道　　具：曹志平　谭　征

装　　置：朱宜庄　张心玉　葛双起　马明朝　王鹏飞　王安平
丛国锋　杨贵吉

美　　工：沈庆平　邵　石　迟　萍

机械舞台：姜　滨

字　　幕：张晓东　王　超　马月玲

背景电影：徐　旭　王宝成

参加演出单位：

总政治部歌舞团
总政治部话剧团
空军政治部歌舞团
北京军区政治部战友歌舞团
成都军区政治部战旗杂技团、话剧团
武警政治部文工团
海军“海娃”艺术团
中国人民解放军仪仗大队
中国人民解放军 81043 部队演出队
总政治部歌剧团
海军政治部歌舞团
第二炮兵政治部歌舞团
中国剧院
广州军区政治部战士杂技团
总政“小红星”艺术团
空军“蓝天”艺术团
北京卫戍区 51424 部队
电影资料由八一电影制片厂提供

《春风里　阳光下》——1997 年军民迎新春文艺晚会

首都举行 1997 年军民迎新春文艺晚会

江泽民、李鹏、乔石、李瑞环、刘华清、胡锦涛等党和国家领导人出席

解放军报北京 1997 年 1 月 31 日讯：在全党、全军、全国各族人民高举建设有中国特色社会主义旗帜，夺取改革开放和现代化建设新胜利之际，我国军民迎来新春佳节。今天，中共中央总书记、国家主席、中央军委主席江泽民和李鹏、乔石、李瑞环、刘华清、胡锦涛等党和国家领导人，在中国剧院观看军民迎新春文艺晚会《春风里　阳光下》，与首都军民欢聚一堂，喜迎新春。

出席今天文艺晚会的党政军领导，还有李铁映、姜春云、尉健行、温家宝、张震、张万年、迟浩田、任建新、王丙乾、罗干、霍英东、万国权、傅全有、于永波、王克、王瑞林等。

管弦高奏，凯歌飞扬。流光溢彩的中国剧院，今天充满了节日的气氛。参加晚会的军民沉浸在一片欢乐、祥和、喜庆的气氛之中。

这台由全国双拥工作领导小组、民政部、广播电影电视部和总政治部联合举办的 1997 年军民迎新春文艺晚会，精选了近年来全军文艺创作、表演中涌现的优秀作品，融歌舞、小品、曲艺、杂技、京剧等多种艺术形式于一体，讴歌了军民之间的鱼水深情，抒发了三军将士在建设现代化正规化革命军队道路上阔步前进的壮志豪情；展现了我国军民在以江泽民同志为核心的党中央领导下，高举建设有中国特色社会主义的伟大旗帜，为把我国现代化建设事业推向新世纪的壮丽情景。

这台晚会会聚了全军各文艺团体的优秀创作和表演人才。彭丽媛、董文华、阎维文、郁钧剑、黄宏、宋祖英、蔡国庆、熊卿材、魏积安、佟铁鑫、程桂兰、张迈、梦鸽、张华敏、赵亮、吕薇、王玉兰、刘莉莉、刘金泉等都有上乘表演。舞蹈《儿啊儿》表现淮海战役期间人民群众英勇支前的忘我情怀，作品中母子深情的细节和支前大军一往无前的磅礴气势，给人以强烈的情感冲击；舞蹈《边关的问候》，以写意的手法，抒发了我军边防战士在除夕之夜向全国人民表示问候的美好情意；京剧小品《拜年》，唱腔新颖，表演细腻，歌颂了模范团长李国安和给水团官兵无私奉献的先进事迹和当地人民关心子弟兵的故事；小品《照相》，以幽默风趣的表演和生动感人的细节，表现了新时期部队官兵的新型关系；由业余演出队演出的群口山东快书《看电视》，风趣幽默地展现了基层连队融洽的官兵关系和战友之情；歌曲《香港你好》，表达了我驻香港部队对回归后的香港的深情；歌曲《黄河黄》，从一个侧面展示了中华民族壮阔豪放的胸怀与气魄。晚会在歌舞《春风里　阳光下》走向高潮，翩翩起舞的白鸽和英姿勃发的战士，象征着亿万军民在以江泽民同志为核心的党中央领导下，昂首阔步，夺取社会主义建设和改革开放新胜利的坚强决心。

演出结束后，江泽民等党和国家领导人高兴地走上舞台，和演员们亲切握手，祝贺演出成功。

观看演出的还有中央、国家机关有关部门和北京市的领导同志。

陈大鹏　江志顺

节目单

1997年军民迎新春文艺晚会

《春风里　阳光下》节目单

序：歌舞《春的祝福》

作词：王晓岭　　**作曲：**王和声

编导：苏冬梅　　**演唱：**宋祖英

表演：孟　可　刘丽娜　陈　湛等

一、歌舞与朗诵《边关的问候》

编导：官美华　　**作曲：**张千一

朗诵词：屈　塬　　**配音：**赵　岭

领舞：邱　辉

二、组歌《情深谊长》

编导：丁　颖　余大鸣　　**编配：**许之俊

1.《边疆的泉水清又纯》

作词：凯　传　　**作曲：**王　酩

演唱：张华敏　吕　薇　鲍　蓉

2.《解放军同志请你停一停》

作词：权宽浮　　**作曲：**石　夫

编配：陈春光　　**配音：**杨九红

表演：迪里努尔等

3.《愿亲人早日养好伤》（选自舞剧《沂蒙颂》）

演唱：程桂兰　梦　鸽　杨　华

二胡演奏：陈　军

三、京剧小品《拜年》

（根据北京军区话剧《热血甘泉》片段改编）

编剧：翟迎春　　**导演：**袁小海

唱腔设计：费玉民　李启和　　**唱腔配器：**倪建平

打击乐设计：李养元　　**操琴：**迟彦春

表演：老阿妈——刘莉莉饰

冯工——刘国强饰

巴特尔——刘金泉饰

晓莹——王玉兰饰

四、舞蹈《儿啊儿》

（1996 年全军舞蹈评比一等奖，济南军区创作）

编导： 刘小荷　张　弋　　**作曲：** 李　唯

配器： 陈春光　　**领舞：** 刘小荷　郝　龙

五、女声独唱《黄河黄》

作词： 阎　肃　　**作曲：** 孟庆云

编导： 杨　威　　**演唱：** 董文华

六、群口山东快书《看电视》

作者： 李鸿民　周　军

表演： 北京军区 52935 部队连队演唱组　施建林等

七、杂技 · 绷床《海燕展翅》（广州军区创作）

编导： 罗　伟　林　雄　宁根源

编曲： 啸　尘　　**表演：** 杜华林　高崇军　黄　质等

八、军营歌曲联唱《当兵的歌》

编导： 朱践为　赵　明　　**编配：** 刘　彤

编配： 刘　彤

1.《军营男子汉》

作词： 阎　肃　　**作曲：** 姜春阳

演唱： 佟铁鑫　熊卿材　　**表演：** 山东郓城宋江武术学院学生

2.《班长》（1996 年全军歌曲评比二等奖，南京军区创作）

作词： 李　峰　　**作曲：** 印　青

演唱： 蔡国庆　　**表演：** 张　轶　李　云等

3.《女兵》（1996 年全军歌曲评比一等奖，南京军区、总政治部创作）

作词： 贺东久　　**作曲：** 印　青

演唱： 梅　华　张　迈　林　萍　李　红

九、男声独唱《香港你好》

作词： 石顺义　　**作曲：** 张　伟

编导： 罗　伟　　**演唱：** 阎维文

十、杂技 · 车技《孔雀开屏》（沈阳军区创作）

（荣获第九届明日世界杂技马戏大赛最高奖——法兰西总统奖）

编导： 张德华　　**作曲：** 张伟军　刘治国　刘连生

表演： 王　蕊　王春华　韩　颖等

十一、小品《照相》

作者：张振彬　王铁虎　尚　敬　黄　宏

导演：李文启　　**表演：**黄　宏　魏积安　赵　亮

十二、歌舞《春风里　阳光下》

作词：阎　肃　贺东久　　**作曲：**孟庆云

编导：彭浩田　　**演唱：**彭丽媛

领舞：刘小荷　郝　龙　夏小虎　王　燕

总 策 划：袁厚春　阎　肃　门文元

总 导 演：门文元　左　青

撰　　稿：阎　肃

音乐统筹：孟宪斌

舞蹈统筹：赵　明

小品统筹：王寿仁

舞美总设计：樊　跃

舞美设计：李光顺　贺德华　苑　野　黎　明　罗维怀

灯光总设计：沙晓岚

灯光设计：张仕聪　杨卫东

服装设计：宋　立　王　彤　姜小明

主 持 人：刘小娜　郁钧剑

演出总监：王海晨　郑仁龙

总 剧 务：吴　然　申若东　彭　伟

舞台监督：段京飞　林正培

前台主任：刘炽炎　诸惠君　李云龙　黄启成　张振彬

后台主任：段若玉　庄西安　孟　薇　王照成　杨中复　徐源培　袁小海

舞美监制：毕启亮　陈　绪

舞台管理：毛永顺

灯　　光：赵培明　黄　斌　王军平　雷书道　黄绍武　秦良亭

电 脑 灯：杨卫东　王　彤　汪小鹿

追　　光：吴力力　蒋建升

录　　音：黄　毅　吴志文

音　　响：任晓兵　吕国成　李　涛　寇　淳　贾学水

装　　置：朱宜庄　王鹏飞　张心玉　王安平　杨玉林　赵湘友

李文灿　李玉清　刘　芳

吊　　杆：葛双起　马明朝
机械舞台：姜　滨　徐　旭
道　　具：曹德良　曹志平
美　　工：沈庆平
服　　装：李立宪　王丽英　陈淑珍　黄美娟
字　　幕：王　超　张晓东　刘　阳

演出单位：

总政治部歌舞团
总政治部歌剧团
总政治部话剧团
解放军艺术学院
海军政治部歌舞团
空军政治部歌舞团
第二炮兵政治部文工团
沈阳军区政治部杂技团
北京军区政治部歌舞团
北京军区政治部京剧团
济南军区政治部歌舞团
南京军区政治部歌舞团
广州军区政治部杂技团
成都军区政治部话剧团
武装警察部队政治部文工团
解放军仪仗大队
北京军区 52935 部队连队演唱组
山东郓城宋江武术学院
总政治部“小红星”艺术团

《携手欢歌向未来》——1998年军民迎新春文艺晚会

军民携手共欢歌　满怀信心向未来

首都举行1998年军民迎新春文艺晚会

江泽民、乔石、朱镕基、李瑞环、胡锦涛、尉健行、李岚清等出席

解放军报北京1998年1月23日讯：首都军民迎新春文艺晚会《携手欢歌向未来》，今晚在中国剧院举行。中共中央总书记、国家主席、中央军委主席江泽民和乔石、朱镕基、李瑞环、胡锦涛、尉健行、李岚清等党和国家领导人与首都军民欢聚一堂，喜迎新春。

出席晚会的还有丁关根、李铁映、迟浩田、张万年、罗干、贾庆林、温家宝、张震、王光英、布赫、万国权和傅全有、于永波、王克、王瑞林等。

晚7时30分，当江泽民等领导同志在欢快的迎宾曲中步入晚会会场时，全场响起了热烈的掌声。

这台由全国双拥工作领导小组、民政部、广播电影电视部、总政治部联合举办的晚会，自始至终洋溢着欢快、喜庆的气氛。整台节目艺术地再现了全国军民欢庆1997年一系列重大胜利，在党的十五大精神鼓舞下满怀信心走向未来的崭新精神风貌，展现了一幅幅绚丽多姿的时代画卷。歌舞《兵之歌》《军旗下的我们》形象地表现了我军官兵为祖国当兵、为人民站岗的豪迈气概。小品《哨所联欢会》《熄灯号响过之后》，让观众在此起彼伏的笑声中领略改革开放大潮中我军军营生活的芳香馥郁。民族歌舞《鱼水情深》，以及刚刚赶排出来的表现张家口地区军民并肩抗震救灾的节目，则深刻揭示了在中国共产党领导下，依靠军政军民大团结，我们必将战胜各种困难，克服任何艰难险阻，夺取建设有中国特色社会主义事业伟大胜利的鲜明主题。

晚会在《携手欢歌向未来》的旋律中进入高潮。歌舞《中国，永远收获着希望》《走进新时代》《共享幸福》《中国朝前走》等，以声情并茂的演唱和热烈欢快的舞蹈，突出表现了全国军民在以江泽民同志为核心的党中央领导下，高举邓小平理论伟大旗帜，满怀信心跨进新世纪的昂扬斗志。

演出结束后，江泽民等党和国家领导人高兴地走上舞台，和演员们亲切握手，祝贺演出成功。

中央、国家机关有关部门、北京市的领导同志及三总部、驻京部队各大单位、武警部队和军委办公厅的领导同志等也观看了演出。

陈大鹏

节目单

1998年军民迎新春文艺晚会

《携手欢歌向未来》节目单

序：歌舞《九七喜事多》

词曲：姚　明

编导：邓　林　杰　克

表演：郭　达　魏积安　潘长江　孙　涛　林永健

演唱：吕　薇　孙伟国　鲍　蓉　赵景春　杨　华

孙维良　柳丽霞　马绪亮

一、歌舞《走进春天》

作词：刘　麟　　**作曲：**关　峡

编导：佘大鸣　邓锐斌

演唱：孙丽英

表演：罗晓曼　李皋晓等

二、民族歌舞《鱼水情深》

编配：刘　彤　　**编导：**吕　联　马承魁

1.《库尔班大叔你去哪儿》

原词：陈克正　　**编曲：**彦　克　克里木

改编：晨　枫　　**编导：**杨　华

演唱：克里木

表演：空军蓝天幼儿艺术团

2.《逛新城》

原词：邓先恺等　　**作曲：**才　生

改编：石顺义　　**编导：**官美华

演唱：熊卿材　李丹阳　　**表演：**那　依等

3.《孔雀河边》

作词：屈　塬　　**作曲：**刘　彤

表演：谷亮亮　戚翊飞等

三、小品《哨所联欢会》

编剧：王冀元　　**导演：**黄定山

表演：洪剑涛　范　明　毛　孩

四、歌舞《兵之歌》

作词：张士燮　　**作曲：**孟庆云

编导：谢　克　　**演唱：**郁钧剑

表演：周　宁　郭敬东等

五、京剧舞蹈《抗震歌》

编导：李福祥　赵小津　张伟东　**作词：**翟迎春　张志高　**作曲：**朱绍玉

配器：刘钢宝　徐晓明　王路明　**表演：**王玉兰　白荫堂　王雅丽　薛刚等

六、歌舞《军旗下的我们》

作词：任　毅　**作曲：**郭小虎　**编导：**丁　颖　成　森

演唱：阎维文　**表演：**邱　辉　李　云等

七、歌舞《中国，永远收获着希望》

作词：刘福波　**作曲：**徐沛东　**编导：**张小芯

演唱：宋祖英　**表演：**薛　刚　邵慧君等

八、歌舞《走进新时代》

作词：蒋开儒　**作曲：**印　青　**配器：**刘　琦

编导：丁　颖　成　森　**演唱：**刘　斌

表演：孟　适　杨　庆　邱　辉　谷亮亮等

九、歌舞《共享幸福》

作词：王持久　**作曲：**刘　青　**编导：**官美华

演唱：董文华　**表演：**黄丽娜　闵　光　刘人滨　何金莎等

十、小品《熄灯号响过之后》

编剧：戴　熔　**导演：**胡宗琪

表演：施效增　邵　峰　赵　亮　吴　军　高志强

十一、歌舞《中国朝前走》

作词：石顺义　**作曲：**臧云飞　**编导：**官美华

演唱：彭丽媛　**表演：**刘　宁　许　瑾　黄　薇等

策　　划：袁厚春　左　青

总 导 演：张继钢

撰　　稿：屈　塬　刘世新

小品统筹：王寿仁

音乐统筹：孟宪斌　丁晓里

舞蹈统筹：李福祥

舞美总设计：樊　跃

灯光总设计：沙晓岚

服装总设计：宋　立

演出总监：李云龙　申若东

顾　　问：闫　肃　刘　星　周振天

节目主持：刘小娜　林达信　王　伟

演出行政：郑仁龙

舞美总监：段京飞　毕启亮　刘长胜
舞美设计：刘和平　宋刚成　孙东风　刘朝晖
灯光设计：杨卫东　张仕聪
灯　　光：黄绍武　雷书道　秦良亭　汪小鹿　黄　斌　陈　绪
吴力力　蒋建升
服装设计：姜小明　惠　静　徐　婷
化妆设计：李丹莉　刘　娟
道　　具：曹志平　谭　征
音乐录制：沈援援　吴志文
乐　　务：宿永良
音　　响：任晓兵　吕国成　程锦宙　李　涛　寇　淳　窦　军
李来红　王　树
装　　置：朱宜庄　王安平　张心玉　王鹏飞　杨玉林　赵相有
李文灿　李玉清　蒋红仔　丛国峰　杨贵吉　王　猛
葛双起　马明朝　姜　滨　徐　旭
美　　工：沈庆平
字　　幕：王　超　张晓东
舞台监督：段京飞
前台主任：李　社　屠士远　赵文波
后台主任：庄西安　杜永妮　孟　薇　杨长启　张伟东　董开礼
贾乃正　林　建　赵田云　张祖堂
舞台管理：毛永顺　高　原
剧　　务：彭　伟　马以健　李志强　朱　敏
标题手书：李　铎
节目单设计：刘和平　沈庆平

演出单位：
总政治部歌舞团　总政治部歌剧团
总政治部话剧团　解放军艺术学院
海军政治部歌舞团　空军政治部歌舞团
第二炮兵政治部歌舞团　北京军区政治部歌舞团
北京军区政治部话剧团　北京军区政治部京剧团
沈阳军区政治部杂技团　济南军区政治部话剧团
南京军区政治部话剧团　成都军区政治部话剧团
成都军区政治部杂技团　广州军区政治部话剧团
武警部队政治部文工团　解放军仪仗大队
空军蓝天幼儿艺术团　中国剧院

首都举行1999年军民迎新春文艺晚会

江泽民、李鹏、朱镕基、李瑞环、胡锦涛、尉健行、李岚清等出席

解放军报北京1999年2月11日讯："军民携手迎新春，满怀信心向未来"。首都军民迎新春文艺晚会《欢歌奔向新世纪》，今晚在北京中国剧院举行。江泽民、李鹏、朱镕基、李瑞环、胡锦涛、尉健行、李岚清等党和国家领导人与首都军民欢聚一堂，喜迎新春。

出席晚会的还有迟浩田、张万年、罗干、贾庆林、温家宝、曾庆红、铁木尔·达瓦买提、司马义·艾买提、王忠禹、万国权、赵南起和傅全有、于永波、王克、王瑞林、曹刚川等同志。

中国剧院今晚张灯结彩，锣鼓声声，充满了节日的喜庆气氛。晚7时30分，江泽民等领导同志在全场热烈的掌声中步入剧场。江泽民和观看演出的军地领导同志亲切握手，共贺新春。

由全国双拥工作领导小组、民政部、广播电影电视总局、总政治部主办的这台晚会，欢快热烈、催人奋进，热情讴歌了我国改革开放和社会主义现代化建设的丰硕成果，反映了军政军民团结的大好局面，展示了全军认真贯彻邓小平新时期军队建设思想和江泽民主席关于军队建设的一系列重要论述，部队革命化、现代化、正规化建设的崭新风貌。这台晚会的节目全部是由部队业余演出队创作演出的。

晚会在鼓乐《金鼓催春》中拉开序幕，由65名武警官兵擂响奋进鼓，边打边舞，气势磅礴。歌舞《剪窗花》《荔枝飘香》，以甜美的歌声、优美的舞姿表达了军民间的鱼水深情。舞蹈《生命之舟》，再现了1998年抗洪斗争的情景，歌颂了伟大的抗洪精神。器乐小合奏《班务会》、小品《八班来信》，盛赞改革开放给战士家乡带来的新变化。群口快板《党小组长》、女声独唱《当兵走阿里》、卡通小品《一张喜报》、小合唱《青春集合在军旗下》、舞蹈《受阅在明天》、表演唱《阿哥探亲回彝寨》等节目，从多侧面表现了部队建设的新面貌和火热的部队生活，格调清新明快，洋溢着浓郁的军营生活气息。

尾声歌舞《欢歌奔向新世纪》，紧扣晚会主题，场面恢宏壮观，把晚会推向了高潮。业余文艺战士以热情奔放的表演，表达了全军和全国各族人民紧密团结在以江泽民同志为核心的党中央周围，高举邓小平理论伟大旗帜，把建设有中国特色社会主义伟大事业全面推向21世纪的豪迈情怀。

演出结束后，江泽民等领导同志走上舞台，和来自军营的业余文艺战士亲切握手，祝贺演出成功。

出席观看文艺晚会的还有中央、国家机关有关部门、全国双拥工作领导小组、北京市的领导同志及四总部、驻京各大单位、武警部队和军委办公厅的领导同志等。

陈大鹏

军民携手迎新春　欢歌奔向新世纪

——1999年军民迎新春文艺晚会剪影

程兴旺　陈大鹏

今夜星光依旧，今夜夜色如初，但今夜中国剧院里却欢声笑语，热闹非凡。由全国双拥工作领导小组、民政部、广播电影电视总局和总政治部联合举办的《欢歌奔向新世纪》军民迎新春大型晚会，在这里隆重举行。

晚会在《金鼓催春》喧天的鼓乐声中拉开帷幕。这个由65名武警官兵组成的锣鼓队，灵巧地擂响奋进鼓，边打边舞，打、舞结合，鼓点强弱对比，轻时如纤云弄巧、天籁飘声，重时如雷霆万钧，气势磅礴，场上场下一片欢腾，充分表现了军民联欢的愉悦心情。沈阳军区业余文艺队表演的《剪窗花》以唱为主，大胆结合群舞的表演唱形式，让观众一饱眼福，真切地表达了群众对边防军寄予的深情。《一张喜报》让观众领略了说唱结合、唱演统一的卡通小品的特色风采。群口快板《党小组长》一改众人说讲的传统形式，巧妙加进配角，融小品特色于快板之中，形象地刻画了人民军队忠于党、党管干部的主题，掀起了晚会的小高潮。舞蹈《荔枝飘香》则以优美的舞姿和充满情趣的表演，表达了军民之间的深厚情谊，赢得了观众的掌声。器乐合奏《班务会》以唢呐、三弦等乐器拟人的手法，巧妙安排分奏、齐奏和形体表演，生动地表达了战士热爱家乡、保卫家乡的内心情感。舞蹈《生命之舟》以1998年军民大抗洪为主题，以军救民的一个壮烈场面，运用直接的指向性舞蹈动作，结合电声光的艺术处理，一个个虚拟夸张的意象造型，形象地再现了抗洪的生动场面，升华了抗洪斗争中凝结的鱼水深情。这个节目把晚会推向了高潮，场内雷霆般的掌声经久不息。小品《八班来信》以八班老班长由无人爱到得到爱为主线，结合战士来信，运用白描的手法，向观众展示了一幅幅美丽的家乡风景画，表现了改革开放给人民带来的巨大变化，反映了这20年来祖国建设所取得的丰硕成果。尾声《欢歌奔向新世纪》众歌群舞结合，白花点缀，以热烈欢快的表演表达了全军和全国各族人民紧密团结在以江泽民同志为核心的党中央周围，高举邓小平理论伟大旗帜，把建设有中国特色的社会主义伟大事业全面推向胜利的豪迈情怀。

弘扬伟大时代精神　繁荣部队文艺创作

1999年军民迎新春文艺晚会《欢歌奔向新世纪》座谈会发言摘要

张继钢、白志群、阎　肃、左　青、张西南、王晓岭
刘　星、朱文斌、李文启、毕启亮、刘哈青、周长生

解放军报编者按：1999年军民迎新春文艺晚会《欢歌奔向新世纪》，是全军业余文艺在新的历史时期繁荣发展的重要标志，是全军业余文艺演出的丰硕成果。无论是从思想内容还是从表现形式、艺术特点来看，都达到了很高的水平，受到了党中央、中央军委领导同志以及广大观众、专家的高度评价。总结和回顾这台晚会的创作及其演出的经验，对于繁荣军事文艺创作，推动创作和演唱活动，丰富部队文化生活，为军营和社会提供更多优质的精品力作，都将起到积极的促进作用。3月9日，总政宣传部在京召开总结座谈会，总政治部副主任袁守芳出席会议并讲话，驻京部队有关宣传文化部门和文艺团体的代表参加了座谈会，现将部分代表的发言，摘要予以刊登。

确立大风格　寻找大突破

1999年双拥晚会之所以取得较让人满意的成绩，首先是由于总政领导的大思路有突破，决策正确而科学。一开始，总政领导就下决心，今年全用业余的，我一听就兴奋，就觉得这次成功的系数很大，就觉得总政领导的决策非常正确、科学：这个大思路可以和同期全国的各大晚会完全不一样，也与历年双拥晚会不一样。这就是首先确立了一种大风格，寻找到了一个大突破。说科学，主要是执行得通，因为有全军业余文艺会演大量的好节目作为候选。所以，我认为总政领导的决策正确，是晚会成功的第一条。

其次是方针明确。因为搞这台晚会大主题只有一个，那就是“在以江泽民同志为核心的党中央领导下奔向新世纪”。虽然双拥晚会节目的内容和往年大致相同，如双拥的内容、部队建设方面的内容等，但总得有个指导性的方针，不然不好开展工作。晚会组织工作一开始，总政领导有多次讲话，其中讲到“业余的风格，专业的水平”这一方针非常重要。这一方针明确和统一了大家的思路，也确实有效并有力地指导了全局性的工作。在艺术创作上，大到一台戏、小到一个节目，“风格”的表现非常重要，没有风格就没有特色。风格就是艺术作品的格调、气度、态势；风格就是富有特色的风姿、神采、韵致、趣味。风格反映着艺术作品中所创造出来的富有特色的形式美；风格反映着艺术作品中所熔铸的富有特色的客体美；风格反映着艺术作品所渗透的艺术形式和题材内容的富有特色的统一美和完整美。所以确立了风格，就确立了独特，确立了与众不同，与过去不同思路。我们理解总政领导讲的业余的风格，主要是指浓郁的部队生活气息，灵活的而不是僵硬的艺术形式，不模仿专业的一招一式、保持部队基层文化的生动活泼。

这一方针非常辩证，要业余的风格，但必须达到专业的水平，专业的水平，还必须是双拥晚会里的专业水平。这就是艺术性和思想性的完美统一，就是尽可能做到炉火纯青。就是每个节目都要有别人不太容易做到的绝招，在整个晚会的创作、排练、演出过程中，我们始终坚定地、完整地贯彻了这一方针。实践证明，很有成效。如鼓乐《金鼓催春》的边打、边吹、边舞、边喊，很有气势，又如器乐合奏《班务会》、小品《一张喜报》，边唱边舞蹈，边演戏，等等，都是成功的例证。

总政歌舞团编导　张继钢

满台生气　满台豪气

今年的双拥晚会，是近10年来的10台双拥晚会中最有特色的一台。它之所以有特色，是因为全部是由我们的战士创作、演出。舞台上展现的全部是新面孔，充满了活力和生气。晚会在中央电视台播出后，在全国观众中引起了强烈的反响，收到了许许多多的观众来信，一位60多岁的老大爷用特快专递给我们来信，说他和他们全家含着兴奋和激动的眼泪看完了全部演出，对中央电视台播出这台晚会表示由衷的感谢。这位老大爷的信，代表了亿万观众的感情。我们在导播这台晚会时，也有同样的感觉，在拍摄的全过程中，我们不时地被台上业余文艺战士的那种聪明才智、那种充满活力的创造力所感动。那种从生活中来的、从军营中涌动出来的活生生的东西，是其他一些文艺晚会所没有的。

这台晚会的创作、演出，虽然都是业余的，却达到了专业的水平。晚会上的小品、歌舞节目，都有很高的艺术水平。如小品《八班来信》，虽然没有大腕演员，但演得很生动、很到位，丝毫不亚于专业演出。又如器乐合奏《班务会》，形式非常新颖，演奏绘声绘色，表演生动活泼。这些节目的形式是传统的，但融合了时代的精神，赋予了新的历史时期的崭新特点，整台晚会的成功，给我们电视晚会的创作演出带来了许多有益的启示。

中央电视台导演　白志群

匠心独具　新意盎然

这台双拥晚会的成功出乎意料，又在情理之中。它之所以成功，是因为基础雄厚，所有节目都是出自基层部队的干部战士之中，带着浓郁的生活气息、时代气息。比如卡通小品《一张喜报》，内容很简单，但形式是新颖的，这样的表演形式，是专业团体根本不可能想象得到的。也许他们会笑话这个节目，看不上这个节目，但观众是喜欢的，只要看剧场里的笑声，就足以证明这个节目是成功的。再比如舞蹈《荔枝飘香》，舞姿是那样的美，立意是那样的新，这样的舞蹈已经多年没有看过了。再比如群口快板《党小组长》，运用拉洋片式的背景转换场景，生动活泼地将党员的职责表现出来，把久已失传的快板发展到了极致，真是不容易。

这台晚会之所以成功，还在于贴近生活。整台晚会充满了昂然的生机，新意盎然。看了之后，非常提神。舞台上全部都是新面孔，但是效果一点不比大腕演员的差。比如南疆军区业余演出队的杨婷，身患疾病还坚持在高原地区为官兵唱歌，唱得还是那么动听，真是难得。还有小品《八班来信》，立意、表演、故事，都非常到位，这样的小品很难得，只有生活在基层的战士才会创作出这样的作品，我们专业文艺工作者要向业余的学习。

空政歌舞团编导　阎　肃

启发与思考

双拥晚会至今已经搞了10年了，而今年的双拥晚会的确与众不同、独树一帜，值得我们认真总结。正如总政领导对这台晚会的创作和表演明确提出的要求所说，这是一台业余的风格与专业的水平完美结合的文艺晚会。在同时期数十台文艺晚会中，这台晚会之所以会引起强烈的反响，其中在多个方面所体现出来的艺术成就，都与这个总体的创作原则有密切的关系。应该说，正是由于晚会的主创人员不动摇地贯彻执行了总政领导对这台晚会所提出的要求，才有了晚会最终所取得的演出效果。作为一名多年来参与历届双拥晚会创作的导演和组织工作者，今年的双拥晚会，让我获得了很大的启发。归纳起来，最突出的是以下几个方面：

有深厚的生活基础，才有浓郁的兵味特色。部队文艺要有军人风采、兵味特色，这句话讲了多年，作为专业创作者，这些年来我们在舞台上也想尽了各种各样的办法，诸如辉煌的舞美设计，宏大的舞台场面，强劲的音乐风格，包括服装、灯光、道具，可以说年年都在想，但总是觉得思想越来越累，而出新越来越难。这次看过今年的双拥晚会，在军队风格、士兵特色这个问题上顿觉耳目一新。像小品《八班来信》、群口快板《党小组长》，一看就知道作者是长期生活于基层部队的，对当代士兵的连队生活和内心思想感情有细致入微的了解和体验，对今天基层连队的官兵关系、党群关系，以及政治思想工作的开展等实际生活有生动的感受。正因为如此，舞台形象举手投足与言语之间就带有强烈的当代士兵特色，而且感情真切、让人过目不忘。应该说，一切舞台形式手段无论多么专业、多么艺术，脱离了深厚的生活基础，就谈不上真实的军人情感，也就谈不上让人感动的“兵味”。反之，有了生活，有了艺术的源泉，那些舞台形式手段才真正有了用武之地。

创新是晚会的灵魂。开场节目《金鼓催春》、快板书和器乐演奏《班务会》是整台晚会中让我触动很大的几个节目。从专业创作者的角度看，我之所以有如此的震动，并非由于它有多么辉煌的舞台设计或者宏大气魄，而恰恰是因为这几个节目，都是在通常看起来简单平常的表演形式基础上，不拘一格大胆创新，让锣鼓、快板几件最常见的民间文娱乐器，在舞台上勾勒出出人意料的形象和艺术气氛。可以说是化腐朽为神奇，于传统之中开掘出新的时代精神。正因为我们十年如一日，在文艺晚会的创作方面有长期的实践和体验，更深知创新与突破、哪怕是极小的一点突破，都是多么的来之不易，因而，看今年的双拥晚会有如此广泛的出新，无法不让人为之振奋。更让我们深感领导同志在决策上的正确，深感军队业余创作之丰厚和宝贵，以及晚会的主创人员在创作和组织工作方面的不懈努力。凡此种种，都是值得我们深入思考，认真总结，并在今后的晚会创作中付诸实践的。

总政歌舞团团长　左　青

要有辩证的思维

这台晚会成功的意义，不仅仅在于创作演出了一批好节目，更重要的是，通过这次有益的艺术实践给人以深刻的启示：一是关于大与小。这些年来，军内外的文艺晚会出现了一种过分求大的倾向，人越来越多，场地越来越大，舞美、道具越来越复杂，似乎不这样就不是“史诗”，不足以有分量。但事实上，很多大型的、超大型的晚会，由于外在形式的膨胀，内在的精神就显得不足，给人以空泛、虚浮的感觉。这台晚会从规模上看，是近年来双拥晚会中比较小的一台，称得上是队伍精干、节目小巧、表演形式灵活，但没有因为压缩规模而减轻分量，相反，秤砣虽小压千斤，使这台晚会更加结实，有一种沉甸甸的感觉。因此，搞晚会不能以大为美，以大为高，而要从实际出发，控制规模，大小得当，注意“消肿”。二是关于老与新。对现在的一些晚会可用两个字概括：多和老。前者可视为繁荣，后者属于陈旧，如果不解决后一个问题，前者的“多”就可能是模式化的批量生产，导致产品贬值。这种以“量”代替“质”的“繁荣”并不是一个好现象。这台双拥晚会好就好在艺术观念是新的，选择的节目是新的，使用的演员是新的，导演的手法是新的，因此，整体面貌焕然一新。由此想到，近年来的一些晚会常常由几位“专业户”承包了，他们是两眼一睁，忙到熄灯，连续“输出”却无法补充自我，又由于分身无术而捉襟见肘，其创作的晚会多是多，却大同小异，似曾相识，可以说，更新观念，起用新人，打破少数人的垄断，是实现艺术上新的突破的必然选择。三是关于单一与多样。双拥晚会是一台比较特殊的晚会，受到各方面因素制约，形成了单一的、永恒的主题。看起来框框很多，实际上空间无限。就其主题表现，就可以是多角度、多侧面、多形式、多手法的，使晚会做到色彩斑斓，丰富多彩。或者说，根据每年的特点，每台双拥晚会的风格、特点、内容、形式、演员、导演都可以是不相同的，如果按照这个思路再延伸一步，今后的双拥晚会，不一定是单一的主题，内容上可以更丰富一些；不一定都是歌舞曲艺晚会，形式上可以更多样一些，不一定都是一两个或两三个团体在那里紧忙活，导演和演员队伍也可以更广泛一些。众人拾柴火焰高。充分调动全军文艺队伍的积极性和创造性，我们的艺术火焰就会燃烧得更旺。

第二炮兵政治部宣传部部长　张西南

挖掘生活的底蕴

当这台荟萃全军业余文艺调演优秀作品的双拥晚会呈现在我们面前的时候，我发现业余演出和专业演出的界限似乎已不再泾渭分明。整台晚会所达到的艺术水准不仅使我们看到了新时期我军官兵素质的全面提高，其兵演兵、兵唱兵所展示的鲜活生命力对我们专业文艺工作者也是极大的推动和促进。其实，就军旅艺术自身的特点和服务对象而言，业余和专业之间本不存在严格的界限。军队文工团大都是从业余演出队发展演变而来，当我们的专业文艺团体实现正规化以后，我们应当始终保持一种清醒的认识，这就是怎样使自己不脱离火热的军营生活，避免由于生活源头的枯竭而造成的创作概念化和平庸化。我们专业人员面临的形势和现状不容乐观，曲艺小品等直接源于生活的语言类节目且不说，即使是专业性较强的音乐舞蹈门类，也同样存在着不断复制自我和雷同他人的现象。比如我们的军旅舞蹈，由于演员功夫的退化，从前那些技巧性很强的节目眼下已不多见了。而我们的一些编导因为生活的匮乏仅仅满足于闭门造车，编出的节目或者苍白无力或者让人不知所云。军旅歌曲创作也有类似的问题，我们的功夫往往花在华丽的外包装上，配器和伴舞一味贪大求洋，忽略的却是作品本身的内在质量。如今，全军业余文艺调演的成功为我们树起了一面镜子，让我们清楚地看到，当业余创作的艺术水准向专业水准逼近的时候，我们的专业创作该以怎样的力度向生活的底蕴深深开掘。

北京军区战友歌舞团团长　王晓岭

表现人民军队整体素质的提高

1999年的双拥晚会同历年的双拥晚会一样都是成功的，所不同的是在具有鲜明的士兵特色方面今年晚会取得了独具的成功。

部队的业余演出和创作是部队文艺工作的重要组成部分，又是部队政治工作的一个方面。业余队伍是军队文艺大军的生力军，从建军以来为我军的建设与成长有过辉煌的贡献，这台晚会的成功，是我军重视业余文艺创作演出的光荣传统的一次光大。

晚会取得成功，原因是多方面的，但是有一个基本的认识，我们必须看到，那就是人民军队整体素质的飞跃，是创作的来源和成功的根本。

党的十一届三中全会后，人民解放军在邓小平新时期军队建设思想的指引下，在江泽民主席“五句话”的总要求下，在革命化、现代化、正规化建设的道路上迅跑，无论是军事素质、政治素质，武器装备、文化素质、人才结构等，都是历史上的任何时期所不能比拟的，正是有了这样的一个历史性跨越，为我们的文艺创作提供了前所未有的机遇。

表现人民军队整体素质的提高是我们人民军队的现实，也就应本能地成为文艺创作的基点、焦点、热点，如何认识今天的军队，如何认识今天的军人，如何表现今天的军队，如何表现今天的军人，这也应本能地成为我们深入生活、结构剧目、构思故事、塑造人物的一个基点。

表现人民军队整体素质的提高，也应该成为我们评判一个作家、艺术家和一个艺术团体历史责任感的试金石。

生活在前进，时代在前进，全军指战员在以江泽民同志为核心的党中央、中央军委领导下正在创造着前所未有的辉煌，人民军队的整体素质在飞跃、在发展，作为部队的文艺工作者有责任有义务讴歌这一伟大现实。1999年的双拥晚会的成功，恰恰在这方面为我们提供了很好的经验。

一年一度的双拥晚会是什么……

是人民对部队一年工作通过文艺舞台的一次检阅；

是三军指战员把一年的工作通过舞台向人民的汇报；

是在春天里，人民军队向人民的誓师……

总政歌剧团副团长　刘　星

成功的演出　有益的启示

在全军业余文艺会演获奖节目基础上选用加工的1999年春节双拥晚会，是一台非常成功的晚会，它真的做到了令人振奋、鼓舞，让人耳目一新。第一是反映新形势下的部队生活上，鲜活生动，很有新意，让人们感受到了基层官兵的喜怒哀乐、成长进步；第二是“兵演兵”，满台都是新面孔，推出了一批新人；第三是编导别具匠心，整体包装喜庆火爆，比较新颖。

“兵演兵”的节目能够登上首都大舞台，在春节双拥晚会上取得如此成功，给我们的启示和提供的经验是多方面的。从我们机关业务部门的组织指导上，有三点值得学习借鉴。其一，一定时期内，举办全军性的文艺会演、评奖，是调动各级创优夺标积极性，激发创编人员内在动力的有效办法，竞争机制的运用，各单位荣誉感的充分发挥，是重要的内因；其二，专业文艺工作者和业余文艺骨干多层次、全方位的合力攻关，优势互补，双向受益，是推出精品力作的成功经验；其三，既坚持思想性与艺术性完美统一、“业余风格”与“专业水平”的统一这样一个高标准，又注意保护和调动各军区、各兵种文艺队伍的积极性、创造性，尽力给更多的单位一席之地，这本身也是在做团结的工作、促进的工作。

晚会的成功得益于部队业余创作、演出活动的蓬勃发展，进一步证明了业余文艺是一块富矿和宝地，今天活跃在艺坛上的众多创作大家和表演人才，大都是从“业余”这块沃土上成长起来的，我们军队艺术事业明天的发展，还需要这块“沃土、富矿”，希望我们各级领导和机关部门进一步关注业余文艺的发展建设，加强具体的指导和倾注更多的关怀，适应发展的新形势和官兵日益增长的文化需求，把新时期军队的文艺工作和精神文明建设，提高到一个新的水平。

武警部队政治部文化部部长　朱文斌

生气·豪气·喜气

这台晚会充满了生气、豪气、喜气。满台上下洋溢着军民之情、战友之情，如同春风扑面，豪情满怀，是专业文艺工作者不易做到的。

整台晚会的语言类节目，打破了传统的一些东西。比如我们以前的不少小品主要靠著名演员支撑。离开了著名演员节目就没人看。而这台晚会的小品全部是新演员、新面孔。但是效果却出奇的好。比如小品《八班来信》，格调很高，通过念家信，反映了祖国改革开放20年来的巨大变化。器乐合奏《班务会》不算小品，但我是把它当作小品看的，它对我们的小品创作是个冲击，用乐器演了一个小品，非常新颖。群口快板《党小组长》把快板和小品融合在一起，也是一种创新，让快板获得了新的生命。整台晚会真正体现了战士文艺的特点：一人多用，一身数职，以小见大，微中见著。这台晚会的成功，对我们小品创作有许多有益的启示：一是小品要讴歌主旋律，讴歌时代精神。要言之有物，让大家去笑是为了让大家去想，不能仅凭几个包袱，以赚取廉价的笑声为目的。面对观众，面对战士，你要告诉他们什么？二是小品要小中见大，不拒绝小，不嫌弃微。

这台晚会的形式多样，所有的节目都从一个很小的角度反映时代、反映祖国的改革开放，锣鼓、快板、墙报、乐器，这些看来不起眼的东西融合在一起，焕发出新的生命，它再一次证明，生活是创作的源泉，只有紧紧地抓住这个源头，才能使我们的文化艺术充满生命力。

总政话剧团编导　李文启

业余风格和时代特色

舞美设计顾名思义是在舞台的空间里进行美术、灯光以及化妆、服装、道具的艺术创作。它不同于油画是在画布上，也不同于国画是在宣纸上。但艺术创作的基本规律大致是相同的。那就是用不同的技巧、不同的形式恰如其分地表现主题内容。

1999 年双拥晚会的舞美设计如果说受到了各界的好评，主要是整台晚会的舞美达到了形式和内容的统一。由于晚会的节目大多来自基层业余演出队，有的还是来自边关哨所，五湖四海，汇聚而成，自然，节目除有军队特色外，还包容了地方的风土人情。舞美设计为了突出这些特点，可以说做到了很好的映衬。如器乐合奏《班务会》中的黑板报的运用，《党小组长》的框架布景卷动变化，由实体进入空画的技术处理，《当兵走阿里》的活动景片都较好地结合了作品内容，发挥了舞美和大道具景片的作用。这些富有创意的舞美设计，不仅为导演的调度提供了方便，更为节目表现内容提供了新的支点。

强调了民族风格是这台晚会舞美的又一特色。选择我国传统的民间剪纸形式来布置舞台场景，并很自然地渗透到部分节目之中，使整台晚会独具特色，双拥气氛浓烈。如，选用红地毯制作的剪纸，色彩艳丽夺目，风格独特；歌舞《剪窗花》、卡通小品《一张喜报》、小品《八班来信》、表演唱《阿哥探亲回彝寨》等都在结合内容强调特点上做了努力，取得了很好的效果。

为反映双拥内容，营造节日气氛，舞美进行了大胆的尝试，是这台晚会舞美设计的又一特色。在中国剧院举行双拥晚会已 10 年了，这次晚会的舞美能在吸取过去经验的基础上，加大力度，进行新的设计。如，在不影响剧院建筑结构安全的前提下，向观众席南、北两侧增加四幅巨大的剪纸的形式反映“军爱民、民拥军”的画面，把十几年不曾使用的对开大幕进行恢复，并增加“军民同贺”的内容，这增添了晚会的喜庆气氛，进一步渲染了主题；在观众席上空吊挂 40 多个大红灯笼，台前上空的红飘带灯箱，更使观众一进剧院就顿感春风扑面，喜气洋洋。

还值得一提的是，晚会舞美设计，采用了先进的科技手段，大大提高了设计的创作能力。这次双拥晚会的舞美设计工作首次应用了计算机制图，这不仅方便了舞台技术工作人员的操作，更使舞美大大提高了表现效果。

总之，这次晚会的舞美设计很好地保持了业余风格，突出了时代特色，达到了令观众赏心悦目的艺术效果。

总政歌舞团中国剧院主任　毕启亮

满台生机　满台好戏

今年的双拥晚会节目短小精悍，充满了浓烈的现实生活气息，节目形式多样，生动活泼，选材个性强，表现形式灵活，不同的风格，艳丽的地域特色，多民族的风貌，给人以多方面的撞击。

在晚会导演组及全体演职人员的辛勤努力下，用汗水和无数个不眠之夜，使原有作品无论在思想性和艺术性上都有了很大的飞跃。大到作品结构的变化，小到细微动作的设置改动，专家们都细心地把握“业余风格、专业水平”的要求。使这台军队业余演出队的晚会得到上至党中央、江主席下到全国老百姓、全军官兵，各专业文艺团体同志们的赞誉。晚会中的 3 个舞蹈作品令我惊喜和感动。1998 年伟大的抗洪斗争取得巨大胜利，这一震惊世界的事件，在一个小小的舞蹈《生命之舟》中被一位女教师和十几位解放军战士表演体现得那么生动，催人泪下。虽然演员们的舞蹈动作和技巧并不十分规范，但他们的舞姿充满着情感。动作是从心灵的深处迸发出来的，不像现在有些专业舞蹈演员虽然有训练有素的肢体，但动作却是苍白的。这种距离我想恰恰是艺术作品有无感染力的关键问题之一。

《荔枝飘香》通过一群武装集团的男子汉在训练场上的喊声与一位娇小的惠安小女孩远远飘来的童声歌谣相对比，收到了强烈的艺术效果。小女孩在解放军这棵大树下，开心地玩耍，那么幸福。看到解放军叔叔训练那么辛苦，用小手摘下颗颗鲜美的荔枝放在小篮里，唱着童谣远去。让人心里流淌着一股甜甜的荔枝汁。军民关系这么重大的题材在这个小舞蹈中体现得那么生动感人。

在《受阅在明天》节目中，钢盔擦得那么亮，衣服收拾得那样整洁，训练场上一丝不苟，战士们青春的心脏跳动得那样强烈。共和国 50 岁生日，让人无法入眠，把受阅的准备工作做到万无一失，战士对祖国对党对人民的深情都融在这擦钢盔与训练之中，表演那么质朴热情，令人心中热流涌动。

海政歌舞团舞蹈编导　刘哈青

兵味浓浓唱深情

今年的双拥晚会《欢歌奔向新世纪》，以其新颖独特的艺术形式和鲜明的时代特色，在繁花似锦的新春文艺舞台上，格外引人注目。值得庆幸的是，我们作为参演单位，亲身经历了这台晚会从排练到演出的全过程，感受颇深。晚会演出期间，我们组织部队集中进行了收看，事后又召集部分官兵专门进行了座谈讨论，大家普遍感到这台晚会取材于基层，又由基层官兵自己来演，形式活泼，内涵丰富，非常好看，深受广大官兵欢迎。

1. 有很强的思想性。这台晚会欢快热烈，催人奋进，热情讴歌了我国改革开放和社会主义现代化建设的丰硕成果，反映了军政军民团结的大好局面，展示了全军认真贯彻邓小平新时期军队建设思想和江泽民主席关于军队建设的一系列重要论述，展示了部队革命化、现代化、正规化建设的崭新风貌，展示了“同呼吸、共命运、心连心，军民携手欢歌奔向新世纪”的美好愿望。晚会一开始，65 名官兵在鼓乐声中扭着大秧歌走上台来，激越奋进的锣鼓，气势磅礴，令人振奋，喻示了过去一年来，亿万中国人民面对南北水患和亚洲金融危机的冲击，不畏艰难，迎难而上，顽强拼搏，勇于夺取胜利的大无畏英雄气概和无往不胜的坚定信念。同时，又使整个剧场充满了节日的喜庆气氛，给人以无限欢乐和祥和之感。

2. 有很强的艺术性。晚会充分利用现代化灯光、音响技术效果，奉献给广大观众的是一个个格调清新明快，同时又洋溢着浓郁的军营文化气息的高质量、高品位的文艺节目，特别是晚会接近尾声的歌舞《欢歌奔向新世纪》，场面恢宏壮观，紧扣时代脉搏，使整个舞台效果富有神奇的变化，方方面面展示绚丽多姿的场景，给人以全新的视角，让人惊讶于现代技术神奇、瑰丽的同时，不由得感叹时代的迅猛发展和变迁，晚会具有典型的时代特色，有很高的欣赏价值。

3. 有很强的教育性。晚会寓教于乐，具有很强的教育意义，舞蹈《受阅在明天》，通过夸张的舞蹈动作，塑造了一个群体的形象，他们具有崇高的理想、高尚的追求，为了实现自己的信念，他们甚至不惜以自己的青春和热血为代价，去诠释对人生的理解，并随时准备接受祖国和人民的检阅。整个演出过程紧扣主题，表达出全国各族人民紧密团结在以江泽民同志为核心的党中央周围，高举邓小平理论伟大旗帜，把建设有中国特色社会主义的伟大事业全面推向 21 世纪的豪迈情怀。

北京卫戍区某部副政委　周长生

新美如画的战士情怀

双拥晚会《欢歌奔向新世纪》观感

西　南

闹完了元宵，贺年的文艺演出也画上了句号。选择在这个时候来评说这台晚会，或许更客观、更准确一些。

先说演员。一色的兵，扭着大秧歌上台，迈着正步来报幕，开场就得了个碰头彩。他们姓甚名谁，来自何方，可以说没有一个是观众熟悉的。这些陌生面孔，虽然没有华丽的包装和名家的气派，却有着一种淳朴和清新，显得更加亲切可爱。说他们陌生，是因为他们第一次在首都的大舞台“亮相”，其实，在战舰远航、雄鹰翱翔、导弹轰鸣、坦克奔驰的练兵场上，在雪莲花盛开的高原哨卡里，在橄榄绿装点的大桥上、铁道旁，在抗洪抢险的波峰浪尖上，观众早已熟悉了这一张张粗犷却又稚嫩、单纯却又生动的面孔，他们是雷锋的后代，是李向群的战友，是英雄群体的代表，由这样一批普通士兵组成的特殊的演员阵容，在世纪之交的大舞台上，展示他们燃烧的青春和沸腾真实的生活，其意义非同寻常。也许他们的演技不如那些“大腕”“明星”，但他们情真、情浓、情深，唱歌的不忸怩作态，跳舞的不软不邋遢，演小品的不装傻充愣，情是由衷的，美是质朴的，笑是会心的。这台晚会的演员队伍如一块天然丽质的璞玉，给新春的文艺舞台带来了返璞归真的气息。

再说节目。就像是从地里刚刚刨出的落花生，带着一股泥土味，又像是才从树上摘下来的“红富士”，透着扑鼻的甜香。这种浓郁的生活气息，使整台晚会更加鲜活，有滋有味，你看《班务会》，是器乐小合奏，还是小音乐剧，每个战士都扮演了一个角色，完全不用语言对话，而是通过各自的乐器选用一个地方曲调，来塑造自己的音乐形象，可谓东西南北兵，汇聚五湖四海情，小小班务会奏响了大时代的主旋律。你看《一张喜报》，是小品，是舞蹈，还是戏曲歌曲表演唱，用卡通的手法夸张人的形体动作，在戏曲曲调中加入并强化现代节奏，在流行音乐中重新填词抒发青年军人的情感，令人耳目一新。你看《党小组长》，是群口快板，是化装相声，还是戏剧小品，随着情节推进，人物角色有序转换，严肃的主题深入浅出，娱乐中给人以警示鞭策。你再看《八班来信》，以 4 个小马扎作为唯一的道具，以开班务会作为主要表演形式，以 4 封家信贯通情节主线，实在是再平常不过了，但兵味十足的表演和跌宕起伏的剧情，在激动中充满了紧张，在忧虑中爆发出欢乐，在笑声中潜藏着痛苦，称得上是一出平中见奇、寓庄于谐的好戏。如果用艺术教科书上的尺度来衡量，这些节目也许不很规范，是杂拌、拼盘、烩菜，但各种艺术门类相互借鉴、相互移植，或者索性进行艺术嫁接，创造出了具有时代精神和民族风格的士兵艺术，反映了编创人员对今天的战士有着比较深入的了解，以及他们在生活中获得的艺术营养和创造的智慧。

这台晚会是从全军业余会演中精选出来的优秀节目，经过主办者们的精心策划，特别是总导演和各个艺术门类的统筹们颇具匠心的二度创作，不仅使已有的节目增添了光彩，而且使整台晚会新颖别致，在繁花似锦的新春文艺舞台上，格外引人注目。需要指出的是现在舞台上真正完整精彩的舞蹈很少能看见了，太多时间都是前面歌星在唱，后面一些人作为陪衬在舞。值得称赞的是，这台晚会中的舞蹈，原本就以富有战士情趣的语汇编织出一幅幅新美如画的军营图景，现在经过总导演的几笔勾勒，犹如画龙点睛，显得更加有神。艺术家们的介入，特别是一批专业工作者甘当无名英雄，让业余文艺战士踩在自己的肩膀上走向大舞台，这种精神就如同战上的演出一样令人感动。这也正是《欢歌奔向新世纪》获得巨大成功的又一奥秘。

欢歌奔向新世纪

1999 年双拥晚会回顾

孙　军

在成功举办历届双拥文艺晚会的基础上，今年总政领导果断决策，将第 10 个双拥晚会交由全军的业余文艺战士自编自演。结果演出获得了极大的成功。晚会在北京连续演出 17 场，中央电视台在不到 10 天的时间里，在主要频道、黄金时段集中播出 4 次，受到了中央领导同志的充分肯定，得到了广大群众的热情赞扬。认为这台晚会是近年来思想性、艺术性、观赏性、群众性结合得最好的晚会之一。

晚会的成功说明了决策的正确。这决策贯彻了“双百”方针，尊重和倡导了“推陈出新”

的艺术规律，激励了全军的业余创作演出活动。近年来，在各级领导的关心重视下，部队业余创作演出活动开展得非常活跃，总政“战士文艺奖”的设立，使这一活动更为有序、更为有质量。1998年组织的全军和武警部队的业余文艺调演则是经年累月耕作之后的一次大丰收。14个大单位的186个节目犹如百花齐放，而晚会采撷了其中最绚丽的10余朵。这是遵循了艺术规律的做法，是基于对双拥晚会的正确认识，基于丰富厚实的节目创作基础，厚积薄发，玉汝于成，才有今天的灿烂辉煌。

这台晚会是专业与业余相结合的成功典例，是一条必须长期坚持不懈地走下去的正确的路子。业余有生活，专业有技巧，两者相结合，优势互补好。像小品《八班来信》的创作，为了加重原作主题分量，反映改革开放20年来战士家乡的巨变，几位专业编导从一度创作到二度创作，在不伤筋动骨的情况下，提供了许多新颖的构思；像群口快板《党小组长》，在做了脱胎换骨的板式调整后，每个段落的表演进行了精心设计，老形式注入了新特色，结果节目获得了好评。

这台晚会本身具有的特色，需要配套的观点和清晰的思路，方可统一全体人员的思想。这方面的要求是充分而具体的，如在目标上要达到“业余的风格、专业的水平”；在标准上讲求双拥的标准、专业的标准，思想性和艺术性高度统一的标准，在内容上要“反映成果、反映团结、反映奋进”，在方法上要“体现主题、发挥特色、加重分量”；在创作上要“深加工、再创作、再提高”；在表演上要“熟练中抓提高，稳定中求质量”，等等，这些层次分明的工作要求对今后组织双拥晚会乃至其他各类晚会，都有很好的借鉴作用。

双拥晚会第一次由全军业余文艺战士完成，来自天南地北的基层单位、活跃在部队各条战线的业余演出队员要登上世纪之交的首都大舞台，向江总书记和中央领导，向全军的战友们、全国各族人民汇报，是何等的光荣自豪，何等的激动人心。这一举措是对全军业余文艺战士乃至广大官兵的鼓舞和鞭策。临行前，有的大单位领导亲自为演出队员送行，勉励他们为部队争光，有的部队敲锣打鼓，夹道欢送，希望演出队员当好代表。

跨世纪的士兵艺术与过去部队的业余演唱活动相比，有着不可同日而语的飞跃。部队整体素质的提高必然意味着官兵审美修养的提高。据了解，参加晚会的演出人员中，80%都经过了艺术培训，还有不少声乐、舞蹈演员是艺术院校毕业后参军到部队的，这种艺术的普及效应提升了部队的艺术素质和品位，同时他们又是那样执着苦练技艺。开场鼓乐《金鼓催春》调演时只有16人，而在双拥晚会上扩展为65人。一些专家看了这个节目，不仅为其开场的气势所震撼，更称赞其吸收了绛州鼓乐的精华，并与舞蹈有机结合，目前表演的水平和阵势在全国都首屈一指。卡通小品《一张喜报》是一种新颖的艺术形式，一系列的卡通动作与演唱相结合，难度极大，演员们不顾每次练下来腰酸背痛、大汗淋漓，硬是啃下了这块“硬骨头”。南疆业余演出队唱《当兵走阿里》的杨婷在晚会中担任唯一的女声独唱，身患高原疾病的她，从“缺氧”的雪山上来到北京，又要克服“醉氧”的“不利”环境进行排练。紧张的排练中，她还抽空到解放军艺术学院拜师学艺，老师几次点拨，使她的演唱水平有了明显提高，令几位编导惊叹。文化部艺术局一位领导听了她的演唱后说，杨婷演唱得这么好，到中央民族歌舞团去也不逊色。还有许许多多的队员，都通过排练和演出使技艺大大提高了一步，所以人们称这次晚会是为全军举办的一期跨世纪高质量的业余文艺人才培训班。许多队员的水平不断提高，难分专业和业余，以致有的专家提出，文化艺术的从事者不应分专业和业余，而应叫职业化和非职业化。

这次晚会的成功，得益于各大单位领导、机关和有关同志的重视、关心和支持。这是一次全军上下齐心协力办晚会的行动，全军 14 个大单位都派了创作员和演员参加。元旦、春节期间的任务很多，但却将双拥晚会放在重要位置上，要人给人，要物给物，全力以赴完成晚会任务。这次的成功也得益于两支队伍：一支是晚会的主创队伍，这支队伍也采取了“精干、合成、高效”的组织原则。人员不多，各大艺术门类均有统筹，人员采取老中青相结合的方法，其中既有专家，又有行政领导，既有参加过历次业余文艺创作评奖并担任全军业余文艺调演的专业评委，又有站在我国艺术前沿的“世纪之星”。这种有机结合形成了强大的艺术创造力。这里没有“文人相轻”，而有的是“文人相敬”，总政领导的意图融会贯通于每个主创人员心中，并迅速落实在行动上，来自方方面面的宏观思考和微观建议，都受到重视，成为深究细研的话题，从主创人员班子中产生的艺术灵感，犹如泉水般汩汩流入这支表演队伍中，形成了统一的意志和行动。另一支队伍是行政保障队伍，这是聚集在台前幕后、台上台下许许多多的无名英雄，他们远离掌声赞语闪光灯，默默地为系统工程的运作而服务，使主创人员不用在管理上分心，使演出人员无须在行政管理上减员，使全体队员能全身心投入排练演出中。他们平时抓管理、抓台风、抓思想工作、抓作息制度等，同时根据整个排演过程快速反应调整部署，给晚会输入了现代管理意识和现代管理手段，从而有力地保证了晚会最佳状态的展示。

1999 年军民迎新春文艺晚会《欢歌奔向新世纪》虽然已经落下帷幕，然而它本身带来的轰动效应，将对跨世纪的军营文化建设产生积极而深远的影响。

节目单

1999年军民迎新春文艺晚会

《欢歌奔向新世纪》节目单

序：《迎宾秧歌舞》

作词：宏　伟（文职干部）　**作曲：**云　飞（文职干部）

指导：朱践为（文职干部）　李长山（文职干部）

演出单位：北京卫戍区51424部队

一、鼓乐《金鼓催春》

演出单位：武警山西总队业余演出队

编排：淮　海（文职干部）　李建平（武警少校队长）

指导：谢　克（文职干部）　**领鼓：**李建平

表演：王　哲（武警上校政委）　苏江雷（武警上士班长）等

二、歌舞《剪窗花》

演出单位：沈阳军区业余文艺演出队

编导：张茹月（文职干部）　**作词：**李　可（上尉干事）

作曲：袁　磊（文职干部）　**演唱：**高美萍（少尉排长）

舞蹈：王　欢（上等兵）　任紫含（上等兵）等

三、器乐合奏《班务会》

演出单位：济南军区业余文艺演出队

编曲：孙强忠（上尉干事）　**指导：**宋　伟（文职干部）

演奏：张红旗（上士班长）　李永福（少尉排长）

马　强（学员）　闵　灏（上士班长）

崔　硕（中尉区队长）　侯万力（专业军士）等

四、卡通小品《一张喜报》

演出单位：北京军区空军业余演出队

编剧：张　晓（空军中校科长）　夏星河（空军上尉俱乐部主任）

阎凤菊（空军上尉干事）

指导：卢雷雅（文职干部）

表演：阎凤菊　杜　静（见习排长）　熊　煜（学员）

五、舞蹈《荔枝飘香》

演出单位：南京军区业余文艺演出队

编导：惠　咏（中校教员）　**作曲：**纪　弦（上校副主任）

作词：汪　明（中校干事）

表演：孙　丽（上等兵）　蔡永坚（上士班长）　刘　刚（上士班长）
张　涛（上士班长）　虞　炳（上士班长）　肖　捷（上士班长）
王必成（上士班长）等

六、群口快板《党小组长》

演出单位：南京军区业余文艺演出队

作者：曲　兵（大校副政委）　**指导：**唐文光（文职干部）

表演：陈前峰（上士班长）　王　飞（上士班长）　刘　华（上士班长）
阎　强（上士班长）　潘玲玲（上士班长）　张　莉（少尉排长）

七、表演唱《阿哥探亲回彝寨》

演出单位：成都军区35201部队业余演出队

作词：任　兵（文职干部）　陈红杰（上尉干事）　吴映杉（少校干事）

作曲：任　兵（文职干部）　**指导：**范和平（文职干部）

演唱：周彦青（文职干部，布依族）

表演：周莉玲（中尉干事）　钱　薇（上士班长）　赵丽辉（上士班长，白族）
李薇薇（上等兵，白族）等

八、舞蹈《受阅在明天》

演出单位：北京军区业余文艺演出队　中国人民解放军仪仗大队

作曲：徐晓明（文职干部）　**指导：**赵小津（文职干部）

表演：包　峰（上士班长）　黄　伟（少尉排长）　汪　海（中士班长）
乔正军（专业军士）　宋宏伟（上尉队长）　潘斌龙（中士班长）等

九、男声小合唱《青春集合在军旗下》

演出单位：总参谋部等九单位业余歌手联合演出

作词：加　贝　**作曲：**兰　文

指导：吴自强（文职干部）　丁　颖（文职干部）

演唱：冯　辉（总参谋部·上尉干事）　顾小龙（总装备部·上尉干事）
高红兵（海军·中校干事）　张书宝（海军·上尉干事）
桑卡尔蒙（空军·中尉排长）　马　军（空军·中尉排长）
赵令武（空军·上尉干事）　杨　武（空军·少尉排长）
石诗华（第二炮兵·中校主任）　张　咏（第二炮兵·文职技术员）
杨善波（济南军区·中尉副连长）　齐怀山（济南军区·中尉区队长）
樊建勋（济南军区·中士班长）　么继军（济南军区·下士）
姜　铭（济南军区·中尉干事）　李　平（济南军区·少校指导员）
周立敏（南京军区·少校干事）　卢　伟（驻港部队·上尉干事）
贾　飞（武警部队·下士）　胡志增（武警部队·专业军士）

十、女声独唱《当兵走阿里》

演出单位：南疆军区业余演出队

作词：公丕才（中校副处长）　作曲：刘　冈（文职干部）

指导：丁　颖（文职干部）　演唱：杨　婷（中尉干事）

十一、舞蹈《生命之舟》

演出单位：广西军区业余演出队

作曲：杜　鸣（文职干部）　指导：邢时苗（文职干部）

表演：李秋艺（上等兵，仫佬族）　陈　智（上等兵）　刘　毅（上等兵）

苏震海（上等兵）　杨　展（上等兵）　刘艺强（中士副班长）

覃祉幸（上等兵）等

十二、小品《八班来信》

演出单位：总后勤部业余文艺演出队

编剧：周　强（中尉干事）　指导：黄定山（文职干部）

表演：赵一穗（中尉分队长）　李　浩（少尉排长）　蔡　军（少尉干事）　周　强

十三、歌舞《欢歌奔向新世纪》

演出单位：全体业余演员　武警北京一总队十三支队　中国人民解放军仪仗大队

作词：加　贝　孙　军　作曲：晓　里

指导：丁　颖　吴自强

策　　划：田爱习　孙　军　杨宏波

总 导 演：张继钢

撰　　稿：贺东久　孙　军

小品统筹：王寿仁

音乐统筹：羊　鸣

舞蹈统筹：马永木

舞美总设计：毕启亮

灯光总设计：沙晓岚

服装总设计：宋　立

演出总监：李云龙

节目主持：张　丽（总装备部·少尉技术员）　张冬梅（海军·演员）

杨　默（第二炮兵·上等兵）

舞台总监：马永木　毛永顺

前台主任：李春来　方之光　孟　薇

后台主任：牛世良　肖　力　张祖堂

舞美监制：许良好　陈安隆

舞美设计：王雪岭　沈庆平　张小兵　李文新　罗维怀

灯光设计：张仕聪

电脑灯编程：杨卫东

舞台装置：朱宜庄　朱文灿　李宇清　王安平　赵湘友　王永久　宋朝霞　高玉燕　陈　红　窦学臻

灯　　光：雷书道　汪晓鹿　赵培明　熊　鹰　袁京南　王鹏飞　李海波　吴力力　龚　友

音　　响：李　涛　吕国成　程锦宙　寇　淳　王　树　窦　军　李来红

服　　装：姜小明　李　洋　李　伟　黄美娟

道　　具：张祖堂

舞台技术：马明朝　葛双起　张心玉　姜　滨　徐　旭　杨玉林　刘　芳

电脑字幕：王　超

剪纸设计：王红艳　高明贵

背景画幕：顾建国　田立为

美　　工：王滨潮

总 协 调：李汉才

总 剧 务：王文彬　申若东

剧　　务：王　杨　张恒光　杨福禄　陈伟能　朱　敏

舞美承制：中国剧院舞美设计工程部

《世纪的春天》——2000年军民迎新春文艺晚会

军民团结一家亲　携手奔向新世纪

首都举行2000年军民迎新春文艺晚会

江泽民、李鹏、朱镕基、李瑞环、胡锦涛、尉健行、李岚清等与首都军民欢聚一堂

新华社北京2月1日电：2000年军民迎新春文艺晚会《世纪的春天》今晚在北京中国剧院举行。江泽民、李鹏、朱镕基、李瑞环、胡锦涛、尉健行、李岚清等党和国家领导人与首都军民欢聚一堂，喜迎新春。

出席晚会的还有丁关根、迟浩田、张万年、罗干、贾庆林、温家宝、曾庆红、何鲁丽、司马义·艾买提、王忠禹、赵南起、周铁农等领导同志和中央军委委员傅全有、于永波、王克、王瑞林、曹刚川等。

中国剧院今晚张灯结彩，一片欢腾，洋溢着节日的喜庆气氛。晚7时30分，江泽民等党和国家领导人在全场的热烈掌声中步入剧场，和大家亲切握手，互致问候，共贺新春。

由全国双拥工作领导小组、民政部、广播电影电视总局、解放军总政治部主办的这台晚会高扬主旋律，欢快热烈，催人奋进，热情讴歌了我国改革开放和社会主义现代化建设的丰硕成果；反映了人民军队坚持党对军队的绝对领导，革命化、现代化、正规化建设的新发展和辉煌成就；展示了军政军民鱼水情深的大好局面；表现了全国军民在以江泽民同志为核心的党中央领导下，携手奔向新世纪的豪迈气概。晚会节目全部由军队艺术团体近年来涌现的优秀新人演出，作品清新、质朴，令人耳目一新。

晚会在大合唱《世纪畅想》中拉开序幕，合唱团引吭高歌祖国美好的今天和明天。歌曲《吉祥颂》《春光好》等热情歌颂了伟大的党、伟大的祖国和建设有中国特色社会主义的巨大成就。新疆舞《美丽的克孜》、蒙古族舞《草原的祝福》、西藏舞《酥油飘香》等艺术地表现了各族儿女心向祖国，共建美好家园的精神风貌。独唱《西部放歌》歌颂了党中央关于西部大开发的战略决策。小品《对手》《阅兵村来信》，舞蹈《军旅年华》，歌曲《祖国啊，这里有我》《唐古拉》《阿拉山口小唱》等热情表现了新一代军人爱党、爱祖国、爱人民的高尚情怀，以及军爱民、民拥军、军民团结一家亲的新风尚。

尾声《世纪的春天》把晚会推向高潮，表达了亿万军民决心更加紧密地团结在以江泽民同志为核心的党中央周围，高举邓小平理论伟大旗帜，阔步迈向新世纪，把建设有中国特色的社会主义事业全面推向前进，实现中华民族伟大复兴的坚定信念。

演出结束后，江泽民等领导同志走上舞台和演职人员亲切握手，祝贺演出成功。

出席观看文艺晚会的还有中央国家机关有关部门，全国双拥工作领导小组，北京市解放军四总部、驻京各大单位、武警部队和军委办公厅的领导同志。

罗玉文

双拥晚会好戏满台

陈大鹏

由全国双拥工作领导小组、民政部、广播电影电视总局、总政治部联合举办的一年一度的双拥晚会《世纪的春天》，经过精心策划、排演，近日已搬上舞台。这台晚会集中了近年来我军各大单位文艺团体的优秀节目，题材丰富，形式多样，既有声乐、舞蹈，又有小品、杂技，可谓异彩纷呈、美不胜收，体现了在新的世纪到来之际，军民团结的崭新风貌。

今年双拥晚会与往年晚会不同的是，在晚会上亮相的虽无一名著名演员，节目却精致、质朴、感人。节目以双拥为主题，以新人新作为主，打破了歌舞相伴的旧模式，创新和变化十分明显。一些舞蹈、小品节目取材于边远的军营哨所，是战士们喜闻乐见的节目。

踏歌世纪行

——2000年双拥晚会总导演张继钢追访

卞　振

今年春节期间，在五彩缤纷的众多迎春晚会舞台上，2000年双拥晚会《世纪的春天》，如一簇清新带露的报春花，捎来了新千年的早春信息，抒发了共和国军民携手继续改革开放，将浩浩春风吹向广袤的大西北的豪情壮志！

晚会在保持双拥主题、军队特色和年节气氛的基础上，着力推出新人新作，使晚会的思想性、艺术性和观赏性得到了完美的统一。

晚会一呈现在首都舞台，便得到了广大军内外观众和中央领导同志的好评，经中央电视台播出后，又赢得好评如潮！

面对好评和赞许，曾出任过多次国家级大型晚会总导演的我军著名舞蹈编导、总政歌舞团副团长张继钢，首先认为成功是集体的智慧，是与总政领导在政治和艺术上的把关密不可分的，与晚会全体主创人员的高度思想觉悟、令行禁止的纪律性和追求高品位的艺术水准紧紧相系，与全体演职员们的艺术道德和奉献精神血脉相连。

张继钢告诉记者，出任这样规格晚会的总导演是荣幸的，参与一次便是灵魂的洗礼，他没有理由不全身心地投入这场晚会中去。

回顾历次双拥晚会的编导工作，张继钢对总政领导推新人推新作的决策感到由衷的欣慰和钦佩，认为这是符合艺术创作的求新求变的普遍规律的。在全军业余文艺调演的基础上，成功推出的1999年《欢歌奔向新世纪》的双拥晚会，就进一步坚定了他推陈出新的信心。在去年第七届全军文艺会演上，涌现出的新人新作又使他兴奋不已，感到军队文艺事业后继有人。所以，他在接受了2000年双拥晚会的总导演任务后，总政领导推新作出新人的意图，使他更加信心百倍。

艺术上推陈出新说起来容易做起来难。作为第11次双拥晚会的总导演，张继钢不但面对着同行们已成功的探索，也面对着自己以往创作的羁绊，而起用新面孔去组织这场宏大的晚会更是风险丛生。

但是，作为一个理论和实践功底都非常扎实的编导，张继钢认为，要贯彻总政领导意图，首先要在创作上搞突破。他认为，只要本子扎实，演员是可以磨炼的。他首先将全军第七届文艺会演中有年节喜庆特点和切合双拥主题的获奖节目筛选出来，和从事音乐、舞蹈、文学、舞美创作的编导们一起对其进行进一步加工提炼再创作，使之达到双拥晚会的艺术水准。

例如，舞蹈《美丽的克孜》和《草原的祝福》两个节目，在全军第七届文艺会演中只获了二、三等奖。但是，这两个舞蹈被调入双拥晚会后，经过动作重新编排和音乐、舞美、服装上的调整置换，面貌焕然一新，达到相当的艺术水准。《草原的祝福》原本只有18个演员，而在双拥晚会的排练中，张继钢等在将演员阵容扩大至38人的同时，要求每个女演员都要顶4只碗。在舞蹈《美丽的克孜》中，张继钢还富有创意地从天幕上降下吊篮，占据了第三空间的篮中的维吾尔族少男少女的表演，令观众们叹为观止，掌声如潮。

歌伴舞、舞伴歌，是近年晚会舞台上的一个俗套，它虽然营造了舞台上的热闹氛围，但也损害了作品的完整性，使观众既听不到一首完整的歌，也看不到一个完美的舞。为此，张继钢在整台晚会上没有采用任何歌伴舞、舞伴歌的形式，而是采用百人大型乐队伴奏和可转式摄影、美术画面的转换，既成功地避免了演出的单调感，又有力地烘托出了演唱的音乐魅力。

近年来，个别演员假唱、假奏，甚至假演，败坏了演艺界的名声。但是，作为一名军队的文艺编导，艺术良心和军人的职责，使张继钢坚决杜绝此类现象在他编导的晚会中发生！他和其他各艺术门类的编导们在双拥晚会的创作中，首先追求作品的本体艺术效果，在创作上精益求精，实打实地以精彩的内容打动观众，使求新与作品的艺术性和观赏性完美地结合在一起。比如，内蒙古军区文工团的舞蹈演员们的顶碗表演，完全可以采用头上系带或顶纸质和木质碗来代替。但在张继钢等人的要求下，演员们全部顶着瓷碗排练，连吃饭休息时都顶着碗练习，直到碗底沿在头发上压出凹痕。为使头发保持一定涩度稳住碗，女演员们甚至两个多月不洗头。

在编排上，晚会也打破歌舞相间、小品相声串联的俗套，大胆地采用了一组民族舞蹈和两组独唱节目叠排的方式，使观众们在对舞蹈和声乐的持续审美中，领略了风格各异的艺术表演，获得了极大的美的享受。

说到这场演出的成功，张继钢不得不提到晚会的序曲大合唱——《世纪畅想》。在这个虽仅四五分钟长的节目中，倾注了他和晚会剧组全体同志的许多心血和汗水，也正是这个全新形式的开场亮相，场场都赢得热烈掌声。

为了这个创意的成功实现，晚会大胆地采取了高中低三层空间的利用。首先，他们特制了大型的铁架，将全体合唱演员提升至接近天幕的高度。其次，他们在舞台上特制了一个半球形罩子将乐队遮住。为克服合唱演员在高空演唱时的心理压力和解决半球罩均匀翻转和乐队声音传出的难题，他们做了许多次的摸索，度过了十几个不眠之夜……

张继钢告诉记者，2000 年双拥晚会演了十几场。而每次演出时，当新颖独特的环形幕打开，半球罩徐徐翻转，乐池升起，全体合唱演员和乐队在全场掌声中推出那首气势恢宏的《世纪畅想》的壮歌时，他禁不住想掉泪……

因为，这是他所有的追求和梦想！

推新作　扶新人　出精品

——2000 年双拥晚会《世纪的春天》观后

武　龙

2000 年军民迎新春文艺晚会《世纪的春天》2 月 1 日晚在北京中国剧院演出，昨晚又在中央电视台播出了。这台晚会受到了广大观众的好评。晚会在保持过去的双拥主题、军队特色和年节气氛的基础上，大胆创新，使晚会的思想性、艺术性和观赏性达到了较完美的统一。

一是晚会具有很强的思想性。过去的一年里，在以江泽民同志为核心的党中央领导下，我们取得了三场重大政治斗争的伟大胜利。晚会一开始，大合唱就把全国军民庆祝共和国成立 50 周年和澳门回归的喜悦之情、实现祖国完全统一的期盼之情、满怀信心迈向新千年的豪迈之情，淋漓尽致地表达了出来。党中央刚刚作出了开发西部地区的重大战略决策，一首词好曲美的新歌马上就在晚会上唱响。另外几首歌曲，歌颂了祖国，歌颂了党，歌颂了社会主义，歌颂了改革开放，也抒发了当代军人保卫祖国、建设祖国的情怀。有的节目表现了边疆少数民族人民群众的幸福生活，还有的节目表现了部队科技强军的新成就。可贵的是，这些具有深刻思想内涵的主题，都是通过文艺作品艺术地表现出来。

二是艺术回归舞台，作品的本体价值得到强调。近年来，随着电视等大众传播媒介的发展，舞台艺术得到了更多传播机会，扩大了传播范围。但由于过分依赖电视媒体、过多服从电视转播需求，舞台艺术自身受到相当程度的伤害，舞台上竞相追逐奢华、刻意过度包装，同时假唱成习、伴舞成风。《世纪的春天》的节目具有较强的作品感，歌是歌、舞是舞，没有歌伴舞、舞伴歌的“时髦”，也没有假唱、假奏等欺瞒观众的做法。晚会的每件作品都按照舞台艺术自身规律的要求而精心创作，其中多数作品堪称精品。

三是充分尊重艺术规律，作品的艺术特性得到完全体现。众所周知，艺术是用审美移情、潜移默化的方法抚慰和感化心灵，使人的精神境界走向崇高，即以其自身的思想深度和艺术魅力产生冲击力，使观众在欣赏真正的艺术时，心灵受到震撼，思想产生共鸣，由感动而愉悦，由愉悦而升华。而简单地用宣传的要求搞艺术会消解艺术的美感，也会弱化宣传的力度。《世纪的春天》给观众带来的是润物无声的审美情趣，它使观众在欣赏高雅艺术的同时，艺术家们进行着心灵和情感的交流。

四是大力推出新人新作。近年来各部队成长起来许多艺术新秀，但是他们很少有在全军、全国表现的机会。长江后浪推前浪，这是历史的必然规律。《世纪的春天》是第七届全军文艺会演后的第一次双拥晚会，为新人新作的展示提供了难得的机遇。开场大合唱《世纪畅想》大气磅礴、雄壮宏伟；歌曲《吉祥颂》《祖国啊，这里有我》《唐古拉》《西部放歌》《阿拉山口小唱》和《春光好》，都各具特色。舞蹈《美丽的克孜》激情奔放，《草原的祝福》技艺超群，《酥油飘香》意境深远，犹如新时代的《洗衣歌》，《军旅年华》英姿勃发，《世纪的春天》热烈欢快。灯上芭蕾《飞翔的梦》极有创意地提升了杂技的艺术品位；小品《阅兵村来信》《对手》都诙谐有致、妙趣横生。巴桑、王宏伟、谭学胜和谭晶等歌唱新秀的实力很强，牟洋、邵峰、郭月、孙涛、傅佳和洪涛等小品新人的功力不弱。节目主持人张晓雪和于乃久也小荷初露，清新喜人。舞蹈和杂技群体的素质也具有相当高的水准。整台晚会的舞台美术极有创新，美轮美奂，令人目不暇接。应当说晚会较好地实践了“大力推出新人新作”的主旨。

节目单

2000年军民迎新春文艺晚会

《世纪的春天》节目单

一、大合唱《世纪畅想》

作词：王晓岭　　**作曲**：刘　彤
演唱：解放军合唱团　　**伴奏**：解放军交响乐团
指挥：郑　健

二、舞蹈《美丽的克孜》

编导：吾买尔　　**作曲**：依克木
表演：娜依莎　杨　凌　加米拉等

三、舞蹈《草原的祝福》

编导：何燕敏　　**作曲**：刘钢宝
表演：鲍丽玛　马　宁　殷赛男等

四、舞蹈《酥油飘香》

编导：达娃拉姆　　**作曲**：刘　彤
作词：张　俊
表演：张　瑜　李　贝　央　宗等

五、小品《阅兵村来信》

编导：赵福玉　王　宏　李文启
导演：李文启
表演：牟　洋　邵　峰　郭　月

六、女声独唱《春光好》

作词：贺东久　　**作曲**：印　青
表演：杨九红

七、舞蹈《军旅年华》

编导：赵　明　　**作曲**：杜　鸣
表演：张永胜　李　雷等

八、男声独唱《祖国啊，这里有我》

作词：张　俊　赵选华
作曲：曹军生　　**演唱**：谭学胜

九、女声独唱《吉祥颂》

作词：张　俊　　**作曲**：段永生
演唱：巴　桑

十、杂技　灯上芭蕾《飞翔的梦》

编导：李西宁　潘迎春　　**教员**：韩　锐　曾兆琴

表演：海　虹　刘晴晴　蔡　青等

十一、男声独唱《西部放歌》

作词：屈　塬　　**作曲**：印　青

演唱：王宏伟

十二、女声独唱《唐古拉》

作词：陈　虹　　**作曲**：羊　鸣

演唱：谭　晶

十三、男声四重唱《阿拉山口小唱》

作词：赵思恩　　**作曲**：夏米力

演唱：夏米力　达列里汗　欧云巴特　哈斯额尔敦

十四、小品《对手》

编剧：张振彬　王铁虎　黄　宏　王　宏

导演：胡宗琪　　**表演**：洪　涛　孙　涛　傅　佳

十五、舞蹈《世纪的春天》

编导：刘　英　王　艳　孙育鹏　杨笑阳

作曲：陈春光　　**表演**：邱　辉等

总 策 划：秦怀保　田爱习

总 导 演：张继钢

文学撰稿：赵大鸣

音乐统筹：印　青

舞蹈统筹：李福祥

小品统筹：连苏宣　李文启

舞美总设计：樊　跃

服装总设计：宋　立

灯光总设计：沙晓岚

舞台总监：李云龙

演出总监：屈　塬　秦　威

演出协调：申若东

节目主持：张晓雪　于乃久

前台主任：李　社　赵文波　卢　乔　王未名　诸惠君

后台主任：杜永妮　张卫东　博继梅　高继强　张成晓勇

邢志强　赵思恩　张　俊　李西宁

舞美总监：段京飞
剧院管理：毕启亮　孟　薇
剧院协调：陈伟能　朱　敏
舞台管理：毛永顺　朱宜庄　程锦宙　刘长胜
舞美设计：刘朝辉　沈庆平　樊　波
灯光设计：杨卫东　张仕聪
电 脑 灯：熊　鹰
音响设计：任晓兵　吕国成　李来宏
服　　装：姜小明　陈淑贞　程眉承
道　　具：宗少林　谭　征
化　　妆：李丹莉　隋　颖
灯光管理：秦良亭　汪晓鹿　王军平　赵培明　吴力力　雷书道
机械舞台：姜　滨
吊　　杆：葛双起　马明朝
装　　置：张心玉　李文灿　杨玉林　杨贵吉
音　　响：李　涛　寇　淳　王　树　窦　军　桂　洲
录播协调：王中孚
乐　　务：岳家臻　张波岩
音乐编辑：宿永良
录　　音：吴志文
电脑字幕：王　超　窦学臻
节目单设计：刘和平　丁晓阳
标题手书：吴国平
封面摄影：宋钢成

演出单位：总政治部歌舞团　总政治部歌剧团
总政治部话剧团　解放军军乐团
北京军区政治部战友歌舞团　北京军区政治部战友话剧团
济南军区政治部前卫话剧团　成都军区政治部战旗歌舞团
成都军区政治部战旗杂技团　第二炮兵政治部文工团
内蒙古军区政治部文工团　新疆军区政治部文工团
西藏军区政治部文工团　解放军艺术学院

《世纪之歌》——2001年军民迎新春文艺晚会

彩灯高悬喜迎21世纪　普天同庆欢歌美好明天

首都举行2001年军民迎新春文艺晚会

江泽民、李鹏、朱镕基、李瑞环、尉健行、李岚清等出席

解放军报北京1月19日讯：彩灯高悬，喜迎21世纪；普天同庆，欢歌美好明天。2001年首都军民迎新春文艺晚会《世纪之歌》，今晚在北京中国剧院举行。江泽民、李鹏、朱镕基、李瑞环、尉健行、李岚清等党和国家领导人与首都军民欢聚一堂，共贺新春。

丁关根、迟浩田、张万年、罗干、贾庆林、曾庆红、铁木尔·达瓦买提、司马义·艾买提、王忠禹、赵南起等领导同志和中央军委委员傅全有、于永波、王克、王瑞林、曹刚川等出席观看。

今晚，中国剧院张灯结彩，洋溢着欢乐祥和的节日气氛。首都各界群众和驻京部队官兵怀着跨入新世纪的喜悦和对美好明天的良好祝愿，相聚在一起，共度21世纪第一个新春佳节。

晚7时45分，江泽民等领导同志步入剧场，全场响起热烈的掌声。江泽民等向大家亲切致意，表示节日的问候。

全国双拥工作领导小组、民政部、广播电影电视总局、总政治部主办的《世纪之歌》晚会，由《东方红》《春天的故事》《走进新时代》3个乐章和《尾声·中国新世纪》组成。整台晚会艺术地再现了过去的100年间，特别是中国共产党成立后的80年里，党的三代领导集体带领全国各族人民争取民族独立、民族解放和民族振兴的光辉历程，以及在改革开放、建设有中国特色社会主义的伟大事业中创立的辉煌业绩；抒发了全党全军和全国各族人民紧密团结在以江泽民同志为核心的党中央周围，高举邓小平理论伟大旗帜，阔步迈向新世纪的壮志豪情。

晚会在气势磅礴的配乐诗朗诵《东方红》中拉开序幕。在第一乐章《东方红》里，大合唱《沁园春·雪》《长城谣》《保卫黄河》《没有共产党就没有新中国》等经典作品，振奋精神，激动人心，深刻揭示了没有共产党就没有社会主义新中国的伟大真理；第二乐章《春天的故事》通过配乐诗朗诵《春天的故事》，独唱《你的名字》《把心交给祖国》《走进春天里》，鼓乐《丰收的喜悦》等节目，热情歌颂了全国各族人民在党的领导下，开创建设有中国特色社会主义道路的光辉业绩；第三乐章《走进新时代》中，歌曲《今日中国》《诺言》《西部情歌》和小品《种子》、杂技《向往》，形象地表现了新的历史时期党和人民的血肉联系、军民的鱼水深情，赞颂了中国共产党竭诚实践“三个代表”重要思想的要求，领导亿万军民实现中华民族伟大复兴的豪迈气概。《尾声·中国新世纪》，充分表达了全国军民紧密地团结在以江泽民同志为核心的党中央周围，在新世纪里把我国建设成为文明、民主、富强的社会主义现代化强国的坚强决心。

晚会气势恢宏，高潮迭起。合唱团和交响乐团规模宏大；合唱、独唱、重唱和器乐演奏各显风采；著名艺术家和优秀新人联袂登台。艺术家们的精彩演出，赢得了观众的阵阵掌声。

演出结束后，江泽民等领导同志走上舞台与演员亲切握手，祝贺演出成功。

出席观看晚会的还有中央国家机关有关部门，全国双拥工作领导小组，北京市的领导同志，四总部、驻京部队各大单位、武警部队和军委办公厅的领导同志等。

高艾苏

听历史长河惊涛拍岸　观锦绣大地春潮澎湃

——评2001年军民迎新春文艺晚会《世纪之歌》

西　南

六九春来，大地的冰雪开始融化，节日舞台上火爆的气氛也开始退潮。但是，充满着诗情画意的《世纪之歌》，却伴随着和煦的春风一直在人们的心头荡漾，又像是一束绚丽芬芳的报春花在神州大地上独领风骚。告别了冬季，远离了喧闹，在平静中，以平常心，我们来观赏2001年军民迎新春文艺晚会，所感受到的就不仅仅是热烈的情绪和缤纷的色彩，而是更加清晰地看到了我军艺术家们又一次富有创新意义的艺术实践的轨迹。

第一个挑战：传统的“双拥晚会”难以承载如此厚重的内容，但又要在“鱼水欢歌”的新春时节唱响“世纪之歌”。

回望上一个世纪，载负着多少人间悲欢离合的故事，催生了多少英雄豪杰的惊天伟业，留下了多少可歌可泣的千古绝唱！但是，作为一台文艺晚会，尤其是作为一台具有特殊要求、特定规范的双拥晚会，不再延续“鱼水欢歌”的路子，而要在舞台上表现百年风云，特别是在万家团圆的新春时节唱响世纪之歌，这无疑是对策划者和导演们的挑战。当我们走近舞台，所见所闻，竟然有一种意想不到的惊喜，仿佛峰回路转，柳暗花明，眼前一片灿烂。历史被浓缩了，时空被剪裁了，思想作为框架结构的支点，把一块块零散的精神亮片连缀起来，点线交错，形散神聚，虽然是跳跃式的，却文气贯通，又像是一篇散文，但一脉相承，这样一个主体架构确实是匠心独具。世纪沧桑融入悠扬的歌声里，百年拼搏渗透在壮美的旋律中，配之颇有一些春秋笔法的抒情散文诗，与其说我们是在观赏一场文艺晚会，不如说我们是在听历史长河的惊涛拍岸，观时代大潮的风起云涌，憧憬春潮澎湃的锦绣未来。正是从这个意义上看，2001年军民迎新春文艺晚会，打破了传统的“双拥晚会”模式，大胆地以世纪更替为轴心，拓宽了晚会的外延，丰富了表现的内涵，呈现出别开生面的新气象。尤其值得称道的是，导演没有驾轻就熟，简单地启用那些脍炙人口的“老歌”，而是采取曲式调整、结构重组、更换配器、变奏旋律等方式，对带有鲜明时代烙印又耳熟能详的作品在艺术上做细微求精的处理，留其核，取其魂，衬托华彩，突出特色，同时与新作品穿插起来，而这些新作品又充盈着流金的岁月，跳动着难忘的音符，一个统一的、完整的让人似曾相识又耳目一新的音乐形象由此站立起来。但它又不是哪一个具体节目，也不是某一个历史事件所能单独支撑和完成的，而是经过导演调动所有的艺术手段，使所有的作品都保持了有机的内在联系，即使是艺术形式截然不同的节目，也能够相互呼应、相互补充，形成一个贯穿始终的主旋律在世纪的上空回响。这就是我们党在探索中国之路的风雨征程中所创造形成的解放思想、实事求是的精神，紧跟时代、勇于创新的精神，知难而进、一往无前的精神，艰苦奋斗、务求实效的精神，淡泊名利、无私奉献的精神。如果说正是因为这崇高的精神支撑和推动了我们正在进行的伟大事业，那么，也是因为赞美、弘扬了这伟大精神，才使得《世纪之歌》这般高亢、豪放，如黄钟大吕气冲霄汉、动人心弦。

第二个挑战：整体风格样式的一致性与舞台表演形式的多样性要达到统一，以实现在营造激情、豪情的主调时又跳跃着欢乐祥和的旋律。

晚会创作之初，人们对策划者和总导演作出今天这样的选择，不无担心。因为从内容上来看要把中国革命的进程作为贯穿晚会始末的主线，从形式上来看则选取音乐会作为主要的表现样式。但是，历史是凝重的，晚会却要求轻松；双拥是深刻的，过年还要求娱乐。这无疑是《世纪之歌》面临的另一个挑战。既不能重复过去歌舞晚会的套路，又不能搞成千篇一律的“大拼盘”，更不能去追赶那些“总动员”式的娱乐时髦，而必须保持晚会高雅的品位，做到曲高和众，雅俗共赏。这也正是晚会的难能可贵所在。首先在艺术形式上没有平分秋色，虽然坚持以声乐演唱为主，但没有排斥和拒绝其他表现形式，即便是声乐演唱也是在不断地变换着形式，做到清一色与多样性的统一，尤其注重运用音乐之外的艺术形式、艺术手段来调节整台晚会的气氛、节奏和色彩，以增加娱乐性、观赏性。小品《种子》看上去像是不经意地撒在了舞台上，孤零零地长出来的一棵独苗苗。其实不然，这犹如神来之笔，饱蘸时代的浓墨重彩，为整台晚会画上了一个夺目的亮点。从小品的美学特征来看，《种子》属于悲喜剧小品的范畴，既有流贯全篇的喜剧色彩，又融入了美的另一种基本形态或至少是悲剧的因素，这与《世纪之歌》的整体风格不谋而合，并起到了画龙点睛的作用。10斤种子、一张欠账单，演绎出一段饶有风趣又发人深省的故事。硝烟散去，劫后余生，饥寒交迫也已成为历史，我们党的干部还能不能继续保持战争年代那种与人民群众血肉相连的好作风？还能不能自觉做到拒腐蚀、永不沾，廉政、勤政和优政？还能不能始终把老百姓的衣食冷暖放在心上？这是社会的关注点和时代的共鸣点，也是当今艺术最能赢得观众的动情点。编导正是以这“三点”为准则，选取了最具现实意义的生活内容，经过精心剪裁，在历史与现实的结合上，塑造出了一对年迈的庄稼户与一位脱下戎装的老战士苦苦寻找、心心相印的感人形象。我们不能不赞叹《种子》在结构上的精巧性。小处落笔，大处着眼，短小精悍，却反映了大题材，展示了大背景，蕴含着厚重的社会内涵。我们不能不赞叹《种子》点题手法的含蓄性。力求透过戏剧动作的帷幕使人窥见比这些具体动作本身的内涵更深一些、涵盖面更广一些的哲理性寓意，好像有一些中医的味道，明明是头疼，那根治病的银针却偏偏落在脚部的穴位上，有一种曲径通幽之美，还有一些象征隐喻之妙。我们还要赞叹《种子》在艺术处理上坚持悲喜交集的辩证性。悲与喜是一对矛盾，在一定条件下又能互相转化。《种子》借助那张欠账单，营造出催人泪下的情境，而还账的情节又因误会多了几分滑稽的色彩，强烈的反差，使之成为刻画人物或点染气氛的一种补充色调，在人们心头泛起浓浓的幽默感。特别是经过艺术家天然去雕饰、精心又细腻的表演，思想性、艺术性和娱乐性融为一体，在幽默诙谐中升华了人们的情感，在闪烁的泪光中又使人发出会心的微笑，达到了一种大俗大雅的境界。又如排箫与杂技《向往》，仅从形式的名称就可以了解编导的良苦用心，把芭蕾艺术引入杂技表演，不能不说是一个大胆的尝试。演员用足尖在人的肩部、头顶旋转起舞，难度之大、编排之巧、技艺之精湛，显示出了轻盈飘逸的柔韧之美、刚健挺拔的力量之美，以及向人体极限挑战的奇特之美，不仅把传统的杂技艺术跃升到一个新的水准，而且也把整台晚会推向了高潮。打击乐《丰收的喜悦》，则是以浓烈的乡土气息，营造出欢乐祥和的节日氛围。多样的艺术品种，像一道道色、香、味俱全的精美佳肴，满足了人们不同层次的文化需要，阵阵掌声、笑声使剧场里春风拂面，喜气洋洋。

第三个挑战：艺术的辉煌不等于华丽的包装，在创新的舞美设计中依然是简约清纯的风格。

色彩是只用于晚会外表的装饰，还是作为展示生活内涵的艺术手段？是追求豪华甚至超豪华的贵族气派，还是继承返璞归真、简约清纯的风格？这是演艺界至今还在争执的一个话题，自然也成了《世纪之歌》的策划者、导演和设计师们面临的又一个挑战。现在可以说，在春节推出的多台文艺晚会中，《世纪之歌》的舞美设计是最简练、最有创意、最富灵气的，因此，也是最为人们所称赞的。他们首先注意把晚会的色调与生活的色调统一起来，极力避免那种因为滥用颜色或过分华丽而造成的媚俗。根据不同的历史时期、表现情境和人物的精神状态，确定金黄、银灰、大红、深蓝四个大色块作为晚会的色彩基调，通过有序的变换拼接，与灯光、与服装、与道具相互辉映，成为舞台上流动的象征载体，烘托出了凝重、庄严、热烈、现代的典型环境，具有极强的视觉冲击力。在此基础上，他们还注意把舞美风格与时代风格统一起来，既讲究设计的个性，又避免唯美的倾向，较好地防止了喧宾夺主或游离演出，始终围绕晚会内容的推进，突出表现时代特色。如第一幕从天而降的浮雕，第二幕铺满全台的画布，第三幕超大电视幕墙，这就不仅是舞美手段形式的变化了，而是做到与《世纪之歌》的思想基调相吻合，成为不同时代的鲜艳标志，从而在世纪的天幕上展示出舞美的风采。既弥补了因为晚会没有舞蹈在色彩方面的单调，又保持了舞美设计与晚会整体风格的衔接与统一。再就是他们注意把机械的道具设置与演员的流动变化统一起来。如最后一幕，合唱群体经过精心设计但呈自然状态从舞台纵深走向前台，与他们身后的象征着人民大会堂的固定背景相映生辉。富有生命的设计是舞美艺术的最高境界。这个合唱群体以他们身着色彩鲜艳的多民族服饰，构成了一幅极具现代意味的民族风情画。这个合唱群体又以他们强大的阵容和豪迈的歌唱，形成了一种雄壮、一种力量、一种磅礴的气势。更为引人瞩目的是，晚会第一次把富有生命的人体雕塑引入舞台艺术。从台口沿壁延伸到观众席两侧的6组由演员装扮而成的群体雕像，其造型设计并不算多么新颖，但赋予了人体极强的金属质感，不仅有金戈铁马的象征意味，而且还有一种历史的纵深感和凝重感，成为《世纪之歌》无言的咏唱，起到了“于无声处听惊雷”的奇妙特效，这在舞台美术的设计和手段运用上开了先河，以巨大的艺术震撼力，表现出了人民军队在世纪的岁月烽火中百炼成钢，是一支永远听党指挥、永远不可战胜的力量！

赞颂百年辉煌　奏响世纪新曲

——评 2001 年军民迎新春文艺晚会

思想主线鲜明　精品名作荟萃

文艺晚会《世纪之歌》在春节前夕和全国亿万军民见面了。这是一场贯穿着鲜明的思想主线、荟萃了精品名作的高水平晚会，在整整 100 分钟的演出时间里，我们情不自禁地跟随着晚会的三个乐章，回顾了刚刚过去的 20 世纪中我们党的三代领导人带领中国人民团结战斗、奋发图强的光荣之旅，也强烈地感受到继往开来、再创辉煌的时代强音的召唤和鼓舞。

《世纪之歌》文艺晚会的三个乐章《东方红》《春天的故事》和《走进新时代》，分别以王庆祥、宋春丽、林达信的配乐诗朗诵开篇串联，这是深情的诉说，也是豪迈的抒怀。一个世纪的历史进程，党的三代领导人的伟大历史功绩，被精心浓缩成诗的语言，又在丰富动人的歌的旋律中得到了充分的展示。第一乐章中杨洪基领唱的毛泽东诗词歌曲《沁园春·雪》，大气磅礴，雄视千古；大合唱《保卫黄河》激越凝重，势若战斗的号角。第二乐章中王秀芬的独唱《把心交给祖国》抒发了对祖国深沉的爱，庄重婉转，动人心弦；戴玉强的独唱《你的名字》则以“你的名字很普通，每一个孩子都认识你”缓缓展开，进一步唱出了全国亿万军民对于邓小平同志的真切思念和无限爱戴。第三乐章中冯瑞丽的独唱《诺言》寓战斗的力度于优美的抒情，把我们带回到两年前波澜壮阔的三江抗洪斗争场景之中；王宏伟的独唱《西部情歌》上阕苍凉沉郁，下阕明快高亢，可谓一腔既出，四座动容，淋漓尽致地讴歌了西部大开发这一深得民心的重大历史决策。可以说，《世纪之歌》的三个乐章情感连贯，思想主线突出，它把一个世纪的重大历史事件和党的三代领导人的伟大历史功绩，有机地融为一个艺术的整体，充分地反映了全党、全军、全国各族人民的意志和心愿，既引发了我们心灵的共鸣，又带给我们美好向上的思想艺术享受。

作为一场大型的文艺晚会，《世纪之歌》组建了规模空前的大型合唱队和管弦乐队，形成了浩大的气势与演出阵容。在歌曲与音乐作品的选择上，一批在各个不同历史时期最具代表性的经典歌曲与军内优秀词曲作家精心创作的新歌曲相得益彰，可谓继承与创新兼顾；在演唱风格的调配上，民族、美声与通俗唱法兼容并蓄，体现了“百花齐放”的时代特征；在舞台美术的制作调度上，远景辽阔，近景华美，两厢的三组人物活雕塑别出心裁，大屏幕纪实画面与多层次的演员阵形浑然一体，相映生辉。整台晚会演出形式的大场面、大阵容、大制作与演出内容的大历史视野、大时代风云、大中国气派正相吻合，给我们留下了难以忘怀的印象。

（丁临一）

唱出新世纪的豪情

这是一个世纪的放歌，这是一段珍贵历史的回顾，20 世纪中华民族的坎坷经历，百年世纪的沧桑岁月，哪里有多少轻松、多少浪漫？在新的世纪到来之际，我们回味过去，展望未来，除了歌舞升平，更需要的恐怕是激情与深思。

这台名为《世纪之歌》的文艺晚会，由三个版块，几十首不同时期、不同风格样式的歌曲、器乐组成。以《东方红》《春天的故事》《走进新时代》为每一版块的标题，这是三支人们耳熟能详的曲调，这是三个时代壮丽生活的写照，以这三首歌曲作为三个乐章的标志，其寓意显而易见。由新老艺术家演唱、演奏的十几首歌曲、乐曲，看似漫不经心的组合，其实也饱含着创作者对往事的感慨和对未来的憧憬。由《沁园春·雪》的豪情，到“长城”（《长城谣》）、“黄河”（《保卫黄河》）的回声，从《把心交给祖国》的《诺言》到《走进春天里》的“喜悦”（《丰收的喜悦》），《西部情歌》的随想，《爱我中华》的诉说，汇成全国人民的共同心声《没有共产党就没有新中国》。这些人们或熟悉或陌生的歌声，这些令人激动或联想的旋律，把我们带回到战火纷飞的战争年代，使我们回想起军民共同抗击侵略者的历史，让我们感受到党政军民携手共创新生活的日日夜夜。

三段配乐诗朗诵把诗与歌的组合演绎得恰到好处，也许是一种巧合，三位担纲朗诵的演员竟然是银幕（荧屏）上三名响当当的共产党员。当李高成（王庆祥）、江姐（宋春丽）、少剑波（林达信）在我们熟悉的旋律中深情回叙历史，热忱畅想未来时，我们一时竟分不清这是角色还是演员在倾吐心声：半个世纪前，毛泽东“我代表中国共产党人，请你们一起来参加开国大典”的邀请声还在我们心中回荡；南中国海边“一个宏伟的蓝图在又一位老人心中酝酿”，“江西红土地上的脚印”已经引导人民踏上了致富的坦途；面对新的世纪，以江泽民同志为核心的中国共产党的第三代领导集体又将民族昌盛的重任担在了自己的肩上……

一袋种子的故事，我们似曾相识。在战火纷飞的年代里，曾经有过多少红嫂，有过多少戎冠秀？人民军队与老百姓的水乳之情共同融入了民族解放斗争的大潮，而今前辈播下的“种子”又在中华大地上结出累累硕果，新时期的双拥故事在神州大地传扬，在亿万军民的心中珍藏。晚会唯一的小品节目《种子》引发我们思考的已不仅仅是一个秋毫无犯、纪律严明的主题。军队与人民、政府与老百姓的关系，是维系党的生命的安全线，倘若我们忘记了老百姓，忘记了那些用生命支持过革命的普通人，那么我们的前辈所做过的一切都将变得毫无意义。在新世纪的钟声敲响之际，《种子》给予我们的，不仅是赞美，更是长鸣的警钟。

“打开 20 世纪的史册，有许多篇章依然是那么滚烫；聆听百年的长歌，有许多乐章依然是那么嘹亮——”《世纪之歌》回荡着时代的音符，《世纪之歌》唱出了新世纪的豪情。

（张　东）

史诗品格世纪情怀

规模宏大的合唱阵容，气势恢宏的舞台调度，由著名歌唱家和歌坛新秀相映生辉的精彩演唱，音乐与诗歌的有机交织，新春伊始，由全国双拥工作领导小组、民政部、广播电影电视总局和总政治部组织的2001年春节双拥晚会《世纪之歌》，就以一种大手笔大气派，谱写了一曲20世纪的宏伟史诗，给舞台带来一股强烈的冲击波。

在《长城谣》和《保卫黄河》或哀婉或雄壮的歌声中，遥想从19世纪中叶以来，帝国主义列强侵略不断，中华民族的生存危机日益加剧，至20世纪30年代达到极致，日本帝国主义的铁蹄践踏着中华大地，危亡在即，火热水深，是毛泽东和中共第一代领导人，高举起抗日救国的旗帜，挽狂澜于既倒，挥干戈以回天，带来了民族独立和中华人民共和国的成立；在《春天的故事》清新明快的旋律里，回味党的十一届三中全会以来发生的巨大变化，缅怀改革开放的总设计师邓小平，亲切和欢欣，质朴和崇敬，交织在一起；在《走进新时代》和《大地飞歌》的坚信和展望中，在以江泽民同志为核心的党的第三代领导集体带领下走过的昨天———香港和澳门顺利回归，1998年抗洪，西部开发，顶住了“金融风暴”冲击而继续保持国民经济高速增长……独立、改革、富强、希望，构成了《世纪之歌》的历史脉络和音乐旋律，融汇成跨世纪的最强音。

《世纪之歌》从命题立意出发，如清人李渔所言，贵在“立主脑”，在确立歌颂20世纪中华民族壮丽历史进程、展望21世纪中华民族伟大复兴的主旋律的同时，删繁就简，返璞归真，以严肃的、具有民族风格的音乐作品和配乐诗歌朗诵为主体，有机整合，一气呵成，单纯质朴，清新刚健，给人耳目一新的感觉。同时，在开掘音乐艺术和舞台艺术的内涵和外延上，可谓是煞费苦心，刻意求新。舞台上的合唱队形的调度，高旷深远的舞台画面，拓展到舞台之外、向整个剧场延伸的群体雕塑，既高屋建瓴又善于捕捉具体细节，既大气厚重又富有形象质感的配乐诗歌朗诵，都显示出精品风范。排箫与杂技《向往》，充分发挥了表演者兼具舞蹈和杂技的基本功的特长，将两者浑然一体地融合成新的形体语言，同时将排箫这一并不多见的乐器也推向前台，匠心独运、美不胜收，给观众带来新鲜而精美的艺术感受。出场的歌手，既有人们所熟知的著名歌唱家彭丽媛、宋祖英、杨洪基、王秀芬、戴玉强，也有近年来乐坛上崭露头角的巴桑、于乃久、王宏伟、谭晶等，这样的组合，让人们认识和熟悉了并非作为点缀的一批年轻的“新面孔”，也表现出晚会组织者对继往开来的新秀们的信任和期待，期待着“雏凤清于老凤声”。《尾声》中的童声合唱《夕会歌》，是一首老歌翻唱，却也在稚气和拙朴中更加强了对新世纪的憧憬和向往。

（张志忠）

双拥晚会带给我们的启示

陈奎及

一年一度新春度佳节，年年岁岁双拥暖人心。近年来的双拥晚会，以年年有创新、岁岁有超越的精神，打造出一台台精品之作，给我们带来许多重要启示。

我们的双拥光荣传统源远流长，双拥经典佳作广为流传。作为继往开来的新时期的双拥晚会，只有打造成弘扬主旋律的精品之作，才能承担起时代赋予的光荣重任。这是近几年双拥晚会带给我们的重要启示之一。

弘扬主旋律的作品，应该是高立意、高格调、高水准紧密结合的作品。近5年双拥晚会中的小品节目，无一不是高立意、高格调、高水准的主旋律之作和紧贴现实生活的实实在在之作，同时又不失为富有锐气和冲击力的观赏性极强的典型之作。在双拥晚会的小品中，从《照相》中人物“换位”的寓意明理，到《八班来信》唱出的共产党好、社会主义好、改革开放好的赞歌；从《对手》中表现的英雄连队培育出的高素质官兵，转业、退伍后在地方的作为，到《阅兵村来信》中表现的国威、军威系于军心、民心的激情；从《种子》展示的军民情谊不老、歌颂“三个代表”重要思想的长幅画卷，无不令人信服地体现出主旋律作品的属性。

双拥晚会成功的另一个重要启示是：打造艺术精品要靠博采众长、集思广益的合力机制，靠艺术创造的每个环节相互配合的合力流程。

双拥晚会的合力机制包括：依托于全国军民丰厚的生活沃土；规范化地组织专业文艺工作者和重点业余作者深入生活；举办专题创作笔会和作品研讨会，加工提炼新作品；多渠道、高标准、不拘一格地选拔基础好、有特色的作品和演员；抓好节目加工和排练的冲刺与飞跃等。

一位参加双拥晚会创作的作家曾感慨地说，他的作品的成功，不知有多少人倾注了心血，是集体智慧的结晶。其实，何止是一个作品是这样成功的。可以说，无论是出自名家的作品，还是来自基层业余作者的作品，无一不是经过领导上阵、专家反复动手、编导与演员磨炼超越才得以成功的。为创造精品节目的付出，绝不亚于一部大戏所需的精力和工程量。如果说小品佳作的特色是“有容乃大形小品高”，那么双拥晚会节目佳作的得来则是“功到则成佳作品优”。

名人从新人而来，名作由新作生成。推新人包括了推后起之秀，也包括推动已经成名者的自我更新、提高。作为新时期的双拥晚会，抓好现实题材新作品的创作是必需的，这是任何作品都代替不了的。艺术贵在创新，生命力也在于创新。就是演出经典名作，也要演出新的水平，也要以创新的意识开掘、展示经典名作的风采与魅力。从任何一个角度上讲，新时期的双拥晚会都是与时俱进的晚会，是提倡创新的晚会，是推新人新作的晚会。每个主创人员和编导、演职员，都应具备自我超越意识与创新实践能力。一句话，双拥晚会是勇于推出新人新作的舞台。

为了促进新人新作脱颖而出，近5年中有两台是旨在推新人出新作的双拥晚会。在1999年，推出了业余文艺战士自编自演的节目构成的双拥晚会《欢歌奔向新世纪》。总政领导要求这台晚会要有“业余的风格、专业的水平”。经过业余创作与专家加工提高的融合，业余演出与专家辅导排练的升华，节目质量和演员水平、演出效果完全可以与其他几台双拥晚会相媲美。

紧接着的2000年，又推出了一台专业的新人新作双拥晚会《世纪的春天》。这台晚会，同样是新人新作与专家的编导、辅导相结合，推出了独唱《西部放歌》、小品《对手》和舞蹈《酥油飘香》《美丽的克孜》《草原的祝福》等，成为在全国全军广泛播放演出的保留节目。不少独唱、小品、舞蹈、杂技的年轻演员，已成为观众喜欢的舞台、荧屏新人。

双拥晚会也是文艺工作者实现自我，挑战超越的舞台。从2000年双拥晚会推出《西部放歌》到今年的《西部情歌》，每一首的创作和演唱都有新立意、新角度、新形象、新风格。在双拥晚会中，形成了第一个“西部”歌曲系列。所有的名演员，每台演出都有新作，都有演出的新创造。

再以杂技新作来看，2000年的双拥晚会上演出的杂技《灯上芭蕾——飞翔的梦》，已经是一个很难得的杂技新精品了。然而，在2001年的双拥晚会上，一个与《飞翔的梦》的创意构思、内涵形式、意境特色、风格技巧迥然不同的杂技芭蕾节目《向往》出现了。它与优美舒展的排箫独奏融为一体，构成了杂技与音乐、芭蕾三合一的崭新艺术品。这个节目的出现，是编导与演员们的长期艺术积累在创新意识、精品意识催化下的飞跃，是创造精品的责任感与使命感相化合的产物。

节目单

2001年军民迎新春文艺晚会

《世纪之歌》节目单

第一章　东方红

一、配乐诗朗诵《东方红》

作者：刘　星　　**编曲**：陈春光

朗诵者：王庆祥

二、合唱

1.《沁园春·雪》

作词：毛泽东　　**作曲**：田　丰

领唱：杨洪基

2.《长城谣》

作词：潘子农　　**作曲**：刘雪庵

编曲：郑　健

3.《保卫黄河》

作词：光未然　　**作曲**：冼星海

4.《没有共产党就没有新中国》

作词：曹火星　　**作曲**：曹火星

配器：丁晓里

第二章　春天的故事

一、配乐诗朗诵《春天的故事》

作者：刘　星　　**编曲**：刘　彤

朗诵者：宋春丽

二、男声独唱《你的名字》

作词：石顺义　　**作曲**：杜　鸣

演唱：戴玉强

三、女声独唱《把心交给祖国》

作词：晓　光　　**作曲**：丁晓里

演唱：王秀芬

四、鼓乐《丰收的喜悦》

作曲：淮　海　陈春光　　**编导**：谢　克

表演：冯雪霞等

五、女声独唱《走进春天里》

作词：养　迅　　**作曲**：羊　鸣

配器：陈春光　　**演唱**：谭　晶

第三章　走进新时代

一、配乐诗朗诵《走进新时代》

作者：刘　星　　**编曲**：王建中　杨立青

朗诵者：林达信

二、男声独唱《今日中国》

作词：王晓岭　　**作曲**：臧云飞

演唱：于乃久

三、男声独唱《西部情歌》

作词：屈　塬　　**作曲**：印　青

配器：方　鸣　　**演唱**：王宏伟

四、女声独唱《诺言》

作曲：屈　塬　　**作曲**：张千一

演唱：冯瑞丽

五、女声独唱《大地飞歌》

作词：郑　南　　**作曲**：徐沛东

配器：刘钢宝　　**演唱**：宋祖英

六、排箫与杂技《向往》

作曲：方　鸣　　**编导**：张继钢　官美华

独奏：杜　聪　　**表演**：吴正丹　魏葆华

七、小品《种子》

原作：张振彬　李洪茂　　**改编**：王　宏　王铁虎　黄　宏

导演：黄定山　　**表演**：黄　宏　魏积安　王丽云

八、合唱

1.《叫我怎能不唱歌》

作词：李　坤　　**作曲**：阎　飞

改编：严晓藕　　**领唱**：巴　桑

2.《爱我中华》

作词：乔　羽　　**作曲**：徐沛东

配器：方　鸣

领唱：梦　鸽　李　晖　陈小涛　孙伟国

尾声　中国新世纪

一、童声合唱《夕会歌》

编曲：刘　彤　　　**演唱**：徐彤彤　李　娜等

二、女声独唱《中国新世纪》

作词：石　飞　　　**作曲**：史有志

配器：丁晓里　　　**编导**：邓锐斌　张　弋

演唱：彭丽媛　　　**表演**：何　俊等

总 策 划：王兆海　陆文虎

总 导 演：张继钢

音乐组组长：羊　鸣

副 组 长：郑　健　杜　鸣

导演组组长：李福祥

文学组组长：赵大鸣

舞美设计：戴延年　刘和平　樊　跃　刘朝辉　沈庆平

灯光设计：沙晓岚　杨卫东

服装设计：宋　立　姜小明　陈同勋

音响设计：任晓兵　吕国成

朗诵指导：王寿仁

舞台总监：李云龙

演出总监：屈　塬　秦　威

演出协调：申若东

合　　唱：中国人民解放军合唱团

演　　奏：中国人民解放军交响乐团

首　　席：曾民信

指　　挥：郑　健

节目主持：张晓佩　孙伟国

交响乐团排练组组长：王未名

副 组 长：郝教杰

合唱团排练组组长：卢　乔

副 组 长：洪　雁　吴自强

独唱排练组组长：诸惠君

舞台电视图像编导：卫晨霞

舞台电视图像监制：吴少华

化妆设计：莽珊珊
雕塑化妆：张玲亚
舞美总监：段京飞
前台主任：李　社　博继梅　崔继森　王　红
后台主任：杜永妮　高继强　李志强　周长林
剧院管理：毕启亮　孟　薇
剧院协调：陈伟能
舞台管理：朱宜庄　毛永顺
舞美制作：侯苟留
灯　　光：秦良亭　张仕聪　王　彤　王军平　吴力力
赵培明　雷书道
电 脑 灯：熊　鹰
音　　响：李　涛　王　树　寇　淳　窦　军　桂　州
道　　具：毛永顺
化　　妆：李桂秋　杨硕玲　陈漪红　王晓明　王晓宇　张伟萍
装　　置：刘长胜　张心玉　米　军　杨玉林
机械舞台：姜　滨
吊　　杆：葛双起　李文灿
录播协调：王中孚
乐　　务：岳嘉臻　谢一曼
录音监制：羊　鸣　陈春光　方　鸣
录　　音：李大康　董　克　崔如峰　吴志文
电脑字幕：王　超　窦学臻
标题手书：吴国平
节目单设计：刘和平

演出单位：总政治部歌舞团　总政治部话剧团
总政治部歌剧团　解放军军乐团
解放军艺术学院　八一电影制片厂
沈阳军区政治部前进歌舞团　北京军区政治部战友歌舞团
济南军区政治部前卫歌舞团　南京军区政治部前线歌舞团
广州军区政治部战士歌舞团　广州军区政治部战士杂技团
海军政治部歌舞团　海军政治部电视艺术中心
空军政治部歌舞团　空军政治部话剧团
第二炮兵政治部文工团　武警部队政治部文工团
解放军电视宣传中心　解放军仪仗大队
武警山西总队

《东方风来满园春》——2002 年军民迎新春文艺晚会

讴歌伟大祖国辉煌成就　抒发亿万军民豪情壮志

首都举行 2002 年军民迎新春文艺晚会

江泽民、李鹏、朱镕基、李瑞环、胡锦涛、尉健行、李岚清等出席观看

解放军报北京 2 月 7 日讯：热情讴歌伟大祖国取得的辉煌成就，抒发军民奔向美好明天的豪情壮志。2002 年军民迎新春文艺晚会《东方风来满园春》今晚在中国剧院举行。江泽民、李鹏、朱镕基、李瑞环、胡锦涛、尉健行、李岚清等党和国家领导人与首都军民欢聚一堂，喜迎新春。

丁关根、迟浩田、张万年、罗干、贾庆林、温家宝、曾庆红、铁木尔·达瓦买提、司马义·艾买提、王忠禹、万国权、赵南起等领导同志和中央军委委员傅全有、于永波、王克、王瑞林、曹刚川等出席观看。

今晚，张灯结彩的中国剧院洋溢着节日的喜庆气氛，首都各界群众和驻京部队官兵怀着迎接新春的喜悦和对美好明天的憧憬，欢聚一堂，共庆佳节。

晚 7 时 45 分，江泽民等领导同志步入剧场，全场响起热烈掌声。江泽民等领导同志向大家亲切致意，表示节日问候。

由全国双拥工作领导小组、民政部、广播电影电视总局、解放军总政治部联合主办的 2002 年军民迎新春文艺晚会《东方风来满园春》，通过丰富多彩的艺术形式，展示全国广大军民在以江泽民同志为核心的党中央领导下，以“三个代表”重要思想为指导，建设祖国、保卫祖国的精神风貌，讴歌国家改革开放和现代化建设所取得的辉煌成就，表现祖国大地呈现出的一片欣欣向荣的喜人景象，抒发全国军民团结一心，开拓进取，以实际行动迎接党的十六大胜利召开，携手奔向美好明天的豪情壮志。

晚会在激越的鼓声中拉开序幕。民族歌舞《中华喜盈门》热烈奔放，似滚滚春潮扑面而来，展示世纪初年数不完的大事喜事，中国人民再跃时代潮头、不可阻挡的恢宏气势。京韵鼓歌《日破云涛万里红》在独唱、合唱与鼓乐的交响中，通过诉说历史沧桑巨变道出了颠扑不破的真理：没有共产党就没有中国的繁荣和强盛。音乐短剧《青年军官们》，以崭新的样式，集歌唱、舞蹈、戏剧表演为一体，表现了一批批适应高技术战争需要的新型军事人才茁壮成长，为我军完成“打得赢、不变质”的历史课题，注入了新的力量。独唱《西部赞歌》《在祖国大地上》《好一片艳阳天》赞颂了伟大祖国日新月异的发展变化。舞蹈《边关明月》形象地反映了当代军人献身国防事业的坚定信念与豪放而细腻的情感。独唱《向远方》《班长告诉我》，表现了部队官兵的奉献精神和战友深情。充满时代气息的小品《长山一号》述说了军民团结的鱼水深情。小品《西部西瓜》反映出海峡两岸人民盼团圆、盼统一的强烈愿望。

整台晚会气势恢宏、场面热烈，军旅特点和民族特色突出，合唱团和交响乐团的演出交相辉映，独唱、重唱和器乐演奏各展风采，军队新老艺术家同台献艺，观众不断报以热烈掌声。

演出结束后，江泽民等领导同志走上舞台与演职人员亲切握手，祝贺演出成功。

出席观看晚会的还有中央和国家机关有关部门，全国双拥工作领导小组、北京市的领导同志，四总部、驻京部队各大单位、武警部队和军委办公厅的领导同志等。

罗玉文　王文杰

2002年军民迎新春文艺晚会——国泰民安的盛世欢歌

卞　振

“姹紫嫣红立意新，军民挽手共迎春。场场妙舞抒豪情，阵阵欢歌颂赤心。”新春佳节前夕，离休干部欧炀观看了2002年军民迎新春文艺晚会后，抑制不住内心的激动挥毫赋诗，以此表达心中的喜悦之情。

一年一度的军民迎新春文艺晚会，亦称春节双拥晚会，至今年已举办了13届。在全军文艺工作者锲而不舍的努力下，今年这台名为《东方风来满园春》的晚会，以更高的思想性、艺术性和观赏性，成功地立在了春节的首都舞台上，受到了驻京部队官兵和离休干部的交口称赞！

北京军区某特种大队政治处副主任万春雷赞叹道，晚会花团锦簇、金鼓齐鸣、笑语欢歌，也使我们从中清晰地看到了这台晚会中一条鲜明的思想主线，即“三个代表”重要思想贯穿晚会的始终。晚会充分展示了在以江泽民同志为核心的党中央领导下，全国军民激情满怀地建设和保卫我们伟大的祖国，社会生产力得到极大的提高，人民生活水平蒸蒸日上，神州大地呈现出一派国泰民安、兴旺发达的繁荣景象，像开场的民族歌舞《中华喜盈门》，寓意着在过去的一年中，从我国申奥成功、上海APEC会议成功举办到中国加入WTO等盛事喜事。独唱《西部赞歌》《在祖国大地上》《好一片艳阳天》等，热情赞颂了伟大祖国欣欣向荣、日新月异的发展变化。这些晚会作品以强烈的艺术感染力，形象生动地体现了“三个代表”重要思想的具体实践给我国社会主义建设带来的丰硕成果。而晚会本身也体现了先进文化的思想，激发人们更加坚定信心，意气风发地投身建设和保卫我们伟大祖国的壮丽事业！

谈到晚会的创作，离休干部卜鳌海说，晚会创作鲜明地体现了与时俱进的思想，同时也有力地说明，晚会要成功关键在创作，只有精心创作，才能出新意、出精品！他激动地谈道，年年看晚会，年年不一样，今年更是特别不一样。大家的共同感觉是“好”！好就好在一个“新”字。说这场晚会“新”，主要是说它的节目从内容到形式都很有新意，体现了祖国繁荣昌盛日日新的新面貌、新精神。歌唱家们在晚会上从新的角度唱出了祖国的新面貌、部队的新气象。晚会的杂技节目也赋予了更新的军事化、舞蹈化、生活化的新动作。小品《西部西瓜》题不惊人却新意迭现，京韵鼓歌《日破云涛万里红》更是一曲值得称道的推陈出新的成功之作！

2001年我国捷报频传、喜事多多，双拥晚会今年对这个特点的表现和展示，显得更为突出。海军、空军机关警卫分队和第二炮兵通信总站、北京军区特种大队的官兵们，在谈论晚会观感时，都认为在一个多小时里受到了一次形象生动的时事政治教育，使人不禁为祖国的欣欣向荣而顿生豪情，为军队与人民群众的血肉深情而荡气回肠，为身为“威武之师、文明之师”中的光荣一员而干劲倍增！

某连上等兵李萌，看了晚会上的《长山一号》小品后，对新时期军爱民、民拥军的含义有了更深层次的思考。她说，只要军民奔着祖国强盛的共同目标，团结一心，奋发图强，我们伟大的祖国一定会更加富强。而晚会上表现青年士兵阳刚之美的舞蹈《边关明月》、杂技球杆《腾飞》，也使现场官兵眼界大开。新战士李俊以“当兵真好”为题，谈了晚会观感。他说，看了晚会上战友们的精彩表演，不由得从心底赞叹：当兵真好！虽然前不久才脱下便装穿上朴素的军装，但却使我备受鼓舞，倍感自豪。

晚会的舞美设计，也赢得了观众的普遍好评。离休干部唐其竞评价道：晚会舞美为我们营造了一个特色鲜明的喜庆新春的欢腾场面，起到了先声夺人的艺术效果。

中华喜盈门

——看2002年军民迎新春文艺晚会

国　政

由全国双拥工作领导小组、民政部、广电总局、解放军总政治部联合主办的2002年军民迎新春文艺晚会《东方风来满园春》，以崭新的面貌和强大的演出阵容呈现在全国军民面前。这是一台多姿多彩的晚会，全新的面貌、宏伟的气派，以及包括彭丽媛、阎维文、宋祖英、郁钧剑、黄宏、王宏伟、谭晶、冯瑞丽、陈小涛、邱辉、谷亮亮等著名演员阵容，为亿万军民献上了一台脍炙人口的艺术大餐。

晚会布局不分版块，总共13个节目，容纳了歌舞、独唱、舞蹈、杂技、小品、音乐短剧以及独辟蹊径的京韵鼓歌。它们如零珠碎玉闪闪发光，串联起来便可凸显出这样几个特点：时代的风貌、爱国的情怀、英雄的素质、国运的昌隆，是主旋律歌舞晚会中又一次大制作。

大幕拉开的第一个节目民族歌舞《中华喜盈门》，便为整个晚会的面貌及走势奠定了基调——无数身着朝鲜族服装女孩的击鼓，无数蒙古族姑娘的绰约舞韵，无数青年士兵的英俊风姿，和谐美妙而又错落有致地统一在一个偌大的舞台空间——铿锵的节奏，有如万马出栏骏骑横扫；跌宕的舞影，如春潮泛起浪涛无边，恰似一幅亿万军民齐心协力、开拓进取、奋发腾飞、一往无前的时代风流图。紧接其后的音乐短剧《青年军官们》为历年双拥晚会所未有，是将音乐剧这种世界风行的艺术形式微型化，集歌、舞、剧三者合一，描绘了刚刚离开军校，即将登上高科技战争舞台的青年军官们，是怎样的热血豪迈，怎样的英姿勃发，将怎样为建设强大的国防事业，贡献自己的卓越才智，其时代精英的面貌，深深地烙印在观众心上。

如果说舞蹈艺术在《中华喜盈门》《青年军官们》以及京韵鼓歌《日破云涛万里红》中已经表现出它们独特的形体功力，那么晚会中唯一由青年舞蹈家李广德编舞，在第五届全国舞蹈比赛上荣获群舞大奖的《边关明月》愈加显示出舞蹈艺术令人倾倒的形体魄力。它透过演员修长的身材、出众的气质、刚柔相济的舞姿、出类拔萃的技艺，将戍守边关的士兵形象塑造得高大而令人景仰。在叙事方法上，时而细描细画，时而重彩泼墨，将士兵们的英雄主义精神与祖国、与母亲、与大地、与人民骨血相融地凝为一体，从而才日复一日、年复一年，送去了黑夜迎黎明，送走了太阳伴月亮地立地扎根，为祖国构筑了一道坚不可摧的钢铁长城。

晚会中杂技也令人大开眼界，无论是《腾飞》，还是《塞上新绿》都无不说明杂技不仅是惊险绝奇的技艺表演，也可以与现实生活、时代情感紧紧地联系在一起。这些节目既让你看到不畏艰险的军人风貌，又让你看到环境保护这个当今与人类生存攸关的话题在杂技艺术上的深刻反映。

为晚会压轴的京韵鼓歌《日破云涛万里红》，形式上别开生面，内容上为晚会点题。彭丽媛京腔京味的独唱在合唱、鼓乐、舞蹈的交相辉映中，通过叙说滴血的沧桑和前后两个80年的鲜明对照,道破了“没有共产党就没有新中国”这样一个颠扑不破的伟大真理。这个结尾还与开头的《中华喜盈门》首尾呼应，既突出了晚会的军旅特点，又强化了晚会的民族特色，营造出浓浓的中国特有的节日氛围。

欢歌艳阳天

2002年双拥晚会《东方风来满园春》音乐节目点评

郑　颖

踏着成功的足迹，新世纪的中国步入了2002年，在过去的一年，我们一次又一次地收获着喜悦，这份喜悦又将会是我们的国家明天继续繁荣富强的基石，将是我们追赶时代、发展经济、提高生活水平的新的起跑线。面对这样丰富而又让人心潮澎湃的一年，2002年的双拥晚会，可谓历史的一个驻足与展望！

这台名为《东方风来满园春》的晚会，整台音乐设计给观众耳目一新的感觉。音乐编导们不但在配器上大胆地进行了各种新的尝试，使每个节目的音乐风格在整体协调中又各具特色，而且把时代感和政治性很契合地融入各段旋律中，使音乐的表现力大大增强，具有很强的艺术立体感和观赏性。

可以说，这台晚会是艺术性、时代感和政治性三者的完美结合，同时所有的音乐节目都是新作品。例如开场的大型歌舞《中华喜盈门》，以及女声独唱《在祖国大地上》《向远方》，男声独唱《西部赞歌》《班长告诉我》《好一片艳阳天》，音乐剧《青年军官们》以及京韵鼓歌《日破云涛万里红》等，这些歌曲不但具有很强的艺术魅力和感染力，而且具有鲜明的时代感。晚会的主创人员在创作设计这些节目时十分恰当地把时代感与政治性寓于艺术之中，音乐风格喜庆而不喧嚣，华丽而不张扬，质朴而不单调。

有音乐作品内容的“新”是这次双拥晚会的一大特色，从中不难看出主创人员对这次节目所下的功夫和寄予的厚望。新词新曲甚至新的音乐风格让观众有一种耳目一新的感觉，这种新鲜感激发了观众的倾听欲和了解欲，同时又由于歌词中强烈的时代感和写实感，让观众达到一种强烈的共鸣，产生一种认同。例如歌曲《在祖国大地上》一句歌词就足以点明全旨："创业的故事最动人。"在祖国的大地上热闹非凡、不断进取的正是创业的故事和创业的人们，这既是一种写实也是一种抒情。再例如《西部赞歌》中唱道：西部啊西部／飞天的故乡／时代为你插上腾飞的翅膀。又如《好一片艳阳天》中唱道：好一片绿草地／好一片艳阳天／好一片锣鼓响在天地间。这些歌词看似简单、质朴，实则蕴含了深厚的感情和深刻的寓意，寄托了文艺工作者对祖国大地和伟大事业的赞颂，也表现了三军将士和人民共同奋进，为实现社会主义现代化而不懈努力的伟大精神。

音乐节目的形式上，晚会编导也大胆采用了多种形式的结合，尤其是音乐短剧《青年军官们》让观众眼前一亮，可谓整台节目的一道小风景线。《青年军官们》表现了一群即将踏上工作岗位的年轻军官意气风发、斗志昂扬、注重科技兴国、立足打赢未来战争的宏伟抱负和作为一个现代军人强烈的责任感、使命感，使得整台晚会在稳重、大气的基础上又不失活泼。

晚会音乐的另一个显著特点就是在歌词的着力点上和以往有了很大的不同，更讲究歌词的通俗易懂和朗朗上口，词风朴实但很有韵味。例如开场歌舞《中华喜盈门》中的歌词：万马奔腾金鼓催／千花绽放映红梅／七一讲话放光辉／APEC／大运会／申奥运／入世贸……开场音乐气势宏大，具有很强的感染力，加上歌词具有很强的写实性，使得观众很容易被打动，产生共鸣和期待。

现代感与写实叙事结合产生一种独特的味道，这种味道让观众能够细细琢磨，意犹未尽。首先是民族的，才有可能是世界的。世界是由无数个不同的民族组成的，只有经过历史的检验和自己民族生生不息的变迁仍旧留存的东西，才可能是精品，音乐也不例外。传统艺术的精粹和独特的中国味道，渲染出一种浓浓的喜庆、祥和、厚重和红火。例如由阎肃作词、印青作曲的结尾曲京韵鼓歌《日破云涛万里红》，歌曲一出来就给观众以一种浓郁的民族艺术的氛围，极富中国诗词的意境。京韵大鼓带给观众一种亲切感和怀旧感，配合大鼓等民族乐器和彭丽媛颇有功力的演唱，演绎出一幅气壮山河、婉转流畅的当代中国画卷，再加上声声道来的歌词，使整台晚会在声、情两方面同时达到高潮。由"霜凝雪重觉春生，岁末年初总关情"开始细诉：从"圆明劫灰""卢沟冷月"到"龙华枪声"，经过不断屈辱和抗争，终于迎来了"灿灿红霞耀五星"，直到今天的"唐装秀色惊四海，举世瞩目中华风。展望明朝更美好，日破云涛万里红"。这既是我们党带领人民群众共同建设、一起发展、走向世界的光辉历程的见证，也体现了人民军队在岁月的烽火中百炼成钢不断走向辉煌的宏大气魄。

整台晚会的音乐既具有历史的纵深感和凝重感，同时又兼具鲜明的时代特色和空间的广延性。如果说观众在这些动听音乐中再一次体会历史的博大，重温2001年的辉煌带来的是喜悦的话，那么音乐中表现的主旋律带给人们的则是对理想的坚定信念和我们的党我们的军队不断前进的伟大精神。2001年留在记忆中的同时，也对崭新的2002年充满了期待和祝福。期待着，我们的党我们的军队明天会更强大；期待着，并且相信，明天会是一片艳阳天！

激励军民携手奋进的号角

评 2002 年军民迎新春文艺晚会《东方风来满园春》

陈大鹏

先进文化是民族精神的火炬，是人民奋进的号角。2002 年军民迎新春文艺晚会以鲜明的主题、丰富的形式、多彩的画面和祥和的气氛，为首都舞台增添了光彩，为亿万军民提供了一道高质量的文化大餐。总结这台晚会的创作经验，对繁荣社会主义文艺舞台和军事题材文艺创作，有着重要的意义。

立意高远，“三个代表”重要思想贯穿始终

江总书记“三个代表”重要思想中关于代表先进文化的发展方向的论述，有鲜明的政治立场和民族立场，是在 21 世纪实现中华民族伟大复兴事业的理论指导。如何用文艺的形式体现“三个代表”重要思想，如何用艺术形式体现先进文化的发展方向，是艺术家面临的一个重要课题。

这台晚会的编创人员坚持思想性、艺术性、观赏性的完美统一。他们站在时代的高度，着眼广大官兵的欣赏需求，使演出以强烈的艺术感染力受到观众和专家的交口称赞。编创者重视做到主题思想与表现形式的紧密结合，整台晚会以“三个代表”重要思想为指导，讴歌我国在 2001 年取得的辉煌成就，抒发全国军民团结一心、开拓进取，携手奔向美好明天的豪情壮志，丰富多彩的艺术表现形式有力地增强了晚会的思想力度。整台晚会，有优美动听的声乐，有气势恢宏的歌舞，有妙趣横生的小品，有令人叫绝的杂技。开场的民族歌舞《中华喜盈门》，以民族民间的艺术形式，以万马奔腾的气势，表现出我国各族军民同心同德、喜迎新春的动人场景。结尾的京韵鼓歌《日破云涛万里红》，以动人心魄的曲调，诉说着中国人民的苦难历史和前赴后继的民族精神，从而道出了一个不灭的真理：没有共产党就没有新中国。

与时俱进，不断推出新品力作

创作是文艺的生命。有责任感的艺术家，总是走在时代的前列，满怀爱国热情，关注国家命运，抒写历史风云；总是反映人民心声，弘扬民族精神，歌颂高尚情操，鼓舞人民前进；总是艰辛探索，千锤百炼，博采众长，推陈出新，不断攀登艺术高峰。这台晚会的全部节目都是最新创作的，不论是老演员还是新演员，唱的都是最新创作的歌曲。晚会的声乐节目给人耳目一新之感。音乐编导们不但在配器上大胆地进行了各种新的尝试，使每个节目的音乐风格在整体协调中各具特色，而且把时代感和政治性很契合地融

入各段旋律中，使音乐的表现力大大增强。女声独唱《在祖国大地上》描绘了祖国改革开放的丰硕成果和大江南北的秀美景色，音乐隽永优美，演唱声情并茂。男声独唱《西部赞歌》以质朴的语言蕴含深厚的情感和深刻的寓意，歌颂了改革开放给祖国大西北带来的一片好风光，歌颂了三军将士和各族人民为实现社会主义现代化团结一心、不懈努力的伟大精神。男声独唱《班长告诉我》、女声独唱《向远方》，以豪迈抒情的旋律，表现了部队官兵的奉献精神和战友之情。

精雕细刻，在实践中培养人才

艺术只承认一流。任何一个时代都需要能够表达这个时代先进思想、代表先进文化方向的优秀作品，我们所处的时代是开创未来、实现中华民族伟大复兴的时代，更需要用一流的优秀作品表现人民群众的创造性实践，表达历史前进的要求，使文艺作品成为凝聚人心的精神力量。

这台晚会的编创者在艺术上有很高的标准，他们不为名利诱惑，沉下心来、深入生活，构思和编创有中国气派、民族风格、军队特色的艺术精品。《长山一号》《西部西瓜》两个小品是晚会的精彩之笔。为了高质量地完成晚会的小品创作任务，编、导、演人员从去年就开始下部队采访，向基层干部战士学习，先后看了 200 多个业余小品节目，从中精选了十几个小品，为今年的双拥晚会做准备。由于晚会属综艺性质，小品只有两个，这就要求好中选好、精中求精。晚会主创人员组织精兵强将，群策群力，从将军到作者，从宣传部门领导到演员，先后开了 20 多次研讨会，有的稿子修改了 30 多次。小品《西部西瓜》的作者用了两个月的时间对作品进行修改，在排练中编、导、演人员又一起共同设计调度人物命运，着力表现了台湾人民如何关心祖国的西部开发建设，如何用八月十五这一特定时间和圆圆的月亮、圆圆的西瓜道出两岸盼团圆的重大主题。舞台上时而引得观众哄堂大笑，时而感动得观众流下热泪，可谓小品中的精品之作。小品《长山一号》通过渔船老板在接到配合部队演习通知的同时鱼汛又提前到来这一矛盾的展开和解决，揭示了在新形势下如何使军民鱼水情发扬光大的时代主题。两个小品来自基层，经过专家的精心打磨，成为艺术精品，倾注了无数艺术工作者的心血，这个过程既培养了人才，也锤炼了队伍。

这台晚会的精雕细刻还表现在舞台艺术上。在这里，舞美设计已不仅仅是作为一种舞台的辅助手段，而已直接成为节目的有机组成部分。设计者以开放的思维拓展舞台的空间，增强舞台的容量。繁花似锦的前台增添了节日的喜庆气氛；巨幅彩色电视屏幕上不断变换的背景形象地回顾着历史，演绎着主题。

2002 年军民迎新春文艺晚会的成功告诉我们，抓文艺最重要的是抓创作，只有下大力抓好创作，才能培养人才，锤炼队伍，繁荣社会主义的文艺舞台，促进军事文艺的发展。

节目单

2002年军民迎新春文艺晚会

《东方风来满园春》节目单

一、民族歌舞《中华喜盈门》

作词：王晓岭　**作曲**：刘钢宝

编导：谢　克　何燕敏　何晓彬　李建平

二、女声独唱《在祖国大地上》

作词：邓佴愚　**作曲**：孟　勇

编导：杨笑阳　谢　克　**配器**：刘可欣

演唱：宋祖英

三、杂技球杆《腾飞》

编导：张继钢　何晓彬　张瑞静

作曲：杜　鸣

教练：张世太　王志飙　刘春阳　邓德林

表演：陈　东　邓　俊　杨从伟等

四、男声独唱《西部赞歌》

作词：屈　塬　**作曲**：印　青

配器：陈春光　**演唱**：王宏伟

五、音乐短剧《青年军官们》

作词：任　毅　**作曲**：方　鸣

编导：何晓彬　张　弋　谢　克

表演：冯瑞丽　于　爽　谷亮亮
陈小涛　张　莹　李函曦

六、小品《长山一号》

编剧：肖　力　李文绪　**导演**：胡宗琪　尚大庆

表演：王宏坤　邵　峰　张　勇

七、舞蹈《边关明月》

编导：李广德　**作曲**：冯玉岭

表演：张　坤　董华兴等

八、女声独唱《向远方》

作词：秦　方　**作曲**：张千一

配器：孟宪斌　**演唱**：谭　晶

九、男声独唱《班长告诉我》

作词：刘世新　**作曲**：雷远生

配器：刘　琦　**演唱**：郁钧剑

十、杂技舞蹈《塞上新绿》

编导：孙育鹏　何晓彬　**作曲**：方　鸣

教练：赵田云　**表演**：阮子荣　申　远等

十一、男声独唱《好一片艳阳天》

作词：清　风　**作曲**：孟庆云

配器：刘　琦　**演唱**：阎维文

十二、小品《西部西瓜》

原作：张振彬　孙文华　焦安平

改编：张振彬　黄　宏　王铁虎

导演：程东海　黄　宏　**表演**：黄　宏　林永健　毛　孩

十三、京韵鼓歌《日破云涛万里红》

作词：阎　肃　**作曲**：印　青

编导：李福祥　杨笑阳　**京韵大鼓指导**：于林青　唐文光

配器：陈春光　**演唱**：彭丽媛

总 策 划：王兆海　陆文虎

总 导 演：张继钢

文学统筹：任　毅

音乐统筹：孟宪斌　方　鸣

舞蹈统筹：李福祥

小品统筹：王铁虎

杂技统筹：谢　克

舞美总设计：戴延年

灯光总设计：杨卫东

服装总设计：宋　立

音响总设计：任晓兵

舞台总监：李云龙

演出总监：屈　塬　秦　威

指　　挥：郑　健　李玉宁

节目主持：刘小娜　张晓佩　孙伟国

舞美总监：段京飞

舞美设计：刘朝晖　沈庆平

舞美设计助理：张世耀

舞台电视图像监制：吴少华

舞台电视图像导演：卫晨霞

服装设计：姜小明

化妆设计：莽珊珊　隋　颖

剧院主管：毕启亮　孟　薇

舞台管理：朱宜庄　毛永顺

舞美装置：侯荀流　李宏伟

灯光管理：秦良亭　王军平　雷书道　汪晓鹿　王　彤　陈宏江

音　　响：吕国成　綦佩民　张冬炜　王　庆　李　涛　寇　淳
王　树　窦　军　王燕云

电 脑 灯：熊　鹰　卢晓伟

激　　光：蹇锐超　谢兆昕

追　　光：吴力力　赵培明

吊杆操作：葛双起　李文灿

机械舞台：姜　滨　米　军

字　　幕：王　超　窦学臻

道　　具：李志德

电视录播协调：王中孚

录　　音：吴志文

音乐编辑：宿永良

服装管理：张芳荣　张金娣

剧院协调：陈伟能　陈安隆

舞台保障：刘长胜　杨玉林

消防安全：王安平

前台主任：王　军　李　社　王未名

后台主任：李志强　洪　雁　诸惠君　邢志强　李波勇　王　伟
冯　灵　李建平　张世太　赵田云　庞　杉

剧　　务：王根海　王边境　马以建　徐俊斌

标题手书：吴国平

演出单位：总政治部歌舞团　总政治部话剧团
总政治部歌剧团　解放军军乐团
解放军艺术学院　解放军电视宣传中心

沈阳军区前进歌舞团
北京军区战友歌舞团
济南军区前卫话剧团
广州军区战士杂技团
成都军区战旗杂技团
空军政治部歌舞团
第二炮兵政治部文工团
内蒙古军区政治部文工团
中国剧院
沈阳军区前进话剧团
济南军区前卫歌舞团
南京军区前线歌舞团
成都军区战旗歌舞团
海军政治部歌舞团
空军政治部话剧团
武警部队政治部文工团
武警山西总队

鸣　　谢：北京创意幻像展览设计有限公司
北京市朝阳区德聚民族乐器厂

《高歌奋进向未来》——2003 年军民迎新春文艺晚会

喜逢盛世颂伟大祖国辉煌成就　高歌奋进抒亿万军民壮志豪情

首都举行 2003 年军民迎新春文艺晚会

江泽民、胡锦涛、李鹏、朱镕基、李瑞环、李岚清、吴邦国、温家宝、贾庆林、曾庆红、黄菊、吴官正、李长春、罗干等与首都军民欢聚一堂，共贺新春

解放军报北京 1 月 27 日讯：喜逢盛世，颂伟大祖国辉煌成就；高歌奋进，抒亿万军民壮志豪情。2003 年军民迎新春文艺晚会《高歌奋进向未来》27 日晚在中国剧院举行。江泽民、胡锦涛、李鹏、朱镕基、李瑞环、李岚清、吴邦国、温家宝、贾庆林、曾庆红、黄菊、吴官正、李长春、罗干等党和国家领导人与首都军民欢聚一堂，共贺新春。

王兆国、回良玉、刘淇、刘云山、贺国强、曹刚川、王刚、迟浩田、张万年、尉健行、何勇、曹志、司马义·艾买提、朱光亚等领导同志和梁光烈、廖锡龙、李继耐等出席观看。

晚 7 时 45 分，江泽民、胡锦涛等领导同志步入剧场，全场响起热烈掌声。江泽民、胡锦涛等向大家亲切致意，表示节日问候。

在庆祝延安双拥运动开展60周年之际，由全国双拥工作领导小组、民政部、广播电影电视总局、总政治部联合举办的 2003 年迎新春文艺晚会《高歌奋进向未来》，突出再现了全军和武警部队指战员与全国各族人民欢庆党的十六大胜利召开的喜悦之情；表达了亿万军民高举邓小平理论伟大旗帜，全面贯彻“三个代表”重要思想，为实现中华民族伟大复兴而努力奋斗的坚定信念；讴歌了党的十三届四中全会以来，我国社会主义现代化建设和我军建设取得的伟大成就；抒发了人民军队与全国人民一道，响应党的十六大号召，为实现全面建设小康社会的目标，奔向美好未来的壮志豪情。

晚会在嘹亮的军乐《号角》声中拉开序幕，展现了全国军民在党的十六大精神鼓舞下，昂扬奋发、阔步前进的精神风貌。合唱《“三个代表”指航向》《永远的忠诚》，唱出了人民军队的坚定政治信仰和党对军队的绝对领导是我军永远不变的军魂这一永恒主题；独唱《新时代好时代》《天路》《心在歌唱》《阳光乐章》，小品《为祖国干杯》《下棋》赞颂了 13 年来我国发生的翻天覆地变化和军队建设的巨大成就；联唱《鱼水情深》选取了广为流传的多首革命历史歌曲，歌颂了军政、军民团结一心、亲如一家的鱼水深情；舞蹈《穿越》、独唱《当兵的男儿走四方》集中表达了当代军人不辱使命、时刻听党召唤，战无不胜、一往无前的坚定信念；杂技《五彩图》《收获》将传统的杂技表演与新颖的舞蹈语汇相融合，艺术地展现了祖国日新月异、欣欣向荣的繁荣景象；舞蹈《铃铛舞》以精湛舞艺表现了喜庆热烈的欢快情绪；压轴节目《小康大道》将气势恢宏的合唱和多彩多姿的舞蹈交织在一起，展示了全国军民众志成城、奋发图强、共创幸福生活和美好明天的坚强决心。

整台晚会集声乐、器乐、舞蹈、小品、杂技和影视为一体，配以舞台美术的高科技手段，新颖生动、丰富多彩，既营造出隆重热烈、昂扬振奋的节日气氛，又富有民族特色和创新意识。军队新老艺术家同台献艺，观众不断报以热烈掌声。

演出结束后，江泽民、胡锦涛等领导同志走上舞台与演职人员亲切握手，祝贺演出成功。

出席观看晚会的还有中央和国家机关有关部门、全国双拥工作领导小组、北京市的领导同志，四总部、驻京部队各大单位、武警部队和军委办公厅的领导同志等。

黄国柱　王文杰

年年岁岁花争艳　与时俱进创新篇

——写在2003年双拥晚会广获好评之际

刘　璇　王文斌　蔡云鹜

历史像一条路，连着昨天和今天。一张张精致的节目单，汇集成一首长长的诗篇。2003年的双拥晚会，无疑是其中最出彩的华章。党和国家领导人观看时多次由衷地为之鼓掌，情不自禁地开怀大笑，发自肺腑地赞扬演得好，广大军民观看后也赞誉晚会的节目“个个是精品”。

双拥晚会年年搞，为什么一年更比一年好，年年都有新提高？踏着羊年的春色，我们走进双拥晚会主创人员中寻觅答案。

勇于创新是双拥晚会艺术之树常青的源泉

创新是一个民族进步的灵魂，也是历届双拥晚会创作班子和演职人员的不懈追求。艺术贵在创新，生命力也在于创新。担任今年双拥晚会总导演的张继钢说，打开14年来双拥晚会的节目单，可谓年年岁岁花争艳，这是大家与时俱进、勇于创新的结果。

主题创新是每年双拥晚会成功与否的关键所在。14年的双拥晚会，一年一个新主题。世纪之末的双拥晚会，主题是“欢歌奔向新世纪”；进入新世纪的第一年，晚会的主题是“世纪的春天”；在全国人民喜迎十六大的去年，晚会的主题是“东方风来满园春”；今年的晚会则围绕“突出宣传党的十六大精神，突出展示党的十三届四中全会以来13年的建设成就，突出宣传全面建设小康社会”这一主题。每年的晚会主题，本身就在倡导创新、呼唤变革。

主创人员清醒地意识到，主题的确立只是晚会的开端，怎样用新的艺术形式、新的节目内容去表现主题，使整台晚会真正达到思想性、艺术性、观赏性的高度统一，还有异常艰辛的路要走。经过好几个不眠之夜的苦苦思索，经过好多次激烈的碰撞，他们断然决定把军乐演奏作为晚会的开场节目。军乐历来是吹奏，一下改成演奏，将精美的舞蹈融入军乐的演奏之中，顿时令人耳目一新。晚会的第二个节目是合唱。对于合唱这种形式，人们早已司空见惯，一般都是男女混声，翻不出什么新花样。可晚会的主创人员还就是不一般，他们煞费苦心，想出了纯男声合唱团的点子。150个男子汉往舞台上一站，把《“三个代表”

指航向》《永远的忠诚》这两首雄浑、豪迈的军歌唱得令人热血沸腾、荡气回肠。

前些年，人们对各类晚会上频频出现的歌伴舞、舞伴歌颇为反感，其中一个重要原因就是歌与舞各归各，完全游离。今年双拥晚会推出的歌伴舞却匠心独运，歌为舞引领，舞为歌赋形，歌舞交融，相辅相成，大大增强了演出效果。如宋祖英独唱《阳光乐章》时，一群舞蹈演员用裙裾"消灭"了腿部的全部动作，只用穿梭翻飞的上肢动作，像一群展翅高飞的凤凰一样，象征着中华民族龙飞凤舞的崭新景象。在女声独唱《小康大道》的伴舞中，虽然演员使用的是扇子和鲜花这两种十分常见的道具，但旧道具却有新表现。鲜花和扇子本身构成的对比，互为补充、彼此呼应，营造出了一个绚丽缤纷的春天图景，象征着祖国色彩斑斓、五彩缤纷的美好未来。

今年晚会在舞美设计上也富有创新。如在舞台的搭建上，突破了以往长方形的老模式，巧妙地用几道"彩虹"把舞台装饰成半圆形，不仅给观众以通透、明亮的视觉效果，更寓意着党的十六大召开后，神州大地神采飞扬的新气象。

狠抓创作是双拥晚会成功的基石

繁荣军旅文艺的关键在于抓创作、出精品。双拥晚会的成功，也是狠抓创作、锻造精品的结果。通过创作促晚会，通过晚会促创作，这已成为总政领导和全体创作演职人员的共识。经过10多年的探索，双拥晚会已经形成了上下一致抓创作的合力机制，其中包括：上级主管领导按照艺术规律抓创作；规范化地组织专业文艺工作者和重点业余作者深入生活；举办专题创作笔会和作品研讨会，加工提炼新作品；多渠道、高标准、不拘一格地选拔基础好、有特色的作品和演员；抓好节目的深加工和排练的冲刺与飞跃等。有了这套科学的机制，创作人员的聪明才智得到极大的发挥，为双拥晚会年年出新作、出新人奠定了厚实的基础。

今年的双拥晚会之所以反响大，就是因为抓创作的力度大于往年。出台的15个节目中，有8个属于原创。如人们喜闻乐见的军乐《号角》，男声合唱《"三个代表"指航向》《永远的忠诚》，小品《为祖国干杯》《下棋》，舞蹈《铃铛舞》、女声独唱《新时代　好时代》《小康大道》等，都是此次晚会的原创作品。据音乐统筹印青披露，今年双拥晚会上的音乐原创率也高达80%。两项原创均创造了双拥晚会之最，足见创作力度之大，同时也充分显示了主创人员的艺术勇气、艺术追求和卓越胆识。除此之外，晚会的其他节目也都经过不同程度的整理、加工和提炼，使之更好地为表现晚会主题服务。如杂技《五彩图》已经是一个较为成熟的作品，但为了展现出进入新世纪后祖国呈现出的日新月异、欣欣向荣、硕果累累的繁荣景象，编导们对之进行了重新编排、重新配器、重新作曲，从而使一只只小小的转碟幻化出了一个色彩斑斓、美丽多姿的世界，令观众叹为观止。另一个杂技节目《收获》尽管已获过全国性的大奖，但总导演张继钢还是亲自操刀，将其中的男演员从一个"农村小伙"改为"解放军战士"，从而使原来表现农村男女爱情的主题，变成极为恰当地表现军民共庆丰收的欢闹场景和喜悦心情的主题，为其烙上了双拥晚会鲜明的艺术特色。

小品是历年双拥晚会上的重头戏，也是创作中最难啃的硬骨头。据此，晚会主创人员今年未雨绸缪，早早就派人深入边防部队体验生活、搜集素材，最后选定 6 个毛坯节目进行重点加工。晚会的小品统筹王铁虎告诉记者，在创作最紧张的那些日子里，小品组的同志们可谓吃尽苦头、绞尽脑汁、操碎了心，加班加点、通宵达旦地干已成家常便饭。原本头发稀疏的黄宏头发掉得更厉害了，原本发誓作品不成功就不修边幅的王宏胡子长得更长了，原本抽烟的张振彬吸烟吸得更凶了。即便如此，开始拿出的小品还是接二连三地惨遭“枪毙”。然而他们没有泄气，硬是凭着百折不挠的韧劲和压倒一切困难的勇气，在经历了十易其稿的艰辛过程之后，终于将小品《为祖国干杯》和《下棋》立在了舞台上，受到了广泛赞扬。

第二炮兵文工团编导谢克为了搞好双拥晚会的创作，已连续 4 年被总导演派到外地采风和编舞，每次一去就是一个月。为编排好《铃铛舞》，去年他又被派到新疆军区扎扎实实蹲了 30 多天，采风构思，精巧编创，把一串串铃铛比作一串串金色的葡萄，将丰收后人们的喜悦心情渲染到极致，极富感染力。

高素质队伍是托起双拥晚会的脊梁

一位地方领导看了今年的双拥晚会后由衷赞叹，军队的演员阵容如此之强大，演技如此之精湛，节目的品位如此之高，令我们羡慕不已。确实，每年的双拥晚会之所以都比较好，完全得益于我军培养了一批又一批政治强、艺术精、作风优、纪律严、素质高、战斗力强的文艺队伍，他们是托起晚会的脊梁！

讲政治、守纪律是我军文艺工作者特有的优势，这一优势在今年的双拥晚会创作排练中得到了充分的发挥。小品《为祖国干杯》的主旨是宣传党的十三届四中全会以来我国各条战线取得的巨大成就，就在这个小品创作修改期间，适逢党的十六大胜利召开。第二天，王铁虎、王宏、黄宏、张振彬等小品主创人员就自发地拿着刊有十六大报告内容的报纸，逐段逐句地学了起来，把报告中关于 13 年成就的内容吃得透透的。在后来的创作修改中，他们显得高屋建瓴、胸有成竹，把“大”与“小”“多”与“少”的抢答编排得精彩绝伦，赢得了观众的广泛好评。几乎在这同时，晚会主创人员又接到了总政领导的指示，要求创作几首直接体现十六大精神的新歌。受领任务后，有关同志二话不说，夜以继日地加班突击，以最快的速度创作出了《“三个代表”指航向》《永远的忠诚》这两首新歌，使整台晚会的思想性、时代感明显增强。

双拥晚会创作排练之际，正值以央视春节联欢晚会为代表的各类迎新春晚会和演出活动的旺季，军队那批明星们，接到的邀请函如雪片飘来。关键时刻，他们经受住了考验，表现出了很高的政治觉悟，自觉地把个人利益服从于双拥晚会创作演出这个大局。就连刚穿上军装的索朗旺姆，也有令人称道的不俗表现。索朗旺姆在晚会中担负女声独唱《天路》，就在排练期间，她因不懂部队的规矩，擅自与一家公司签订了演出合同，经过教育帮助，牧民出身的她懂得了军人要以服从命令为天职，诚恳地检查了自己的错误。时隔几天，又有一家公司邀请索朗旺姆前去商演，她自觉地谢绝了。晚会上，极富民族特色的独唱《天路》大获成功。

推精品、创一流是我军文艺工作者执着的追求。在双拥晚会这个高水准的艺术平台上，他们对艺术精益求精的故事，至今还被人们传颂。彭丽媛早已名扬全国，但她超越自我、再创辉煌的意识一直很强烈。双拥晚会开始创作人员为她量身定做创作了一首名为《小康大路》的歌曲，经过试唱，彭丽媛感到这首歌的词、曲还不太完美，便主动找有关同志反复商量，建议对歌曲进行再加工、再创作。总政宣传部艺术局的负责同志和晚会导演班子认真听取了彭丽媛的意见，著名词作家屈塬连夜铺纸创作，第二天下午就拿出了改名为《小康大道》的歌词。著名作曲家印青经过两天两夜的突击，为新歌谱好了曲。拿到新歌后，彭丽媛比较满意，通过她那深情大气的演唱，把整个晚会推向了高潮。事后彭丽媛真诚地告诉记者，正因为自己名声在外，所以每次演出我都特别注重追求尽可能的完美。参加双拥晚会这么重要的演出，各级领导和晚会主创班子又那么关心和重视我，把我放到晚会压轴的位置上，我只能精益求精、一丝不苟，别无选择！年轻的文艺工作者自觉以名家为榜样，发奋攀登艺术的制高点。担负杂技《五彩图》《收获》两个节目演出的近百名演出者中，年龄最小的才 9 岁。在北京最寒冷的冬季里，他们每天早上 6 点半就踏着罕见的积雪赶到排练现场练功，其吃苦耐劳和严格认真的精神，让许多大演员都心疼感动。按国际规定，每次杂技演出允许有两次失误，但小演员们对自己的要求是零差错，每天排练下来，后台几乎都有哭鼻子、流眼泪的，小演员们为自己的小小失误而深感不安和自责。

特别能吃苦、特别能战斗、特别能奉献，是我军文艺工作者又一个明显的优势。男声大合唱《“三个代表”指航向》开始决定由程志和王秀芬共同担任领唱，可就在排练不久，程志在一次意外中摔伤了腿。住在医院里的他，还坚持每天拄着拐杖练唱，希望早一天返回舞台参加演出。为了不影响排练，导演临时指定总政歌舞团合唱队的宋立忠代唱，小宋明知自己参加不了正式演出，但每一次代唱，他都极其认真、充满激情，毫不含糊，他的这种无私奉献和以大局为重的高贵品格，深深打动了周围的同行。在排练后期和演出阶段，彭丽媛由重感冒引发肺炎，发高烧 38.4 摄氏度，有关领导关切地对她说，如身体实在不行，就不要硬撑了。彭丽媛硬是白天上医院打吊针，晚上赶回剧场唱歌，以坚强的毅力圆满地完成了双拥晚会的演出任务。第一次担任晚会舞美总设计的刘朝晖、沈庆平两位年轻人，靠着提神的咖啡和清茶，靠着剧组给他们配发的微波炉，靠着一包又一包的方便面，通宵达旦地忘我工作，在短短的时间内，高质量、高水准地完成了 15 个节目和整台晚会的舞美设计。专家们一致公认，今年双拥晚会的舞美设计新颖独特，整体风格既辉煌壮丽，又简洁明快、清新朴素，给人昂扬振奋和赏心悦目之感。

团结协作同心打造精品力作

在 2 月 11 日上午举行的双拥晚会总结会上，与会的领导和专家几乎众口一词地谈到，双拥晚会是各级领导、主创班子和全体演职人员团结协作的一曲赞歌。

今年的双拥晚会会集了来自全军 23 个单位、近 10 个艺术门类的近 700 名文艺工作者，他们彼此默契配合、真诚团结，形成了一个坚强有力的战斗集体。

这里没有文人相轻，也没有门户之见，有的是互相尊重，有的是坦诚相见，有的是对艺术高度的责任感，有的是对弘扬民族先进文化神圣的使命感。平日里，他们是心心相印的好朋友，讨论作品时，他们却可以争得面红耳赤。在对小品《为祖国干杯》进行集体“会诊”时，导演胡宗琪竟当着原创人员和全体演员的面，一口气挑了20多处毛病。文学统筹刘星、音乐统筹印青自身担负的任务已经很繁重，但对晚会上的两个小品节目仍然关心备至，提了不少修改意见。在小品创作人员圈内，更是“小吵”三六九，争论天天有。编剧们则以海纳百川的胸襟，虚心博采众长，从而使节目越改越成熟，越改越出彩，最后达到了“思想性、艺术性、观赏性”的完美统一。王铁虎在总结会上坦诚地说，一个小品从毛坯到成品到搬上舞台，已很难记清这个点子是谁的，这句话是谁的，这个情节是谁的，完全是团结协作、集体智慧的结晶。

这里没有专业和业余之分，只有共同的目标去追求。当晚会总策划、总导演定下用清一色的男子汉合唱《“三个代表”指航向》《永远的忠诚》这两首军歌时，缺少男演员成为一时的难题。总政歌舞团合唱队负责人王军和著名指挥家郑健奉命带领20多名专业合唱演员一头扎进武警北京总队某支队，精心在官兵中挑选演唱人员，不厌其烦地反复教唱、辅导。后来为了赢得时间，他们干脆吃住在连队，一住就是一个月。晚会上的男声合唱气壮山河，专业和业余演唱人员珠联璧合，他们双双功不可没。

这里没有台前和幕后之分，人人都是晚会的主人公。如果说台上的演员是直接用歌声、舞姿、表演为晚会添光彩，那么幕后的舞美、服装、灯光、音响、道具工作人员则是用辛劳和智慧为晚会默默地奉献。15个节目15种舞台布景，设计中浸透了舞美工作人员的多少心血；15个节目15次换台，搬运中洒下了舞台工作者的多少汗水；15个节目数百套服装，服装总设计和她的同事们操了多少心、跑了多少家店、求了多少人，这一切都已无法说清。但是，总政的领导、晚会的主创班子和无数的观众心中都有数，他们是幕后的功臣，他们是无名的英雄！

我看小品《为祖国干杯》

朱亚南

2003年军民迎新春文艺晚会《高歌奋进向未来》，热烈昂扬、喜庆绚丽，其中的小品《为祖国干杯》值得说道一番。

故事情节很简单，一句话包了：高原哨所过除夕，哨长和他爱人领着一新一老两个兵做“抢答”游戏。4个角色，100来句台词，演了10分钟出头。以惯常的“小品之小”比量一下，这个剧目堪称是小中之小。但它小中见大，所见之大竟至于我们的国家“无论在经济、政治、文化、外交、军事各个领域都跻身大国行列”。令人叹服的是，负载量如此之大而能举重若轻，反映党的十三届四中全会以来取得的诸多成就而又“寓教于乐”。演出的时候，从始至终扣人心弦，笑声、掌声一阵接着一阵。使观众在欣赏的愉悦中受感动，受启发，受鼓舞，这正是优秀艺术作品应有的品格与功效。

编导的成功之道，首先在于讲政治，懂大局。除此根本，还有技巧。试想，如果不把说“大”说“小”、说“多”说“少”的“抢答”比赛当一条线贯穿全剧，如果不把哨长设计成“抢答器”让“小上海”和“北大荒”在肩膀上拍来拍去，这个小品能这么“抓人”吗？许多台词即便思想内容再好，也会流于一般化的说教，不讲索然无味，起码不能赢得满场欢声笑语。更明智的是，一开场就铺垫了一个情真意切的悬念，即哨长之妻此来高原的“使命”是保证两个战士高高兴兴过个春节，不至于因为“每逢佳节倍思亲”而闷闷不乐。这一来，“人情味 ”和“兵味”渗透了剧情，既“抓人”又“抓心”，不但使艺术真实进一步贴近生活真实，而且大大提高了作品的格调。退一步说，倘若没有这个悬念铺垫于前，后面两个兵的“抢答”就可能成了普通的“游戏”，哨长充当“抢答器”就可能成了做作的“傻帽儿秀”。

“大”与“小”“多”与“少”的抢答编排得好，好还好在切口小而准，开掘大而深。这个说养“小尾寒羊”收益丰厚，种西红柿“越小越贵”，“最重要的是农民的负担小了”。那个说“农民的胆子大了，魄力大了，投入大了”，“大市场大视野大步伐大丰收大刀阔斧大把挣钱”。这个说“烟尘少了”“ 噪音少了”“垃圾污水少了”“地上的耗子少了”。那个说“广场多了”“喷泉雕塑多了”“天上的飞鸟多了”。农村经济快速发展，环境治理显见成效，人民群众的生活质量普遍提高，一幅幅“稳定、发展”的壮丽画面递次展开。随着“抢答”竞赛进入高潮，顺势引出三峡大坝和小浪底水利枢纽工程兴建、香港澳门回归、申奥申博成功、加入世界贸易组织等一连串辉煌成就。伟大祖国 13 年大步跨越的足音在舞台上訇然作响，与全场观众振奋的心声共振共鸣。

整个戏的框架是贴在哨所门口两边的一副春联，上联“大戈壁人烟少”，下联“小哨所欢笑多”。最后才由哨长亮出横批：“为祖国干杯”！立意博大，内容充实，前后之呼应尤其精彩。编导把传统相声的“对对子”技巧、时尚流行的 “抢答”规则和喜剧小品重在情节与人物的表现手法熔于一炉，锐意出新求深，效果是相当明显的。笔者期盼创作者能总结经验，得其“运用之妙”，推出更多的精品来。

赞颂辉煌成就　展望美好未来

——驻京部队官兵和离休干部盛赞军民迎新春文艺晚会

卞　振

军民迎新春文艺晚会《高歌奋进向未来》，在京连演十几场后，圆满落下帷幕。连日来，观看了这台晚会的部分驻京部队官兵和离休干部，盛赞这台节目是一曲激励广大军民全面建设小康社会的盛世欢歌。

“迎春晚会畅情怀，笑语欢歌声声来，鱼水情深分外好，拥军秧歌笑颜开。”这是总政黄寺干休所离休干部陈辛火观看晚会后的即兴之作。他说，双拥晚会为什么连演不衰？主要归功于我军有一支极具创新意识和进取精神的文艺队伍。近年来，这支队伍在国际国内、军内军外的各类大赛中取得了优异成绩，创作推出了一批思想性、艺术性、观赏性很高的文艺节目。

谈到晚会的主题立意，国防大学博士研究生周薇说，《高歌奋进向未来》的晚会名称点出了鲜明的时代特色，反映了全国军民乘着党的十六大胜利召开的东风，全面建设小康社会，阔步奔向美好未来的精神风貌。硕士研究生王海说，晚会通过小品《为祖国干杯》、独唱《新时代　好时代》、舞蹈《穿越》等节目，突出歌颂了党的十三届四中全会以来，以江泽民同志为核心的党的第三代领导集体，率领全国人民创造的丰功伟绩和我军革命化、现代化、正规化建设取得的伟大成就。军乐《号角》、合唱《“三个代表”指航向》、独唱《小康大道》等节目，突出表现了全军官兵和全国各族人民深入学习贯彻十六大精神和“三个代表”重要思想，与时俱进，开拓创新，谱写崭新篇章的豪情壮志。

谈到这台晚会的艺术特色，离休干部凌行正说，新颖别致的军乐演奏《号角》一开场，就把观众情绪引向了“高歌奋进向未来”的热烈气氛之中。节目中既有嘹亮的军乐演奏，又有丰富的队形变化和表演，使观众得到了一次完美的视听享受。

两个承载着整台节目主题深化功能的小品，以强烈的艺术感染力打动了观众。硕士研究生吴学军称赞小品《下棋》是一个极具时代特色的好作品，它把一盘简单的“博弈”，演绎成了一出展示人民军队现代化建设成绩的精彩剧目。武警北京总队某支队的李志勇、孙庆坤、刘宪法对小品《为祖国干杯》非常赞赏，他们认为这个节目的时代气息清新扑面，军旅和基层生活特色浓郁，道出了广大官兵守好共和国哨位，为祖国和人民无私奉献的心声。空军某部的乔启华、邹继承、盛大刚对晚会上气势雄伟的男声大合唱和充满阳刚之气的舞蹈《穿越》赞叹不已。他们说，这些军旅特色浓郁的节目，为凸显军民迎新春晚会的主旨，起到了很好的烘托作用。

今年恰逢纪念延安双拥运动60周年。海军某部的王一帆、李兵、刘芳认为，晚会上专设的一组为人们广为传唱的拥军歌曲，选得既有艺术特色，又让人们重温了那段军队和老百姓生死相依的鱼水深情，使年轻官兵深受教益。

第二炮兵某部谢颖涛、蒋娜、梁晓婧、邢曼丽认为，这台晚会的舞台表演风格和舞美设计相互呼应、相得益彰，既体现了双拥晚会历年来的艺术追求，也凸显了今年这台双拥晚会的独特艺术魅力。

在不断创新中促进军队文艺的繁荣

郑　文

2003年军民迎新春文艺晚会《高歌奋进向未来》，已在全国军民喜庆新春的锣鼓声中，化为一段绵长而美好的回忆。作为纪念延安双拥运动、加强新时期军政军民团结的重要活动，首都军民迎新春文艺晚会已经举办了14年。从演出内容和演出效果看，年年有进步，年年有创新，为我们民族的传统节日增添了喜庆的色彩。同时，通过办晚会促进创作繁荣，把筹备晚会的过程作为集中力量抓创作的过程，涌现了许多至今仍广为流传的好作品，对我军的文艺创作乃至整个文艺工作，起到了积极的促进作用。

今年的军民迎新春文艺晚会，是在党的十六大召开不久，恰逢纪念延安双拥运动60周年之际举办的。我军文艺工作者群策群力，团结协作，在较短的时间里推出了一台高质量的晚会。综观这场晚会，在创意、编导、表演、保障和演出效果上都堪称精品。无论是开篇的军乐《号角》、气势磅礴的大合唱《“三个代表”指航向》，还是新创作的歌曲《新时代　好时代》《阳光乐章》，抑或是意蕴深长的小品《为祖国干杯》《下棋》，以及绚丽多姿的杂技《五彩图》《收获》等，都充分体现了中国风格和军队特色，看后让人心潮澎湃、昂扬振奋，整台晚会充满着激荡人心的阳刚之气和隆重热烈的节日气氛，受到广大观众的一致好评。

这台晚会有三个突出的特点：一是主题鲜明，基调高昂。节目从普通人的亲情、友情升华到中华民族的祖国情、民族情，自始至终既洋溢着欢乐、祥和、喜庆的气氛，又富有感召力地突出了赞颂党的十六大精神、全面建设小康社会的时代主题。二是突出了精品意识，呈现出亮点频现、异彩纷呈的演出效果。每个节目都是以精品的标准，反复修改，精雕细琢，体现了思想性、艺术性、观赏性三者的有机统一。三是表现了团结协作的精神。晚会的演职人员大都是来自全军各个文艺团体的优秀人才，他们不辞劳苦、不讲报酬、默默工作、无私奉献，以团结协作的精神，向党和人民交出了一份军队文艺工作者的合格答卷。

这台晚会的成功，给了我们许多深刻的启示。

启示之一：在当前市场经济条件下，我们的文艺创作要取得成效，各级领导对文艺工作的重要性必须有一个清醒的认识。江泽民同志在第七次全国文代会和第六次全国作代会的开幕式上指出：“文艺是民族精神的火炬，是人民奋进的号角。”“当代中国的文艺工作者，应该遵循先进文化的前进方向，自觉投身改革开放和现代化建设的伟大实践，努力推进我国文艺的创新和繁荣，努力创作出弘扬中华民族的民族精神和我们时代的进步精神的作品，用以教育人、鼓舞人和鞭策人，为繁荣祖国文艺的百花园，为培养一代又一代有理想、有道德、有文化、有纪律的社会主义新人作出自己的贡献。”这充分说明了文艺工作的重要地位和作用。无论是战争年代还是和平时期，它都是催人奋进的号角，是烛照民族精神的灯火。它绝不是简单的娱乐消遣，说说唱唱，而是用我们的辛勤工作践行“三个代表”重要思想，努力弘扬先进文化；用我们的艺术成果去激励人心，鼓舞斗志。正是因为明确了这一点，我们的各级领导才能方向明，决心大，与主创人员一起研究作品，策划选题，把双拥晚会作为建设先进文化的一次“战役”来打，既达到了推新作、推新人的目的，又锻炼提高了主创人员的组织领导水平。这一经验对今后的晚会创作以及整个文艺创作都具有重要的借鉴意义。

启示之二：搞好文艺创作，繁荣先进文化，必须有一支战斗力很强的高素质队伍。近些年来，包括综艺晚会在内的部队文艺创作，不断有精品佳作问世，很重要的原因是各级领导重视抓队伍建设。在各级培养下，一批批文艺新人脱颖而出，活跃在军旅文艺舞台上。优秀作品的产生，得益于我们拥有这样一批优秀的人才。正是因为我们有一支有战斗力、能打硬仗的队伍，在关键的时候，能够上得去，出色地完成任务，我们部队的文艺事业才得以不断繁荣发展。始终不渝地抓队伍建设，是今后我们必须坚持的宝贵经验。

启示之三：只有以与时俱进、勇于创新的精神抓创作，才能不断出精品、出佳作。江泽民同志指出："通观我国和世界的文学艺术发展史，还可以清楚地看到，历代文学艺术家们之所以能够创作出传世之作，一个重要原因就是他们具有踏着时代前进的鼓点不断探索、勇于创新的精神。"创新是艺术的生命，艺术只有不断创新，才能保持生机和活力，才能不断繁荣和发展。近年来，部队广大文艺工作者坚持正确的创作指导思想，以与时俱进、勇于创新的精神抓创作，涌现出了大量的深受观众喜爱的精品力作。今年的双拥晚会，不论是歌舞还是小品、杂技，包括舞美灯光和服装道具，都有不少创新。当然，这也从另一个角度提醒我们，我们的演出越是取得观众的认同，群众对我们的期望值就会越高。这就要求我们必须坚持主旋律与多样化的统一，要求我们有很强的创新意识和进取精神。

双拥晚会给我们的另一点启示是，要使作品更贴近生活，更受观众欢迎，就必须深入生活，开阔眼界，向生活学习，向基层官兵学习，从广大官兵的工作实践和丰富多彩的生活中汲取营养。这几年，晚会创作人员每年都深入部队体验生活，"探金寻宝"，感受基层官兵的精神境界，了解他们的喜怒哀乐，发现和挖掘好的创作素材，因此创作的作品都能较好地反映生活的本质，为官兵所喜闻乐见。另外，主创人员还注重向部队业余作者学习，把基层作者创作的基础比较好的作品进一步加工修改提高，使之成为精品。近几年晚会上演出的一些出彩之作许多都来自基层的业余创作。实践证明，只要我们下力气到生活中去发掘，去陶冶，生活就一定会向我们奉献出"真金瑰宝"。只要我们以与时俱进的精神不断创新，军队文艺事业就一定会不断发展，更加繁荣。

节目单

2003年军民迎新春文艺晚会

《高歌奋进向未来》节目单

一、军乐《号角》

作曲：陈　黔　　**指挥**：赵小津　薛　刚　窦建波

演奏：朱　海等

二、1. 领唱与男声合唱《“三个代表”指航向》

作词：汪守德　　**作曲**：孟宪斌

指挥：郑　健　　**领唱**：王秀芬

2. 男声合唱《永远的忠诚》

作词：任　毅　　**作曲**：印　青

配器：刘　琦

三、联唱《鱼水情深》

编辑：孟宪斌　　**编导**：官美华

配器：张　伟

表演：袁　菲　辛　雪　黄琳涵等

1.《拥军秧歌》

填词：安　波　　**演唱**：陈小涛　雷　佳

2.《二月里来》

作词：塞　克　　**作曲**：冼星海

演唱：冯瑞丽

3.《黄桥烧饼歌》

作词：李增援　　**作曲**：章　枚

演唱：李　晖　赵景春

4.《愿亲人早日养好伤》

作词：阎　肃　程　凯　　**作曲**：刘廷禹

演唱：梦　鸽

5.《军民团结向前进》

作词：陈克正　高　峻　　**作曲**：晓　河

四、杂技《五彩图》

编导：孟凡和　孙义良　任婉霞

作曲：刘可欣　　**教练**：邱清云　陈楚玲

表演：韩　玉　刘　畅　孙　佳　孙　婷等

五、小品《为祖国干杯》

编剧：王　宏　张振彬　王铁虎　黄　宏

导演：胡宗琪　**表演：**黄晓娟　林永健　邵　峰　陈丽娟

六、女声独唱《新时代　好时代》

作词：石顺义　**作曲：**羊　鸣

配器：张宏光　**演唱：**谭　晶

七、舞蹈《铃铛舞》

编导：吾买尔　谢　克　**作曲：**丁晓里

表演：娜依莎　玛尔哈巴　木巴拉克等

八、女声独唱《天路》

作词：屈　塬　**作曲：**印　青

编导：余大鸣　邓锐斌　**表演：**索朗旺姆

九、舞蹈《穿越》

编导：杨笑阳　**作曲：**方　鸣

表演：邱　辉　唐黎维等

十、男声独唱《当兵的男儿走四方》

作词：屈　塬　**作曲：**印　青

演唱：王宏伟

十一、杂技《收获》

编导：张继钢　张瑞静　何晓彬

作曲：方　鸣　**教练：**贾　娟

表演：陈　华　金　鑫　肖　蕾　王　婷等

十二、女声独唱《阳光乐章》

作词：谭仲池　**作曲：**徐沛东

编导：许　瑾　**演唱：**宋祖英

十三、男声独唱《心在歌唱》

作词：任　毅　**作曲：**印　青

配器：刘　琦　**演唱：**阎维文

十四、小品《下棋》

原作：张振彬　耿连忠　李明霞

改编：黄　宏　张振彬　王　宏　王铁虎

导演：黄定山　胡宗琪　**表演：**黄　宏　魏积安　吴　军

十五、女声独唱《小康大道》

作词：屈　塬　　**作曲**：印　青　刘　琦

编导：何燕敏　　**演唱**：彭丽媛

总 策 划：王兆海　陆文虎　汪守德

总 导 演：张继钢

撰　　稿：任　毅

文学统筹：刘　星

音乐统筹：印　青

舞蹈统筹：李福祥

小品统筹：王铁虎

杂技统筹：谢　克

舞美总设计：刘朝晖　沈庆平

灯光总设计：杨卫东

服装总设计：任晓兵

舞台总监：李云龙

演出总监：屈　塬　秦　威

主 持 人：刘小娜　于紫菲　于　爽

舞美总监：段京飞

舞台电视图像导演：卫晨霞

服装设计：姜小明

化妆设计：莽珊珊

化　　妆：高　雁　殷　燕　赵健杰　丁桂英　王　曼

剧院主管：毕启亮　孟　薇

前台主任：王　军　诸惠君　李　社　张伟东　王　红　董争臻
杨　冬　李志强　杨　东　李瑞峰

后台主任：洪　雁　杨忠复　单志瑾　程晓茹　石诗华　吴晓曦
陈毅刚　朱燕敏

舞台管理：朱宜庄　毛永顺

灯光操作：秦良亭　龚　友　张仕聪　雷书道　王军平　汪小鹿
周新阳　王　彤

音响操作：吕国成　赵晓丹　李　涛　王　树　寇　淳　窦　军　刘长胜

吊杆操作：葛双起　李文灿
机械舞台：姜　滨　米　军
舞美装置：张心玉　张耀辉
道　　具：李志德
电视录播协调：王中孚
字　　幕：王　超　窦学臻
录　　音：吴志文
音乐编辑：宿永良
服装管理：张芳荣　张金娣
剧院协调：陈伟能
安全保卫：王安平
剧　　务：王根海　王边境　马以建　钱　怡
标题手书：吴国平
节目单设计：刘和平

演出单位：
总政治部歌舞团
总政治部话剧团
总政治部歌剧团
解放军军乐团
解放军艺术学院
解放军电视宣传中心
沈阳军区前进歌舞团
沈阳军区前进话剧团
沈阳军区前进杂技团
北京军区战友歌舞团
北京军区战友话剧团
济南军区前卫歌舞团
济南军区前卫话剧团
广州军区战士杂技团
成都军区战旗话剧团
海军政治部歌舞团
空军政治部歌舞团
空军政治部话剧团
第二炮兵政治部文工团
武警部队政治部文工团
新疆军区政治部文工团
内蒙古军区政治部文工团
武警总部直属支队
中国剧院

2004 年军民迎新春文艺晚会在京隆重举行

胡锦涛、江泽民、吴邦国、温家宝、贾庆林、曾庆红、黄菊、吴官正、李长春、罗干等出席

解放军报北京 2004 年 1 月 16 日讯：2004 年军民迎新春文艺晚会《祖国春光好》15 日晚在中国剧院举行。胡锦涛、江泽民、吴邦国、温家宝、贾庆林、曾庆红、黄菊、吴官正、李长春、罗干等党和国家领导人与首都军民欢聚一堂，共贺新春。

王兆国、回良玉、刘淇、刘云山、吴仪、贺国强、曹刚川、曾培炎、王刚、何勇、顾秀莲、华建敏、王忠禹等领导同志和部分中央军委委员出席观看。

洋溢着喜庆祥和气氛的中国剧院披上了节日的盛装。晚 7 时 45 分，胡锦涛、江泽民等领导同志步入剧场，全场响起热烈掌声。胡锦涛、江泽民等向大家亲切致意，表示新春的问候。

由全国双拥工作领导小组、民政部、广播电影电视总局和总政治部联合举办的 2004 年迎新春文艺晚会《祖国春光好》，以“三个代表”重要思想为指导，突出体现了在党的十六大精神指引下祖国建设与时俱进、日新月异的巨大成就；再现了全军和武警部队广大官兵认真学习“三个代表”重要思想、江泽民国防和军队建设思想，在中国特色军事变革征程中走科技强军之路的时代风采；抒发了全国军民在以胡锦涛同志为总书记的党中央领导下，同心同德、团结一心，全面建设小康社会的壮志豪情。

晚会在《飞奔吧，祖国》激昂豪迈的旋律和气势恢宏的合唱声中拉开序幕。女声独唱《踏歌起舞》，热情赞美了勤劳质朴的中国人民建设美好家园的豪迈心情。表演唱《俺连那点事》，生动形象地再现了部队建设学习型军营，培养知识型官兵的火热场面。音舞快板《鸟语花香》，唱出了美好新时代的军营新气象。小品《保险》，讲述了在牧区发生的一段感人至深的故事。表演唱《探亲谣》，讴歌了家乡亲人鼓励战士安心服役保卫国家的拥军情意。音乐剧《青春如歌》，表现了一群女兵对献身国防的无悔选择。音乐快板《天网神兵》，铺展出一幅走跨越式发展强军之路的宏大画卷。蹬技《春花烂漫》，展示了今天中华大地春意盎然、欣欣向荣的喜人景象。男声独唱《战士的春天》，表达了战士对祖国和人民的无限热爱。小品《今夜“神舟”飞过》，展现了中华民族飞天梦圆时的喜悦和自豪。晚会的压轴戏歌舞《祖国春光好》，抒发了全国军民高举邓小平理论和“三个代表”重要思想伟大旗帜，全面贯彻党的十六大精神和十六届三中全会精神，为创造美好生活和幸福明天，为全面建设小康社会而努力奋斗的雄心壮志。

这届晚会首次采取了专业和业余相结合的创作表演方式，军队新老艺术家和来自部队基层的干部战士同台献艺，他们的精彩表演，不时赢得观众的热烈掌声。

演出结束后，胡锦涛、江泽民等领导同志走上舞台与演职人员亲切握手，祝贺演出成功。

出席观看晚会的还有中央和国家机关有关部门、全国双拥工作领导小组、北京市的领导同志，四总部、驻京部队各大单位、武警部队和军委办公厅的领导同志等。

王文杰　蔡云骜

军民欢歌庆佳节　祖国明天更美好

——2004 年军民迎新春文艺晚会剪影

卞　振

由全国双拥工作领导小组、民政部、广播电影电视总局、解放军总政治部联合举办的 2004 年军民迎新春文艺晚会《祖国春光好》，新春佳节前夕在首都隆重推出。

今年双拥晚会的主题思想是，以“三个代表”重要思想为指导，着重体现在十六大精神指引下祖国建设与时俱进、日新月异的巨大成就；着重体现在党中央英明领导下，全国军民同心同德、团结一心，全面建设小康社会的豪迈情怀；着重体现全军和武警部队广大官兵认真学习贯彻江泽民主席国防和军队建设思想，积极推进中国特色军事变革的时代风采。

晚会有三个鲜明的特点。一是有强烈的时代感，二是有浓郁的生活气息，三是努力追求艺术创新。晚会以序曲手风琴和管弦乐队《飞奔吧，祖国》拉开帷幕，展现了祖国大地欣欣向荣的喜人景象。女声独唱《踏歌起舞》、蹬技《春花烂漫》、音舞快板《鸟语花香》、歌舞《祖国春光好》等节目，热情赞颂了在党中央的正确领导下，祖国日新月异、一日千里飞速发展的大好形势。小品《今夜“神舟”飞过》，展现了中华民族实现了五千年“飞天”梦想时，人们彻夜不眠、激情荡漾的难忘瞬间。小品《保险》讲述了在牧区发生的一段感人的拥军爱民、鱼水情深的故事，揭示了党和人民政府、解放军才是人民群众最可靠的保险的深刻主题。表演唱《探亲谣》表现了改革开放给西部少数民族地区带来的新面貌、新变化，家乡亲人鼓励战士们安心服役保卫祖国的拥军情谊。

以往的双拥晚会采取全专业或全业余的创作演出阵容，这届晚会在 2003 年全军业余文艺调演的基础上，首次采取了专业和业余相结合的创作表演方式，堪称是一次艺术创新的成功尝试。晚会挑选部分官兵自编自演的优秀节目加工提高，达到了“业余的风格、专业的水平”。这些节目的作者和演员有干部也有战士，其中有的来自部队基层，有的来自机关，还有的来自院校。他们的表演生动风趣、质朴感人。音乐快板《天网神兵》，表现了部队官兵为实现“打得赢、不变质”历史性课题，苦练精兵、科技强军的精神风貌。表演唱《俺连那点事》通过战士“学英语”“学电脑”“学新装备”几件事，生动形象地再现了部队建设学习型军营、培养知识型官兵的热烈场面。男声独唱《战士的春天》表现了士兵对祖国的赤诚，音乐剧《青春如歌》抒发了一群女兵在绚丽的生活面前，誓把青春献给绿色军营的美好情怀。

晚会将声乐、器乐、舞蹈、曲艺、小品、杂技融为一体，并配以创意精美、丰富多彩的舞美、灯光、服装、音响设计，整台节目精品荟萃、风格独特、绚丽多姿、真挚感人，营造了隆重热烈、昂扬振奋、军民喜庆佳节的欢乐祥和气氛。

双拥晚会幕后故事

谭　洁

近日，记者走进双拥晚会剧组，捕捉到许多感人的幕后故事。

做“那点事”不容易

“《俺连那点事》就跟咱山东人一样实在。”来自山东省军区的业余编导马来西对记者说道。

可不，表演唱《俺连那点事》从编导到演员，全是来自基层单位的业余文艺骨干，说的就是基层连队那点实实在在的事，基层官兵们一看就懂、一听就乐。

练节目他们也拿出了山东人的那股子实在劲。记者不经意间看见演员肖作明的手上疤痕累累，指头上贴满了创可贴。小肖忙不好意思地藏起了手，“嘿嘿”笑着说：“让板子给划的。”最多的时候，小肖一只手里攥了7块板子。刚开始，不是抽错就是抽掉，要不就抽出一张却带出另一张，可把小肖愁坏了。他天天对着镜子练，当摸烂了5副板子时，观众就看到7块板子“变”成了一块。这是个欢快的节目，每个笑容都很夸张，可战士王庆磊天生不爱笑，就天天冲着镜子笑，一笑十几分钟，笑得上嘴唇贴住牙，导演一喊“停”，嘴唇下不来了，脸颊抽搐个不停。节目中坐的动作很多，这“咣”的一坐，最后坐得演员们的屁股肿得老高。

口头禅：荣辱与共

114个姑娘组成了音乐剧《青春如歌》的庞大阵容，她们来自北京军区司令部七八个不同单位，干着不同的专业，但在这里，“荣辱与共”却成了姑娘们的口头禅。

来自北京军区战友歌舞团的导演丁颖，春节前接连推掉了5台晚会，地方邀请她编舞的报酬很高，是按分钟计算的，这半年她全拴在双拥晚会了。演员高歌，孩子刚两岁，偶尔回家，孩子就背对着她说：“你老不回家，是坏妈妈。”说得她心里酸酸的。一位主要演员中午刚结婚，晚上10点就从洞房里回到排练场；她的作品得了全国大奖，正在开新闻发布会，一听说下午要排练，歌也来不及唱就匆匆赶回排练场，心中却总有许多不舍与无奈。面对记者，她只淡淡地说：“绿色是我们生命的颜色，谁让咱是军人呢？”

退伍兵当上“专业演员”

“首战用我，用我必胜！”每当演出出发前，出演音乐快板《天网神兵》的战士们都鼓足了劲大喊。

“斗志是我们制胜的法宝。”来自成都军区战旗歌舞团的编导董琳告诉记者，双拥晚会陆续有 5 个节目被撤掉，能否争得最后的入场券，心中始终忐忑不安，唯一能做的只有拼搏。

战士们从成都来北京，每天在零摄氏度左右的室外排练，为了不影响动作的幅度，只能穿薄薄的衬衫，冻得哆哆嗦嗦，董琳却要求他们每个快乐的表情都必须做到位。

每场演出完，总有人好奇地问："你们是专业演员吧？"战士们却自豪地回答："我们是业余的！"从舞枪弄炮的普通战士到具有专业水准的快板演员，这其中的艰辛历程只有战士们自己能体会。刚开始练时，他们把旋律写在纸上，围着台球桌子用手打节奏，晚上睡觉时听水滴声都成了快板声。近一年来，板子打烂了十几副，手打得鲜血直流，每双手上的疤痕都历历可见。

记者见到了这支队伍中的 6 名退伍兵。退伍战士赵征的工作因为没有及时报到被别人顶了，他却说，参加双拥晚会给短暂的军旅生活留下一个美好的回忆，很开心，很自豪！

《祖国春光好》节目单

序曲：手风琴与乐队《飞奔吧，祖国》

作曲：张书国（中校干事）

指导：李福祥　蔡丽雯

指挥：郑　健

领奏：杨　屹等

首席：曾民信

演奏单位：解放军管弦乐团　武警总部直属支队

一、女声独唱《踏歌起舞》

作词：晓　光　崔　静　**作曲：**徐沛东

编导：何燕敏　**演唱：**宋祖英

表演单位：海军政治部歌舞团

第二炮工程技术总队业余演出队

二、表演唱《俺连那点事》

作词：高永茂（二级士官）　马来西（中尉副队长）

作曲：马来西　**配器：**张　伟

编导：宋　伟　高永茂

表演：霍伟义（少尉排长）　肖作明（二级士官）

陈维东（中尉副队长）　董世友（三级士官）等

表演单位：济南军区业余演出队

三、音舞快板《鸟语花香》

作词：张　蕊（学员）　耿连忠（上尉干事）

赵　睿（少校教导员）

作曲：朱廉杰　**导演：**唐文光　杨　屹

编舞：曹向东　张　莉（上尉连长）　赵　阳（中尉技师）

口技配音：王文涛（四级士官）　郑晓艇（三级士官）

表演：赵　阳　张　蕊　张　莉　董曹静（一级士官）等

表演单位：南京军区上海警备区业余演出队

沈阳军区业余演出队

四、小品《保险》

编剧：张振彬　王　宏　黄　宏　丁大勇（二级士官）

导演：胡宗琪　**表演**：邵　峰　陈丽娟　尚大庆

表演单位：济南军区政治部前卫文工团　成都军区政治部战旗话剧团

五、表演唱《探亲谣》

作词：笑　引　任　兵　维　耕

作曲：杨正仁　**配器**：梁仲祺

编导：谢　克　**领唱**：周彦青　胡　敏　陈玉梅

表演单位：成都军区政治部战旗歌舞团

六、音乐剧《青春如歌》

编剧：姚　赛（上校处长）　祖志斌（上尉指导员）

作曲：董京安　**导演**：丁　颖　**排练**：高　歌（上尉参谋）

表演：黄琦雯（中尉干事）　刘　捷（中尉干事）　高　歌　冯文娅（中尉教员）

李晓丹（上尉教员）　周　敏（一级士官）等

表演单位：北京军区司令部业余演出队　解放军66195部队业余演出队

七、音乐快板《天网神兵》

作者：董怀义（上校政委）　梅健（上校政委）　**作曲**：谢　晓

编导：董　琳　李永龙（中校主任）

技巧指导：董　巍　何　辉（上尉干事）

表演：于欢欢（一级士官）　虎金磊（一级士官）

舒　鹏（少尉排长）　王　宣（一级士官）等

表演单位：成都军区某通信团

八、蹬技《春花烂漫》

教师：纪连蕴　**作曲**：朱一文

编导：孔　岩　陈　凯　何晓彬

表演：纪新荣　王　娜　杨雪娇　郭晓丹　付晓一　唐　莹　曹艺千

表演单位：沈阳军区政治部前进杂技团　第二炮兵政治部文工团

九、男声独唱《战士的春天》

作词：石顺义　**作曲**：士　心　**编导**：何晓彬

演唱：阎维文　**领舞**：邱　辉

表演单位：总政治部歌舞团　成都军区某坦克乘员训练团

十、小品《今夜“神舟”飞过》

编剧：黄　宏　王　宏　张振彬　　**导演**：胡宗琪

表演：黄　宏　郭　达　魏积安　　**表演单位**：总政治部歌舞团　总政治部话剧团

十一、歌舞《祖国春光好》

作词：贺东久　孙　军　　**作曲**：印　青

配器：刘　琦　　**编导**：杨笑阳　金美花

演唱：彭丽媛

表演单位：总政治部歌舞团　第二炮兵政治部文工团　成都军区政治部战旗歌舞团　第二炮兵工程技术总队业余演出队　南京军区上海警备区业余演出队

总 策 划：王兆海　孙　军

总 导 演：张继钢

撰　　稿：任　毅

文学统筹：刘　星　贺东久

音乐统筹：孟宪斌　方　鸣

舞蹈统筹：李福祥　谢　克

小品统筹：张振彬　王　宏

曲艺统筹：王寿仁　唐文光

舞美总设计：沈庆平

灯光总设计：杨卫东

服装总设计：宋　立

音响总设计：任晓兵

舞台总监：李云龙

演出总监：王世同　秦　威

主 持 人：刘小娜　于紫菲　于　爽

舞美总监：段京飞

舞美设计：邵　石　余景新

服装设计：姜小明　程眉承

音效设计：李来宏

化妆设计：茶珊珊　隋　颖

舞美设计助理：张世耀　张晓彪

剧　　务：李春来　原建梁　郭迎建　张书国　周东宪　王小青

前台主任：李　社　李志强　王未名　王　军　诸惠君　程锦宙

后台主任：孙义良　姚　赛　范和平　杨忠复　李　鹏　王　红　曹　莉　张　莉　刘士文

剧院主管：毕启亮　孟　薇
舞台管理：朱宜庄
灯光操作：秦良亭　张仕聪　雷书道　王军平　汪小鹿　周新阳
追　　光：赵培明　吴力力
音响操作：吕国成　袁　帅　李　涛　王　树　寇　淳　窦　军　刘长胜
吊杆操作：葛双起　李文灿
机械舞台：姜　滨　米　军
音乐录音：陈　庆　吴志文
音乐编辑：宿永良
字　　幕：王　超　窦学臻　高兴招
服装管理：张金娣　张芳荣
剧院协调：陈伟能
安全保卫：袁晓诚　何传祥　王安平
后勤保障：张祖堂　刘明法　王根海　王边境　马以建　杨福禄
钱　怡　魏述年
节目单设计：刘和平

演出单位：
总政治部歌舞团
总政治部话剧团
总政治部歌剧团
解放军军乐团
解放军艺术学院
南京政治学院上海分院
装甲兵工程学院
沈阳军区政治部前进话剧团
沈阳军区政治部前进杂技团
沈阳军区业余演出队
北京军区政治部战友歌舞团
内蒙古军区政治部文工团
北京军区司令部业余演出队
解放军 66195 部队业余演出队
解放军 66325 部队后勤部
济南军区政治部前卫文工团
济南军区业余演出队
南京军区政治部前线歌舞团
南京军区上海警备区业余演出队
解放军 73096 部队
成都军区政治部战旗歌舞团
成都军区政治部战旗话剧团
成都军区某通信团
成都军区某坦克乘员训练团
海军政治部歌舞团
海军 92196 部队
空军政治部歌舞团
第二炮兵政治部文工团
第二炮兵工程技术总队业余演出队
武警部队政治部文工团
武警总部直属支队
中国剧院

鸣　　谢：香河天音乐器有限公司

2005年军民迎新春文艺晚会在京举行

胡锦涛、吴邦国、温家宝、贾庆林、黄菊、吴官正、李长春、罗干等出席

解放军报北京2005年2月3日讯：金鸡报喜，万象更新。2月2日，2005年军民迎新春文艺晚会《春绿大地情满怀》今晚在中国剧院举行。党和国家领导人胡锦涛、吴邦国、温家宝、贾庆林、黄菊、吴官正、李长春、罗干等与首都军民欢聚一堂，共贺新春。

王兆国、回良玉、刘淇、刘云山、吴仪、贺国强、曹刚川、曾培炎、王刚、何勇、顾秀莲、华建敏、王忠禹等领导同志和中央军委委员梁光烈、李继耐、廖锡龙、陈炳德、乔清晨、张定发、靖志远出席观看。

洋溢着喜庆祥和气氛的中国剧院披上了节日的盛装。晚7时40分许，胡锦涛等领导同志步入剧场，全场响起热烈掌声。胡锦涛等向大家亲切致意，表示新春的祝福。

由全国双拥工作领导小组、民政部、广播电影电视总局、总政治部联合举办的这台文艺晚会，以邓小平理论和“三个代表”重要思想为指导，认真贯彻党的十六大和十六届三中、四中全会精神，艺术地再现了全党、全军、全国各族人民树立和落实科学发展观，求真务实，奋发进取，在全面建设小康社会和推进中国特色军事变革的征程中取得的新成就以及广大军民同心同德开创未来的豪情壮志。

晚会在民族歌舞《锦绣中华》的欢快节奏中拉开序幕。女声独唱《和谐大家园》、交响京剧《春绿大地情满怀》、小品《选举之前》、歌舞《美酒敬亲人》和弹唱《家乡新貌》等节目，浓墨重彩地展现了全国各族人民在党的领导下取得的辉煌成就和神州大地发生的巨大变化，以及军民同呼吸、共命运、心连心的鱼水深情。男声独唱与军体操《军旗下的我们》、杂技《踏浪飞歌》、组唱《多彩军营》、女声独唱《望宝岛》、男声大合唱《神圣的使命》和《军民团结向前进》、小品《背影》等节目，反映了火热的军营生活和当代军人的风采，着重展示了人民军队肩负神圣使命，努力建设革命化、现代化、正规化军队的高昂士气和战斗精神。歌舞《高歌向明天》，歌声嘹亮，舞姿绚丽，象征着全国各族人民在以胡锦涛同志为总书记的党中央领导下，昂首新时代，阔步奔小康，完成祖国统一大业，实现中华民族伟大复兴的坚强决心。

晚会融声乐、器乐、舞蹈、杂技、小品等多种艺术形式为一体，时代气息鲜明，民族特色浓郁，军旅风格突出，多角度、多视点地营造出昂扬振奋、军民同庆、官兵同乐的节日气氛。军队文艺工作者的精彩表演，不时赢得观众的热烈掌声。

演出结束后，胡锦涛等领导同志走上舞台与演职人员亲切握手，祝贺演出成功。

观看晚会的还有中央和国家机关有关部门、全国双拥工作领导小组成员单位、北京市的负责同志和四总部、驻京部队各大单位、武警部队、军委办公厅的负责同志以及驻京部队官兵和首都各界群众。

王文杰　卞　振　江志顺

春绿大地情满怀

——2005年军民迎新春文艺晚会综述

王文斌　刘　璇　卞　振

挟着春的气息，披着春的绿色，一年一度备受关注的军民迎新春文艺晚会（以下称双拥晚会），在2005年的春季如约而至，与首都广大军民再续情缘。它像一只报喜的金鸡，昂首阔步、高唱赞歌，颂扬祖国繁荣昌盛、和谐美好的明天；它像一位美丽的天使，敲响金鼓、放飞礼花，把欢乐和春光洒向神州大地。

聆听晚会的每一个乐章，触摸晚会的每一次脉动，体味晚会的每一种情感，你都会不由得感到心动、振奋和喜悦。

“春”“绿”“情”构筑高远主题

一走进剧场，你的目光就会被舞台正上方醒目的晚会名称“春绿大地情满怀”所吸引。为何给今年的双拥晚会作这样充满诗情画意的命名？对此，晚会的总策划作出了这样的解释：作为贯穿整台晚会的主线和灵魂，“春绿大地情满怀”其实可以浓缩为“春”“绿”“情”三个关键词，每个关键词都蕴含着丰富的内容，承载着深邃的意义。它们彼此支撑、前后呼应、相互交融，共同构筑起晚会高远的立意和主题。

春天、春节、春风，用“春”这个特定的时空概念打头，就为晚会奠定了春意盎然、喜气洋洋的基调。从开场的民族歌舞《锦绣中华》到尾声的歌舞《高歌向明天》，每个节目都从不同角度、以不同视点反映出神州大地春风浩荡、万象更新、欣欣向荣的美好景象，突出表现了党的十六大以来国家和军队现代化建设的大好形势，特别是树立落实科学发展观和加强党的执政能力建设，发扬求真务实的精神和作风，全面建设小康社会所取得的新成就之主题，寄托着广大军民对祖国明天和谐美好的真挚祝福。尤其是交响京剧《春绿大地情满怀》，从方方面面歌颂了祖国政通人和万事兴的大好局面。

在双拥晚会色彩斑斓的舞台上，象征着军营的“绿”是其耀眼的“主色调”。这不仅仅因为整台晚会从策划、编导，到创作、演出，所有人员都是清一色的军人，更重要的是，晚会一半的节目都旨在突出表现人民军队在革命化、现代化、正规化建设中所取得的新进展，特别是全军官兵绝对听从党指挥、积极推进中国特色军事变革，抓紧做好军事斗争准备，忠实履行我军神圣职责的新风貌。聆听《军旗下的我们》的豪言壮志，回味《我们十八岁》时的无悔选择，看《年轻的舰长》的飞扬风采，扛起祖国和人民赋予的《神圣的使命》……在循序渐进、高潮迭起的演出中，观众们再一次将“军人”二字在心中写大。

战友情、鱼水情、骨肉情，怎一个“情”字了得！突出表现新世纪新阶段军政军民团结、各族人民与部队官兵鱼水情深，是双拥晚会的永恒主题。在今年的晚会中，小品《背影》、合唱《军民团结向前进》、歌舞《美酒敬亲人》等节目，都是反映这一主题的代表作。它们以不同的艺术形式抒发了军爱民、民拥军的深厚情意，揭示了“军队打胜仗，人民是靠山”这一颠扑不破的真理。与以往不同的是，此次晚会对“情”字的外延和内涵有了新的拓展，特别突出了海峡两岸的骨肉亲情。“你在宝岛望大陆 / 我在大陆望宝岛 / 心中都有团圆梦 / 都有相思泪滔滔 / 团聚的日子不会远 / 祖国的明天会更好……”在宋祖英声情并茂的演唱中，每位观众心中都升腾起对海峡彼岸亲人的无尽牵挂和真情呼唤。

“歌”“舞”“韵”呈现民味兵情

将整台晚会分为上下两篇，是 2005 年双拥晚会在结构上的一大创新。上篇《为祖国祝福》有着浓郁的民族特色，下篇《向祖国敬礼》凝结突出的军旅风格，两大篇章熔声乐、器乐、舞蹈、杂技、小品等多种艺术形式于一炉，产生出内容丰富、形式多样、绚丽多姿的艺术效果。

用歌声赞颂美好时代，用歌声传递深厚情意，用歌声表达庄严承诺。在本台晚会的 13 个节目中，歌曲占了相当大的比重。它们中既有人们耳熟能详的民族歌曲和军营老歌，又有全军第八届文艺会演中的获奖歌曲和为晚会量身定做的最新曲目；既有独唱、合唱，又有组唱、弹唱。涉及内容之广、表现形式之多，令人叹为观止。“有一根弦我们紧绷着 / 有一种责任我们肩扛着 / 有一片风浪我们紧盯着 / 有一声号令我们等待着……”这首表达我三军将士誓死捍卫祖国统一和领土完整决心的歌曲《神圣的使命》，无论词曲，都堪称气势磅礴、排山倒海，给人以震撼和力量。名为《多彩军营》的组唱，把《我们十八岁》《年轻的舰长》《飞呀飞》《火箭兵豪情》4 首歌有机地串联起来，唱出了各军兵种部队官兵从军报国、朝气蓬勃的豪迈情怀。最值得称道的是，以《美酒敬亲人》命名的一组民歌联唱，于欢快有力的节奏和民族风味独特的曲调中，描绘出党的“三农”政策、“西部大开发”政策和“扶贫”政策给各族人民带来的火热新生活，让观众透过演出，如临其境地看到了“大路修过来”“新楼建起来”“幸福歌儿唱起来”的壮美画面。

历来以庄重大气见长的双拥晚会，今年因舞蹈含量的增加，使其营造出比往年更为热烈欢庆的氛围，给人以耳目一新之感。开场节目《锦绣中华》将 56 个民族的舞蹈和服饰进行了集中展示，大幕拉开，只见近百名男女演员身穿各民族的节日盛装，翩然起舞。他们或捧上藏族的哈达，或敲响朝鲜族的长鼓，或挥舞蒙古族的筷子，或吹响傣族的葫芦丝，整个场面热烈欢快、喜庆祥和，呈现出一派普天同庆、欣欣向荣的盛世景象。尽管本台晚会没有独立的舞蹈节目，却突出了载歌载舞、歌舞交融的艺术形式，这种生动音乐素材和丰富舞蹈语汇的协调组合运动，让人在强烈的视觉冲击之后，继而获得美的享受和情感的升华。还值得一提的是，今年的歌舞节目因其刻意追求互动性而更具特别的感染力。演员们走下舞台、走进观众席，以近距离的表演让观众真切地感受到艺术的诱人魅力和伸手可及的质感。

杂技《踏浪飞歌》是被公认为最有意境、最富韵味的节目。只见海天一色间，波涛涌动，海鸥飞翔。一群青春飞扬的年轻水兵驾驶战舰，在波峰浪谷中勇往直前……面对舞台上用10个军用救生圈直立罗列而成的障碍，10多个杂技演员在浪板摆荡的发力下，以不断变化的高难度翻腾技巧，准确地穿越其中，形象地展示出我军将士踏平风浪、一往无前的果敢气概。随着救生圈数量的增加，高度不断上升，直至9米的极限。演员们每一次成功的“鲤鱼跳龙门”，都伴随着观众不绝于耳的惊叹和喝彩。在这个节目中，单纯的杂技技巧被赋予了情境和内涵。在其惊险的特征背后，我们更从丰富、深邃的意蕴当中，品出了生活、思想和美的味道。

“新”“巧”“美”描绘立体画卷

谈及今年双拥晚会的创作，总导演张继钢深有感触地说：“对于多年从事这项工作的我们来说，搞出一台舞台节目并不太难。但让我们颇费思量的却是怎样用艺术手段贯彻新的主题思想，怎样在艺术上与其他形式的晚会、与历届‘双拥’晚会有所区别，怎样继续遵循‘三性统一’的原则、维持‘双拥’晚会秉承的高品位。这是我们不懈的追求，更是我们神圣的职责。”综观整台晚会，无论是对节目的刻意创新、篇章结构的巧妙安排，还是舞美、服装、道具、音响、灯光的设计，都无疑体现了主创人员的艺术才情和良苦用心，从而营造出隆重热烈、喜庆欢快的年节气氛，描绘出军民同庆、官兵同乐的绝妙画卷。

堪称“养眼”之作的《家乡新貌》弹唱，就是一组创新意识极强的作品。舞台上，先是数十名蒙古族姑娘架起数十架古筝，边弹边唱；接着，数十名藏族小伙儿又弹起六弦琴、跳起锅庄舞；最后，维吾尔族男女青年打起手鼓、弹响热瓦热瓦甫。短短几分钟内，观众们不仅欣赏到甜美热情的民族歌舞、领略到华丽绚烂的民族服装，还亲眼看到了“塞上绿洲”“雪域天路”“戈壁彩虹”积极向上、幸福富裕的新面貌。如此彼此交融、珠联璧合的巧妙编排，让人眼前一亮，继而赞叹不已。

在晚会中，像《家乡新貌》一样浸透着编创人员奇思妙想的节目不在少数。小品《选举之前》创造性地把东北“二人转”中的“拉场戏”运用到小品表演当中，欢快轻松，清新的乡土气息扑面而来。歌曲《军旗下的我们》就是将“男声独唱”和“军体操”这两个看起来似乎“风马牛不相及”的艺术形式有机地结合在一起。由解放军仪仗队以陆海空三军的形象，组成横贯舞台及观众席两侧表演区的巨大画墙，伴随着阎维文高亢嘹亮的演唱，他们的军体操铿锵有力、洒脱自如，生动地展示出当代军人意气风发、斗志昂扬的精神风貌。在男声大合唱中，主创人员更是敢于“第一个吃螃蟹”，一改过去由交响乐队伴奏的做法，首次选用雄壮激越的军乐担纲伴奏，很好地突出了《神圣的使命》和《军民团结向前进》这两首歌曲排山倒海的磅礴气势。

作为晚会的“点睛之笔”，小品《背影》不论是情节设置，还是舞台呈现，都有新颖奇巧之处。它以一张题为《我送亲人过大江》的老照片为线索，以拍摄照片的记者对照片女主人公的寻访展开故事，生动再现了1949年解放军渡江时老百姓踊跃支前的感人一幕。作品通过记者与当年曾送解放军过江的一对老夫妇的讲述和追忆，运用声光图像等表现手段，把观众带到了那段并不如烟的往事当中。正如该小品的编导和主演黄宏所总结的那样："这个作品所承载的故事及其立意更具浪漫的理想主义色彩，这在双拥晚会的小品创作中，可谓是一个成功的尝试和大胆的突破。"

这台晚会的精雕细刻和美不胜收还突出表现在舞台呈现上。在这里，舞美、灯光、音响和服装设计已不仅仅是作为一种辅助手段，而是直接成为节目的有机组成部分。设计者以开放的思维拓展了舞台的空间，增强了节目的容量，传递了晚会的主题。

当尾声节目——歌舞《高歌向明天》出现在观众眼前时，整个中国剧院变成了欢乐的海洋。歌声荡漾，舞姿翩跹，礼炮声声，彩带飞扬。晚会恰似一幅用心织就、饱蘸深情的立体画卷，描绘出壮丽神州辉煌美好的明天！

五大看点扮靓双拥晚会

刘　璇　王文斌

已连续举办了16年的双拥晚会，年年另辟蹊径，次次追求创新，确实不易。仔细品味今年的双拥晚会——《春绿大地情满怀》，仍有不少的亮点在闪耀，这不得不让我们为主创人员取之不尽的思想情感和艺术才华而由衷地赞叹。

阵容："三军联合"打造艺术盛宴

本届双拥晚会的阵容之强大、人员之众多，给观众留下了深刻印象。晚会以总政歌舞团为主力军，集合了总政话剧团、解放军军乐团、海军政治部文工团、空军政治部文工团、北京军区战友文工团、新疆军区文工团、内蒙古军区文工团和沈阳军区杂技团等多家文艺团体的精兵强将。其中，不仅有实力雄厚的著名军旅艺术家和近年来军旅艺苑涌现出的新人，还有以武警战士和解放军艺术学院学员组成的合唱方队。大家不分边疆内地，无论专业业余，齐心协力，共担重任，以完美的"联合作战"，为观众奉献了一场异彩纷呈的艺术盛宴。

服装：民族特色＋时尚风格

在一台晚会上集中展示藏族、瑶族、傣族、蒙古族、朝鲜族、景颇族、维吾尔族等多个民族的服装和服饰，这在双拥晚会的历史上还是第一次。因节目内容所需，今年的晚会使用了800多套服装，其中一半以上都是琳琅满目的民族服装。据服装总设计宋立介绍，将原生态的少数民族服装改造成更具视觉美感的舞台服装是晚会的最大创新。在设计中，他们特别注意把流行的时尚元素与浓郁的民族特色有机地结合，让观众既能立刻认出该服装所属的民族，又感觉到其中的新意和变化。如他们大胆地将花腰傣筒裙原本下垂的裙摆向上翻折、固定，这样既方便舞者表演，又为服装本身增加了活力和动感，令人耳目一新。

舞美：营造舞台立体表现空间

大幕拉开，今年双拥晚会给人最强的视觉冲击是整个舞台的立体化。开场节目中，一个高 6.2 米、宽 15 米的菱形结构设计一下子让舞台充满了立体感。尤其是将舞台两侧的表演区最大限度地向观众席延伸，演员走近观众，使演出更具互动性。整个舞台装饰选用了具有民族传统风格的剪纸，并将其原有的红色改为金色，使之更具现代感和节日气息。舞台上对两个移动环形转台的使用，可谓是神来之笔：正面可当大幕、背面可当二幕，男声大合唱中变为合唱架，《年轻的舰长》一歌中又幻化为军舰的船舷，使每个节目的造型都“活”了起来。

合唱：军乐代替交响乐担纲伴奏

大合唱一直是双拥晚会的重要艺术样式，不同于往年的是，今年的男声大合唱一改过去用交响乐伴奏的惯例，首次大胆与军乐“联姻”。150 名合唱队员在 90 人的军乐队伴奏下，把《神圣的使命》和《军民团结向前进》两首歌曲演绎得雄壮激昂，极具震撼力。这一出新也让观众眼前一亮。

技术：现代化设备保证演出效果

双拥晚会继在首都舞台率先使用超薄屏幕的电视墙之后，于今年又运用了一系列先进的技术手段。如根据晚会主题和节日内容需要打出不同效果画面的“哈维灯”，在小品《背影》中和演员台词配合出现的“百万雄师过大江”等图景，就是它所形成的特效。同时还首次在中国剧院安装了大功率、高保真的线阵列音箱及数字化声音处理系统，并尝试在同一吊杆上分层次吊装若干话筒，高质量地保障了剧场音效。

神州无处不春天

——双拥晚会览胜

赵国政

春风，春雨，春色；春光，春煦，春晖。在金鸡报晓，大地回春，举国上下喜迎 2005 年新春佳节的时候，一年一度的军民迎新春文艺晚会《春绿大地情满怀》以全新的创意，盛大的景观，多彩的形式，以及强大的演出阵容，把首都北京的中国大剧院变成了党政军民同欢同庆同贺、抒发壮志豪情的欢乐海洋。帷幕拉开，舞台上便是一片春光夺目、春晖怡人、春色飞溅的景象。著名舞蹈家沈培艺，以她秀如春柳、宛若流云般的舞姿领衔演出的民族歌舞《锦绣中华》，立即把人们带入一个新的春天门槛、新的遐想界域、新的宏大理想之中；从而以国兴民富兵强、中华昂首奋发的博大气象，拉开了令人期待、令人向往的晚会序幕。

春风年年相似，春意岁岁不同。整个晚会由序《锦绣中华》、上篇《为祖国祝福》、下篇《向祖国敬礼》、尾声《高歌向明天》组成。每个版块各有着意，各富内涵，使晚会的内容环环相扣，如江河直下水到渠成。结构的单纯简洁，衔接的流畅洗练，使这台文艺晚会用时尽管不长，节目也不算多，但每个版块的功能却能得到充分发挥，每个节目的含金量也获得足够的保障。如上篇《为祖国祝福》，主要用民族歌舞鲜明而突出地展现了在除旧迎新之际，普天同庆万民欢腾，民族团结亲如一家，军民鱼水情同手足的深情厚谊；同时也体现出国泰民安、社会祥和、伟业兴旺的昌盛局面。而下篇《向祖国敬礼》，由阎维文、蔡国庆、霍勇、王莉、耿为华、宋祖英、刘斌分别演唱的《军旗下的我们》《我们十八岁》《年轻的舰长》《飞呀飞》《火箭兵豪情》《望宝岛》《神圣的使命》以及杂技《踏浪飞歌》等，则从不同军种、不同侧面、不同的军人生活和精神风貌，进行逐一刻画，深入描写，把我军积极推进中国特色的军事变革，抓紧做好军事斗争准备，忠实履行我军捍卫国土的神圣使命，敢打必胜、一往无前的精神体现得笔笔精彩，刚毅生辉。尾声由彭丽媛演唱的《高歌向明天》则像一个永不停顿的延长号，宣示出中华民族和平崛起、向着未来进发的汹涌潮流，浩浩荡荡，无往不至，给人以极大的振奋和信心。

春光年年如是，春色岁岁不同。晚会的内容重要，氛围重要，而作为寓教于乐、以情动人的艺术质量尤为重要，这一点为历来双拥晚会所重视。由于职业原因，笔者特别关注舞蹈在晚会中的表现和作用。其实晚会始终并无一个纯粹的舞蹈但舞蹈又无处不在。它是和歌、和杂技融为一体，共同演绎着每一个作品，其质量高低实则举足轻重。令人欣喜的是与以往不同之处在于，它已走出歌伴舞、舞伴歌、歌舞脱节的因循惯性，极大地提高了舞蹈的表意功能。《锦绣中华》《美酒敬亲人》《家乡新貌》中的民族舞蹈正宗地道，似轧花，似蜡染，似刺绣，似织锦，乡风土味，民调民声。以《美酒敬亲人》的苗、傣、瑶、彝及景颇族舞蹈来说，围绕一个“酒”字精描细绘；歌浸着舞，情溢酒杯；舞蘸着歌，香醇醉人。使观众心感神受着那是从人民心窝里流淌出来的幸福之酒，是喜庆丰收发家致富的甘甜之酒，是对祖国衷心祝福的豪迈之酒，是由军民心泉而酿、彼此共饮的同心之酒。蒙古筝弹唱《塞上绿洲》也独具芬芳。只见那一大排抚琴弹唱的蒙古族少女随着手指的弹拨和呼吸节奏，俯仰有致，细腻入微——指尖上跳动的音符流贯全身，通体的舞蹈诗情拨动琴弦，声似泠泠溪水，色如浅草茵茵，仅凭演员肢体的神韵，便让人对草原产生美景如诗诗如画的沉沉陶醉。其他如颇富时尚的《和谐大家园》、舞蹈化的军体操、舞姿如燕的杂技《踏浪飞歌》等无不显示着舞的魔力。而《高歌向明天》又别具一格。开始是身着雪白曳地长裙的少女们被缥缈的云海弥漫着，将彭丽媛围拱得像一座山峰，又像是一尊圣洁的女神，似把中国人民一向期许的和平内涵昭然于世：少女们白色纱裙又魔术般的幻化为五彩斑斓，喻示出中华民族前程似锦的美好明天……

燕子年年飞来，春讯岁岁不同。双拥晚会迄今已经举办16届，编导张继钢也连续担纲9届晚会的总导演。这种性质相同、作用一致的晚会所以能长青不老，生命焕然，成为每年春节全国军民期待的文化大餐，究其原因就是随着我国经济建设的日新月异，我军革命化、现代化、正规化建设的飞速发展，晚会的内容和形式也在年年变化，刻意出新。在充分注重艺术效益的前提下，似乎强化了更加脚踏实地、循乎国情、求真务实，将艺术生产与科学态度尽可能予以嵌合的创作作风，对如何搞好这种类型的晚会极富示范意义。

喜迎春风颂河山　鱼水欢歌唱家园

——2005年军民迎新春文艺晚会剪影

卞　振

由全国双拥工作领导小组、民政部、广播电影电视总局、中国人民解放军总政治部联合举办的2005年军民迎新春文艺晚会《春绿大地情满怀》,已于春节前夕在京隆重推出。

晚会以邓小平理论和“三个代表”重要思想为指导，认真贯彻党的十六届四中全会和军委扩大会议精神，突出表现十六大以来国家和军队现代化建设的大好形势，特别是树立科学发展观和加强执政能力建设，发扬求真务实的精神和作风，全面建设小康社会的新成就；突出表现军队革命化、现代化、正规化建设取得的新进展，特别是全军官兵绝对听从党指挥，积极推进中国特色军事变革，抓紧做好军事斗争准备，对党无比忠诚和无限热爱，忠实履行我军神圣职责的新风貌；突出表现新世纪新阶段军政军民团结，各族人民与军队官兵鱼水情深的新气象。

晚会由序、上篇、下篇和尾声组成。序——民族歌舞《锦绣中华》，各民族儿女载歌载舞，呈现出一派普天同庆、欣欣向荣的景象。上篇通过女声独唱《和谐大家园》、交响京剧《春绿大地情满怀》、小品《选举之前》、歌舞《美酒敬亲人》和弹唱《家乡新貌》等节目，浓墨重彩地展现了我国各族人民在党的领导下所取得的辉煌成就，神州大地所发生的巨大变化，以及各族儿女和人民军队心连心、手挽手、同呼吸、共命运的鱼水深情。下篇通过男声独唱与军体操《军旗下的我们》、杂技《踏浪飞歌》、组唱《多彩军营》、女声独唱《望宝岛》、男声大合唱《神圣的使命》和《军民团结向前进》、小品《背影》等节目，反映了火热的军营生活和当代的军人风采，着重展示了人民军队肩负新使命，加速推进中国特色军事变革，积极做好军事斗争准备，敢打必胜的高昂士气和战斗精神。尾声《高歌向明天》，表达出全国军民团结一心永远跟党走的坚定决心。

为向全国军民奉献出一台新颖别致、异彩纷呈的迎新春文艺晚会，总政调集了全军一批优秀创作人员参与策划和创作，并由数百名来自全军文艺团体的演职员和解放军仪仗大队及武警部队的官兵组成强大演出阵容。

为祖国喝彩：评 2005 年双拥晚会

金一南

今年的双拥晚会，充分运用了声乐、器乐、舞蹈、杂技、小品、京剧联唱等多种艺术形式，上篇《为祖国祝福》，浓墨重彩地展现了神州大地近年来发生的巨大变化，以及各族儿女与人民军队心连心、手挽手、同呼吸、共命运的鱼水深情。歌舞《美酒敬亲人》，通过一组人们耳熟能详的民歌，突出展现了各族人民美好幸福的生活。交响京剧《春绿大地情满怀》大气磅礴，运用传统京剧与大型管弦乐队的结合，以凝练的语言展现了过去一年的辉煌成就，为祖国的美好明天喝彩。

中华民族是多民族的大家庭。我们努力奋斗追求实现的小康，是中华民族所有成员的小康；我们努力奋斗追求实现的崛起，同样是中华民族全体成员的共同崛起。就如晚会中《和谐大家园》这首歌所唱的："这是中华的好诗篇，这是天下的美画卷，这是和谐的大家园，这是你我永远的眷恋。"

如果说上篇《为祖国祝福》，着重展现新时期各族人民取得的辉煌成就和神州大地的巨大变化；那么，下篇《向祖国敬礼》，则着重展示中国人民解放军不变的军魂和三军将士肩负的神圣使命。嘹亮的军号声中，阎维文一曲《军旗下的我们》，拉开了意气风发、斗志昂扬的下篇序幕："军旗下的我们，是热爱和平的人；军旗下的我们，是建立功勋的人。军旗下的我们，用阳光擦拭着利剑；军旗下的我们，用热血报答着人民。"字字铿锵，句句有力，一展新时期军人精神风貌。杂技节目《踏浪飞歌》，表现了全军将士训练坚持从难从严的大无畏精神，令人几乎要把心提到嗓子眼上：一群年轻的水兵，以无畏的斗志和勇气，面对用 10 个军用救生圈直立罗列、最终高达 9 米的障碍造型，在浪板摆荡的发力之下，以不断变化、极度高难的翻腾技巧，以空中鱼跃般的漂亮身姿勇敢地穿越一个又一个极限，令人叹为观止。这一段节目的高峰，是 150 人组成气势磅礴的男声大合唱《神圣的使命》。整个节目雄壮激昂，排山倒海，把我三军将士为维护祖国统一和领土完整所显示出的精神气概推向高潮。

如果说一曲《神圣的使命》把军队的阳刚之气表现得淋漓尽致，那么女声独唱《望宝岛》和小品《背影》，则把观众带入一个更加悠远的境地。尤其是小品《背影》，以一张题为《我送亲人过大江》的老照片为线索，通过对照片中女主人公的寻访，再现了 1949 年中国人民解放军百万雄师过大江时，江边百姓全力支援的动人心魄的一幕。通过几位老人深情的追忆和讲述，运用舞台声光图像再现手段，节目将观众带入了那段激动人心的往事之中……节目的线索是那幅模糊不清的黑白照片。照片上那位为大军渡江用力摇橹的长辫子姑娘的背影，即使在演出结束后，也长久地留在观众的脑海里。这幅老照片让人深为感慨，中国人民解放军是中国共产党领导的人民军队，是人民的子弟兵。

军队深深根植于人民之中。就像希腊神话传说中的那位大力神安泰，在战斗中只要身不离地，就能不断地从大地母亲身上吸取能量，因此所向无敌。我们人民军队就是这样的安泰。就如雄壮有力的《军民团结向前进》中所唱：“军队和人民，鱼水不能分。发扬好传统，团结一条心。共同建设锦绣河山，同志们，并肩筑起钢铁长城。”军队与人民血浓于水的深厚情意，军人敢打必胜的战斗精神，如浩荡东流的长江之水，万世不竭。

伴随着身穿节日盛装的各族儿女的翩然舞姿，彭丽媛演唱的《高歌向明天》使晚会进入尾声。整个剧院歌声荡漾，舞姿绚丽，礼炮声声，彩带飞扬，变成了花的海洋、歌的海洋：“越过千条河，翻过万重山，我们手挽手，血脉紧相连。”

是的，我们这支军队，走过了万水千山，也跨越了无数艰难险阻，用一个个胜利铸就了无坚不摧的光辉形象。今天，推进中国特色军事变革，抓紧做好军事斗争准备，仍是我们面临的光荣任务和艰巨挑战。但我们坚信，不辱使命仍是伟大军队的铮铮誓言。

合力打造舞台艺术的精品

访双拥晚会总导演张继钢

王　杨　蔡云鹜

在欢乐中给人以教益和启迪，在笑声中给人以力量和温暖，在愉悦中给人以美的享受和熏陶。这是记者观摩2005年双拥晚会时的深切感受。晚会那重大深刻的主题，绚丽多姿的色彩，精彩纷呈的节目，精美绝伦的表演，以及鲜明的时代特征，浓郁的民族风情，别样的军旅风格，令人耳目一新，热血沸腾。她像报春的梅花，昭示着神州大地的又一个春天就要来临，象征着中国舞台艺术的又一朵奇葩绽放！

迄今为止，双拥晚会已成功举办了16届。穿越时空隧道，人们惊喜地发现，双拥晚会几乎年年有绝招，年年有亮点，岁岁推新作，岁岁出新人。专家们公认她既是全国先进文化建设的“名牌”，也是国内综艺晚会的标杆。谈及晚会成功的奥秘，已连续9年出任晚会总导演的张继钢百感交集。

早在20世纪80年代末90年代初，张继钢就是舞蹈界闻名遐迩的大牌导演，由他执导创作的舞蹈《元宵夜》《献给俺爹娘》、杂技芭蕾对手顶《东方的天鹅》等节目不仅在国内国际大赛中屡夺金奖，而且风靡世界舞台。其中《献给俺爹娘》中的子节目《黄土黄》被评为中华民族20世纪经典舞蹈，他本人被评为全国舞蹈界唯一的世纪之星。去年张继钢又大获丰收，由他执导的舞剧《一把酸枣》在北京保利剧院公演后轰动京城，由他执导的民族音画《八桂大歌》入选全国舞台艺术精品工程，由他执导的大型音乐舞蹈《一个士兵的日记》在全军第八届文艺会演中获得多项大奖……

尽管才华横溢，成绩斐然，可张继钢却多次一脸真诚地告诉记者，双拥晚会的成功，绝对是上下各级领导、主创班子和全体演职人员集体智慧心血汗水的结晶。围绕这个话题，他娓娓道来——

人无思想，如同行尸走肉；晚会没有主题，也便没有了灵魂。在确定今年双拥晚会的主题时，开始我们主创人员拿出了一个构想，报到上面后，总政首长和宣传部的领导逐条逐条地抠，逐句逐字地改，几易其稿，最后才形成了以三个“突出表现”为主线的晚会主题。三个“突出表现”归根到底一句话，就是集中展示党的十六大以来，在邓小平理论和“三个代表”重要思想的指导下，我党我军我国各族人民在条条战线、各个方面取得的新成就，展示我军永远不变的军魂和责任与使命。我们主创班子最早给今年双拥晚会取的名字叫“中华儿女的祝福”，总政领导经过深思熟虑，最后改定为“春绿大地情满怀”。显然，这个名字与晚会主题贴得更紧，更加大气，更有诗情画意，寓意也更深远。在晚会试演和审查期间，军委、总政首长和总政各部的领导又提出了不少好的意见和建议。1 月下旬，我们又根据首长的指示，组织北京军区文工团京剧队的同志突击创作排练了交响京剧《春绿大地情满怀》，全景式展示了 2004 年祖国各行各业取得的伟大业绩，艺术地再现了国家蒸蒸日上，人民幸福安康，全国军民团结奋进奔小康的大好局面，此节目不但进一步深化了晚会的主题，而且成为晚会的一个亮点。

创新是一个民族进步的灵魂，也是历届双拥晚会创作人员的不懈追求。艺术贵在创新，生命力也在创新。16 届双拥晚会之所以“年年花相似，岁岁景不同”，这是大家既不模仿别人，也不重复自己，与时俱进、勇于创新的结果。今年的晚会不仅在主题内容方面有所创新和突破，在晚会的总体构架上也首次采用了上下两个篇章的结构样式，这是对以往综艺歌舞晚会模式的一个突破。除此之外，今年的晚会还创造了好几个“第一”。如第一次把表演区扩展到剧场的两侧，打破了一面表演三面墙的传统舞台样式，使舞台的空间更加宽阔，使表演更加多角度和立体化，使观众有了更多的视觉选择，增强了演出的亲和力。第一次采用由舞蹈演员自己弹奏乐器、自己演唱歌曲、自己展示肢体语言的表演形式，使歌、舞、乐三者有机结合为一体，大大增强了歌舞节目的美感和真实感。第一次把具有较高科技含量的“哈维灯”运用到舞台艺术上，不仅增强了画面的流动性，而且大大增加了投影面积和视觉信息量。第一次在小品《背影》中运用了浪漫主义的、具有抽象艺术风格的舞台布景，打破了以往的写实风格，增强了作品的艺术感染力。第一次运用军乐队为男声大合唱伴奏的表现形式，更充分展示了军旅歌曲的豪迈之气。第一次运用了立体方框菱形舞台，把平面的舞台立体化。

历届双拥晚会都有较好的口碑，这完全得益于我军培养了一批又一批政治强、艺术精、作风硬、纪律严、战斗力强的艺术人才，他们是托起晚会的脊梁。双拥晚会主创班子集合了全军一批出类拔萃的艺术名家，他们讲政治，顾大局，守纪律，特别能吃苦，特别能奉献，特别能战斗。从班子成立到晚会公演，前后不过两个多月时间，他们创作排演了 12 个全新的节目，并对 7 个从全军第八届文艺会演中选出的节目进行了几乎脱胎换骨的加工和修改，使之日臻完美，其任务之繁重、工作之艰辛可想而知。特别令我感动的是北京军区文工团京剧队的同志，在晚会临近主场演出的前夕，他们紧急受命创作一组新剧目。受领任务后，张志高等创作人员连续苦干 40 多个小时，突击创作出了一个高质量的交响京剧，李长春、朱宝光、于兰、王玉兰等著名京剧表演艺术家放弃自己的演出计划，立刻投入紧张的排练，仅用 3 天时间就将新节目立在了舞台上，受到了广泛好评。

由于军委、总政领导的悉心指点，由于全体创作演出人员“艺不惊人誓不休”的执着追求，今年的双拥晚会又出现了不少亮点。总体上讲，这台晚会是“凤头、猪肚、豹尾”，但亮点不止这几处。开篇的序——民族歌舞《锦绣中华》用气势宏大的音乐，配以绚丽多姿的民族舞蹈和“哈维灯”投射出的万里长城、天安门、壶口瀑布、喜马拉雅、北国风光、上海浦东等景观，展示了祖国欣欣向荣的壮丽画卷，反映了56个民族团结幸福的美好生活，观众席两侧、舞台上的菱形立体方框内各族儿女在载歌载舞，整个场面壮观华美，大气欢快，呈现出一派普天同庆、繁荣富强的盛世美景。第二个亮点就是歌舞《美酒敬亲人》，这是由一组耳熟能详的民族歌曲构成的联唱，歌舞并重，情景交融，苗族的白、壮族的红、彝族的黑、景颇族的蓝等色彩斑斓，交织融汇，构成了一幅民族团结、共颂党恩的和谐图案。第三个亮点是弹唱《家乡新貌》，这组节目既有自弹蒙古筝、自唱塞上曲、自跳草原舞的蒙古族姑娘，也有来自雪域高原的藏族青年边弹六弦琴，边跳踢踏舞，还有热情奔放的维吾尔族小伙儿打起手鼓，姑娘们弹起热瓦甫，赞美西部大开发给古老的丝绸之路带来的勃勃生机。第四个亮点是交响京剧《春绿大地情满怀》，8位著名京剧表演艺术家用生、旦、净等不同行当，热情赞颂了2004年党和国家取得的辉煌成就，讴歌了党和政府执政为民的最新业绩，节目把传统国粹和交响乐有机融为一体，精彩夺目，赢得连连叫好。第五个亮点是男声独唱与军体操《军旗下的我们》，这首歌曲由著名军旅歌唱家阎维文演唱，中国人民解放军三军仪仗大队的150名官兵用刚劲潇洒的军体操伴舞，充分展示了当代军人的意气风发和昂扬斗志。第六个亮点是由宋祖英演唱的《望宝岛》，这首歌委婉深情，极具穿透力地表达了两岸人民对祖国统一的热切盼望和真挚情感，具有很强的感染力。第七个亮点是由笑星黄宏创作并由黄宏、王丽云、翟万臣联袂演出的小品《背影》，节目通过寻找《我送亲人过大江》那张老照片中的长辫子姑娘，生动展示了50多年来军民团结一家亲的动人情景，表演生动朴实，情节感人肺腑，寓意极为深刻。另外，晚会的舞美设计也是一大亮点，既简洁明快，又灿烂壮丽，既别出心裁，又朴实大方，给人以很多意想不到的惊奇和惊喜。

双拥晚会幕后的故事

邹维荣

晚会姊妹花———唱京剧的妹妹于兰和当主持人的姐姐于紫菲相逢舞台上。

乘着第16届双拥晚会荡起的满台春风，记者近日走进晚会剧组，采撷到了一组令人动情的幕后故事。

舞蹈演员学古筝

舞台上，数十名蒙古族姑娘边弹蒙古筝边唱边舞，令人耳目一新。这是一组反映《家乡新貌》的器乐弹唱，每个节目都有一种民族的代表乐器。

“这组弹唱要求舞台上的道具必须是真正的乐器实物，舞蹈演员既是舞者，也要真弹真唱。”北京军区战友文工团团长、晚会舞蹈统筹李福祥对记者说。《塞上绿洲》的编导何燕敏介绍道：“为了完成演出任务，舞蹈演员一年前就开始学习古筝了。”

“我们几乎是在一个星期之内学出来的，其中的艰难可想而知。”来自新疆军区文工团的杨凌编导说起姑娘们在排练节目《戈壁彩虹》学弹热瓦甫时的情景十分动情。这群没有一点热瓦甫弹奏基础的姑娘们，从每一个音符、每一个动作学起，不分黑白昼夜地弹练，触摸丝弦的手指弹烂了，抵柄的手腕磨出了血泡，她们硬是在一周之内将这个“硬骨头”给拿下了。

为取得好的演出效果，姑娘们吃饭后就在食堂里边跳边唱边弹，不经意中记者看到演员阿衣丁手上、双膝上满是伤痕，她闪动着一双美丽的大眼睛，笑笑说：“都磨成硬茧子了，不疼！”

不容许失败一次的演出

《踏浪飞歌》是很出彩的杂技节目，在浪板摆荡的发力下，杂技演员在空中不断变化翻腾花样后“鱼贯而入”，成功完成了世界上罕见的高达9米的钻圈技巧，反映了我军将士在军事斗争准备中的火热训练场景。在演出现场，记者听到观众们“哇……”“啊……”的赞叹声不绝于耳，阵阵如潮的掌声一浪高过一浪，将晚会推向高潮。

来自沈阳军区杂技团的演员赵鑫旭是节目中第一个起跳、钻圈、“飞跃”的，他一系列动作的成功对后面演员影响很大。他却对记者说：“最厉害的是站在浪板负责摆荡发力的那奉华，我们的起跳时间和次数都靠他。别看他在台上像荡秋千般轻巧、悠闲，实际上他最累，摆一次的重量上千斤，一场演出要打三五千个才能‘滑’下来，别说平常的训练了，哪天不得打成千上万个‘浪’？”今年22岁的赵鑫旭一口东北话，快人快语，对记者说起他的搭档满怀深情。

16岁的王晓旭合练第一天摔倒在踏板底下与荡回来的踏板擦“面”而过，最难过的是坐在记者身边的演员卢丹，在历次演出中一向表现优秀的她，因在昨晚彩排演出中出现第二次意外失误，而与双拥晚会失之交臂。她对记者说：“我能正确对待，这是一次不同寻常的演出，比赛还有三次失误的机会，但‘双拥’晚会一次也不容许！”

晚会上的“新兵”

推开后台化妆间的门，记者碰到一身戎装的祖海正在化妆。曾在中国音乐电视大赛上连夺三金的她，去年被总政歌舞团特招入伍，可以说是这次晚会上的一名“新兵”。

祖海说：“当年我唱《为了谁》的时候，很多战士写信给我，以为我是军人，而今，我终于是这个大家庭的一员了！”

“我会把参加这次双拥晚会当作我军旅演唱生活的起点。”祖海说，当兵后她更加理解了军人，感受到了什么是真正的兵、真正的军营生活，她以后一定要多写多唱反映战士生活的歌曲，将这种体会表达出来。祖海对记者透露，她现在除了新推出的“军歌”《依靠》以外，又酝酿了几首好作品，将在明年大力推出，到时她会下部队唱给战士们听。

100 天干了一件事

北京西郊，空军某学院招待所 215 房间。一叩开房门，来自新疆军区的文工团团长赵思恩就对记者说：“我来这里 100 天只干了一件事。”

赵团长是指他从去年 10 月 14 日至今在剧组的 100 多天里担任双拥晚会总撰稿这一件事。根据总导演的构思，晚会要在短短 1 小时 40 分钟的节目间隙中，穿插安排 12 段报幕词。记者在阅读演出台本时发现，1500 个字的报幕词承载的却是国家形势的叙述、上下节目的串联、晚会情绪的渲染、重点节目的提示、晚会切换的需要等众多内容和作用，通篇透露出铿锵淋漓、通透顺畅、青春洋溢的新语感，营造出浓郁的双拥情。这需要一种“硬”功夫。不难想象，他动笔前付出的辛劳和修改中字斟句酌、刀砍斧凿的痛苦和快乐。

“总之，撰稿顺利通过了！”赵团长揉着熬红的双眼高兴地对记者说。在这 100 多天里，开了多少回夜车，讨论了多少回文稿，耗费了多少笔墨，他早已记不清了。

为了“神圣的使命”

“为了《神圣的使命》让大家都拼上了！”在大合唱排练现场，双拥晚会歌队队长王军对记者激动地说。可不，由总政歌舞团、解放军艺术学院和武警部队官兵等单位组成的 150 人的大型男声合唱团，从组建开始大家就“拼”上了。

参加双拥晚会合唱的名额有限。解放军艺术学院领队雍刚对记者说，他们学院将受领的 50 个名额全部给了负责培训全军文化干事和俱乐部主任的文教系，这些来自祖国边防、海岛、国境线、坑道里的学员都非常珍惜这个难得的机会，当作一种“崇高的荣誉”去追求。有一个学员因个头较矮，最终被决定淘汰。他含泪连续 3 次向领导提交要求参加演出的申请书；来自武警某部的叙小航，平时在部队是一名把评功、评奖和学司机等“好事”让给战友的优秀士兵，但为了上双拥晚会，他却和战友“争”得面红耳赤。

为了将作品唱得气势磅礴，展示出军威国威，大家绞尽脑汁、尽心尽力。军艺演员徐焕礼为了解决嘴小、张不大口的难题，回到宿舍“计”上心来，用大苹果“咔”一下堵住嘴巴，一咬就是很长时间；武警某部的战士们自发地凑津贴买了一个 MP3，将专业老师教授的歌录制下来，逐字逐句地反复揣摩试唱；为了不耽误排练期间的学习和执勤任务，武警某部的战士晚上 10 点排练演出回去接着上岗、上哨；解放军艺术学院的学员一边刻苦排练演出，一边积极准备期末考试，几周下来，人变瘦了，眼熬红了，但在舞台上依然精神饱满、歌声嘹亮。

满眼春风看不够

——驻京部队官兵观看双拥晚会反响强烈

郭振建

伴着阵阵和煦的春风，驻京部队官兵步入张灯结彩的中国剧院，组成陆、海、空和武警部队观众方阵，观看2005年双拥晚会，感受了气势宏阔、创意新颖、内涵厚重的精彩华章。

多彩乐章带来美的享受

长期在军旅艺术天地耕耘的第二炮兵文工团办公室主任黄金刚，是带着欣喜的心情欣赏节目的。从晚会的主题思想到表现形式，从灯光舞美到服装设计，从音乐制作到曲艺小品，他都细心品味，认为晚会鲜明主题赋予了高雅的艺术品质，创新理念谱写了盛世华章，群星璀璨烘托出节日喜庆祥和的氛围，不由得啧啧赞叹晚会是军旅艺术的“盛典”。坐在蓝色方阵中的海军后勤部战士朱有良，是第一次到中国剧院现场观看如此大型的文艺演出，激动的心情就甭提了。他和战友们认为，每个节目都十分好看，有耳目一新之感，特别是军旅艺术家的演唱和表演，展示了独特的艺术个性和丰富的思想情感。

徜徉在热烈明快的艺术氛围中，官兵们无不被晚会的精心创意和思想内蕴所打动，为晚会艺术风格的绚丽多彩而叫好。大家说，军民迎新春晚会艺术多样化而主题集中，色彩好看而不失热烈庄重，沉浸其中强烈地感受到祖国欣欣向荣、繁荣昌盛，军民鱼水情深、政通人和的祥和气息，受到精品艺术的熏陶和感染。

深邃内涵给人心灵震撼

观看双拥晚会的许多官兵说，激动与喜悦不言而喻，但给他们心灵冲击的是节目的思想内涵。

谈及留下深刻印象的歌曲时，空军某部战士汪斌脱口而出：“《望宝岛》优美动人！”他认为歌曲意境深远，用音乐特有的情感抒发了祖国人民对台湾宝岛的深情眷恋和渴望祖国和平统一的美好心愿，给人心灵的共鸣。而武警北京总队十五支队副政委张润康则对小品《背影》更有一番感触。他说，在解放战争雄浑壮阔的历史舞台上，那划船的姑娘是千千万万人民群众的缩影！没有人民群众拥军支前，就没有解放战争的伟大胜利。

官兵们对小品《选举之前》、杂技《踏浪飞歌》等节目的内涵都有共识。他们对《选举之前》在轻松幽默中表现转业、退伍军人的战士本色给予赞赏。称赞这个节目思想深、韵味足、内涵重，对人民军队爱人民的本质有深层开掘。海军司令部直属部队战士王丽娜等认为，《踏浪飞歌》不单单是高超绝妙、扣人心弦的技巧展示，更体现了轻盈飘逸的柔韧之美和刚健挺拔的力量之美。

磅礴气势传递信心力量

纵然晚会以鱼水情深、盛世欢歌为基调，但彰显人民军队“铸军魂、谋打赢”仍不失为晚会的一大亮点，给观众信心与力量，给官兵激情与豪迈。表现海军、空军、第二炮兵指战员生活的三首歌曲《年轻的舰长》《飞呀飞》《火箭兵豪情》，或粗犷深沉，或高亢明亮，令官兵们激动不已。歌曲时代感强，一个个音符拨动着观众的心灵。

代表人民军队形象的仪仗大队的表演，更是透着一股威武之师、文明之师的英武之气，而承载三军将士雷霆之志的合唱《神圣的使命》，以强大的阵容、豪迈的气概、出色的音乐特质，构成了一幅蔚为大观的艺术画卷。第二炮兵司令部通信总站干事马传革称之是一种所向无敌的精神气质，是一种蓄势待发的力量展示，是一种于无声处听惊雷的誓言，是一种敢打必胜战斗精神的象征。

构思巧　立意高　开掘深　容量大

评小品《选举之前》《背影》

朱亚南

多少年了，军旅小品在双拥晚会上闪亮登场，深受观众欢迎，堪称优化整体演出效果不可或缺的“挑台节目”，且被公认为新时期通俗文艺的潮流之先。令人欣喜的是，今年上演的《选举之前》和《背影》两个小品，又一次赢得了好评。小品之所以能够连年出彩，一个重要原因在于编、导、演人员经过长期的实践探索，对小品这门艺术的内在规律有了较深的理解与娴熟的把握，创作与表演一直坚持弘扬主旋律、提倡多样化的正确方向，努力达成思想性、艺术性、观赏性的有机结合，锐意锻造时代精神鲜明、军队特色突出、生活气息浓郁的精品佳作。换言之，这也是军旅小品历久不衰的一条基本经验。

党的十六大以来，邓小平理论和“三个代表”重要思想深入贯彻落实，国家和军队现代化建设持续稳步发展，亿万军民在全面实现小康社会的道路上团结奋进。小品《选举之前》应时而作，生动而深刻地反映出了大好形势下世态人心之所向所归。开幕伊始，单刀直入——爷儿俩竞选村委会主任。老爹已任职多年，儿子才刚退伍回乡，双方选票持平，各自当仁不让。新过门的继母当场考问二人的施政方案，摒弃私情，出以公心，投下关键一票，选出了善能胜任的致富带头人。故事看似简单，内涵相当丰厚。从中可以透见民主建设举措和“三农”政策在农村的强大感召力及其产生的积极效应，可以透见提高干部执政能力和树立科学发展观切合民意的坚实基础及其显示的深远意义，可以透见军队退伍士官德才兼备的良好素质及其造福一方的火热情怀。作品吸纳了“二人转”拉场戏的艺术特色，质朴的歌舞、风趣的韵白、机智的笑料贯穿全剧，从头至尾给人以新风扑面的审美感受。

另一个小品《背影》，取材于著名的历史照片《我送亲人过大江》。剧中的老一辈军事摄影家赵记者，50多年来一直在寻找渡江作战时迎着炮火摇橹划船、照片上只留下矫健背影的大辫子姑娘。好不容易访着了当年送部队过江的水手蒋大爷和鲁大娘，经历相同，年龄相仿，身姿更相似，但虽有共事却并非其人。渡江时的鲁大娘戴着一位“解放军哥哥”摘给她的钢盔，后来为了掩护她，这个小战士英勇牺牲了。剧情发展至此，深邃的诗意如奇峰突起。赵记者顿悟于心，激动地说：“是你，是她，是千千万万个老百姓和子弟兵，是那些永远不知姓名的背影，为我们换来了一个欣欣向荣的共和国！”历史叠印现实，昭示着共产党的力量源泉所在，激励着后来人继承革命传统，强化使命意识。

这两个小品构思巧，立意高，开掘深，容量大。戏剧冲突设置与角色身份定位恰到好处，情节展开、性格张扬与主题阐述浑然一体。内容删繁就简，精练浓缩，“一滴水见太阳”。小品的特性充分得以运用体现，因此才能举重若轻，小中见大，与《春绿大地情满怀》的大命题相契合，为整台晚会增加了绚丽夺目的艺术光彩。

节目单

2005年军民迎新春文艺晚会

《春绿大地情满怀》节目单

序：民族歌舞《锦绣中华》

作词：王晓岭　　**作曲：**方　鸣

编导：李福祥　邓锐斌　余大鸣

表演：沈培艺等

上篇：为祖国祝福

一、女声独唱《和谐大家园》

作词：梁和平　　**作曲：**印　青

编导：官美华　　**演唱：**谭　晶

表演：柴明明　巴嫣嫣等

二、交响京剧《春绿大地情满怀》

作词：张志高　　**作曲：**冯洪起

配器：方　鸣　刘　琦　**编导：**李福祥

指挥：郑　健　　**司鼓：**冯洪起

演唱：李长春　朱宝光　王玉兰　于　兰

宋德珍　张　薇　马祥飞　丁晓君

伴奏：中国人民解放军管弦乐团

三、歌舞《美酒敬亲人》

编曲：杨正仁　张　伟　**配器：**张　伟

填词：杨正仁　任　毅　**编导：**谢　克　余大鸣

演唱：雷　佳　冯瑞丽　吕宏伟　白　雪

祖　海　王宏伟

表演：谷亮亮　刘　辉　王元元　王　冰

黄　伟　阿必雅斯等

四、小品《选举之前》

编剧：张振彬　金东平　王　宏

作曲：邓建明　　**导演：**胡宗琪

表演：黄晓娟　邵　峰　孙　涛

五、弹唱《家乡新貌》

1. 蒙古族筝弹唱《塞上绿洲》

作词：茅耀华　赵思恩　**作曲**：刘钢宝

编导：何燕敏　**表演**：詹碧茹　刘婷婷等

2. 藏族六弦琴弹唱《雪域天路》

作词：赵思恩　**作曲**：刘钢宝　**编导**：达娃拉姆

演唱：索朗旺姆　**表演**：黄　伟　刘俊杰　青　松等

3. 维吾尔族热瓦甫弹唱《戈壁彩虹》

作词：赵思恩　**作曲**：吾布力　**配器**：刘　钢

编导：杨　凌　**演唱**：夏米力

表演：迪里·胡玛尔　古丽斯坦等

下篇：向祖国敬礼

六、男声独唱与军体操《军旗下的我们》

作词：任　毅　**作曲**：郭小虎

编导：丁　颖　刘晓栋　**演唱**：阎维文

表演：中国人民解放军仪仗大队

七、杂技《踏浪飞歌》

编导：张义良　杨笑阳　金美花　张世龙

教师：赵　斌　花　岚　**作曲**：刘可欣　郑　磊

表演：那奉华　赵鑫旭　李　磊　王　宇等

八、组唱《多彩军营》

1.《我们十八岁》

作词：李　峰　**作曲**：印　青　**编导**：孙育鹏

演唱：蔡国庆　**表演**：张仁博等

2.《年轻的舰长》

作词：王持久　**作曲**：刘可欣　**演唱**：霍　勇

表演：洪　雁　石诗华等

3.《飞呀飞》

作词：阎　肃　**作曲**：张　伟　**演唱**：王　莉

4.《火箭兵豪情》

作词：刘国建　**作曲**：黄金钢　**编导**：孙育鹏

演唱：耿为华　**表演**：覃江巍等

九、女声独唱《望宝岛》

作词：屈　塬　**作曲**：印　青

配器：刘　琦　**演唱**：宋祖英

十、男声大合唱

合唱：中国人民解放军合唱团　　**伴奏**：中国人民解放军军乐团

指挥：郑　健

1.《神圣的使命》

作词：汪　沉　　**作曲**：东　林　　**配器**：王和声

领唱：刘　斌

2.《军民团结向前进》

作词：陈克正　高　峻　　**作曲**：晓　河

编合唱：孟宪斌　　**配器**：王和声

十一、小品《背影》

编剧：黄　宏　全维润　　**导演**：黄　宏　　**表演**：黄　宏　王丽云　翟万臣

尾声：**歌舞《高歌向明天》**

作词：贺东久　　**作曲**：印　青　　**配器**：刘　琦

编导：官美华　　**演唱**：彭丽媛　　**表演**：马　瑞　万　盛　王胤楠等

总导演：张继钢

撰　稿：赵思恩

文学统筹：刘　星　任　毅

音乐统筹：孟宪斌　方　明

舞蹈统筹：李福祥　谢　克

小品统筹：张振彬　王　宏

杂技统筹：杨笑阳　董争臻

主持人：刘小娜　于紫菲　于　爽

舞美总监：段京飞

舞美设计：武小涛　沈庆平

灯光设计：熊　鹰　秦良亭　杨卫东

服装设计：姜小明　吴雨洋　宋　立

音响设计：吕国成　李来宏　任晓兵

化妆设计：蔡珊珊　隋　颖

化　妆：王　莉

舞美设计助理：张晓彪　张　兰　张世耀

前台主任：李　社　李志强　王　军　诸惠君　欧　凯

单志瑾　雍　刚　金东平　邢志强　张文海

后台主任：洪　雁　石诗华　夏春菊　程锦宙　王英欣　李本涛

剧　务：李子义

剧院主管：毕启亮　孟　薇

舞台管理：朱宜庄
灯光操作：张仕聪　雷书道　王军平　周新阳　周　鹏　王　刚　周　阳
电 脑 灯：陈　华　高　辉
追　　光：赵培明　汪小鹿
音响操作：袁　帅　李　涛　王　树　寇　淳　窦　军　刘长胜
李晓剑　鲍宏巍　崔光秀
吊杆操作：葛双起　李文灿
机械舞台：姜　滨
道　　具：段京飞　谭　征
电视屏幕编导：王中孚
视频技术：茅云祥　陈臻誉
音乐录音：陈　庆　吴志文
音乐助理：崔如峰　王继红
音乐编辑：宿永良
合唱排练伴奏：鄂　矛
字　　幕：王　超　窦学臻　侯玉斌
舞美管理：张安民
服装管理：陈淑珍　徐婷婷　张芳荣
剧院协调：陈伟能
安全保卫：袁晓诚　杨清章　王安平　赵相有
场　　务：陈安隆　王永久　宋朝霞　陈　红
后勤保障：王峰安　王边境　马以建　钱　怡　魏述年　崔富国

演出单位：总政治部歌舞团　总政治部话剧团
总政治部歌剧团　解放军军乐团
解放军艺术学院　沈阳军区政治部前进文工团　杂技团
北京军区政治部战友文工团　济南军区政治部前卫文工团
南京军区政治部前线文工团　成都军区政治部战旗文工团
海军政治部歌舞团　空军政治部文工团
第二炮兵政治部文工团　内蒙古军区政治部文工团
新疆军区政治部文工团　西藏军区政治部文工团
武警部队政治部文工团　解放军仪仗大队
武警总部直属支队　中国剧院

哈维灯制作：上海进耀光电技术有限公司
纱幕特效：姜　力
鸣　　谢：吉林市歌舞团
北京兰容基文化发展有限公司

《和谐花开神州美》——2006年军民迎新春文艺晚会

2006年军民迎新春文艺晚会在京举行

胡锦涛观看演出并会见书写解放军爱民日记的卡德尔老人

吴邦国、温家宝、贾庆林、曾庆红、吴官正、李长春、罗干等一同观看

解放军报北京2006年1月24日讯： 军民携手抒壮志，双拥花开别样红。2006年军民迎新春文艺晚会《和谐花开神州美》今晚在中国剧院举行。党和国家领导人胡锦涛、吴邦国、温家宝、贾庆林、曾庆红、吴官正、李长春、罗干等与首都军民欢聚一堂，共贺新春。

歌声阵阵，鼓乐欢腾，中国剧院洋溢着喜庆祥和的节日气氛。晚上7时40分许，胡锦涛等步入晚会现场，全场响起了热烈的掌声。胡锦涛等向大家亲切致意，表示新春的祝福。

全国双拥工作领导小组、民政部、广播电影电视总局、总政治部联合举办的这台晚会，以生动的艺术手法烘托出安定和谐的时代主题，形象地表现了全国军民高举邓小平理论和“三个代表”重要思想伟大旗帜，全面贯彻落实科学发展观，紧密团结、携手奋斗，共同推进全面建设小康社会进程，合力构建社会主义和谐社会的喜人景象，展示了我军忠实履行历史使命、切实加强军队现代化建设的崭新风貌。晚会在民俗歌舞《欢天喜地闹新春》的欢快节奏中拉开帷幕。大联唱《和谐花开神州美》、女声独唱《和谐中国》、舞蹈《扎西德勒》表达了军民并肩建设和谐社会的美好心愿，展现了各族群众的幸福生活。合唱《时代先锋》讴歌了在保持共产党员先进性教育活动中涌现出的先进典型。男声独唱《万家灯火》抒发了戍边军人的奉献情怀和对祖国对人民的美好祝福。小品《好日子》、维吾尔族表演唱《卡德尔大叔的日记》，以真人真事为素材，述说了人民解放军官兵感人至深的爱民故事，展现了人民群众与子弟兵同呼吸、共命运、心连心的鱼水深情。合唱《大练兵》、杂技《攀跃》气势磅礴，展示了全军将士响应党中央和中央军委的号召，着眼有效履行新世纪新阶段我军历史使命，加速推进中国特色军事变革的高昂士气。歌曲《和平进行曲》《官兵团结歌》表现了人民解放军官兵热爱和平、团结友爱的精神面貌。小品《追星》以幽默诙谐的语言反映了我国载人航天工程的伟大成就。尾声《光荣颂》深情表达了全国军民紧密团结在以胡锦涛同志为总书记的党中央周围，意气风发，万众一心，为实现“十一五”时期的发展目标开拓奋进的坚强决心。

演出结束后，胡锦涛、吴邦国、温家宝、贾庆林、曾庆红、吴官正、李长春、罗干等走上舞台，与演职员亲切握手。胡锦涛等领导同志还亲切会见了新疆库车县阿格乡栏杆村维吾尔族老人卡德尔·巴克，表演唱《卡德尔大叔的日记》就取材于他的真实故事。胡锦涛称赞卡德尔老人39年来以千余篇日记，真实记录了解放军的爱民行为，充分体现了人民群众热爱党、热爱祖国、热爱人民军队的真挚情感，为加强军民团结、民族团结作出了积极贡献，并向卡德尔老人和他的家人以及栏杆村的乡亲们表示亲切的问候和新春的良好祝愿。

观看演出的还有中央和国家机关有关部门、全国双拥工作领导小组成员单位、北京市和四总部、驻京部队各大单位、武警部队、军委办公厅的负责同志以及驻京部队官兵和首都各界群众代表。

1月23日，2006年军民迎新春文艺晚会《和谐花开神州美》在北京中国剧院举行。演出结束后，胡锦涛同卡德尔亲切交谈。

胡锦涛等党和国家领导人走上舞台与演职人员合影留念。

徐　生　卞　振　江志顺

朴素化出真善美　真实平添感染力

——2006 年军民迎新春文艺晚会评介

袁厚春

自从半个世纪前延安开展“拥政爱民，拥军优属”活动起，春节双拥就成为各地军民年头岁尾必不可少的一项活动。20 世纪 90 年代初以来形成的双拥晚会，至今已连续举办了十几届。这是军队文艺工作者一年一度向党和人民的“大拜年”，也是一次当面汇报，一次最严格、最难应对的考试。

笔者自 1993 年起曾有幸连续六届参加双拥晚会的策划和组织工作，深知个中甘苦。离开以后，每逢这台戏上演之际，总不免三分期待伴着七分担心：这一年，还有什么新意、新招儿可用吗？今年，则别有一分欣喜在心头，并且似乎悟出一些新意。

2006 年的军民迎新春文艺晚会在党的十六届五中全会精神鼓舞下，以“和谐”命名，以构建和谐社会为主旨，其寓意十分深远，而“拥军优属，拥政爱民”就是构建和谐社会必不可少的重要内容。晚会从这个主题出发，展现的纪实性追求，大有新意，也相当成功。

歌舞是高度抽象的艺术。要体现一定的纪实风格，勇气可嘉，实现颇难。但今年晚会的歌舞节目做到了这点。维吾尔族表演唱《卡德尔大叔的日记》的“歌词”没有节奏、不对仗也不押韵，甚至连散文也称不上，它只是一个维吾尔族老汉的日记。“1967 年 10 月 11 日，解放军给村里的五保户拉来三车煤，让他们冬天不再受冻……”“1986 年 2 月 8 日，部队拉来电杆，给村里装上了电灯，我们从此告别了油灯……”“2005 年 9 月 28 日，雨，解放军给村里装了一个专用电话，以后有个急病、急事就不发愁了……”表演者在朴实深情的旋律中娓娓道来，如泣如诉，如歌如诗，真可谓朴素化出真善美，真实平添感染力。

对艺术作品而言，追求纪实性，绝不是要求每一篇每一句都是真人真事，而是要求编导和演员们要有身临其境、设身处地的感觉，要言之有物，心中有人、有情、有形象、有生活，这样你的表演才有艺术的感染力，才会唤起观众的共鸣。我们所要排斥的，是那种只知道显示自己的才华、技巧、美貌和名气，却不知道自己说的是谁、演的是谁、唱的是谁的人。

晚会有一首男声独唱的歌曲，题为《时代先锋》，5 段歌词共 20 句，没有一个人物名字，也没有具体行为的描写，但我们能感知那里面有杨业功、任长霞、牛玉儒、丁晓兵等一系列平凡而崇高的英雄模范人物。从演员充满深情的演唱中可以看出，这些在 2005 年感动中国的人们的光荣事迹和音容笑貌，在词曲作者和演唱者心中是那么真切、那么深刻。笔者甚至认为，演唱者咬字狠、激情足、以字带声、长于戏剧性叙述的演唱特色，都为这首虚写的赞歌平添了一种真实性的力度。

晚会中还有一首男声独唱《万家灯火》："一点一点亮起来了万家灯火，就像妈妈在对我深情地诉说。灯火里有家，灯火里有国，灯火里有咱老百姓平安的生活……"作者用4段歌词阐发寓意，其实"万家灯火"这4个字足以在每个人心中唤起那熟悉、亲切、温馨的想象。尤其是在万家团圆的大年之夜，不论你是在高高的山顶上俯瞰小小山村的执勤哨兵，还是夜航归来飞临城市上空的飞行员，抑或是望见了祖国海岸线的远方游子，都会有这样的感觉。词有尽，曲有终，而意无限。作品成功、可贵之处，就在于其捕捉形象之准确。过后笔者才知道，词曲的作者竟是民政部的一名干部、多年从事双拥工作的老兵。想必是他心里积累了太多太多的双拥人物和故事，反复沉淀、发酵以至酿化、升华，不经意间溢出一滴——却原来是绝妙的诗句。

意象、意境的真实性追求，适用于一切艺术形式；各形式之间，只有"实"与"虚"之间的转化形态、方法不同而已。有的以实入虚，有的以虚带实。晚会上，来自沈阳军区杂技队的一群小女兵，着一身精悍得体的迷彩装束，沿着十几米高的绳索倒滑而下，低回盘旋……接着，又借助绳索摆荡的惯性，突然间凌空横飞10余米，轻盈而精准地攀住了另一绳索……人的体能、智能和意志所能达到的超常、极限效果，让观众出其不意地间接体验到一种自信的快感和美感；借助各种舞台手段的烘托，又让具有军事常识的人不由得联想到空降兵的"降索"训练，幻化出神兵天降般的奇异境界。

与歌舞、杂技等节目"虚中见实、以虚带实"的追求相反，晚会中以写实见长的语言类节目——小品，却避虚就实，以实入虚，走的是"迂回路线"。小品《好日子》和《追星》瞄准了2005年国防科技领域的两件惊天动地的大事：中俄联合军事演习和"神舟六号"飞船遨游太空。两件作品都避开了正面强攻：前者虚构了一位俄罗斯女记者采访中国山东一对老夫妻的拥军故事，国情和民俗的差异惹出一连串笑话；《追星》则是表现两个邻村的老支书因村里有了钱，心气儿也高了，往年都是请歌星、影星、球星、笑星到本村做客过年，如今不约而同地来请"神六"航天员！于是各以其农民式的"狡猾"隐蔽企图，展开了一场亦虚亦实、亦庄亦谐、妙语如珠的竞争……结果并不重要，过程已生动展现了当今农民传统而时髦的精神风采。笑声中，让观众感受到了一个大时代的变迁。

回味晚会追求纪实性风格的可喜收获，联想艺术创新道路上的种种成败得失，笔者忽有一点感悟：艺术创新，固然离不开当事者的勇气、才华、经验和坚韧不拔的努力等主观因素，但这一切归根结底来自时代生活的赋予和推动。试想，如果没有卡德尔老汉30多年间默默写下的日记及其带给艺术家的深深感动，他们想得出这个超常的点子吗？即使想到了，有勇气承担失败的风险吗？如果没有一代又一代人无私奉献的爱国情怀带给艺术家的共鸣，会有《万家灯火》和《时代先锋》这样的歌曲吗？即使有，它会有知音吗？

时代生活如流水。还是那条河，还是那眼泉，但每一天都是新的。只要我们的眼睛别搞错方向，对包括晚会在内的艺术创新的前景，大可不必杞人忧天。

“共产党好，解放军亲”

——胡锦涛会见维吾尔族老人卡德尔侧记

徐 生 曹 智

1月23日晚，中国剧院欢歌笑语，洋溢着喜庆的节日气氛。

首都军民迎新春文艺晚会结束后，党和国家领导人高兴地走上舞台，祝贺演出成功。中共中央总书记、国家主席、中央军委主席胡锦涛走到应邀来京参加晚会的72岁维吾尔族老人卡德尔·巴克面前时，紧紧握住老人的手亲切地说：“刚才看了以您为原型创作的节目《卡德尔大叔的日记》，我们都很感动。39年来，您写下千余篇日记，真实记录了解放军的爱民行为，充分体现了人民群众热爱党、热爱祖国、热爱人民军队的真挚情怀，为加强军民团结、民族团结作出了积极贡献。我们感谢您，并要向您学习。”

见到胡主席，身着民族服装的卡德尔格外激动，连声说：“感谢胡主席！感谢党中央！”

胡锦涛说：“在全国各族人民喜迎新春的时候，我向您和您的家人，也向栏杆村的乡亲们表示亲切的问候，祝大家新春愉快，身体健康，阖家幸福！”

卡德尔表示：“胡主席的话说到了我们边疆各族人民的心坎上。我要教育我的家人和乡亲们永远热爱共产党、热爱祖国、热爱子弟兵，世世代代把解放军爱民日记写下去！”

卡德尔是新疆库车县阿格乡栏杆村村民，他坚持39年记录解放军为村里做好事的日记，1026篇日记记录着同一个主题：共产党好，解放军亲。1967年冬天，卡德尔写下第一篇日记时，年仅33岁，如今他已年过古稀，须发斑白。2004年老人突发脑出血，留下后遗症，无法再动笔了，他就教小儿子热合曼续写日记。一篇篇日记像一朵朵绽放的雪莲花，诉说着边疆军民的鱼水深情，成为天山南北军民开展双拥活动的生动教材。

短暂的会见结束了，卡德尔激动的心情仍然难以平静。他一个劲儿地伸出大拇指，对记者说：“共产党好，解放军亲！”

真的善的，才是最美的

——浅谈维吾尔族表演唱《卡德尔大叔的日记》的艺术特色

赵思恩

美是什么？是生活。

2006年军民迎新春文艺晚会中的维吾尔族表演唱《卡德尔大叔的日记》，让许许多多的观众眼前为之一亮。在其中，人们看到了艺术的回归，看到了生活的力量。在被过多媚俗、奢华的伪艺术充斥周围的今天，这种本真的作品更显得珍贵。

首先，它真。它取材于真人真事。一位生活在塔克拉玛干沙漠边缘的维吾尔族老人用一颗虔诚的心写了 39 年的日记，篇篇记录着当地驻军为乡亲们所做的事，这本身就令人感动。冬天的煤、雨天的屋顶、风雪中的牲畜、新栽的电杆、刚装的电话……这些乡间琐事被编导信手拈来，演绎成真切感人的艺术。为了真，节目在造型场景的处理上力求真实可信，在叙述唱段的设计上力求返璞归真，甚至把老人日记的原文在屏幕上显示出来，干干脆脆地把生活的原型推到了观众面前。日记记录的真、生活面貌的真、叙述方法的真、题材选择的真、纪实风格的真，这所有的一切加在一起，构成了作品强烈鲜活的个性色彩，形成了该节目原原本本的写真特色。

其次，它实。5 篇日记，5 个故事，件件记录得那么朴实，叙述得那么平白，几乎没有用一个形容词加以修饰。但让人一下子便触摸到生活的质感，感受到沙漠人家生活的艰难和百姓民风的质朴。作品中没有一个士兵出现，却让人感到军人形象无处不在。每个故事的后面，都闪烁着军人奉献精神的光芒，包括蕴含其中的军民关系、民族团结和社会和谐的大主题。每段日记的结束句也别具匠心，虽只有一句感慨，但简明而实在："炕燃热了，电灯亮了，孩子们可以读书了……""战士手冻裂了，电话线把乡亲跟部队的距离拉近了……"这些感慨既是故事的延续，又是情感的深入，让人深感绝非空穴来风，而是有感而发，情绪自然不虚假、不造作、不空洞、不刻意。

最后，它质朴。日记出自农家老人之手，毫无文人墨客为了"拔高生活"而故意卖弄的文采。在道具的使用上，一摞馕、一只褡裢、几支都塔尔、几盘新疆瓜果，编导并没有为艺术化而让这些素材和情景典雅高贵起来。为了质朴，编导精心筛选日记的篇目和文字，千方百计保留文本的原型。不一味追求格式韵律刻意将其修改成歌词，而是小心翼翼保持素材的形态，乃至把散文体的日记谱成了唱段。把 5 篇日记谱成唱段，犹如当年谱写语录歌，足见创作的难度，也恰显作曲的功力。这种散文式的曲谱，唱来离说话最近，也离生活最近。因为生活中的语言方式原本就没有那么多诗词格律。

还有一点值得称道的，那就是每段弹唱后的舞段渲染。如何让 5 篇日记变得有声有色、有形有貌，但又不失其本真风格，编导煞费苦心地编排了一系列舞段。他们抓住这些情感的色彩加以延伸和放大，使其既不失纪实风格，又不失歌舞的特色，甚至起到了画龙点睛的作用。

把日记原封不动搬上舞台，是双拥晚会主创人员的一次成功尝试。演唱人物的故事化、唱段设计的语言化、舞段编排的乡土化和情景设置的生活化，无不渗透着主创人员对本真艺术的追求。作品无论在题材、形式、结构、体裁、主题诸方面的探索与开掘，最终形成了一道独特别致的景观：它有表演但不是表演唱，有舞段但不是舞蹈，有故事和人物但不是音乐剧，有纪实但不是报道剧，而是介乎几种艺术样式之间的"这一个"。它所形成的艺术个性，它所产生的艺术魅力，它给观众带来的新鲜的审美享受和心灵愉悦，均归结于真实生活的力量。

真的、善的，才是最美的。

《卡德尔大叔的日记》创作前后

刘　钢

在今年的双拥晚会上，新疆军区文工团演出的表演唱《卡德尔大叔的日记》得到了各级领导和观众的一致好评。大家都觉得这个节目创意新颖、故事真实而感人。在演出现场，动人的歌声、美好的画面、富有民族特色的服饰、演员热情质朴的表演，让观众深切地感受到新疆各族人民群众对党、对祖国、对人民军队的热爱和感激之情。

去年年底，卡德尔大叔的故事被媒体报道之后，双拥晚会主创人员便敏锐地感到，如果把这个题材搬到舞台上，一定会是个好节目。在得到总政领导的肯定和支持后，编导们开始了呕心沥血的艺术创作。担任撰稿的新疆军区文工团团长赵思恩仔细地翻看了卡德尔大叔39年间所写的日记，最后决定用维吾尔族的表达习惯，以最朴素、最直接的弹唱日记的方式展开，用热烈、欢快的舞台场面来收尾的结构方式，并对日记进行了仔细的取舍和认真推敲，力求在有限的篇幅里说出更多感人的故事。作曲在音乐素材的选择上则没有拘泥于新疆库车县一带的风格，而是采用了南疆、北疆和东疆等地区的民歌元素，使节目的音乐风格更为多样动听。

案头工作完成后，赵思恩团长马上动身，顶着凛冽的寒风前往库车县的栏杆村采访。在当地政府和驻军单位的配合下，他得到了更丰富的第一手资料，特别是那些生动的图片资料为后来舞台演出的多媒体方式增加了真实感和现场感。

新疆军区文工团历来以表演热情欢快的歌舞节目见长，但表演这个节目需要吸收戏剧等其他艺术形式的表演方式，这对演员们来说确实是一次不小的考验。在排练中，演员们要靠自己的形体表演、面部表情以及眼神来表现栏杆村“村民们”的状态，而在戏中扮演农村小学生的年轻演员古扎力、哈力米热和克拉拉都没有农村生活的经历，怎么也进入不了角色。为此，导演李维维利用排练的间隙给她们上小课说戏，启发她们如何通过内心的情感变化来调动自己外在的表演状态。3位演员不断地揣摩，用心体验，终于成功地把握住人物性格，在舞台上塑造出栏杆村小学生那纯朴可爱的形象。通过这个节目的排练和演出，演员们都感觉自己在艺术表演上多了真情，彼此之间便亲切地称呼为“栏杆村村民”。

排练完成第一稿后，双拥晚会总导演张继钢和舞蹈统筹丁颖专程赶到乌鲁木齐审查节目。让演员们没有想到的是，节目并没能顺利“过关”。虽然大家的心情不免有些沮丧，但很快便调整好情绪，连夜修改方案。

2005年12月底，参加这个节目排演的全体演员来到北京，进入双拥晚会的合成、彩排和演出阶段。虽然因为时差、气候和饮食等方面的不适应，好几名演员生了病，但大家始终以饱满的情绪，将这个感人的故事演绎得深情、准确、真实，没有任何纰漏。几次彩排下来，晚会导演组决定对这个节目进行适当的删减和压缩。第四段由青年歌手哈里旦演唱的《大雪》这首歌，前半部分她拿手的散板段落几乎被减去了一半。在新疆的前期排练中，哈里旦为了唱好这首歌倾注了很大的精力，最终作出了非常完美的处理，可现在却只能演唱一半，这让她很难接受。为此，团领导多次找她谈心，使她理解了导演组的意图，心情舒畅、精神饱满地投入排练和演出中。

作为这个节目甚至是整台晚会的一大亮点，卡德尔大叔本人也随新疆军区文工团来到了北京。每一次的排练演出，老人都静静地坐在一角观看。他说："没想到我的日记竟然能被唱成歌，演员们演得真好，听着这些歌，就好像回到了那几年……"著名演员夏米力说："每当音乐声响起，我就沉浸在卡德尔大叔那朴实而真挚的文字中，我觉得自己不是在唱歌，而是在用心诉说一个军民鱼水深情的动人故事。"维吾尔族著名演员巴哈尔古丽更是每次演出都激动不已，"入戏"之深可见一斑。

《卡德尔大叔的日记》虽然没有宏大的场面，没有气势磅礴的录音制作，但它给观众带来了美、带来了真情，表达了新疆各族人民群众对共产党、解放军那发自内心的热爱，而所有这些都出自卡德尔大叔那质朴而充满真情的日记，出自所有创作人员对真情日记的真切体验和理解，更出自全体演员那真情实感的自然流露和委婉细腻的艺术表达！

淡中滋味最为长

从《卡德尔大叔的日记》谈起

董　强

在2006年军民迎新春文艺晚会上，维吾尔族表演唱《卡德尔大叔的日记》以平实的歌词、民间的曲调、乡土的台风，征服了众多的观众。这还真应了那句古话：浓处味短，淡中趣真。

所谓"淡中滋味最为长"，是指像表演唱《卡德尔大叔的日记》这样的节目取材上反弹琵琶，在平淡生活中发现了真善美。加之演员们以淡然心态面对舞台，才确保了最佳演出效果。这个节目把观众的心与一位新疆老人、一群维吾尔族演员的心紧紧连在一起。

艺术的根：在平淡生活中发现美

第一次观看表演唱《卡德尔大叔的日记》，就想到了杨丽萍的舞蹈《云南映象》。仔细揣摩，两者确实有异曲同工之妙，都在追求一种原生态：贴近生活，再现平淡，原汁原味，不假雕饰。你看，39年日记篇篇都是解放军爱民故事，内容又不外乎送煤、送电、助学、救灾。平淡吗？当然。可当时间年复一年、内容几乎千篇一律的时候，谁又能说这一切是平淡的呢！

"道在平常日月中"。倘若平淡直指人心，平淡就会渐渐凝聚，渐渐沉淀，以至于浓得化不开，重得拎不起。表演唱《卡德尔大叔的日记》从1026篇日记中反复筛选，最终确定了其中5篇为演唱蓝本。其结果便是，平淡与平淡的叠加产生了出人意料的象征效果——军民团结、民族团结、边疆稳定的象征。

在平淡生活中发现美，开掘美，展示美，这就是艺术！

演员的情：淡然面对个人的牺牲

为表演唱《卡德尔大叔的日记》伴舞的演员共有54人。他们没有规定的动作，每一次表演都是即兴发挥。不管哪一次，有两名男演员的表演始终特别到位，与整个节目契合无间。翻开节目单，却找不到两人的名字。后来听新疆军区文工团团长赵思恩介绍说，他们一个叫吐尔逊江，一个叫沙贝提。因为两人表现突出，就有记者询问，在乎不在乎节目单上没有自己的名字？两人淡然一笑：只在乎节目的整体效果。

有一句话常说："艺术是我，科学是我们。"正确的理解应该是，艺术张扬个性和美，追求的是"这一个"；科学强调的是共性和规律，追求的是"这一些"。有些搞艺术的人对"个性"一词有着深刻误解，片面地认为讲究个性就是展示自己的技巧、才华、名声甚至美貌。其实，这种观念大错特错，说到底就是一种矫情。

可以肯定地讲，50多名演员的各在其位、各司其职，才使维吾尔族表演唱《卡德尔大叔的日记》空前成功；全体演员的不计名利、同心同德，才确保了双拥晚会亮点频出。这也启示我们，对一个演员来说，淡然面对个人的得失，是成就艺术、造就精品的一个基本前提。

舞蹈无言胜有语

赵国政

舞蹈无言，却是人类生命铿锵有力的爆发和不由自主的情感宣泄。一年一度的军民迎新春文艺晚会中假如没有了舞蹈，那就像千家万户的门上不贴春联、除夕之夜不张灯结彩、娃娃的身上不穿花衣、春天的景致中只有花园而无鲜花一样，没有光泽，没有精彩。在为丙戌春节精心打造的双拥晚会《和谐花开神州美》中，无言的舞蹈是这样不可思议——农业的大丰收、工业的大发展、奇迹的大创造、祖国面貌的大改观和人民生活的大改善，尽在舞步的跳荡、舞姿的张扬中，历历在目。

舞蹈无声，却能为人民代言，为军人倾诉，为人与人之间的心灵搭起一座座沟通的桥梁，把中国的军心民心凝聚得那么和衷共济、鱼水情深。不信你看，维吾尔族表演唱《卡德尔大叔的日记》，没有舞蹈演员的肢体表意，没有群舞场面的火热传情，没有领舞者双手捧着小油灯的生动写照，能把维吾尔族群众对子弟兵刻骨铭心的感激之情表现得如此恍若亲历、催人泪下吗？《万家灯火》《和平进行曲》《官兵团结歌》《光荣颂》等节目，如果没有像样的舞队，没有恰如其分而又延伸情感、扩张意象的舞蹈相托，还能看见军民之间的融融之意、官兵之间的暖暖情怀，以及中国人民在崛起的同时，祈愿世界和平的良苦用心吗？

舞蹈无语，却任谁都听得懂；舞蹈不用文字，却任谁都读得清清楚楚、明明白白。这在晚会中唯一一个纯舞蹈节目——藏族舞《扎西德勒》中，最能获得印证。男性的火爆“踢踏”和女性的优美“弦子”，皆根植于地地道道的藏族文化土壤，但又很充分地展现出西藏人民在物质上、精神上、面貌上一日千里的岁月更迁。它没有一句话、一个文字在宣示什么，说明什么，但满身都写满了“今天是个好日子”“欢天喜地闹新春”“和谐花开神州美”等美妙含义。无言、无声、无语的舞蹈就这么神奇，它冲决一切局限和障碍，引人进入一个任思绪翱翔的无限空间。

小品形小品位高

朱亚南

小品与生俱来的喜剧特色，反馈于小品的审美取向与欣赏需求，“愉悦”二字势必当先。问题在于，艺术家在顺应这种取向、满足这种需求的时候，如何使观众在忍俊不禁、笑逐颜开的同时，又获得心智的启迪与精神的升华？可以说，今年双拥晚会的小品又一次交出了很好的答卷。

《好日子》取材于“和平使命——2005”中俄联合军事演习。一户人家的女儿出阁，恰巧赶上军演开始，转移村民的任务刻不容缓。婚礼要改期，老太太一时转不过弯来。编导基于对群众觉悟的准确把握，采取“顺水推舟，趁势转舵”的办法，引导老人自己说服自己，并借助俄罗斯女记者等角色的个性张扬，铺垫了一连串的“包袱”。正因为“埋包袱”埋在了辩证是非的关节点上，“抖包袱”也就势之所致地抖出这样一个大道理：没有坚强的安全保障，没有稳定的和平环境，“再好的好日子也不是好日子”。

以“神六”归来为背景的小品《追星》，切入点是两个老汉在航天城门口“智斗”，为的是抢先一步把航天员请到村里，好让乡亲们一偿热望。剧情是夸张的，心情则是真实的。妙语连珠的乡音韵白、妙趣横生的细节描述贯穿了全剧，赋予这种心情以鲜活灵动、坚实厚重的视听效应，令“追星”一词显示出了非同凡响的深刻含义，即人心所向重在科学发展，民情所系重在自主创新。

文本创作注重寓庄于谐，舞台呈现力求意趣盎然，才有可能成就“寓教于乐”的小品力作。特别是重大题材，务必巧思妙设，精雕细琢，“戏不夺人誓不休”。《好日子》和《追星》之所以“逗乐”又“动心”，“好看”又“耐看”，关键就在于开发喜剧元素与深化主题思想是同步进行、一体实现的。

节目单

2006年军民迎新春文艺晚会

《和谐花开神州美》节目单

序：民俗歌舞《欢天喜地闹新春》

作词：阎　肃　　**作曲**：方　鸣

编导：金美花

表演：方　成　姚　雯　张　荪　唐黎继　郑美玥　黄　硕　杨冷冰　古丽斯坦　邓　俊等

一、大联唱《和谐花开神州美》

作词：唐文光　　**作曲**：姚　明

配器：董乐弦　　**编导**：谢　克

演唱：李　涵　李　竞　张　芳　张　妍　康　曦　赵景春　陈淑敏　陈小涛　王丽达　王　岩　朱　虹　吴　娜　雷　佳

表演：赵　欣　刘雪娜　殷赛男　邵慧珺　钟　实等

二、小品《好日子》

编剧：王　宏　肖　力　张振彬

作曲：李云涛　　**配器**：鄂　矛

导演：尚大庆

表演：黄晓娟　邵　峰　林永健　陈丽娟

三、女声独唱《和谐中国》

作词：曲　波　　**作曲**：王咏梅

编导：王　艳　赵　霞　　**演唱**：祖　海

表演：魏瑞丽　张欣雅　刘悠雅等

四、男声独唱《万家灯火》

词曲：米勇生　　**编曲**：刘钢宝

编导：张伟东　许　谨　　**演唱**：王宏伟

表演：杜清波　于　娟　郑雅方　王胤楠等

五、舞蹈《扎西德勒》

编导：张继钢　孙育鹏　金美花　夏小虎　　**作曲**：方　鸣

表演：邱　辉　覃江巍　柴明明　巴嫣嫣等

六、维吾尔族表演唱《卡德尔大叔的日记》

撰稿：赵思恩　　**作词**：卡德尔

作曲：刘　钢　　**编导**：李维维

摄影：许必成　　　　　　　　**演唱**：夏米力　巴哈尔古丽　哈里旦

表演：吾布力　杨　凌　沙贝提　木巴拉克等

七、大合唱

演唱：中国人民解放军合唱团　**伴奏**：中国人民解放军管弦乐团

指挥：郑　健

1. 《大练兵》

作词：任　毅　　　　　　　　**作曲**：孟宪斌

2. 《时代先锋》

作词：王晓岭　　　　　　　　**作曲**：刘　斌

配器：徐晓明　　　　　　　　**领唱**：刘　斌

八、杂技《攀跃》

编导：杨笑阳　董争臻　　　　**教师**：陈丽梅　王春华　董争臻

编曲：郑　磊　　　　　　　　**表演**：王小梅　王　宁　苏　丹等

九、女声独唱《和平进行曲》

作词：贺东久　　　　　　　　**作曲**：印　青　　　　　　　　**配器**：刘　琦

编导：许　谨　　　　　　　　**演唱**：谭　晶

表演：万　盛　田　芳等

十、男声独唱《官兵团结歌》

作词：任　毅　　　　　　　　**作曲**：印　青

配器：刘　琦　　　　　　　　**编导**：丁　颖　孙育鹏　夏小虎

演唱：阎维文　　　　　　　　**表演**：耿　剑等

十一、小品《追星》

编剧：黄　宏　张振彬　王　宏

导演：黄　宏　施展展　　　　**表演**：黄　宏　魏积安

尾声：歌舞《光荣颂》

作词：阎　肃　　　　　　　　**作曲**：印　青　　　　　　　　**配器**：刘　琦

编导：何燕敏　　　　　　　　**演唱**：彭丽媛

表演：臧　莉　张　冬　王　娜　谷亮亮　刘力畅　张　蕾等

总 策 划：张西南　左　青

总 导 演：张继钢

副总导演：李福祥

文学统筹：阎　肃　任　毅

音乐统筹：羊　鸣　刘　琦
舞蹈统筹：谢　克　丁　颖
小品统筹：张振彬　王　宏
杂技统筹：杨笑阳　董争臻
舞美总设计：沈庆平
灯光总设计：杨卫东
服装总设计：宋　立　王　彤
音响总设计：任晓兵
舞台总监：李云龙
总 剧 务：夏春菊
主 持 人：刘小娜　于紫菲　于　爽
演出总监：秦　威　姚志清
舞美总监：段京飞
影视编导：赵　伟
舞美设计：武小涛
灯光设计：熊　鹰　秦良亭
服装设计：姜小明　孙秀琴
音响设计：袁　帅　李晓威
化妆设计：莽珊珊　隋　颖
前台主任：李　社　李志强　王　军　王未名　诸惠君　王　艳
单志瑾　张晓东　金东平　林　雄　肖　力　张文海
后台主任：洪　雁　石诗华　高继强　董争臻　赵　霞　韩津昌
韩　燕
剧院主管：毕启亮　孟　薇
舞美设计助理：张晓彪
化　　妆：高　雁　高　群　冯　雁　小　雨　王　曼　丁桂英
马山川　王　冬
舞台管理：朱宜庄
灯光操作：张仕聪　周新阳　阎占清　王军平　周　鹏　雷书道
卢晓伟　周　阳　陈静波　王　伟　刘家良
电 脑 灯：高　辉
追　　光：汪小鹿　张　木
音响操作：吕国成　刘长胜　李　涛　王　树　寇　淳　窦　军
鲍宏魏　崔光秀　李　虎　兰　明　李志辉　曲　严
陈　辛　王忠阳　金　尧
吊杆操作：葛双起　李文灿

机械舞台：姜　滨　米　军
道　　具：马　雷　王　勇
视频技术：赵　坚　徐　强
录像协调：王中孚
音乐录音：陈　庆　吴志文
录音助理：崔如锋　王继红
音乐编辑：宿永良
字　　幕：王　超　窦学臻　侯玉斌
舞美制作管理：张安民
服装管理：李　薇　张芳荣
剧院协调：陈伟能
舞台保障：陈　东　杨玉林　孙能林　徐　旭
安全保卫：杨清章　王志强　戚海翔　王安平　赵相有　张润北
场　　务：陈安隆　王永久　宋朝霞　陈　虹
后勤保障：王峰安　马以建　钱　怡　魏述年　崔富国

演出单位：总政治部歌舞团
总政治部话剧团
总政治部歌剧团
解放军军乐团
沈阳军区政治部前进文工团
北京军区政治部战友文工团
济南军区政治部前卫文工团
南京军区政治部前线文工团
广州军区政治部战士文工团
成都军区政治部战旗文工团
海军政治部歌舞团
空军政治部文工团
第二炮兵政治部文工团
武警部队政治部文工团
内蒙古军区政治部文工团
新疆军区政治部文工团
总政小红星幼儿艺术团
中国剧院
舞美制作：北京兰睿基文化发展有限公司
鸣　　谢：上海市拥军优属基金会
北京创意幻像展览设计有限公司
吉林市歌舞团
网络支持：中国人民解放军政治工作网
中国军网

2007年军民迎新春文艺晚会在京举行

胡锦涛、吴邦国、温家宝、贾庆林、曾庆红、吴官正、李长春、罗干等出席

解放军报北京2007年2月24日讯：和风吹来万里春，军民团结谱新篇。2007年军民迎新春文艺晚会，2月23日晚在北京中国剧院举行。党和国家领导人胡锦涛、吴邦国、温家宝、贾庆林、曾庆红、吴官正、李长春、罗干等与首都军民欢聚一起，共贺新春。

华灯绽放，乐舞连连，中国剧院洋溢着一派喜庆的节日气氛。晚7时40分许，胡锦涛等步入晚会现场，全场响起了热烈的掌声。胡锦涛等中央领导同志向大家亲切致意，表示新春的祝福。

由全国双拥工作领导小组、民政部、广播电影电视总局、总政治部联合举办的这台晚会，以鲜明的时代气息，浓郁的民族特色，独特的军旅风格，热情讴歌了全国军民高举邓小平理论和“三个代表”重要思想伟大旗帜，全面贯彻落实科学发展观，紧密团结，携手奋斗，合力构建社会主义和谐社会的伟大实践，充分展示了全军官兵发扬听党指挥、服务人民、英勇善战的优良传统，忠实履行新世纪新阶段历史使命，积极推进中国特色军事变革的新风貌。

晚会在歌舞《万紫千红》中拉开序幕，曼妙的舞姿，绚烂的色彩，铺展开一幅幅军民团结、普天同庆、和谐欢乐的动人画卷。京韵交响《和风吹来万里春》，热情赞颂了党的十六大以来各条战线取得的辉煌成就。民族歌舞《大地欢歌》，生动表达了各族儿女同心创造幸福生活的喜悦之情。杂技《高车踢碗闹新春》，营造出喜迎新春的欢快气氛。歌曲《使命》《当祖国召唤的时候》、杂技《龙腾虎跃》，以及近几年来中央电视台青年歌手电视大赛军队获奖演员共同表演的组唱《士兵情怀》，展现了爱军习武、苦练精兵的火热军营生活，抒发了当代军人忠诚使命、不负重托的豪情壮志。表演唱《情暖神仙湾》，以海拔最高的哨所真实感人的生活为素材，赞美了驻守在“生命禁区”的边防官兵艰苦奋斗、以苦为乐的奉献精神，反映了党中央、中央军委亲切关怀下，边防部队建设发生的巨大变化。童声合唱《红飘带之歌》，将去年全军和武警部队的长征路援建的“八一爱民学校”学生代表请上舞台，他们“珍惜好年华，不忘鱼水情”的真情演唱，令人为之动容。歌曲《好乡亲》、小品《父女情深》，深刻揭示了人民群众与子弟兵的血肉关系，展示了新时期军爱民、民拥军的感人场景。歌曲《东方风采》，表达了亿万军民对党热爱和对祖国美好明天的憧憬。歌舞《建设和谐家园》，以热情优美的旋律和热情奔放的舞蹈，展现了全国各族人民紧密团结在以胡锦涛同志为总书记的党中央周围，万众一心，开拓奋进，构建社会主义和谐社会，喜迎党的十七大胜利召开的豪迈情怀。

演出结束后，胡锦涛、吴邦国、温家宝、贾庆林、曾庆红、吴官正、李长春、罗干等走上舞台，与演职人员亲切握手，祝贺演出成功。

观看演出的还有中央和国家机关有关部门、全国双拥工作领导小组成员单位，北京市和四总部、驻京部队各大单位、武警部队、军委办公厅的负责同志以及驻京部队官兵和首都各界群众代表。

曹 智

七大看点扮靓双拥晚会

王文斌　刘　璇　俞根泉　胡海龙

由全国双拥工作领导小组、民政部、广播电影电视总局和解放军总政治部联合主办的双拥晚会，在 2007 年 2 月的和煦春风中再一次精彩亮相时，它已走过了 18 岁的历程。18 个年头的积淀与历练，它的思想愈加成熟，艺术更臻完美，情感越发深沉。今天，触摸它青春的艺术轮廓，品味它纷呈的节目看点，我们有理由写下这样的评语：这是一场有着新起点、新突破、新追求的新年盛宴。

看点一："和谐"红线贯穿始终

"和风吹来万里春""和谐之花""和谐世界""和谐文化""挽起和谐编织幸福""社会和谐""建设和谐家园"……综观 2007 年双拥晚会，"和谐"成为贯穿始终的高频词。艺术总监印青介绍说："这次我们从晚会主题的确立、名称的设计、节目的选择、剧场的布置等方面，都紧紧地扣住了'和谐'这两个字，因为和谐是当今时代的最强音和主旋律，是社会所倡、民心所向，理应成为这台主题性综艺晚会的'红线'。"

10 位京剧演员以醇厚浓郁的传统京腔，在现代交响音乐的伴奏下，演唱了《和风吹来万里春》。青藏铁路通车、"神五""神六"升空、三峡大坝全线建成、西部开发中部崛起……党的十六大以来祖国各条战线取得的巨大成就如一幅幅多彩的画卷，在观众面前徐徐展开。整个节目在 7 分钟的时间里，展示出中华民族和睦发展的新面貌和新气象。特别是辅以气势宏大的京剧合唱，令人耳目一新，心潮激荡。著名歌唱家彭丽媛更是以大气优美的歌声直抒胸臆："和风吹来唱大歌，唱得燕舞芳菲碧连天，唱得清风明月满人间……中华儿女牵手世界，阳光照耀我们建设和谐大家园……"透过歌声，全国各族人民万众一心，开拓奋进，构建社会主义和谐社会，喜迎党的十七大胜利召开的豪情壮志扑面而来。

看点二：使命意识气壮山河

作为一台由军队艺术家创作推出的文艺晚会，生动反映当代军人铸牢军魂、肩负使命的坚定信念，展现爱军精武的火热训练场面的作品必不可少。而在今年，此类节目特点极其鲜明、气势尤为磅礴，堪称扮靓晚会的一抹亮色。

在晚会的第二部分，领唱与合唱《使命》"登陆"：林立的炮阵中，分别来自陆海空和武警部队的 4 位领唱、男声合唱队和三军仪仗队组成了一个特殊的"方阵"，在刚毅铿锵的进行曲中，唱出了对使命的理解和践行。其厚重的质感、内在的刚性，彰显出我军不怕牺牲的战斗精神和中国军人的风发意气。

“是猛虎，是蛟龙，虎跃龙腾练精兵；是狂飙，是雄风，苦练精兵为打赢。”主持人的这段报幕词道出了杂技《龙腾虎跃》的内核。果然，一队队身手矫健的迷彩士兵穿封锁、跨障碍，高难度的绝技让人在眼花缭乱、目不暇接中感受到了当代军人不畏牺牲、勇往直前的英武形象。

从歌曲、舞蹈到杂技，一连串军味兵味浓郁的节目，给观众留下的不仅仅是艺术的感染，更是对人民军队的信任依赖。正如一位观众所言：“我们看到了有着大国风范的军旅文艺，感受到了新时期军队一切为打赢的强烈使命意识！”

看点三：军民关系充满时代感

据总导演李福祥介绍，怎样才能突出体现本台晚会的本质属性——双拥，一直是让主创人员煞费苦心、不断追求的目标。我们欣喜地看到，今年双拥晚会中反映军政军民关系的节目，不仅数量比往年多，而且其表达的内容和思想更丰富更深刻，军民鱼水关系在这里展现出强烈的时代感。

作为晚会唯一的一个语言类节目，小品《父女情深》就以全国人大代表、全国双拥模范、唐山市女企业家常玉珍同志出资建立“老功臣幸福院”、多年照顾老英雄老战士的感人事迹为素材编排，讴歌了人民群众与人民军队的血肉深情。有真人真事“源”，小品便显得真实可信，“包袱”就抖得引人入胜，“女儿”对“老爸”、对人民军队的回报也更自然感人。然而，小品的寓意并没有在“让老功臣们衣食无忧”上戛然止步，而是辐射到更深层次的关心老功臣的情感世界中去，如此人性化的人文关怀让军民关系这个主题在物质条件日益丰富的今天显得弥足珍贵、充满时代内涵。

类似这样反映新型军民关系的作品，在本台晚会中占有相当的比例。歌舞《万紫千红》、男声独唱《好乡亲》、童声合唱《红飘带之歌》等节目，都从不同的角度勾画出军队和人民在全面建设小康社会的道路上同呼吸、共命运、心连心的新型“鱼水图”。

看点四：歌舞节目绚丽多姿

凡看过今年双拥晚会的人，都有一个共同的感受：歌舞节目气势恢宏、色彩斑斓、精彩纷呈。

晚会的舞蹈统筹丁颖提起开场节目——歌舞《万紫千红》，相当激动，她说：“这是近年来双拥晚会最长的一次开场，达 6 分 43 秒。这个节目，一开始就要求赋予欢快、和睦、大气、喜庆的主色调。为了实现这个目标，我们调集了 200 多名演员，运用了扇子、鲜花、贝壳等多种道具，糅合了歌舞、魔术、武术、幼儿表演等多种艺术形式，每 4 个八拍变换一个画面、突出一抹色彩，强烈的冲击力让观众感到很过瘾。尤其是运用 60 人的绿扇墙，巧妙地在过年氛围中加入了军营味道，表达了全国军民满怀信心，迎接又一个充满希望的春天这一寓意。现在看来，我们很好地实现了节目的设计初衷，赢得了观众的好评。”

堪称晚会浓墨重彩一笔的民族歌舞《大地欢歌》很有看头。好看的民族歌舞一直是历届双拥晚会的亮点，与往年有所区别的是，今年的舞台上少数民族歌舞分量更重，旨在更全面生动地表现各民族团结和睦、幸福生活的景象。一时间，手鼓响起来，筷子敲起来，哈达舞起来，牙排打起来，银烙戴起来，竹床拍起来……每一个民族歌舞都以一个典型的意象，在让观众饱尝视觉大餐的同时，近距离地领略到原生态艺术的魅力。创作者还以一辆飞驰的列车作为串联每个舞种的纽带，从祖国的心脏到天路的尽头，火车所经之处，“各族儿女一路欢歌，挽起和谐编织幸福”。

看点五：16 个老区儿童当“主角”

“我来自江西省瑞金市大柏地的园坑村八一爱民学校”“我来自湖北省红安县的七里坪八一爱民学校”“我来自贵州省遵义市的娄山关八一爱民学校”……灿烂的“星空”下，16 名来自革命老区的小学生自我介绍，让童声合唱《红飘带之歌》充满了纪实感。

这个节目的诞生源于发生在 2006 年的一个感人的故事：为纪念红军长征胜利 70 周年，经军委领导批准，总政治部组织全军和武警部队在长征路沿线援建了 112 所“八一爱民学校”，上千名老区儿童从此走进了向往已久的课堂。这首《红飘带之歌》就是军队艺术家专门为这些学校创作的校歌。

“红军走过的地方阳光普照，红军播下的火种还在燃烧，长征的红飘带联结起我们的家园，万水千山响彻难忘的歌谣。”稚嫩的童音、黝黑的皮肤、朴素的衣着，倾情演唱的孩子们深深地打动了观众。伴随着婉转深情的歌声，舞台后方的大屏幕上，整齐明亮的新校舍、渴望知识的眼神、庄严的少先队敬礼等画面依次掠过，它形象地告诉观众：人民军队爱人民爱到了“根”上，这个“根”就是教育。

看点六：新作新人层出不穷

在今年双拥晚会的 16 个节目中，除了男声独唱《当祖国召唤的时候》和组唱《士兵情怀》外，其他都是新创作的。据晚会总策划介绍，所有的节目平均修改量都达 20 次以上，仅京韵交响《和风吹来万里春》就先后修改了 30 多遍；为使男声独唱《好乡亲》达到最佳艺术效果，先后有 3 位作曲家进行创作，曲谱推翻了 6 次。可以说，每一个作品都是艺术家呕心沥血的结晶。

晚会撰稿、词作家赵思恩清楚地记得，为了完成男女表演唱《情暖神仙湾》的创作，他专门到南疆军区采风，采访了神仙湾哨所的官兵，找来了许多反映哨所生活的专题片，还观看了部队业余演出队表演的所有关于神仙湾的节目。在深入细致的“检索”中，他捕捉到了“中央军委在 2006 年为神仙湾哨所办了 15 件实事”这一信息，创作的灵感便奔涌而出：“串串冰挂是战士解渴的冰激凌，弯弯山路是士兵健身的呼啦圈，飕飕风雪是连队免费的交响乐，皑皑冰山是我们边防旅游的风景点。”这一连串形象的比喻赞美了哨所官兵以苦为荣、以苦为乐的高尚情操；“新建成的保温库房四季能保鲜，新配发的制氧机让活力增添，新安装的卫星天线开阔了视野，新铺设的通信光缆把亲情连接……”这一系列哨所的新变化道出了中央军委对边防战士的贴心关怀。这个充满真情实感，又不失幽默和浪漫的节目，一经推出就颇受好评。

以晚会推出新人，借新人提升晚会，是双拥晚会主创人员一直以来推崇的创作理念，而今年新人的亮相则相当具有特色——10名在第11届、第12届CCTV青年歌手大奖赛中荣获金、银奖的青年演员集体登台，用美声、民族、通俗3种唱法共同演绎了《边关军魂》和《我为你歌唱》。他们以优美的歌喉、稳健的台风、特有的亲和力，展示出部队文艺人才的崭新阵容，抒发了军队文艺工作者服务官兵、情系基层的真挚情怀。

看点七：流动舞台打造视觉盛宴

让舞台“动”起来、“转”起来，是今年双拥晚会舞美的主要设计“支点”。

晚会的整个舞台是由一组复合型的转台与两侧车台、舞台前沿的升降台组合而成，形成一个不断变化的流动空间。演出过程中，它可根据每个节目的不同特点，旋转出不同形状、不同高度、不同大小的表演区。例如，民族歌舞《大地欢歌》中，风格迥异的7个少数民族就是分别在同一个舞台的一、二、三度空间中同时展示舞姿的，这种变幻莫测的感觉非流动舞台不能呈现。

作为流动舞台的一个延伸，LED视频影像大屏幕在这台晚会中也发挥了重要作用。尽管它的使用在当今舞台上已经很普遍，但将其作为表演区，直接参与表演的做法却很新颖。今年的大屏幕不再同往年一样固定不动，而是创造性地“分身”为7块，前后左右进行推拉，营造出丰富多彩的视觉语言，让观众在浮想联翩的同时，最大限度地感受节目的主题内涵。可以毫不夸张地说，除了精彩的节目外，舞美设计本身就是一场令人惊叹的视觉盛宴。

神州遍吹和谐风

——评军民迎新春文艺晚会《和风吹来万里春》

陈先义　俞根泉　卞　振

大幕开启，姹紫嫣红的歌舞《万紫千红》带给观众一个花团锦簇的春天，开遍和谐之花、幸福之花的神州大地，处处洋溢着欢快吉祥、团结和睦、欣欣向荣的崭新气象。以歌颂和谐为主题的2007年军民迎新春文艺晚会，一开场便让广大观众陶醉在高唱和谐之歌的优美旋律中。

与往年的双拥晚会相比，《和风吹来万里春》更加注重双拥这个中心题旨，更加注重贴近生活、贴近实际、贴近群众，更加注重艺术上的不断创新。因此，也更博得广大群众的由衷喜爱。纪实作品童声合唱《红飘带之歌》，是歌颂军政军民关系的动人篇章。帷幕拉开，一张硕大的万里长征图横挂舞台。在纪念长征胜利70周年之际，总政治部组织全军和武警部队沿长征路援建的112所“八一爱民学校”，像一串灿烂的珍珠，在两万五千里长征路的红飘带上，发出夺目的光彩。《红飘带之歌》以优美动听的童声合唱，由衷地抒发了人民子弟兵对老区人民的牵挂，以及老区人民对人民子弟兵的无限感激之情。当那些来自江西瑞金、湖北红安、贵州遵义、陕西延安的孩子操着不同的乡音自报校名时，观众一下子被这样一种真实的艺术氛围感动了。“国旗在飘扬，红星在闪耀，爱心的培育下我们越长越高，珍惜好年华，不忘鱼水情，学好本领让祖国为我自豪……”这是一代标示着祖国未来的誓言，也是对军民鱼水深情的由衷赞颂。同样用纪实手法创作的小品《父女情深》，以全国双拥模范常玉珍的事迹为素材，歌颂了这位女民营企业家致富不忘报国，出资创办唐山老功臣幸福院，先后赡养100多位革命老人的事迹。《父女情深》在注重幽默风趣的同时，更加注重作品深刻的思想内涵，使广大观众在由衷的笑声中，更加热爱时代，更加热爱生活，更加热爱我们亲如大家庭般的祖国。应该说，小品《父女情深》这个作品的创作成功，使小品这样一种为广大观众喜闻乐见的艺术形式，朝着引发人们更深刻的思考，在潜移默化中具有更多思想启迪的方向迈进了一大步。《父女情深》的创作，把严肃的小品创作与单纯的逗乐明显拉开了距离，使小品创作上了一个新高度。

在表现军民关系的作品中，独唱歌曲《好乡亲》，不论是歌词还是旋律，都应该是一支能够流传下来的好作品。

“演习的战车驶过村庄／还是那筐大红枣儿吃得格外香／演习的队伍驻扎在青纱帐／你又送来亲手熬的热鸡汤／叫一声我的好乡亲／叫得我泪两行／喊一声好乡亲／喊得我豪情万丈／老乡老乡好老乡／多想和你拉家常／你对子弟兵跟过去一个样。”歌词是一首歌曲能够传世的基础，没有好词，一支歌曲难得流传。《好乡亲》不仅词美，而且曲雅，是近年来独唱歌曲中一首堪称精品的优秀之作。这首似乎为歌唱家阎维文量身定做的作品，其浓郁的抒情、真挚的咏叹和细腻的民歌风，使作品一上舞台便备受赞誉。

为时代传声，为人民传情，是这台晚会歌词创作的突出特点。由彭丽媛演唱的《建设和谐家园》作为尾声，让广大观众赞不绝口。“和风吹来唱大歌／唱得神州万里同心圆／中华儿女牵手世界／阳光照耀我们建设和谐大家园／文明美德传唤着真情的爱心／科学发展引领着前进的航船／天高地厚那是咱百姓的福气／华灯璀璨辉映着国泰民安。”这些道出了普通百姓心声的咏唱，用人们喜闻乐见的形式，表现了深厚的思想主题。应该说，这些都是发自内心地对新生活的赞美，是艺术家们心底的咏唱。当然，精湛的艺术表现，源于主创人员对生活的无比热爱，源于对科学发展观的深刻理解，没有这一点，是写不出如此优美的词和激情澎湃的作品的。

作为一台军民迎新春的文艺晚会，表现人民军队前进的铿锵脚步和火热的军营生活，依然是今年双拥晚会的重要内容。不管是让人大开眼界的杂技《龙腾虎跃》《高车踢碗闹新春》，还是曲词高亢的独唱、合唱《当祖国召唤的时候》《使命》，以及组唱《士兵情怀》、男女表演唱《情暖神仙湾》等，都不浮躁、简洁明快，达到了思想性、艺术性和观赏性的有机统一，从一个侧面向人民汇报了当代军营的沸腾生活，以及广大官兵爱军习武的热情，抒发了他们意气风发、昂首阔步的精神风貌。

生活永远是多姿多彩的，双拥这个相沿数十年的永恒主题，之所以常演常新，是因为我们的生活每时每日都呈现着五光十色的变化。但是，对生活存在的美我们如果缺少发现的眼光，那么美就不可能以艺术的层面呈现给社会。《和风吹来万里春》之所以以崭新的面貌展现在2007年的春天，就在于我军的文艺工作者始终对生活倾注了满腔的热情。如果用一句话来概括今年双拥晚会的特色的话，那就是更加富于生活情趣，更加突出时代主题，更加富有诗情画意。艺术源于生活又高于生活，在今年的双拥晚会又得以具体体现。如今，双拥晚会已经成为广大军民一年一度的文化节日，当她度过自己第18个节日的时候，我们由衷地祝愿她越办越好。

“和”的主题　“美”的享受

——2007年双拥晚会艺术总监印青、总导演李福祥访谈录

胡海龙　高　飞

携着新年的春意，2月8日下午，双拥晚会艺术总监印青、总导演李福祥走进全军政工网演播室，为观众解读2007年双拥晚会的幕后故事。

最难的是一个“新”字

问：双拥晚会连续举办了18届，作为参与了17届的印青团长，你觉得最难的是什么？

印青：有一句诗说得好，叫“年年岁岁花相似，岁岁年年人不同”。创新是历届双拥晚会永恒的主题，每年双拥晚会都要先确定一个主题，然后再围绕这个主题设计舞美、组织节目。今年的晚会以“赞颂新成就，履行新使命，唱响和谐之歌，喜迎党的十七大”为主题。怎么在舞台上把这个主题展现出来？用什么样的方法才能出新？就是我们面临的难题。我们还是通过集体的智慧，通过综合运用各种手段，求得了整体上、宏观上的新意。

问：今年的双拥晚会“新”在哪里，有哪些特别之处？

李福祥：与往年相比，今年的双拥晚会在突出“军味”“兵味”的同时，特别强调了强烈的战斗精神。主要是两类，一类是反映加强军事斗争准备，反映全军将士发扬我军“听党指挥、服务人民、英勇善战”优良传统的节目。前两年总政组织了全军战斗精神歌曲评选活动，评选出的优秀作品在今年的晚会上有所展示，由刘斌演唱的《当祖国召唤的时候》就是其中之一。另一类是表现军人情怀，比如《使命》这首歌曲，不仅有陆军、海军、空军、武警的演员演唱，而且还动用了陆海空三军仪仗大队，反映出全军官兵的豪情壮志，也展示了决心和力量。

最亮的是一个“星”字

问：请简单评价一下晚会主创和主演人员的表现。

印青：这台晚会可以说是群星荟萃，聚集了军队文艺界的知名演员。在策划创作上，军内著名艺术家赵思恩、刘星、孟宪斌、刘琦、谢克、丁颖、张振彬、王宏、杨笑阳、

沈庆平会聚一堂；演员方面，彭丽媛、宋祖英、阎维文、黄宏、刘斌、黄晓娟、谭晶等人也都有精彩表现。彭丽媛连续18年参加双拥晚会的演出，今年她的压轴曲目《建设和谐家园》大气昂扬，为晚会增色不少。宋祖英因为演出日程的冲突，放弃了参加第49届格莱美的颁奖仪式。黄宏把双拥晚会创作当作他一年中最重要的一个任务，每次都要亲自创作节目。为了检验这次小品《父女情深》的“笑”果，黄宏专门下基层连队试演，收集意见，十几次修改剧本，可以说把这个人物演活了。

最美的是一个“情”字

问：反映神仙湾哨所和希望小学的两个节目，观众特别喜欢，能讲讲创作的特点吗？

印青：这两个节目都是典型的双拥题材，内容本身就很感人，很有人情味。新疆军区神仙湾哨所海拔5380米，高寒缺氧，环境十分艰苦，在党中央、中央军委和全国人民的关心下，他们的生活条件有了很大的改善。我们在表演唱《情暖神仙湾》中，通过舞台技术的运用，实现了高原哨所的实景展现，瞬间浓缩了时空，把观众置身于雪山之上，极大地提升了晚会的整体表现力。

童声合唱《红飘带之歌》是根据全军部队在长征路沿途援建112所“八一爱民学校”的事创作的，当时大家都感到这是一个好素材，能够充分反映新时期的军民鱼水情。在大屏幕上，我们把112所爱民学校的位置一个个勾画出来，把学生们学习的场景、军队援建校舍的情况都反映了出来，还特地把“八一爱民学校”的小学生代表请上了舞台，他们的真情演唱让许多人深受感动。

问：在你们导演晚会的过程中，有哪些难忘的人和事？

李福祥：确实有许多感人的事。我们在2006年8月领受任务，9月进入创作。全组几百号人来自全军近20个单位，为了把晚会排演好，大家想尽一切办法克服困难，全身心地投入其中。杂技《高车踢碗闹新春》在一次排练中，有一个孩子因为太劳累，一下子从高车上掉了下来，下颌拉了一道口子，送到医院缝了好几针。刚刚处理完伤口没几小时，她又骑在了高车上。像这样感人的事还有很多，但对我们来说，只要晚会成功，这一切都算不了什么。

和风吹来万里春　军民团结情更深

2007年军民迎新春文艺晚会剪影

卞　振

民族歌舞《大地欢歌》

歌舞《建设和谐家园》

演唱：谭晶

谭晶：今年参加双拥晚会歌舞《大地欢歌》的表演，我在当中代表藏族同胞，演唱了这首表达了藏族人民对青藏铁路开通和西藏人民愿望得以实现的喜悦心情的主题歌，表现了56个民族的大家庭和谐、融洽的氛围和团结奋进、共奔小康的豪情。我想同时通过双拥晚会，向全军指战员拜个早年！

歌舞《建设和谐家园》

演唱：彭丽媛

彭丽媛：双拥晚会已经举办18届了，直到现在，我参加第一届双拥晚会时的情景依然历历在目。当时我唱的歌是《没有强大的祖国，哪有幸福的家》。我们国家的大事、新事、喜事一年比一年多，要说的话、要表达的内容也一年比一年丰富，这让我感到无比的光荣和自豪；作为一名歌唱演员，我愿继续老老实实做人，认认真真唱歌，兢兢业业奉献，将最好的作品献给大家。

女声独唱《东方风采》

演唱：宋祖英

宋祖英：今年春节，我参加了双拥晚会和中央军委慰问驻京部队老干部文艺演出这两场重要晚会的演出。就在这时，我为纪念电影百年而录制的专辑《百年留声》获得第49届美国格莱美“最佳古典跨界专辑”提名奖，原计划要赴美领奖。为了保证演出，我放弃了领奖。但我一点也不觉得遗憾。因为我是一名军人，服从命令是我的天职。在我的眼里，用自己的歌声为兵服务、为老百姓服务，得到的总比失去的多。

男声独唱《好乡亲》

演唱：阎维文

阎维文：军民团结是双拥晚会最重要的主题之一。正如我今年在双拥晚会上演唱的歌曲《好乡亲》里所唱到的：“虽然没见到老房东的马灯亮，却发现你为演习腾出了新房。”这说明不论社会发展变化得有多快，军民团结的优良传统依然焕发着时代的光芒。在此，我也想通过这首歌表达人民子弟兵对老百姓最真挚的感激和最美好的祝福。

男声独唱《当祖国召唤的时候》

演唱：刘斌

刘斌：在往年的双拥晚会上，我曾唱过《过雪山草地》《不老的爱》《老将行》《爱情湖》《当兵的人》《时刻准备着》等，今年我唱的是《当祖国召唤的时候》，这首歌表达了人民军队在祖国和平发展时期，牢记使命，刻苦练兵，只待祖国一声召唤，我们将一往无前的豪情壮志。我们军队文艺工作者，在为兵服务的同时，更应该当好排头兵，以优秀的作品来为广大官兵服务，为广大人民群众服务。

京韵交响《和风吹来万里春》

演唱：王玉兰、于兰、张萍、张薇、朱宝光 、宋德珍、魏积军、杜喆、丁晓君、王晶

组唱《士兵情怀》

演唱：雷佳、王丽达、吴娜、张海庆、钱琳、姚贝娜、刘和刚、王莉、师鹏、孙砾

刘和刚：我是第一次参加双拥晚会，它的紧张性、严谨性的确是给我们年轻歌手的一个锻炼，虽然很苦也很累，但得到的收获却是参加其他晚会所得不到的。这次我参加表演的节目是组唱《士兵情怀》，把我和9名近几年在中央电视台青年歌手大奖赛中的获奖歌手集合在一起演唱，大家都感到，这是一种特别强大的力量。我们会不断学习，

用自己最美的歌声回报全军官兵和广大电视观众对我们年轻歌手的支持、关心和爱护。

男女表演唱《情暖神仙湾》

演唱：王宏伟、冯瑞丽

王宏伟：今年双拥晚会我唱的歌是《情暖神仙湾》。20年前，我曾到世界上最高的哨所——海拔5380米的神仙湾哨所慰问演出，当时的高原反应非常厉害，呼吸很困难。而那里战士们的朴实与坚强深深打动了我，越发让我有了困难再大也要为他们歌唱的信心。现在的神仙湾在党中央的亲切关怀下，生存条件已经大大改善，我就是要代表哨所官兵把他们内心暖洋洋的感觉和戍边卫国的豪情淋漓尽致地表达出来。

小品《父女情深》

表演：黄宏、黄晓娟、唐静

黄宏：这些年双拥晚会的小品，我不仅是演员，也是作者之一。我感觉，这些作品的成功，主要因为我们是站在许许多多英雄的肩膀上创作，生活素材本身就奠定了很高的基础。今年的小品《父女情深》就是以全国人大代表、全国双拥模范、唐山市女企业家常玉珍同志出资建立“老功臣幸福院”，多年照顾老英雄、老战士的动人事迹为素材创作的，既感人，又有趣，我们会更加努力，创作出更多更好的作品。

民族歌舞《大地欢歌》

玉米提：我觉得双拥晚会的一个非常重要的特点也是亮点，就是每年都能诞生很多新的作品，推出很多新的演员。虽然我的舞蹈作品多次获得全国、国际金奖，我也参加过很多晚会，但参加双拥晚会还是第一次。从排练、合成、审查到演出，整台晚会上上下下非常重视，所有人都以最饱满的政治热情和最佳的精神状态投入其中，让我很受教育和锻炼。我在今年双拥晚会上的民族歌舞《大地欢歌》中担任新疆民族舞蹈的领舞，希望我热情奔放、欢快美好的舞蹈，能给大家带来欢乐，更希望广大观众会继续关注我们部队的舞蹈艺术。

和风·清韵·新人

2007年双拥晚会印象

袁厚春（解放军艺术学院副院长）

还是那个日子，还是那个地方，今年的双拥晚会有何新境界、新看点？相信每一位观众都会带着这样的期待走进剧场；也相信当他们走出剧场的时候脸上挂着满意的笑容。

还是那座四季冰雪、氧气稀薄的哨所——“神仙湾”，今天我们看到了什么？“保温库房四季鲜，制氧机能让活力添，卫星天线开阔了视野，电子邮箱塞满了慰问电……”这一切都是在党中央的关怀下“新发的”“新建的”“新装的”“新设的”！于是，在这些战士眼里、心里，刺骨的冰挂成了美妙的“冰激凌”，盘山路成了健身的“呼啦圈”，风雪成了“免费的交响乐”，冰山成了他们“旅游的风景点”……一切苦的、累的、险的，都成了甜的、乐的、美的。这是什么？是新时代的艰苦奋斗，新时代的奉献牺牲；是以人为本，是和谐、发展，是历史的进步！

同样的动情点，还呈现在童声合唱——《红飘带之歌》中。他们来自瑞金大柏地的园坑村、湖北红安县的七里坪、遵义的娄山关、甘肃会宁的六百户、延安宝塔区的枣园镇……那是全军和武警部队沿着长征路上的贫困地区援建的112所“八一爱民学校”的代表。“红军走过的地方阳光普照，长征播下的火种还在燃烧；红飘带呵护着我们的童年，学好本领让祖国为我自豪……”革命是从最穷的地方开始、依靠穷人取胜的。这些孩子的家乡是光荣的，却仍然是相对贫苦的地方。看他们质朴的小脸儿，听他们真诚的歌声，我们会意识到一种责任。与他们一起歌唱的解放军艺术学院小学员们，也融入他们的情感之中。

从老主题、老题材中开掘出新意，归根结底要归功于时代生活的赋予。同样的拥军情谊，如今已上升到人性关怀的高度。黄宏、黄晓娟、唐静表演的小品《父女情深》取材于一个拥军模范的真实故事。当年被解放军从唐山大地震的废墟中扒出来的小女孩，如今已是身家百万的女富翁，20年来，她以一己之财力、物力和精力经办着一座孤寡老军人的疗养院。老人们衣食无忧，伤病不愁，但做女儿的还有一桩心事未了——她还要给每一位“老爸”找一个贴心的老伴儿，由她一起供养，让他们找回那儿女也代替不了的体贴和温馨！但是，要让老军人们接受她的好意可不是件容易事儿，为此，善意的“欺骗”也是必要的……一旦谜底揭开，观众开心的笑声中，不能不隐含着为“女儿”的用心良苦所感动的泪光。

对艺术创作而言，“旧瓶装新酒”，是常有的事儿；“新瓶装老酒”，也会品出新感觉。晚会有一首歌叫《边关军魂》，那是1997年总政拍摄、下发部队的同名系列专题片的主题歌，在部队已经唱了10年，但今天听来，不由得为之一振——演唱者，是来自全军和武警各大单位在中央电视台第10、11、12三届青年歌手大奖赛中的金、银奖得主。10名歌手轮番登场，美声、民族、通俗唱法不一，专业、业余都有……他们唯一的共同点是全都年轻！“人海茫茫，你不会认识我，我在遥远的路上风雨兼程……霓虹闪闪，你不会发现我，我在高高的山上戴月披星……”他们接力演唱的还有一首《我为你歌唱》：“水样的柔肠，山样的臂膀，花样的年华交给沉默的钢枪……”深沉、悠远的旋律，真挚、坦荡、默默奉献的情怀，仿佛唱的就是歌手们自己！特有的情感投入，为作品增添了一股清新之气。将观众带入境界的，也许还有一个无言的惊叹：原来我军还有一个如此年轻的星群！

艺术是一场没有终点的接力赛。每一代艺术都渗透了特定时代的营养，因而具有后人无法取代的价值。但是，传承必定伴随着创新，“雏凤清于老凤声”是不争的事实。不论“雏凤”多么稚嫩，人们总能从他们身上看到超越前人的希望，并欣喜若狂。晚会上有两个杂技节目，表演者大都是八九岁、十一二岁的小兵。高车踢碗，凌空抛接……每一招每一式的难度、精度、美感和带给观众的悬念，包括他们的趔趄，都让人赞叹不已，因为他们毕竟是新的，是代表未来，让人寄予希望的。虽然，杂技一般不具有社会生活和情感的内容，但它们寄托着人类认识、开发、拓展自身潜能的不竭愿望，因而富有恒久的魅力。于是，它永远是综艺晚会上老少皆宜的看点、亮点，当然也是献给全国军民的一份迷人的新年贺礼！

官兵盛赞双拥晚会

何 曼 仲志文 王文斌

裹挟着浓浓的春意，2007年军民迎新春文艺晚会《和风吹来万里春》，在中央电视台、全军政工网和中国军网相继播出后，引起了观众的强烈反响。基层官兵纷纷通过来信、来电话和网上留言等方式，盛赞一年一度的双拥晚会时代气息浓烈、民族特色鲜明、军旅风格突出，是一台高水准的成功之作。

总参某部120名官兵首次参加了双拥晚会的排演和录制工作，他们对这台晚会有着切身的感受。该部一级士官胡建说："从排练到演出，我10多次与双拥晚会'亲密接触'，它鲜明的主题，丰富多彩的内容，喜气洋洋的节日气氛，给我留下了深刻的印象。尤其是开场歌舞《万紫千红》，以优美动人的舞姿、变幻无穷的色彩和扣人心弦的旋律，将和谐和快乐尽情播撒。"

"京腔京韵，余味无穷！国粹就是国粹，青衣、小生、花旦、花脸，都很棒！"武警北京总队16支队岳松叶是个京剧迷，提及京韵交响《和风吹来万里春》这个节目，赞不绝口。他说："我欣赏到的不仅仅是军中艺术家们精彩的演唱，那一段段充满真情实感的歌词，也让我感受到了祖国的繁荣和日新月异的变化。"

对《大地欢歌》和《建设和谐家园》两个歌舞节目，官兵们给予高度评价。济南军区某部官兵联名来信写道："时而激越，时而舒缓，时而铿锵，时而悠扬，歌与舞的最佳结合，体现了民族大团结的和睦景象，表达了各族人民对新生活、新变化的喜悦和幸福之情！"

官兵们普遍认为，今年晚会上的军歌听着提气、提神、提劲，既唱出了军人的阳刚之美，又表达了官兵的豪迈情怀。成都军区某部干事彭靓说："《当祖国召唤的时候》《使命》《士兵情怀》这3首歌都是非常优美的军旅歌曲，词曲写得好，歌手演唱得有水平，听了有一种荡气回肠、回味无穷的感觉。尽管我没有看到晚会，但我还是第一时间从网上将这几首歌下载到我的MP3上，并很快推荐给了部队官兵。大家都觉得好听，真诚地感谢文艺工作者为我们创作了这些优秀的作品。"

在双拥晚会上年年都有精彩表演的黄宏，今年同样受到了官兵的赞赏。一名新战士在信中这样评价他："黄宏老师不愧是老姜，辣得很。他幽默的语言、诙谐的表演，让人捧腹大笑的同时又发人深省。"对于小品《父女情深》所表达的主题，武警重庆总队三支队教导员徐传宏说："这个小品讲述的是一个在唐山大地震中被解放军解救出的小姑娘，长大后关爱残疾军人的感人故事。如今，在市场经济的大潮下，有些人迷失了自我，这个小品让我们认识到很多比金钱更珍贵的东西。作为一名军人，我们应该学习女主人公崇高的人格魅力。"

"看前好奇心，看中胆惊心，看后未尽兴。杂技《高车踢碗闹新春》和《龙腾虎跃》再次表现出我国传统文化的魅力！"兰州军区某部二连指导员赵连发在电话里显得异常激动。他告诉笔者，这两个节目让全连官兵看得热血沸腾，他当时就给全军政工网打了“热线电话”，但遗憾的是没接通。大家都觉得，精彩绝妙的杂技背后是功夫，功夫的背后是汗水，我们应该把掌声送给这些表演者。尤其是反映官兵战斗品质的杂技《龙腾虎跃》更是惊险、高难，它既体现了当代官兵英勇顽强的战斗作风，又尽显了一代军人的军事素质，的确让人自豪!

观众普遍反映，双拥晚会年年有新亮点，今年最大的亮点就是童声合唱《红飘带之歌》。广州军区某部干事王丹认为：“这个节目很新颖，它以军人援建‘八一爱民学校’的真人真事为创作素材，并邀请受援学校学生走进晚会现场，用歌声传承长征精神，颂扬军民鱼水深情，创意绝妙，感人至深！看后最大的感受是真实！”

歌曲《情暖神仙湾》带给官兵的震撼是巨大的。驻守在西藏边防的某部战士尹路来信说：“和神仙湾的战友们一样，我也驻守在冰天雪地的边防线上。同样的感受赋予了我们同样的理想，那就是身处特殊环境、履行特殊使命、感受特殊关爱、争做合格卫士。”

对于男声独唱《好乡亲》和女声独唱《东方风采》两个节目，官兵们也给予了很高的评价：“百听不厌，越听越有内涵，越品越觉得深远。”“美，美在唱出中华民歌的风流美，美在唱出全国人民的奋斗誓言！”“极具穿透力的声音告诉我们，什么叫天籁之音。”这些歌都让官兵们从心里感受到了家乡父老的期盼，感受到了祖国的繁荣昌盛。

音乐：一首春天的交响曲

刘昙旻

2007年双拥晚会的音乐作品别具匠心，特色鲜明的十几个节目一气呵成，凸显了晚会鲜明的主题和异彩纷呈的整体风格。

将中华民族的国粹——京剧唱腔作为音乐素材而编创的京韵交响《和风吹来万里春》，采用了同曲异彩的创作理念，生、旦、净、末汇集一曲，唱腔不同而风格一致的音乐语汇，组成了一部风格鲜明、形态各异的交响音画，增强了作品的艺术感染力。浑厚、宽广的合唱，引出了高亢激昂的京剧导板唱腔，唱出了祖国山河春潮澎湃、盛世异彩的热烈景象。与之相对比的是委婉深情的老旦及清脆悦耳的花旦唱腔，将祖国大地山清水碧、人民安居乐业的幸福生活娓娓道来……青衣二黄唱腔与全体演员的合唱，是全曲的高潮乐段，深情而激荡的旋律，讴歌了祖国和平崛起、蒸蒸日上的繁荣景象。

优秀的京剧演员、多彩的演唱形式、庞大的管弦乐队以及合唱队的伴唱，烘托出作品气势恢宏、催人奋进的激情。作品以创新的手法诠释了传统戏曲的无限魅力，凸显了中国传统文化的时代音韵。

晚会的第二部分，以一组嘹亮的军歌发出了全军将士的宣言。浑厚豪迈的男声领唱与合唱《使命》，以其刚毅、铿锵的进行曲节奏，彰显着我军不怕牺牲的战斗精神，抒发了官兵在新军事变革中的风发意气。组唱《士兵情怀》中的《边关军魂》和《我为你歌唱》，融入了多种演唱形式，使简短、精湛的两首歌曲，如诗、如画，充满了奇异的色彩。歌中流淌着通俗演唱的轻盈和飘逸，抒发着美声唱法的凝重和深情，荡漾着民族歌声的清澈和甜美。音色的变换、浪漫的风韵、新颖的语汇和起伏跌宕的旋律音调，还有那纤柔、甜润的小提琴独奏，犹如春雨，沁人心脾。它是边关战士革命乐观主义情怀的诉说，它是子弟兵热爱祖国家园的畅想，是新时期人民军队不怕牺牲、无私奉献的隽永，是革命英雄主义和战斗精神的震撼！

万水千山我们一同走过，千道荆棘我们一同越过，军民鱼水的深情厚谊在歌曲中充分展现。男高音独唱《好乡亲》，以急促、热烈的节奏律动，衬托着悠扬、宽广的旋律，似戏曲中紧打慢唱的创作技法，刚柔相济，在浓郁、亲切的民族音调中，以极致的情愫渲染着子弟兵与老百姓的深情厚谊。童声合唱《红飘带之歌》超越了一般儿童歌曲欢快、活泼的情绪，以温暖、恬淡的深情，追忆着革命历史。歌中那纯洁、简练的音乐动机和抒情、明朗的旋律，抒发着全军官兵对红军先辈的敬仰和对红军后人的厚望。女高音独唱《东方风采》，更以抒情、甜美的音色和曲调，放歌未来。

小品：饱蘸真情写和谐

朱亚南

常玉珍女士，全国双拥模范。1976 年唐山大地震时，她是被抗震部队从瓦砾下救出来的一个小女孩儿，后来凭着 50 斤黄豆起家，历尽艰辛，创业有成。她致富不忘党恩，对解放军一往情深，斥资办起了“老功臣幸福院”，专门赡养当年浴血奋战、如今晚境孤独的老军人，让他们过上衣食住行无忧、医疗保健不愁、学习娱乐有人管的晚年幸福生活。身为搏击商海的民营企业家，她平时给老人们喂饭喂药、端屎端尿，竭尽子女之劳还嫌不够，还操心费力给他们介绍老伴，让他们享受天伦之乐。

“老吾老以及人之老”，中华民族的传统美德之花，沐浴着新时期的和风瑞霭，灿然怒放，香飘万里。以常玉珍事迹为原型的小品《父女情深》，在今年双拥晚会的舞台上闪亮登场，奏响了时代主旋律的一个华彩乐章。

戏剧冲突发端于真情碰撞。出于真情，“女儿”不忍“父亲”们独身终老，一心想给他们成个家，把一位姓高的老爸当成了做工作的“突破口”。同样出于真情，高老爸不愿“女儿”双倍负担赡养费用，执意不肯出面相亲。小品巧妙地采用了“戏中戏”手法：“女儿”嘱咐她找的“候选人”扮演新来的“服务员”，进屋去邂逅高老爸，意在一线牵出好姻缘。不料高老爸倒叫“服务员”充当他的“未婚妻”，演一场貌似意外的“相见欢”，打算先断了“女儿”的念想再说。两个“导演”各走各的“戏路子”，一个“角色”彼此找“感觉”，趣谈雅噱接二连三爆响，透视人性的美质，引发善意的交锋，在合乎逻辑的剧情推进中张扬喜剧效果。

毕竟实诚人“设局”，假不欺真，虚不掩实，越演下去真情越真切，实意越实诚，以致预设的“戏中戏”演成了情投意合的“黄昏恋”。二老对上了眼，总算圆了“女儿”的夙愿。这时高老爸道出了自己的担心所在：“光养我们这些老家伙，一年就得几十万。再来一批老太太，吃穿看病，养老送终，那又得几十万！你是做生意的，你算过成本吗？这样做你怎么能有利润？”“女儿”的反问掷地有声：“你们这些老功臣把自己的大半辈子都奉献出去了。你们计算过个人成本吗？你们向谁要过利润吗？是解放军给了我第二次生命，没有这个成本，我还谈什么利润啊？！”肺腑之言把可贵的人间真情推向高潮，使文本与表演着力突出的主题阐述大放光芒。

常玉珍的宝贵品格，置于当今社会大背景下来看，尤其贵在她身体力行为构建和谐社会作贡献。双拥晚会主创人员在深入采访的基础上，聚焦于“老功臣幸福院”这一段故事，潜心感悟，精心提炼，饱蘸真情，大写和谐，适时推出佳作，值得称道。

高车载欢乐　银碗传祝福

——评双拥晚会杂技节目《高车踢碗闹新春》

焦　凡　洪苏丛　卞　振

在2007年军民迎新春文艺晚会上，由沈阳军区前进文工团创作演出的杂技节目《高车踢碗闹新春》，以新颖的创意、高难的技巧、夺人的气势以及多姿多彩的舞台呈现，受到各界观众的广泛赞誉。这是该团在杂技创作周期比较长的情况下，该团每年都推出高质量的杂技节目参加双拥晚会，十分难能可贵。

这是由21名花季少女联手演绎的一个大型杂技作品。在欢快喜庆的音乐声中，她们的头上各顶一摞银碗，分乘13辆金色的独轮高车和8辆独轮矮车，在阳光下快乐地奔跑，构成了一幅吉庆、欢乐、团圆的图画。姑娘们身着一袭“白雪公主”般圣洁的纱裙，青春秀丽的脸庞洋溢着微笑……她们是盛世春天的天使，和谐花园的花朵，给人以美的遐想。在一阵疾速环绕与穿行之后，13辆高车变成一行整齐向前推进的横排大阵，转眼间，这排颇具震撼力的高车大阵，定轮在舞台中央来了个90度的旋转，变成了纵向的阵列。创编者在传统表演的基础上，不仅编排出高车群阵纵横交叉的新变化，更是别出心裁地让那一排排金色车轮不断舞动出新花样：既有13个车轮步调一致的整齐“荡摆”，又有两行形同“两极相斥磁力球”般的“错轮式”表演，在音乐节奏的衬托下，律动为和谐而浪漫的高车“华尔兹”，精彩惊险的表演赢得了观众们的阵阵喝彩。

“高车踢碗”在杂技里属于“出手活”，“出手”也就易于“失手”，这就为创作和表演增加了难度。驾车踢碗，蹬车的“稳”是基础，需要对独轮高车有高超的平衡力、控制力；“踢”是关键，需要精确把握力度、时间节点以及飞碗的角度、弧度、落点等，还要精心地加以整体配合，从而在不确定中达到百分之百的准确。演员们知难而进，整个节目由一连串的高难惊险技巧组成，第一段为“一对十二的群攻独防”，即一位骑乘在高车上的姑娘，头上顶碗面对整齐排列的十二个“对手”，她用横挪位移的方式，依序迎接着对面踢过来的一个个银碗，传递“祝福”，迎接“吉祥”。紧接着，对面的姑娘们迅速将阵形变为“一弯新月”，看似柔缓，表现出的却是密集型“快轰式”的踢法，多人依次踢碗的速度增快了一倍，飞碗一个个套落在姑娘头上的碗中，这是“欢乐”的飞舞，这是“和谐”的奏鸣。第三组技巧的呈现方式与前两次大不相同，这组技巧完全是“运动式”的，中间三人用“中心开花”的踢法，或直踢，或背飞，将碗向多个点抛发出去，其他 6 名姑娘在环绕跑动中完成抢点接碗，只见空中银花翻飞，令人目不暇接。结尾技巧所展现的是将“平面型”升华为“立体型”：在 3 辆高车和 4 辆独轮小车的护送之下，两个姑娘合作呈现了“头上起倒立双脚夹碗”这一高车踢碗类节目中的创新绝技，对面 3 个女孩，同时踢出的 3 个碗，分别抛落在对面两个女孩的头顶和双手的碗中，使“绝妙”达到巅峰。

杂技《高车踢碗闹新春》是沈阳军区前进文工团新创作的一个节目，在编导和指导老师的带领下，这些平均年龄仅有 15 岁的姑娘加班加点，挥汗如雨，以顽强拼搏的战斗精神，战胜了许多难以想象的困难，不断向艺术的高峰攀登，最终宛如 21 朵绽放的花朵为双拥晚会增添了一抹绚丽的色彩。

舞蹈：花影缤纷舞霓裳

田　丁

盛世当歌，嘉年当舞。舞蹈，为春天彩绘出万紫千红，为大地装点出流光溢彩，为神州编织出万里同心圆，为全国军民的新春佳节舞出花影缤纷、快乐吉祥。

大幕拉开，歌舞《万紫千红》的缤纷场面令人惊诧：拟人化的鲜花（鲜花舞）引动着春风把大地染绿（绿扇舞）；娇嫩的禾苗呼唤着果实累累的丰收（金扇舞）；富足的生活让吉祥的彩虹从人们心头升起（彩虹舞）；而各种色彩又荟萃出“花影缤纷，花团锦簇，花信报春来”的舞台意象。

从这个节目中，我们不难看出，所谓的舞从歌出，可以比喻为歌是枝干，舞是枝干上生出的绿叶红花。没有歌的枝干，舞蹈的绿叶红花将不复存在；反过来只有枝干而无舞蹈的绿叶红花，则难有整个舞台的华光闪烁，满堂生辉。把这个作品放在晚会的开头，就是为了让它的绚丽和火爆在瞬间点燃观众的情感，引发观众的欣赏热潮；同时也为这台晚会定下隆重、祥和、喜庆的基调。

《万紫千红》基本是歌与舞彼此相拥，平分秋色地共同推进，而在民族歌舞《大地欢歌》中，舞蹈对于歌来说其依附性则显得较小，更像是相对独立的大型组舞。蒙古族的筷子舞节奏铿锵，洒脱自如；维吾尔族的男女群舞激越豪爽，热情奔放；朝鲜族女子舞蹈则以气韵沉静、端庄清丽见长；苗族女舞乖巧俏皮，玲珑欢快；而与其同时出现的彝族男舞则充满山地男人的野性情怀；最后展现的藏族男女群舞不啻是弦子与锅庄的斗美，刚性与柔性的逞强，既阴阳互补，又拉大着审美的对比与反差。

让这组舞蹈更为称胜的是，它的舞美设计堪称匠心独运。立体旋转舞台和多媒体的运用，使所有演员似在飞奔向前的列车车厢里欢聚，透过“车窗”便能饱赏生机无限的祖国大好河山。让台下观众就这样在恍惚迷离的错觉中，体验着坐在车厢里观舞，透过“窗口”览胜的妙趣，享受着与各族兄弟姐妹同乘时代列车，一路欢歌地沿着天路驰向珠穆朗玛的精神之旅。可以说，整个组舞给人以壮观、壮美、壮丽的审美意趣，让人过目难忘。

作为晚会压轴的歌舞《建设和谐家园》，在艺术特点上基本与上述相同，但在分量上愈显沉实和博大，既为晚会画上了圆满句号，也使人们对新的一年和未来怀以更大的期望与憧憬……

节目单

2007年军民迎新春文艺晚会

《和风吹来万里春》节目单

序：歌舞《万紫千红》

作词：王晓岭　**作曲：**方　鸣

编导：丁　颖　黄　硕　陈萧伊　杨　华

表演：张　苏　沈　娟　任希儿　潘永超　徐岁寒等

一、京韵交响《和风吹来万里春》

作词：张志高　**唱腔设计：**冯洪起

编曲：刘　琦　徐晓明　**指挥：**李玉宁

演唱：王玉兰　于　兰　张　萍　张　薇　朱宝光　宋德珍　魏积军　杜　喆　丁晓君　王　晶

合唱：中国人民解放军合唱团

演奏：中国人民解放军交响乐团

首席：陈玉波

二、民族歌舞《大地欢歌》

编导：孙育鹏　金美花　夏小虎　杨　凌

作曲：刘钢宝　**作词：**黄淑子　苏　柳　**演唱：**谭　晶

表演：柴明明　玉米提　程　冉　张瀚文　李　志等

三、杂技《高车踢碗闹新春》

编导：蔡丽雯　董争臻

教师：邱清云　陈楚玲　曾令强　**作曲：**刘可欣

表演：蔡佳雯　杨镜萍　袁　玥　胡博雅　胡博文等

四、男声独唱《当祖国召唤的时候》

作词：胡宏伟　**作曲：**杜　鸣

配器：陈　丹　**编导：**刘建华　杨笑阳　夏小虎

演唱：刘　斌　**表演：**蓝天诚　甘灵犀　施岩等

五、领唱与合唱《使命》

作词：立　文　**作曲：**印　青　**配器：**陈　丹

领唱：宋立忠　孙维良　梁召今　司红军

合唱：中国人民解放军合唱团

表演：中国人民解放军三军仪仗队

六、组唱《士兵情怀》

编导：谢 克

演唱：雷 佳 王丽达 吴 娜 张海庆 钱 琳

姚贝娜 刘和刚 王 莉 师 鹏 孙 砾

1.《边关军魂》

作词：贺东久 **作曲**：印 青

2.《我为你歌唱》

作词：屈 塬 **作曲**：印 青

七、男声独唱《好乡亲》

作词：赵思恩 **作曲**：孟庆云 **编导**：许 谨

演唱：阎维文 **表演**：国雅琦 王 薇 李 昭 张 燕等

八、男女表演唱《情暖神仙湾》

作词：赵思恩 **作曲**：简 易 **配器**：王路明

编导：谢 克 杨 凌 **演唱**：王宏伟 冯瑞丽

表演：达列里汗 萨贝提 玛尔哈巴等

九、童声合唱《红飘带之歌》

作词：屈 塬 **作曲**：张千一 **配器**：郭思达

编导：丁 颖 **演唱**：八一爱民学校学生代表 解放军艺术学院学员

十、女声独唱《东方风采》

作词：刘 星 **作曲**：印 青 **配器**：刘 琦

编导：佘大鸣 **演唱**：宋祖英

表演：陈志媛 陈雅斓 宋 丹 白 云等

十一、杂技《龙腾虎跃》

编导：刘晓东 林 雄 **教师**：林 雄 罗宝山 邓德林

作曲：杜 鸣 **表演**：姚国瑞 王 森 朱俊生 田 剑 马江发等

十二、小品《父女情深》

编剧：王 宏 张振彬 黄 宏

导演：黄定山 **表演**：黄 宏 黄晓娟 唐 静

十三、歌舞《建设和谐家园》

作词：黄淑子 苏 柳 **作曲**：刘 琦 **编导**：谢 克 孟 可

演唱：彭丽媛 **伴唱**：中国人民解放军合唱团

表演：邹亚童 张 慧 邓 茜 周 侃等

策　　划：张西南 张继钢 汪守德 秦 威

艺术顾问：张继钢

艺术总监：印 青

总 导 演：李福祥
撰　　稿：赵思恩
文学统筹：刘　星
音乐统筹：孟宪斌　刘　琦
舞蹈统筹：谢　克　丁　颖
小品统筹：张振彬　王　宏
杂技统筹：杨笑阳
舞美总设计：沈庆平
灯光总设计：杨卫东
服装总设计：宋　立
音响总设计：任晓兵
主 持 人：刘小娜　于紫菲　于　爽
行政总监：张　强
舞台总监：李云龙
演出总监：姚志清
舞美总监：段京飞
电脑屏幕编导：赵　伟　王中孚
舞美设计：武小涛　满　好　张晓彪
灯光设计：熊　鹰　秦良亭
服装设计：姜小明　吴雨洋　韩雨蓉
道具设计：李恩杰
音响设计：袁　帅　李晓剑
化妆设计：荞珊珊　隋　颖
化　　妆：王　莉
音乐编辑：宿永良
音乐录音：陈　庆　吴志文
录音助理：毕明辉　李洁慧　王继红
合唱排练伴奏：鄂　矛
演出协调：申若东　房　雷
剧　　务：夏春菊
乐　　务：张波岩　鞠　波　王　波
场　　记：崔恩全
前台主任：李志强　王未名　王　军　诸惠君　徐　乐　杨忠复
陈玉平　金东平　罗宝山　崔延龙　初　瑞　李瑞峰
后台主任：洪　雁　叶建军　石诗华　法　俊　王英欣　李本涛
剧院主管：李云龙　孟　薇

舞台管理：朱宜庄　姜金领

灯光操作：张仕聪　周新阳　周　鹏　雷书道　王军平　周　厦
王　伟　陈静波　刘仕博

电脑灯：高　辉　周　阳

追　光：汪小鹿　张　木

音响操作：鲍宏魏　李　涛　王　树　寇　淳　窦　军　刘长胜
崔光秀　兰　明　曲　严

吊杆操作：葛双起　李文灿　陈　东

机械舞台：姜　滨

视频技术：茅云祥　陈臻誉　唐念标　魏华洋　吴定国

字　幕：王　超　窦学臻　王　玮

舞美制作管理：张安民

服装管理：张芳荣　于　彦

剧院协调：陈伟能

安全保卫：袁晓诚　杨清章　王安平　孙能林

场　务：陈安隆　王永久　赵相有　宋朝霞　陈　红

后勤保障：王峰安　马以建　钱　怡　魏述年　崔富国

舞美制作：总政歌舞团舞美队　北京兰睿基文化发展有限公司

灯光音响保障：吉林歌舞剧院（集团）有限公司

演出单位：
总政治部歌舞团　总政治部话剧团
总政治部歌剧团　解放军军乐团
解放军艺术学院　沈阳军区政治部文工团
北京军区政治部文工团　兰州军区政治部文工团
新疆军区政治部文工团　济南军区政治部文工团
南京军区政治部文工团　广州军区政治部文工团
海军政治部文工团　空军政治部文工团
第二炮兵政治部文工团　武警部队政治部文工团
空军蓝天幼儿艺术团　中国人民解放军三军仪仗队
北京军区 66058 部队　河南塔沟少林武术学校
中国剧院

特别鸣谢：四川五粮液集团有限公司

鸣　谢：北京太阳圣火广告有限公司

网络支持：中国人民解放军政治工作网
中国军网

2008年军民迎新春文艺晚会《旗帜高扬春光好》在中国剧院精彩亮相

解放军报北京2008年1月22日讯： 由全国双拥工作领导小组、民政部、广播电影电视总局、解放军总政治部联合举办的2008年军民迎新春文艺晚会《旗帜高扬春光好》，1月22日在中国剧院精彩亮相。

素以雄浑大美著称的双拥晚会，推出了一大批深受部队官兵和广大群众喜爱的精品力作，培养造就了众多有广泛影响的艺术家和文艺新人，成为新时期民族传统佳节中一个不可或缺的文化品牌，受到党和国家及军队领导同志的高度赞扬，赢得了人民群众和部队官兵的广泛赞誉。

2008年双拥晚会紧紧围绕学习贯彻党的十七大精神这个宏大主题，以鲜明的时代气息、浓郁的民族特色、独特的军旅风格和高雅的艺术品质，深情赞颂全党全军和全国各族人民高举中国特色社会主义伟大旗帜，认真学习邓小平理论和“三个代表”重要思想，深入贯彻落实科学发展观、构建社会主义和谐社会的伟大实践。突出反映党的十六大以来和十七大召开以后祖国各条战线所取得的新成就；生动展示全军官兵大力发扬听党指挥、服务人民、英勇善战的优良传统，肩负我军的历史使命，加紧做好军事斗争准备的新面貌；倾情表现新世纪新阶段军政军民紧密团结，拥军爱民花常开，军民一家情谊深，双拥共建工作出现的新气象。晚会从不同侧面抒发了全国军民在党的十七大精神指引下，万众一心，开拓奋进，为夺取全面建设小康社会新胜利，谱写人民美好生活新篇章的壮志豪情。

晚会熔音乐、舞蹈、杂技、小品和短剧等诸多艺术门类为一炉，共由14个节目组成，在秉承洋溢时代精神、突出民族特色、展示军旅气派创作风格的基础上，力求突破创新，别开生面，努力营造隆重热烈、喜气祥和、军民同庆的节日氛围。舞美设计采用超清电视大屏幕与推拉、旋转舞台以及喷泉、水幕相结合，进一步强化写实与协议的统一，随着舞台的推拉、平移和旋转变化，使表演空间得以扩展，呈现手段更加丰富，极大地提高了节目的艺术品质和观赏性，对深化晚会主题起到了很好的作用。整台晚会精彩纷呈、气势恢宏、亮点迭出，一个个具有深刻思想内涵和较高艺术品位的节目，通过晚会主题音乐的有机勾连，行云流水一气呵成，令观众始终沉浸在震撼、兴奋与感动的情绪氛围中。

晚会由歌舞《盛世欢歌》拉开帷幕，伴随着铿锵激越的鼓声和乐池中踏歌起舞的水幕升腾，身着节日盛装的舞蹈演员们欢奔而来，鼓声阵阵、催人奋进，花团锦簇、群芳吐艳，展开了一幅喜迎盛世，军民携手共赴美好明天的绚丽画卷。由老一代歌唱家和优秀青年演员联袂演唱的《千歌万曲献给党》，深情赞颂在党的领导下，祖国建设欣欣向荣，各条战线所取得的辉煌成就。歌曲《党啊，我想对你说》由120名战士与歌唱家共同表演，朴实的话语与整齐的动作，表达了祖国儿女对党的忠诚信念和无限深情。杂技《荷韵》在传统绸吊和顶技的基础上，充分发挥舞美多种艺术手段并用的独特魅力，电视屏幕、水幕与舞台交相辉映，惊险的杂技与优美的舞蹈融为一体，营造出“空山新雨后，荷塘月色新”的美轮美奂意境，寓意着构建和谐社会的美好氛围。合唱与领唱《拥军花开代代红》汇集了《军队和老百姓》《拥军花鼓》《三杯美酒敬亲人》《边疆的泉水清又纯》等观众耳熟能详的拥军歌曲，伴随着红色经典的熟悉旋律，电视大屏幕展现了去年全国爱国拥军十大新闻人物的感人事迹，表达了子弟兵不忘人民养育恩的赤子情怀。民族歌舞《丰收的喜悦》通过蒙古、藏、维吾尔、朝鲜、彝等少数民族喜获丰收、载歌载舞的生动场景，表达各族人民在党的富民政策指引下，共走一条幸福路，同唱一首幸福歌，建设社会主义新农村的喜悦心情。小品《风雪小站》通过对两个永不服输、英勇顽强、充满智慧的当代军人的形象塑造，展示了全军官兵发扬听党指挥、服务人民、英勇善战的优良传统，苦练精兵的豪迈气概。情景演唱《当那一天来临》在深沉有力的音乐和激昂澎湃的气势中，表达了我军官兵肩负使命、枕戈待旦，听从召唤、蓄势待发，加紧做好军事斗争准备的坚强决心。表现中国航天事业取得伟大成就的二重唱《奔月》，以梦幻般的舞台设计，呈现了太空探奇的神秘景象，热情讴歌了中华民族的开拓进取精神，畅想造福人类美好未来的豪情壮志。杂技《奥运动律》以“舞动的北京人”为艺术形象，通过滚环的各种特技组合，生动反映全国人民喜迎奥运、支持奥运、参与奥运、奉献奥运的精神风貌。歌曲《我们是一家人》和《走过新华门》表达了亿万军民对胡锦涛同志为总书记的党中央，以人为本、执政为民的深情赞颂。短剧《甜水》以宁夏军区给水团为民打井找水的先进事迹为创作素材，体现了新世纪新阶段党与人民群众的血肉联系，表现了军爱民、民拥军的鱼水深情。晚会在气势磅礴的歌舞《旗帜颂》中推向高潮，在激昂、优美的旋律中，深情表达了全国各族人民高举中国特色社会主义伟大旗帜，万众一心，开拓奋进，为夺取全面建设小康社会新胜利而努力奋斗的坚定信念和豪迈情怀。

为了搞好今年的双拥晚会，总政宣传部调集了一批全军优秀创作骨干组成策划班子。总政歌舞团团长、著名作曲家印青担任艺术总监，总政歌舞团副团长、著名编导李福祥担任总导演，著名剧作家阎肃担任艺术顾问，主创人员王晓岭、赵大鸣、刘琦、赵小津、王宏、杨笑阳、李文新、杨卫东、姜小明、任晓兵等都是部队文艺战线的优秀人才。来自全军18个专业文艺团体和蓝天幼儿艺术团以及基层部队官兵近千人，组成了晚会演出的强大阵容。主要演员有彭丽媛、李双江、耿莲凤、阎维文、宋祖英、黄宏、刘斌、吕继宏、戴玉强、王宏伟、谭晶、邵峰、肖虹、吕薇、雷佳、王丽达、吴娜、柴明明、郑茜、唐谱刚等。

中央电视台将于2月5日晚，在一套节目黄金时段播出晚会实况录像。

2008 双拥晚会，精彩点亮我们的双眸

王文斌　刘　璇

帷幕徐启，灯光璀璨，在中国剧院的舞台上，双拥晚会的第19个年度大戏给人们留下深刻印象。

“老树”绽“新芽”。那鲜明的时代气息、浓郁的民族特色、独特的军旅风格和高雅的艺术品质，再一次让观众对这个“名牌”晚会作出这样的评价：新年度、新追求、新

突破、新变化。

“19”，这个用精彩搭起来的数字，为亿万观众捧出的，的确是一场值得期待、对得起期待的艺术盛宴。

精彩一：主题与艺术“协奏”

“主题提升艺术，艺术升华主题。”在晚会的艺术总监印青看来，主题与艺术就像一首协奏曲中的两个“乐章”，它们和谐共融、相辅相成，共同弹奏出一曲天籁之音。两者的“亲密无间”，在今年的双拥晚会中表现尤甚。

可以肯定地说，整台晚会的15个节目，都显现出主题思想和艺术特色的协调和统一。在歌舞《盛世欢歌》、舞蹈《丰收的喜悦》中，我们看到了在党的十七大精神的指引下，中国人“越来越好”的红火日子；在杂技《荷韵》中，我们感到了中华民族大家庭和谐、和美、和睦的温暖氛围；在独唱《我们是一家人》《走过新华门》《旗帜颂》中，我们听见了党领导人民同心同德、再创辉煌的坚实足音；在情景短剧《甜水》中，我们品出了“薪火相传永不灭”的“军爱民、民拥军”的鱼水深情；在小品《风雪小站》和二重唱《大雪无情人有情》中，我们获得了全国上下万众一心，军民团结众志成城，定能取得抗灾救灾斗争胜利的信心……

在风格各异、色彩斑斓的各种艺术形式中，祖国各条战线取得的巨大成就，全军官兵听党指挥、服务人民、英勇善战的崭新风貌，军政军民紧密团结的深情厚谊，都凝聚于贯彻党的十七大精神这个宏大主题之下，被表现得淋漓尽致。

精彩二：千歌万曲汇成“衷肠”

正如报幕词所说，2008年，是全面贯彻落实党的十七大战略部署的第一年，在这个振奋人心的时代，我们抑制不住激情满怀，更有理由纵情歌唱——千歌万曲献给党。

细细数来，晚会近一半的节目写满了“爱党”“敬党”“颂党”的关键词。其中洋溢的各族儿女对党的无限忠诚、感恩和赞美之情，浓得化也化不开。由领唱、合唱、舞蹈交织而成的《千歌万曲献给党》，用纪实性的写法，记录了在党的领导下，中国“一步一重天”的好日子、“越走越宽广”的好心情和“政通人和”的好形象。独唱《我们是一家人》像一封娓娓诉说的家信，中国共产党人质朴可亲的话语、真诚暖心的笑容和踏实沉稳的脚步跃然纸上。独唱《走过新华门》是普通老百姓笔下的一篇日记，字里行间散发着每天经过新华门看到金灿灿的“为人民服务”5个大字时，那股“总觉得暖洋洋的亲”。而作为晚会的主题歌，《旗帜颂》更是直抒中国人民“永远跟着党，走中国特色社会主义道路”的胸臆，那份忠诚、信任和坚定令人动容。

这些节目中，一曲《党啊，我想对你说》尤为感人。这首由海政文工团原创作员马金星在临终前，以病榻为桌，以床单为纸，拼尽全力写下的党的颂歌，经过男女声二重唱的完美演绎，把作为“一掬水”“一粒种”“一颗星”“一棵树”的党员个体对党的“因为有了阳光我才成为彩虹”“因为有了春风我才郁郁葱葱”“因为有了太阳我才闪烁晶莹”“因为有了春风我才叶绿花红”的无限感恩，充分、真切、深沉、热烈地表达了出来。

精彩三：抗灾的最早舞台呈现

1月下旬以来，我国南方部分地区发生的低温雨雪冰冻灾害，一直牵动着双拥晚会的全体演职人员；党对灾区人民的关怀和温暖、全军和武警部队官兵抗灾救灾的英勇和无私，更深深感动着他们的心。就在晚会即将迎来主场演出的时候，根据总政领导的要求，创作人员很快就创作出二重唱《大雪无情人有情》，并在最后两天的演出中，加入了仅用30个小时创作出的小品《风雪小站》。这种惊人的创作速度，堪称双拥晚会之最。

“当春天正向我们走来，暴雪把南方的一片土地覆盖。多少回乡的人们归心似箭，多少抢险的人们热血澎湃，风雪中党的声音传来，千百万人牵着手抗雪灾。冰雨中党的温暖送来，心贴心传递着爱……”跳动的音符中，是一句句贴心的话语、一幕幕感人的场景和一颗颗紧密团结的心灵！这首歌一经唱响，就在观众中迅速流传，还被央视春晚导演组选中，成为春晚抗灾救灾节目的主打歌曲。

从剧本创作、排练合成到舞台呈现，短短30个小时，小品《风雪小站》就把发生在抗击雪灾前线的一个个真实故事浓缩在一个小站里，从小角度反映出党员、军人和群众不畏惧灾难、同心同德的精神“大丰碑”。这个节目的成功再次证明：军队文艺工作者是一支特别能突击、特别能战斗、特别有创造力的过硬队伍，只有贴近实际、贴近生活、贴近群众的艺术作品，才是最具活力的创造！

精彩四：再现新时期军人形象

“准备好了吗，士兵兄弟们，当那一天真的来临，放心吧祖国，放心吧亲人，为了胜利我要勇敢前进！”如此掷地有声、铿锵有力的话语，艺术地让我们看到一群永不服输、充满智慧、肩负使命、蓄势待发的新时期军人形象。

用文艺作品生动展示我军的精神风貌，一直是双拥晚会秉承的传统，今年也不例外。虽然节目数量少，但其感染力和震撼力毫不逊色。在晚会的第二部分，情景演唱《当那一天来临》“列阵”亮相：120名全副武装的战士在指挥官的带领下，威风凛凛、势不可当。诞生于2005年全军战斗精神歌曲评选中的《当那一天来临》，是一首被多次演绎过的老歌。但在本台晚会中，独唱与合唱的和谐穿插，歌唱与造型的巧妙搭配，赋予了老节目一种新感觉：那是一种现代化军队才有的神威尊严，那是一种成竹在胸的自信果敢，这支军队，值得信赖，值得托付。

晚会总导演李福祥说：“担任情景演出的官兵全部来自基层部队，他们所持的造型也是每个人自己设计的。每每歌声响起的时候，他们动作中透出的力度、眼睛里射出的光芒是那么真实、那么让人振奋！这种效果，演是演不出来的，这是军人的真情流露。”

精彩五：真实故事成就“甜水”

“出水了！”“出水了！”“水是甜的！”孩子们围着井口欢呼雀跃，回族老汉捧起井水一饮而尽，乡亲们口中不住地念叨着：“感谢党！”“感谢亲人解放军！”……短剧《甜水》每当演到这段场景，晚会现场总会响起潮水般的掌声，观众们也总是抑制不住感动的泪水。

这个双拥晚会有史以来的首个短剧节目，脱胎于去年9月，宁夏军区给水团为自古干旱缺水的宁夏回族自治区彭阳县陡坡村打出3口甜水井，解决了1400多名回汉群众吃水问题的真实故事。小品统筹王宏介绍：继2006年双拥晚会的《卡德尔大叔的日记》之后，他们一直在寻找类似的真实的创作蓝本，但一直都没有找到“穴位”，直到12月才了解到给水团的先进事迹。兴奋不已的主创人员第二天就赶赴当地体验生活，大家流着泪采访，流着泪创作，很快就拿出了高质量的台本。“短剧立在舞台上之后，它所产生的那种强烈的情感冲击力，是我们始料未及的，更促使我们下决心把它打磨成精品。每演出一场，我们就修改一次，直到满意为止。”王宏感慨地说。

不久前，陡坡村的党支部书记徐文奎也应邀来京观看双拥晚会。短剧的创作和演员们的精彩表演，都让这位生活中的原型十分感动。其间，他还特意带着两瓶水做客中国军网，为网民讲述解放军为他们找水打井的故事。其中一瓶是混浊有味的窖水，而另一瓶就是承载着“军民鱼水深情”的清澈味甘的“甜水”。

精彩六：“嫦娥”奔月“五环”律动

刚刚过去的2007年，一件大事令举国欢腾：187万公里的奔月轨迹，圆了中华民族的千年梦想；新到来的2008年，又一件大事世界瞩目：点燃中国人无限激情的北京奥运会，正在向我们大步走来。在今年的双拥晚会中，这两件大事都被艺术地呈现在舞台上。

在浩瀚无垠的“天宇”，身披皎洁“月光”的戴玉强和谭晶深情吟唱：“你飞向遥远的地方，带去我们的梦想。你飞出千年的神话，带着我们的期望。神舟乘风归来，你又迎空怒放，奔月是中华放飞的希望……”歌曲《奔月》中，美声与通俗两种唱法完美配合，水乳交融，共同营造出梦幻般的意境，为热烈喜庆的双拥晚会增添了一抹柔美的色彩。

广州军区战士杂技团的金牌节目《滚环》，在本台双拥晚会中被赋予了“新生命”。这个在保留“滚环”基本动作不变的基础上，重新编排、布景、配乐“包装”而成的节目《奥运动律》，在舞台上刮起了时尚的旋风。大环、小环、双环、自行车套环，各式各样的钢环在杂技演员的精妙控制下，在有限的舞台空间内，交叉滚动，令人目不暇接。最抢眼的是，5个钢环在演员的“联结”下组成奥运的“五环”标志，在高空中旋转，其中的寓意不言自明。

精彩七：制灯笼设水景用动画

走进中国剧院，观众会惊奇地发现自己已然置身于一个火红的超大灯笼之中，这就是今年双拥晚会的舞美设计者一个匠心独运之处。舞台、台口大幕、边沿幕和观众席，共同完成了大红灯笼的造型；圆拱门、宫廷柱、剪纸、金穗和绶带，合力打造出一片迎春、闹春的祥和景象。"我们的目的就是让观众一入剧场，就能感受到扑面而来的中华气派！"舞美总设计李文新说，"不过，灯笼的作用不仅限于此。更重要的是，它以全方位立体化的空间形象，将舞台延伸至观众席，让观众有身临表演其间之感。"

设水景，堪称此次舞美设计的"奇招"。虽然，水景在现代舞美设计中已经不是什么新鲜手段，但它第一次装点双拥舞台就显得那么贴合、那么唯美。无论是喷泉，还是雨帘，每一次出现，都会引来惊叹一片。晚会最壮观的水景出现在杂技《荷韵》中，泉水叮咚，雨幕轻拂，"空山新雨后，荷塘月色新"的人间胜景，寓意着中国构建和谐社会的美好未来，令人拍手称奇，叹为观止。

作为舞台呈现的延伸和补充，今年晚会对 LED 大屏幕的运用更具创造性。它不是单纯的舞台背景，而是紧贴节目主题进行"表演"，给演出制造更多美轮美奂、撩人神思的绝妙场景。《盛世欢歌》中跳动的 3 条小鱼，《党啊，我想对你说》中盛开的向日葵，《奔月》中浩渺的太空，《当那一天来临》中威武的三军队列，等等，带给观众的是无尽的遐想和感悟。

精彩八：华服霓裳亮丽鲜艳

在服装设计姜小明看来，今年晚会的服装设计能否成功，"关键是要变一变，让观众能感觉到眼前一亮。"事实证明，1400 多套设计时髦、色泽饱满、剪裁精致的服装，的确是吸引观众眼球的一大亮点。

变款式。以往的开场节目的服装多选择中式小褂，而此次以唐朝汉族"高腰"服饰为主要元素的设计，让演员更具气质，舞蹈也更具民族特色。

变颜色。可以说，跟随今年的双拥晚会，你会走进一个色彩鲜艳的世界。赤橙黄绿青蓝紫，每一种颜色都纯到了极致。为了达到最佳的效果，设计者们甚至亲自下到染房染布。几千米的用料，他们昼夜加班用了 10 多天才干完。

变材质。软的布、滑的丝、轻的绸、透的纱……为了让服装这个"形式"更好地服务于节目主题这个"内容"，设计者们运用了各种服装材质。考虑到灯光对服装色彩的影响，设计者还大胆地将激光纸做成衣服，这种具有吸光效果的面料，将华服霓裳的美无一遗漏地展现出来。

旗帜高扬　春风浩荡

——2008 年军民迎新春文艺晚会侧记

张汩汩

旗帜高扬，凝聚无穷力量；春风浩荡，铺开锦绣华章。

由全国双拥工作领导小组、民政部、国家广播电影电视总局和解放军总政治部联合举办的军民迎新春文艺晚会《旗帜高扬春光好》春节前在中国剧院隆重推出。

晚会在大型歌舞《盛世欢歌》激扬欢快的乐曲声中拉开序幕。220名演员在流光溢彩的舞台上纵情欢舞，曼妙的舞姿、劲越的舞步，组成了一幅花团锦簇、美不胜收的画卷。

“逢盛世，唱辉煌，神州大地春潮涌，鲜红的旗帜迎风扬……”李双江、耿莲凤、王宏伟等联袂登台，一组宏美壮阔的大型组歌《千歌万曲献给党》，唱出了全国军民在党的领导下万众一心，开拓奋进，构建社会主义和谐社会的豪情壮志。120名战士和吕继宏、吕薇共同表演的《党啊，我想对你说》，用变幻的葵花图形与激越的歌声抒发全国人民贯彻党的十七大作出的战略部署，为全面建设小康社会而努力奋斗的坚定信念。

在不久前召开的全国双拥模范城（县）命名暨双拥模范单位和个人表彰大会上，355个城（县）、255个单位、128名个人受到表彰。晚会现场，他们当中的部分代表就坐在观众席上。

“军队和老百姓，咱们是一家人……”熟悉而经典的旋律回荡在剧场上空，把观众带回到了那血与火汇聚的战争年代。“正月里来是新春，赶上那猪羊出了门，猪啊，羊啊，送到哪里去，送给咱英勇的八路军……”这首经久传唱的老歌，唱的是65年前延安军民骨肉亲、鱼水情的动人场景。1943年，轰轰烈烈的双拥运动从延安肇始，迅速推广到全国各抗日根据地，拥军优属、拥政爱民的歌声由此传唱了一代又一代。

军爱民、民拥军，军民团结一家亲。在我国南方地区罕见的低温雨雪冰冻灾情中，解放军和武警官兵，与地方群众一道迎战风雪。危难时刻，人们总是能见到那熟悉的绿色身影。

新颖精湛的歌舞一直是历届双拥晚会的亮点，今年的舞台上，民族组舞《丰收的喜悦》为绚丽多姿的晚会又添上了浓墨重彩的一笔。戴玉强、谭晶演唱的《奔月》营造出一片神奇、梦幻的太空奇景，表现了几代航天人用智慧与汗水使千古传说成为现实。

情景演唱《当那一天来临》，在深沉有力的乐曲和激昂澎湃的气势中，全场观众以掌声相和，向和平年代枕戈待旦的军人们致以深深的敬意。

杂技《荷韵》与《奥运动律》让观众们大开眼界。前者在传统绸吊和顶技的基础上，将惊险的技巧与优美的舞姿融合在一起，营造出“空山新雨后，荷塘月色新”的清雅意境，寓意和美山水、和谐家园的万千气象。而在《奥运动律》中，一个个银光闪闪的钢圈在演员们的操纵下集合成了充满动感的奥运“五环”，一连串惊险技巧在音乐的衬托下使富有悬念的表演达到了力与美的巅峰。

小品《风雪小站》讲述的是发生在南方的一个火车小站的故事，作品紧贴刚刚发生在祖国南方的低温雨雪冰冻灾害事件，围绕人们关心的滞留旅客春节回家的话题，突出表现社会各界在暴雪灾害来临之时，万众一心，互帮互助，共渡难关的感人事迹。紧接着的二重唱《大雪无情人有情》旋律优美，深情大气，真挚感人，充分展现了在党中央的领导下，亿万军民众志成城、团结一心抗击雪灾的坚强决心。更难能可贵的是，这两个作品都是剧组创作人员在很短的时间内突击创作搬上舞台的，充分体现出军队文艺工作者关注时代、传递民情的使命意识和责任意识。

阎维文演唱的《走过新华门》和宋祖英演唱的《我们是一家人》，唱出了亿万人民对党的深情赞颂，以人为本、执政为民，全心全意为人民服务，是几代中国共产党人鲜活的根。

“俺贫水山区的老百姓，能在家门口喝上甘甜的井水，这是村里人从来都不敢想的事啊！感谢共产党！感谢亲人解放军！……”由黄宏主演的短剧《甜水》让台下观众热泪盈眶。

2007年9月，宁夏军区给水团奉命开赴西海固陡坡村，为当地1400多名回汉群众打出了3口甜水井。新世纪新阶段党与人民群众的血肉情缘，就如这淙淙的甘泉，清醇而丰沛。在得知了这个感人的故事后，黄宏等军旅艺术家们按捺不住创作的激情，在冬季顶着风雪严寒，两次来到西北高原，与乡亲们同住，与战士们同行——艺术家们在打一口生活的深井，挖掘出了创作的泉眼，使艺术的“甜水”奔涌而出。

“我在你心里，你在我心上，同心复同德，祖国要富强……”晚会在彭丽媛一曲气势磅礴的《旗帜颂》中落下帷幕。

在乐池中踏歌起舞的喷泉和水幕辉映下，大屏幕上一面鲜艳的五星红旗光彩夺目。

双拥工作的年度艺术报告

——评2008年军民迎新春文艺晚会《旗帜高扬春光好》

陈先义　俞根泉　王建民　杨鹤城

军民迎新春文艺晚会作为表现双拥工作、歌颂新时期军民关系的文艺晚会，它无疑已是军民庆新春的艺术盛宴。在如今五彩纷呈的各类综艺晚会中，成为一个风格独特的艺术品牌。

年年岁岁花相似，岁岁年年各不同。如果仅仅用姹紫嫣红、流光溢彩来形容2008年的新春文艺晚会，显然觉得用语老套和分量不够。如果说《旗帜高扬春光好》有什么特色的话，那么它最鲜明的也是最突出的特色就是重在表现双拥这样一个具有时代色彩的思想主题。这台晚会的15个节目，不论是气势磅礴的大合唱、韵味深长的男女声独唱，还是如行云流水的舞蹈、让人叹为观止的杂技，抑或是在捧腹之后发人深省的小品，都集中表现了全国军民紧密团结在以胡锦涛同志为总书记的党中央周围，高举中国特色社会主义伟大旗帜，以邓小平理论和“三个代表”重要思想为指导，深入贯彻落实科学发展观的伟大实践。值得一提的是，表现双拥这样一个年年不变的主题，《旗帜高扬春光好》的编导们不是因循守旧地用老套路，简单地把旧故事、老歌曲重新排列组合，而是推陈出新，时时扣住当今的时代生活。其中，让人过目难忘的短剧《甜水》，是一个反映新时期军民关系的典范作品。故事取材于宁夏回族自治区彭阳县的陡坡村，这里自古干旱缺水，水的问题严重影响了当地人民的生产生活。2007年9月，宁夏军区给水团奉命开赴陡坡村，克服千难万险为当地人民打出3口甜水井，解决了1400多名回汉群众的吃水问题。就这样一个真实故事，艺术家们编排了一个只有十几分钟的节目，叙述了老百姓祖祖辈辈对水的渴盼，叙述了人民群众对子弟兵的疼爱和拥戴，特别是最后人民群众准备用特殊方式去看望和答谢给水团的子弟兵时，收到的却是一封部队已转移到新的地方为百姓找水的告别信。这样一个来自生活的平凡故事，被演员们表现得一波三折，催人泪下。应该说，如果没有艺术家到生活的第一线去进行扎扎实实的采访创作，是写不出这样活生生、水灵灵，充满着鲜活气息的优秀作品的。

这个短剧的创作给每年一度的双拥晚会一个很重要的启示，那就是把一些新闻价值很高的刚刚发生过的故事搬上舞台，具有特别的思想意义和艺术价值。2006年双拥晚会的节目《卡德尔大叔的日记》就是个开端。这个以弹唱形式演绎的发生在新疆少数民族地区的双拥故事，之所以能引起军内外轰动，进而成为一个由艺术作品引发的新闻热点，很大程度上就在于作品最迅速最生动地反映了生活。今年艺术家们又把给水团的故事搬上舞台，并且成为今年双拥晚会的又一亮点，同时因为故事表现的内容时间离我们最近，空间离我们最短，因此也最能引起我们最强烈的心理共鸣。因此，艺术作品要真正赢得人民喜爱，就应该扎扎实实地向生活学习，做到贴近生活、贴近群众、贴近实际。

《旗帜高扬春光好》沿着鲜活生动地表现现实生活的路，应该说作出了认真而扎实的努力。整台晚会的15个节目，绝大部分都是刚刚创作完成搬上舞台的。歌舞《千歌万曲献给党》、二重唱《党啊，我想对你说》、舞蹈《丰收的喜悦》以及独唱《我们是一家人》、歌舞《旗帜颂》等，内容都具有极其强烈的时代色彩，表现了亿万军民对党发自内心的真诚拥戴和热爱，表现了中华民族对我们国家迈向和谐繁荣发展的新时期那种由衷的自信和豪迈。艺术的完美呈现，源于艺术家对时代生活的准确把握和理解，源于艺术家热爱生活的真挚情感。刚刚结束的党的十七大，刚刚让世界为之惊叹的绕月飞行，作为“现在进行时”的迎奥运活动，等等，这些都恰如其分地作为艺术元素融入了整台晚会。从二重唱《奔月》、杂技《奥运动律》到独唱《走过新华门》，都以流畅优美的艺术表现赢得了观众赞许的掌声。这些掌声，是广大观众对艺术家创造性劳动的嘉勉和认同。

即使那些经典作品的再度呈现，编导们也给了它崭新的寓意。如合唱与领唱《拥军花开代代红》，选用了5首为中国百姓喜闻乐见且耳熟能详的经典歌曲：《军队和老百姓》《拥军花鼓》《愿亲人早日养好伤》《三杯美酒敬亲人》《边疆的泉水清又纯》等，不仅因旋律优美为观众所喜爱，更因为它们作为讴歌军民关系的艺术作品而成为经典。虽是老歌，但经艺术家们的再创作，给观众的是一种全新的审美感受。这种感受，不仅是对艺术美的愉悦和回忆，更是对现实生活的观照和折射。特别是作为舞台背景的投影大屏幕，伴随着歌曲的内容，画面上不时出现的“全国爱国拥军模范人物”的身影和感人的拥军场景，经典画面一下子把历史和现实、艺术和生活、舞台和社会有机地融为一个整体，收到了非同寻常的艺术效果。

双拥晚会作为当今中国军民过大年的一个艺术盛宴，它的意义已经超乎艺术之上，这不仅是因为党和国家的高层领导和普通百姓一道来品味这道“年夜饭”，更是因为它所表现的内容与国家发展、百姓心态，与经济形势、时代主题那么紧密地联结在一起了。正是因为这样，对艺术的要求就不能简单地搞一个“艺术大拼盘”，将明星、名曲、名段简单组合一下，而是要依据生活进行创作，追求创新，要力求把它打造成年度双拥的艺术报告，这无疑给军旅艺术家们出了一道必须面对的年度考题。值得高兴的是，双拥晚会沿着寻求创新的路已经开始了大步跨越，我们相信沿着这个路走下去，这个艺术品牌终将成为中国老百姓倍加珍爱的“老字号”。对此，我们满怀期待和厚望。

盛世歌舞映春晖——2008年军民迎新春

文艺晚会《旗帜高扬春光好》印象

袁厚春

每逢中华民族一年中最盛大的传统节日——春节到来之际，以军爱民、民拥军为主题的双拥晚会，总是献给全国军民的一道精神盛宴。而今，因为有不久前胜利召开的中国共产党第十七次代表大会划时代的光辉照耀，有世界瞩目的奥林匹克运动会即将在中国的大地上展开，今年的晚会不能不格外引人关注。音乐渐起，梦幻般的七彩光环与鲜花在朦胧中苏醒，由暗渐明，身着各民族服饰和军装的青年男女，更有一群欢呼雀跃的孩子们，自舞台深处扑面而来，载歌载舞，将观众陷于歌声与笑脸、色彩与音乐的海洋，令人心旷神怡，一时不知此身何处……难道，这还是20年前落成的那个条件有限的中国剧院舞台吗?

人类的创造性，在于变不可能为可能；艺术的魅力，在于将天下诸事摄于眉眼之间，将人类用肢体器官不可触摸的事物，变为可视可感的生动形象。“我是一掬水，飘洒在天空，因为有了阳光我才成为彩虹；我是一粒种，播撒在大地，因为有了春风我才郁郁葱葱。党啊亲爱的党，我想对你说，你就是我的太阳我的春风……”来自驻京某部的战士们在青枝绿叶的映衬下，织成一朵巨大的金灿灿葵花，那正是他们洒满阳光的笑脸，亦即对党和人民赤诚情感的写照。倏尔，舞台光晕渐转，耳畔传来清凌凌的流水声，水帘幕下，沈阳军区政治部文工团的“凌波仙女”们上演了一幕杂技《荷韵》。她们展示的当然不只是优美，更有对荷花连同拇指粗细的花茎凌空顶接的绝技，那花与茎飘飘忽忽地飞起，都激起观众一阵由惊而喜的吁叹：在剧场飘忽不定的空气阻力干扰下，人的能力竟可达到电子化、数字化技术方能达到的精准度！杂技艺术的独特魅力，正在于它满足了人类开发自身潜能的无限向往和信心。

无独有偶，晚会的另一个以杂技为主体的《奥运动律》，同样让观众经历了一次对人自身潜能的惊人发现。五只巨大的象征奥运标识的双层钢环，仅凭环内演员以姿态引起钢环重心、倾斜角度变化而达成各种优美而离奇的滚动，而绝无外力推动，犹如“嫦娥一号”探月卫星进入自由轨道一般。力与美、科学与艺术、人与自然的和谐统一，让观众进入了忘我的境界，一时不知此身何处。笔者由于工作关系，自10年前即了解军委曾授予“艺坛楷模”荣誉称号的广州军区战士杂技团开发、创作此项艺术的艰辛历程，历经无数挫折与失败而不弃不悔，终于进入了驾驭规律、实现力与美相统一的自由境界。

在笔者看来，艺术的创作与欣赏就是个虚实相生的过程。创作是从实的生活中提炼和萃取，欣赏则是在艺术品的激发下还原为自身所知所感事物的过程。晚会至少有两个亮点让笔者验证了上述规律。其一，短剧《甜水》其实不是“剧”，也称不上典型的小品：一二十名身着西北乡村服装的演员站成一大排，背后藏着一口大缸，围绕拿什么给出阁的姑娘做嫁妆引发一场争辩……谁能想到，他们最倾心、最隆重的嫁礼竟是还差一巴掌的一缸水！正是它们，寄托了当地农民世世代代对水的渴盼，盛满了对子弟兵为他们打出第一口甜水井的万般情感。形式是如此“呆板”，故事是如此“简单”，在观众心里激起的波澜却是久久难以平静的。

其二，有一首独唱歌曲叫《走过新华门》。新华门，凡住过、到过北京的人谁没见过？司空见惯。艺术家也是从这里下笔的：“北京城有宽阔的长安街，长安街有庄严的新华门。新华门那敞亮的大门口，‘为人民服务’金灿灿写得真……”句句大实话，毫无夸饰之词，观众无不认可。但是，艺术家从那司空见惯的朴素形象里延伸出来的情感和意念，却是人人心中所有而笔下所无的：“任凭那天变地变山河变，执政为民始终刻在心。以人为本情系百姓千万家，这是咱共产党鲜活活的根！”庄严与朴素，历史与现实，执政与为民，一切的变与不变，在观众心中不留痕迹地导引出一种真切、宏阔、坚实的信念与情感，言有尽而意无穷。

盛世歌舞而少有浮华夸饰，似曾相识而不乏时代新风，耳熟能详之声不掩新锐，威武之阵与欢声喜气共生。这正是数百万子弟兵献给全国父老乡亲的一道大年贺礼。

短剧《甜水》的创作访谈

王文斌　刘　璇

在今年的双拥晚会上，短剧《甜水》以其深厚的思想内涵和饱蘸深情的艺术表达，把宁夏军区给水团为民找水打井的故事生动地展现在了观众眼前——

《甜水》主创谈《甜水》

编剧王宏：甜水醉心田

获知宁夏军区给水团先进事迹的第二天，我和李文绪、王宏坤等几个作者已站在陡坡村的山梁上。爱民井旁，我们接过村支书捧来的甜水一饮而尽，仿佛立马开通了创作的灵窍。而窑洞中的促膝长谈、田垄间的短暂邂逅，更让我们收获了沉甸甸的创作素材。

赶回剧组后，几个通宵的苦思冥想，自以为成竹在胸的我们，写出来的竟是一个老生常谈的故事。长时间的沉默过后，我们终于悟出：陡坡村的故事是一首首尾相连、绵长隽永的诗，不可断章取义，亦难以单摆浮搁。于是，在一个飞雪的夜晚，我们与演员黄宏一起，二下陡坡村，三进给水团。

没水的苦，打水的难，出水的喜，乡亲们与战士难舍难分送别的情景……像一个个电影镜头在我们面前播映。在回京的路上，一个个故事由模糊转为清晰，由平淡转为动人。我们终于找到了一个大写意的叙事方式：戏随老支书的心语流淌，情随众乡亲的行为奔放。从缺水的苦涩到打水的艰难，从出水的狂吼到离别的清泪，至此，短剧《甜水》的式样已越过稿纸，坚实地站到了心灵的“舞台”上。

需要说明的是，《甜水》十易其稿，但始终一字未改的恰恰不是作者创作的台词，而是那封陡坡村人写给总书记的信。信中的语言饱含真情，那不是我们能编出来的，那是剧中真正感人的台词，不，那不是台词，那是真情的告白，那是大地的回声。

甜水醉心田。假如没有陡坡村的那口井，没有老支书递过来的那杯甜水，我真的不敢想象在今天的双拥舞台上我们会拿什么献给自己的衣食父母。

导演胡宗琪：朴实呈现艺术美

面对一个融“叙述”“回忆”“再现”为一体、总长度只有 14 分钟的短剧，我陷入深深的思考：究竟以怎样的戏剧语汇讲述这个真实的故事？究竟选择哪种舞台样式来传递“老百姓感谢党、感谢解放军”的真切愿望？

“表现”和“象征”的手法在这里得到最充分的运用：舞台上搭起了一片“高天厚土”，带着褶皱的宽厚衣裤，勾勒出山区农民敦实、质朴的形象，巨大的水缸里盛满了世代没水喝的“苦涩”，那幅画着两只鹅的图画描绘着山区孩子们对未来生活的憧憬，那双一大一小的布鞋装满了乡亲们对子弟兵的谢意厚爱，用被面儿缝制成的锦旗织绣出全体回汉村民对党、对解放军的感激和敬意。短剧《甜水》在那首流传了数十载的“童谣”声中开始，又在滴水声中流淌出的一个个清脆的音符渐渐化作一曲“吃水不忘打井人”“没有共产党就没有新中国”的咏唱声中结束。整个舞台呈现充满着这样的寓意：陡坡村的百姓们“吃水难的问题”能够受到中央领导同志真真切切的关注并得以解决，那一眼眼解放军打出的井里喷涌出来的水，一定是“甜”的！

主演黄宏：艺术之根在生活里

原本按照要求，我们很快为今年的晚会创作好了一个反映转业干部的小品，但总觉得生活味不浓。得知宁夏军区给水团的事迹后，我异常兴奋，决定放弃已编排好的小品，去陡坡村体验生活，重新创作。在田间地头、崖畔窑洞、打井现场，我与村民、战士们唠家常，在他们身上，我读懂了什么是纯朴，什么是奉献，什么是幸福。

短剧《甜水》创作完成后，为了使人物塑造更接近生活，要求用西北方言演出，这向我提出新的挑战。我参加双拥晚会 16 年之久，以东北方言制造喜剧效果，已被军内外多数观众接纳和喜爱，轻易改变自己，无疑是一种冒险。但我告诫自己：“当扑面而来带着清新气息的生活向我们走来的时候，我必须向它迎头走去。”于是，我下定决心要改变，并且是彻底改变。

语言障碍着实让我费了些功夫。刚拿到剧本的前三天里，我一句台词都没敢说出口。我买来录音机，请导演把台词用西北方言录制下来，在家里一字一句地学。由于短剧主要是通过老支书盼水的讲述贯穿始终，我的台词量相当大，足足长达 10 分钟，我只有每天演出前早早地来到后台，一个人上演着“独角戏”。

第一次审查，当领导对我的表演给予充分肯定时，我激动不已！我知道，《甜水》能赢得一片叫好声，得益于陡坡村之行，得益于生活的滋润。此次创作，不仅成就了一个艺术作品，更培养了我们到生活中寻“根”的意识。因为，树的根在土里，雨的根在云里，艺术之根在生活里。

写给观众的话

艺术总监印青：经过许许多多的不眠之夜，第 19 届双拥晚会终于落下帷幕！如果晚会那全新的身姿和容颜能给你带来愉悦、享受和力量，那将是我们最大的欣慰。

总导演李福祥：艺术最难找到的是“恰当”二字，舞台艺术的美，对导演而言就像大厨放入的一把盐——咸淡可口。

艺术顾问阎肃：我是个 78 岁的创作者，但我人老心不老。追着时代的浪潮去思维和创意，是我每天的功课。如果我写的歌词能让你怦然心动，那我会为此而心花怒放。

撰稿王晓岭：每年的这个日子，我们都要描绘春天、欢庆幸福、展望未来；每年的这个时刻，我们都要为祖国放歌、为时代起舞、为军民祝福。战友们，唱起来跳起来吧！

文学统筹赵大鸣：充满激情也蕴含寂寞的字里行间里，有你、有我，也有他。伟大的士兵兄弟，你们永远是我们创作者的生活源泉！

音乐统筹刘琦：带着喜悦，我们高歌盛世；和着激情，我们踏歌起舞。

舞蹈统筹赵小津：舞蹈是需要编导的智慧和演员的肢体共融才能完成的艺术，希望它除了美，带给你更多温暖和感动。

小品统筹王宏：小水通大河，品高知音多。把原本真实的故事给予更加诗意化的表达，是一段虽然艰辛但充满愉悦的过程。感谢生活，感谢观众。

杂技统筹杨笑阳：远方的战友，美丽的《荷韵》和动感的《奥运动律》等着下哨回来的你，一定要记得观看啊！

舞美总设计李文新：愿我们的舞台美术不仅能扮靓整台晚会，更能给你留下美好的记忆，带来美的享受。

服装总设计姜小明：借双拥晚会这个平台，捧给你一个赤橙黄绿青蓝紫的服装盛宴。色彩在这里荟萃，时尚在这里凝聚，定有让你眼前一亮的美丽！

音乐：紧扣主题谱写华章

段盛斌

19 年来，几乎每年的双拥晚会都能诞生几首精品歌曲流行于世，推出几个歌坛新秀扮靓舞台。2008 年军民迎新春文艺晚会也不例外。在这台晚会中，其主题立意、结构布局、内容表述和形式特色都由音乐的艺术功能所承载，可以说音乐创意成为整台晚会的重要枢纽。

序曲歌舞《盛世欢歌》开宗明义，以民族化的音乐素材、清晰明快的结构和昂扬奋发的旋律，在热烈、自豪、欢快、喜庆的情绪中，抒发了中华儿女珍惜好时代、共建和谐社会的喜悦心情，给晚会奠定了积极向上、欢快热烈的基调。

承接着序曲主题的基本要素，第一场歌舞《千歌万曲献给党》，以老、中、青三代艺术家同台献艺的独特形式，融合领唱、组唱、合唱、舞蹈等多种艺术样式，将党的十七大精神要旨予以生动展现，既有对在中国共产党领导下、国家建设各个领域所取得伟大成就的热情歌颂，又表明了人民军队将始终坚持党的绝对领导的坚定信念，更抒发了全军指战员与全国人民一道，坚持以人为本、共建和谐、团结奋进、锐意改革、坚持开放，紧跟中国共产党，阔步走在中国特色社会主义道路上，推进祖国建设又好又快发展的豪情壮志。二重唱《党啊，我想对你说》直抒胸臆，表达了人们对党的感激和崇敬，洋溢着沐浴党恩生活的幸福和自豪。这首作品民族风格浓郁，节奏舒缓，刚柔相济，充分诠释了党同人民群众血肉相连的至情至理。

第二场歌舞的开端别出心裁地将一批经典老歌重新编配，搬上了舞台。合唱加领唱的形式，充分展现了军爱民、民拥军的永恒主题。《军队和老百姓》《拥军花鼓》《愿亲人早日养好伤》《三杯美酒敬亲人》《边疆的泉水清又纯》等传唱不衰的精品佳作，在近年来活跃于军内外舞台的新秀演绎下，趣味横生，表达了双拥传统薪火永盛、代代相传的深刻寓意。情景演唱《当那一天来临》更以明快有力的节奏，始终紧扣军旅生活，着力塑造出新时期军人的战斗气质。

尤其值得一提的是几首为本台晚会特别打造的歌曲。二重唱《奔月》将艺术性、民族性和时代性融为一体，旋律婉转激扬，节奏舒缓又内蕴激情，在谭晶、戴玉强亦柔亦刚的演绎中，将亿万人民对成就飞天梦想的航天英雄的赞美表达得淋漓尽致；独唱《我们是一家人》和《走过新华门》，则以朴实的语言、优美的旋律、精心的配器，突出表现了共产党人“以人为本，执政为民”的全心全意为人民服务的宗旨。而作为整台晚会的尾声，大气磅礴、辉煌壮丽的歌舞《旗帜颂》，以特殊的音乐结构产生了绝佳的艺术感觉，既有通谱歌一气呵成的洒脱，又有分节歌荡气回肠的流畅。在音乐素材方面，它与开场音乐首尾呼应，再现了高扬旗帜的晚会主题，歌唱家彭丽媛深情而真切的演唱与合唱队高昂激越的伴唱交相辉映，将晚会推向了激动人心的高潮。

《风雪小站》30 小时诞生记

李文绪

临近春节，中国南方部分地区出现了严重的低温雨雪冰冻灾害。中央领导同志亲赴一线，指挥抗灾救灾，把温暖和关怀送到灾区；军队和武警部队官兵迅速奔赴抗灾一线，帮助群众排忧解难，全国上下万众一心，军民团结众志成城。

为时代传声，为人民传情。2008 年 2 月 1 日 13 时，为了配合抗雪救灾，用艺术作品宣传鼓舞抗灾救灾军民，总政领导要求在最后两天的演出中加入一个反映抗雪灾内容的小品。时间紧迫，十万火急。

当天 14 时 30 分，创作演出人员集中在中国剧院休息室。已经忙了半年的小品统筹王宏当即立下军令状，坚决保证按时按点儿、保质保量完成任务。谁都知道，编排一个全新的小品，而且第二天就要在舞台上向中央领导汇报演出，且不说本子是否能及时写完，仅服装、道具、舞美这些都是需要时间去设计制作的，还有演员要熟悉并背记台词，谈何容易！可任务不等人，时间不等人。有关领导动员大家——集中优势兵力，打一场攻坚战，多头并进，迅速展开。

15时05分，小品创作组根据宣传部领导提供的素材开始构思故事，设计人物和情节。

音乐、舞美、道具、服装设计者同步进入状态。

15 时 30 分，故事结构初步显现：以一个南方三等小站的广播室为故事发生地点，以站长为主要人物，以表现社会各界在雪灾来临之时，万众一心，互帮互助，共渡难关的感人事迹为主要情节，小品定名为《风雪小站》。主要人物的定位、舞美和道具也陆续成型，开始制作。

18 时 30 分，已经过了开饭的时间，但没有一个人觉得饿。小品剧本以惊人的速度完成一半，编剧们却发现信息量不够。紧急电话求援后，有关部门将反映第一线抗灾的事迹材料及时传真过来，剧组终于在 19 时 30 分完成了剧本创作。

21 时，还来不及卸妆的演员邵峰、徐囡楠、于宙从演出现场直奔剧组。演员们都明白，尽快投入排练，是确保第二天演出顺利的唯一途径。

23 时，演员对词完毕，开始进行调度排练，音乐进棚剪辑。直至第二天凌晨 4 时，小品初排完毕，演员才休息。

2 月 2 日 9 时，仅仅睡了三四个小时的演员们，又在中国剧院的舞台上与舞美、灯光、道具、服装各部门开始舞台合成。

14 时 30 分，小品完成修改排练，进入巩固排练阶段。

18 时，经过短暂的 1 小时休息调整，全体演员进入中国剧院开始化妆，做演出前的最后准备工作。

19 时 45 分，2008 年双拥晚会演出正式开始，小品《风雪小站》赢得了观众经久不息的热烈掌声，全体主创和演员们在后台热情拥抱，每个人的眼角都挂着激动的泪水。

杂技：高难险美绽放新葩

耿文婷

在历届双拥晚会的舞台上，杂技总是格外引人注目。今年，《荷韵》与《奥运动律》两个节目又在高起点上满足了观众的审美期待，以令人惊叹的艺术魅力赢得了满堂喝彩。

自古以来，杂技只是一项“能为人所不能为”的高超技艺。富有创造力的军旅艺术家却为这门纯粹的技巧赋予思想的内涵，使其向更广、更深的领域拓展。今年的杂技节目，没有停留于军事题材杂技已经取得的成绩，而是以一种开拓进取的精神分别在反映重大主题、重大事件上做了非常成功的突破。

杂技《荷韵》以荷花为道具，以大屏幕上呈现的荷塘为背景，把观众引领到了“出淤泥而不染”的荷花世界。创作者准确地把握住民众心中越聚越浓的呼唤和谐这一心理需求，遂采取荷花、荷塘的意象立意节目，使观众置身于沁人心脾的“和美”意境中，深切体味到和谐文化的魅力，从而巧妙地将建设和谐文化的主题传达出来。这是军队杂技以极富创新精神的艺术语汇，对党的十七大精神的解读。而杂技《奥运动律》则以象征奥运的五环作为媒介，传达出中国人期盼奥运的喜悦心情和精神风貌。

杂技作为高、难、险的人体技能，主要是传递给人以“险”的观感。但军旅艺术家们却将杂技与舞蹈相融合，为这门纯粹技术穿上美的霓裳，使其“美感化”。杂技与舞蹈的融合如花中蜜、水中盐，有味无痕，意味无穷。我们看《荷韵》，就仿佛在欣赏一个优美的舞蹈节目；看《奥运动律》，则恍若在欣赏一个激情澎湃的热辣劲舞。盐与蜜好比杂技本身，乃味道、品质之真髓，是内含于《荷韵》与《奥运动律》中极其高超的绸吊与滚环技巧，而花与水好比舞蹈，美妙的舞蹈语汇为杂技罩上了艺术的神韵。杂技语言与舞蹈的形式美感浑然天成、水乳交融，为观众带来了无与伦比的审美享受。

仅如此，《荷韵》与《奥运动律》还以舞蹈无法比拟的高空造型技巧，为观众呈现了“立体”的荷花与五环之美，演员在音乐、布景、道具、服装、大屏幕的倾力配合下，创造了令人叹为观止的视觉奇观。在杂技《荷韵》中，演员的表演始终伴有空谷幽兰般缥缈幽远的音乐，与大屏幕呈现的荷塘夜色相契合，把观众引领到了优美静谧的艺术意境中。在杂技《奥运动律》中，演员则在明快激昂的音乐主旋律中，以起伏有致的 3 个段落，将中华民族向着更快更高更强进发的奥运激情充分地表达了出来。

可以说，今年双拥晚会的杂技节目在思想、艺术上所取得的巨大成功并不是偶然的，它是军旅艺术家一如既往的创新精神结出的硕果。我们相信，以这种创新精神继续努力，我国的杂技艺术一定会在社会主义文化大发展大繁荣中取得更加辉煌的成绩!

追求恰当与大美

访双拥晚会总导演李福祥

高小立

在名为《旗帜高扬春光好》的军民迎新春文艺晚会上，开场大歌舞《盛世欢歌》一下子就把整台晚会的主题和基调淋漓尽致地传达了出来。正像晚会总导演、总政歌舞团副团长李福祥总结的那样：高规格、高格调、高品质、高水准、高质量。

李福祥告诉记者，双拥晚会每年的主题虽大致相同，但在艺术表现上力争出新。今年更加强调了主题的鲜明，每个参与晚会创作的同志都带着党的十七大胜利召开后的喜悦心情，纷纷表示要通过这台晚会歌颂我们的党、歌颂我们的军队、歌颂双拥工作的新发展，并通过相应的艺术形式把晚会主题突出、外化出来。李福祥说，在内容和形式上，我们追求两个字——恰当，这也是艺术追求的最高境界。比如开场大歌舞《盛世欢歌》就恰到好处地体现出了热烈、喜庆、欢快、大气的艺术风格。从舞美到服装的色彩上，我们选择了最鲜亮夺目的四种颜色，从道具上让鲜花布满舞台，我们用美丽的花朵象征着祖国的美好。的确，记者在观看整台晚会时，突出的感受是：舞台上展现出来的无论是色彩、灯光，还是造型、美术，都太漂亮了，再加上整个节目的精美编排，使一台主题非常强烈的综艺晚会既赏心悦目又有感染力，晚会体现出来的是一种大情感、高境界。看得出，艺术家是在用真情歌颂党、歌颂军队、歌颂双拥。

艺术需要创新，双拥晚会的难点也在创新上。李福祥是这样理解创新的：创新不是追求新奇，而是追求恰到好处，要表现时代的恰当，内容和形式的恰当，人物欣赏的恰当。整台晚会看下来给记者的感受就是每个节目都有令观众眼前一亮的兴奋点。比如新创歌曲《党啊，我想对你说》的创新动机就很简单。李福祥说，这个节目运用极为简单的做法，准确地表达出了“党是太阳我是花”的深刻含义。演员用手中的翻板组成了一个巨大的葵花，营造出了葵花向太阳的宏大场面，把人民军队对党的热爱非常艺术化地表达了出来，观众看后既亲切又受感染。

李福祥对这台双拥晚会最大的感触就是：要综合各种手段达到晚会的思想性、艺术性和观赏性的统一，晚会的创新基于用旧材料进行新综合，在不追求惊奇之中见恰当和大美。

亮点、兴奋点此起彼伏

访双拥晚会撰稿人王晓岭

高小立

晚会是综合艺术的体现，是由一个创作集体共同完成的。晚会的撰稿更是和各个方面、各个环节紧紧相连。著名词作家、晚会撰稿人王晓岭谈起双拥晚会的每个节目都如数家珍。

接到任务后，王晓岭和主创认为这台双拥晚会是在党的十七大胜利召开之后贯彻落实十七大精神的一次具体体现，也是回顾过去一年、展望新一年的辞旧迎新时刻。过去的 2007 年，中国的喜事、大事接连不断，一年来国家发展变化和国际格局变化的亮点、焦点很多。随着 2008 年的到来，最令中国人兴奋的两件事就是北京奥运会和改革开放 30 年。这些都要考虑在内。再就是双拥晚会最中心的主题——拥军爱民的艺术体现更不可少。王晓岭认为，以上这些都要找到相应的艺术形式并准确地加以表现，并力求找到出新的点。

就歌颂党的十七大这一晚会主题，几位主创认为，从开场到结尾都要浓墨重彩地加以表现。开场的三个节目从不同侧面歌颂了党、歌颂了党的十七大。开场的大歌舞《盛世欢歌》开宗明义地表达了晚会的主题，形成了宏大、热烈、欢庆的氛围，紧接着的歌舞《千歌万曲献给党》以老中青三代歌唱家欢快、热烈的同台演唱，表达了全国各族人民对党的十七大的由衷赞美，具有强烈的感染力。晚会第二部分以歌曲联唱的形式，反映了构建和谐社会的主题，其中拥军部分是从人民热爱子弟兵的角度表现了人民对军队的支持和帮助。背景画面中呈现出了拥军人物的事迹。舞蹈《丰收的喜悦》表现了社会主义新农村建设取得丰硕成果和各民族的喜悦。晚会的第三部分主要表现人民军队的建设成就。王晓岭作词的情景演唱《当那一天来临》用全新的情景造型表演形式，既有气势又不死板，极富感染力地表现了人民军队战无不胜的钢铁意志。晚会的第四部分是以不同艺术形式反映祖国的大事和喜事。如二重唱《奔月》、杂技《奥运动律》。临近晚会尾声，宋祖英的独唱《我们是一家人》、阎维文的独唱《走过新华门》和以真实故事改编的短剧《甜水》，表现的是中国共产党以人为本、执政为民的执政理念，与开场形成了呼应，感人至深，回味无穷。歌曲《旗帜颂》作为压轴戏由彭丽媛深情演绎，将晚会推向了最高潮。

王晓岭说，看过晚会的有关人士对晚会的评价是：主题鲜明，节目紧紧围绕党的十七大精神弘扬了主旋律，有很强的视觉冲击力，整台晚会兴奋点、亮点不断，是一台难得的精品晚会。

节目单

2008年军民迎新春文艺晚会

《旗帜高扬春光好》节目单

序：歌舞《盛世欢歌》

作词：王晓岭　　**作曲**：印　青　刘　琦

编导：赵小津　许　谨　纪家萱　易　杰　杨　华

表演：国雅琦　黄　晨　潘永超　位　莅　唐晓芸　胡楚洁等

一、歌舞《千歌万曲献给党》

作词：赵大鸣　　**作曲**：印　青　刘　琦

编导：纪家萱　易　杰

演唱：李双江　耿莲凤　王宏伟　王庆爽　严当当　刘一祯　吴靖苹　宗晓琳　孙　佳　金　岚　徐　娜　宋立忠　梁召今　霍　勇　赵景春

合唱：中国人民解放军合唱团

表演：陈雅斓　查娇娇　黄路霏　姜浩云　杨　秋　董　欣等

二、二重唱《党啊，我想对你说》

作词：马金星　　**作曲**：平　远　刘可欣

编导：张　强　　**演唱**：吕继宏　吕　薇

表演：解放军66284部队

三、杂技《荷韵》

编导：杨笑阳　陈　琛　　**教师**：邱清云　陈楚玲　曾令强

作曲：赵　麟

表演：郑　茜　邱　健　李萌萌　沈　静　刘　畅　赵　志等

四、合唱与领唱《拥军花开代代红》

编导：薛　刚　边　华　　**编合唱**：李沧桑

配器：鄂　矛　　**合唱**：中国人民解放军合唱团

1.《军队和老百姓》

作词：张达观　　**作曲**：张达观

2.《拥军花鼓》　　根据陕北民歌改编

填词：安　波　　**领唱**：吴　娜

3.《愿亲人早日养好伤》

作词：程　凯　阎　肃　　**作曲**：刘廷禹

领唱：王丽达

4.《三杯美酒敬亲人》

作词：杨　华　　**作曲：**晓　河　茹　辛

5.《边疆的泉水清又纯》

作词：凯　传　　**作曲：**王　酩

领唱：雷　佳

五、舞蹈《丰收的喜悦》

作词：王晓岭　　**作曲：**李沧桑

编导：何燕敏　李维维　达娃拉姆　杰　克　金美花

表演：柴明明　庞妮娜　薛碧柳　美力古丽　张　景等

六、情景演唱《当那一天来临》

作词：王晓岭　　**作曲：**王路明

配器：张宏光　　**编导：**杰　克

演唱：刘　斌

合唱：解放军66284部队　武警总部直属支队

七、二重唱《奔月》

作词：贺东久　　**作曲：**刘　琦

编导：薛　刚　边　华　　**演唱：**戴玉强　谭　晶

表演：陈忠媛　任希儿等

八、杂技《奥运动律》

编导：杨笑阳　刘晓栋　　**教师：**高俊生

作曲：鄂　矛

表演：唐谱刚　陈　华　朱　臣　金　鑫　吴晓林　孙立佳等

九、小品《风雪小站》

编剧：王　宏　王宏坤　李文绪

导演：王　宏　尚大庆

表演：邵　峰　徐囡楠　于　宙　王宏坤　郭　笑　邢宇菲等

十、二重唱《大雪无情人有情》

作词：西　南　　**作曲：**印　青

配器：刘　琦　　**编导：**赵小津　杰　克　薛　刚

演唱：蔡国庆　白　雪

表演：解放军66284部队　武警总部直属支队等

十一、独唱《我们是一家人》

作词：刘世新　　**作曲：**孟庆云

配器：鄂　矛　　**编导：**官美华

演唱：宋祖英　　**表演：**韩　眉　张　睿等

十二、独唱《走过新华门》

作词：阎　肃　　**作曲**：刘　青

配器：朱嘉禾　　**演唱**：阎维文

十三、短剧《甜水》

编剧：王　宏　李文绪　王宏坤　黄　宏

导演：胡宗琪

表演：黄　宏　肖　虹　尚大庆　李文绪　王晓娟　贾云哲等

十四、歌舞《旗帜颂》

作词：阎　肃　　**作曲**：印　青

配器：刘　琦　　**编导**：杰　克　金美花　蔡丽雯

演唱：彭丽媛　　**合唱**：中国人民解放军合唱团

表演：张玮玮　翟晓霞　肖　雨　木巴拉克　崔晓辉　康　乐等

监　　制：王建伟　张西南　黎国如

策　　划：汪守德　秦　威

艺术总监：印　青

总 导 演：李福祥

艺术顾问：阎　肃

撰　　稿：王晓岭

文学统筹：赵大鸣

音乐统筹：刘　琦

舞蹈统筹：赵小津

小品统筹：王　宏

杂技统筹：杨笑阳

舞美总设计：李文新　朱　权

灯光总设计：杨卫东

服装总设计：姜小明

音响总设计：任晓兵

舞台总监：李云龙

演出总监：姚志清

舞美总监：段京飞

主 持 人：于紫菲　于　芳　马　跃

演出协调：段　海　朱　敏

电脑屏幕编导：赵　伟

电脑屏幕设计：冯晓宇　田　源

舞美设计：孙迎军　英光辉
灯光设计：董　江　毛柏军　武　峥
音响设计：李晓剑　鲍宏巍　李来宏
化妆设计：莽珊珊　隋　颖　张玲亚
服装设计：陈淑珍　刘　洁　丁冀燕　姚文雯
道具设计：李恩杰
音乐编辑：宿永良
音乐录制：陈　庆　李洁慧
剧院主管：李云龙　孟　薇
前台主任：李志强　金东平　王　军　高俊生　洪　雁　严　涛
刘　勇　王　红　王　伟　加米拉　蔡　鹏　常　亮
吴恩河
后台主任：董争臻　石诗华　梁　虹　于　颗　周　宁　叶　颖
杨　华
剧院协调：王　超
舞台管理：姜　滨　朱宜庄　张　伟
视频技术：王中孚　茅云祥　陈臻誉　曲向东　毛永顺　邹振忠
追　　光：王水林　李向忠　王广恩　朱绿波
灯光操作：雷晓斌　张　凯　周世伟　尹亚超　韦　阳　张仕聪
李少磊　尚　宇　雷书道　汪小鹿　王军平　白国权
音响操作：吕国成　李志辉　曲　严　兰　明　曲博博　王　伟
李　涛　王　树　窦　军　寇　淳　刘长胜
吊杆操作：葛双起　李文灿
机械舞台：张　木　米　军
字　　幕：窦学臻　侯玉斌　丁顺磊
水　　幕：郭小靖
剧院保障：陈安隆　赵相有　宋朝霞　蒋建升
舞台保障：陈　东　徐根生　高正明　杨玉林　刘　芳　徐　旭
场　　务：王永久　陈　红　张荣荣　王鹏飞　郝玉慧
舞美制作管理：徐长礼　孙云鹏　孙康宁　张国建　陈国连
服装管理：潘晓波　金永明　李志平　向绍春
安全保卫：杨清章　杜大壮　王安平　孙能林　刘新忠
后勤保障：王边境　王峰安　马以建　钱　怡　魏述年　崔富国
灯光舞美工程：北京卡乐佳艺科技有限公司

演出单位：总政歌舞团
总政话剧团
总政歌剧团
解放军艺术学院
八一电影制片厂
沈阳军区政治部文工团
北京军区政治部文工团
兰州军区政治部文工团
济南军区政治部文工团
南京军区政治部文工团
广州军区政治部文工团
海军政治部文工团
空军政治部文工团
第二炮兵政治部文工团
武警部队政治部文工团
内蒙古军区政治部文工团
新疆军区政治部文工团
西藏军区政治部文工团
解放军仪仗大队
解放军 66284 部队
武警总部直属支队
空军蓝天幼儿艺术团
中国剧院

特别鸣谢：四川五粮液集团有限公司

鸣　　谢：北京太阳圣火广告有限公司

网络支持：中国人民解放军政治工作网
中国军网
中国长城互联网

2009 年军民迎新春文艺晚会在京举行

胡锦涛、吴邦国、温家宝、贾庆林、李长春、习近平、李克强、贺国强等出席

解放军报北京 1 月 21 日电：春风浩荡满神州，万众一心向前进。1 月 21 日，2009 年军民迎新春文艺晚会在北京中国剧院举行。党和国家领导人胡锦涛、吴邦国、温家宝、贾庆林、李长春、习近平、李克强、贺国强等与首都军民欢聚一堂，共贺新春。

中国剧院洋溢着一派喜庆祥和的节日气氛。晚 7 时 40 分许，胡锦涛等党和国家领导人步入晚会现场，向大家亲切致意，表示新春的祝福。全场响起了热烈的掌声。

晚会在歌舞《喜迎春》中拉开帷幕，欢腾热烈的舞蹈，展开了一幅军民团结共创美好明天的多彩画卷。歌舞《祖国春光好》，艺术再现了我国改革开放走过的 30 年光辉历程，展示了亿万军民意气风发、拼搏进取的精神风貌。杂技《中国结》营造出美轮美奂的视觉奇观，表达了中华民族团结一心、众志成城的深刻寓意。歌舞《梦圆》、短剧《羌寨情》、歌曲《你是我的父母我是你的兵》、小品《俺是航天人》，通过多种艺术形式反映了过去一年党和国家的重要工作，表现了中国共产党人最贴心、社会主义祖国大家庭最温馨、人民群众最可敬、人民子弟兵最可爱的深刻主题。民族歌舞《金色的收获》、表演唱《帕米尔向导巴亚克》，展现了新形势下边疆各族儿女热爱祖国，与子弟兵并肩携手、守边固防的真挚情怀。杂技与舞蹈《沙场雄风》、领唱与合唱《祖国，请检阅》，刻画了生龙活虎、奋勇争先的当代士兵风采，表达了全军官兵大力培育当代革命军人核心价值观，忠诚于党，热爱人民，报效国家，献身使命，崇尚荣誉的坚定信念。歌曲《永远跟你走》，唱出了全国军民坚定不移走中国特色社会主义道路，共创幸福美好生活的心声。希望的田野五谷丰登，青春的中国欣欣向荣，歌舞《大地春风》将晚会推向高潮，展现了全党全军全国各族人民高举旗帜跟党走，不畏艰难险阻，阔步奔向未来的豪迈情怀。

演出结束后，胡锦涛等党和国家领导人走上舞台，与演职人员亲切握手，祝贺演出成功。

观看演出的还有中央和国家机关有关部门、全国双拥工作领导小组成员单位、北京市和解放军四总部、驻京部队各大单位、武警部队、军委办公厅的负责同志以及全国双拥模范城（县）、双拥模范单位和个人及驻京部队官兵代表。

今年这台晚会，以深刻的思想主题、雄浑的军旅气派、精湛的艺术品质，深情赞颂了全党全军全国各族人民高举中国特色社会主义伟大旗帜，以邓小平理论和“三个代表”重要思想为指导，深入贯彻落实科学发展观，在各项建设事业中取得的辉煌成就；生动反映了全军官兵大力弘扬听党指挥、服务人民、英勇善战的优良传统，全面履行新世纪新阶段我军历史使命的崭新风貌；热情讴歌了军队和人民群众心连心、同呼吸、共命运的鱼水深情；抒发了全党全军全国各族人民紧密团结在以胡锦涛同志为总书记的党中央周围，万众一心、开拓进取，为夺取全面建设小康社会新胜利而努力奋斗的壮志豪情。

徐　生　卞　振　周朝荣

一个非凡之年的艺术记忆

——记2009年军民迎新春文艺晚会《万众一心向前进》

刘 璇

牛年岁首的北京中国剧院舞台上，于岁月轮回中悄然而至的军民迎新春文艺晚会（以下简称双拥晚会）以她特有的品质，让观众在近90分钟的艺术欣赏中对刚刚过去的2008年做了一次重温和记忆。其中没有那曾经让我们落泪无数的苦涩，更多的是人民军队在危急关头挺身而出的感动；拂去灾难几度降临的悲伤，更多的是云开日出后的自信。

朱唇轻启，2009年的双拥晚会这样对我们说："请记住2008，记住过去是为了——万众一心向前进……"

鲜明主题成就晚会高品质

2008年可谓悲喜交加、大事连连：学习实践科学发展观、纪念改革开放30周年、党的十七届三中全会召开、战胜自然灾害、成功举办两个奥运、"神七"飞天圆梦……这一番极不平凡的春夏秋冬，让这一届的双拥晚会在突出祖国辉煌成就、突出军队崭新面貌、突出军民鱼水深情的主旨下，拥有了真实、生动、鲜活的表现重心和主题。

谈及今年的双拥晚会，艺术总监印青显得十分自信："我们精心奉上的13个节目就像13道金牌菜肴，荤素搭配，甜咸适中，色香味养俱全，绝对不会让各路'精神食客'失望！"

此言不虚。集声乐、舞蹈、小品、表演唱、短剧、杂技等诸多艺术形式和表现样式的《万众一心向前进》，的确让我们看到了什么是思想性、艺术性、观赏性三位一体的艺术精品范式。我们从开场歌舞《喜迎春》那美不胜收的欢歌热舞中，领略到了沐浴和谐之风的祖国大地，一派政通人和、欣欣向荣的盛世美景；从舞蹈《金色的收获》那喜获丰收的青稞地里，感受到了藏族同胞生活的崭新气象和边疆军民始终如一的鱼水深情；从大合唱《祖国，请检阅》的雄浑气势中，看到了新世纪军人"忠诚于党，热爱人民，报效国家，献身使命，崇尚荣誉"的时代风流；从小品《俺是航天人》引出的笑声和掌声里，品味出了"全民爱航天、全民为航天"的深刻意味……已经步入第20个年头的双拥晚会用她更为成熟的艺术品质、剧场效果和思想内涵，为我们编织起记忆，编织着希望。

红彤彤的中国结凝神聚气

综观整台晚会，可以毫不夸张地说，是红彤彤的中国结把祖国和人民、军队和百姓、观众与演员的心、情、意紧紧地揉拧、集结在了一起。这有圆有方、亦柔亦刚、同志同向的中国结就是贯穿全场的“视觉主题”。

今年的台口设计再没见到让人已经有些审美疲劳的红灯笼，取而代之的是6个柱子、一个面幕、一个穹顶上的大小8个中国结。除此之外，中国结还染红了姑娘们的裙子、演员们的头饰，甚至道具。

最引人赞叹的当数直接以“中国结”命名的杂技节目《中国结》。5名身怀绝技的演员用娴熟的高空技巧将7个红色的方菱形框架，像转魔方一样不断组合出“菱形”“心坠形”“三角形”“大斜线”“心形”等各种图案。演员或“倒挂金钟”、或“一字马”的高难度动作与道具的各种造型融为一体，共同营造出浪漫唯美的氛围和令人遐想的意象。此时的演员更像是一根根银针，将幸福、美满和和谐绕进了一圈圈密密匝匝、弯弯绕绕的红线里。

在这个节目中，惊险的杂技还首次被编导将其与女声小合唱“捆绑”在了一起。“中国结，红红的中国结，编织出欢欣，编织出喜悦；中国结，连心的中国结，手与手相牵，心与心相贴。”委婉动听的浅吟低唱中，一个个形态优美、寓意深邃的中国结就这样被用心织就。

真实故事诠释军民鱼水情

“今年的双拥晚会名副其实，双拥的内容可谓十分充实。”在晚会的审查过程中，民政部领导的一句话让晚会主创们欣慰不已，因为如何突出体现晚会的双拥本质，一直是他们十分关注的事。看得出，今年不仅在节目的数量、类型上有所侧重，还特别注意从真实发生的故事中选取素材。因为真实才感人，真实才有说服力。

作为抗震救灾伟大斗争和灾区人民重建家园喜人成就的直接反映，短剧《羌寨情》演出一场，催泪一片。这些泪不是悲情的泪，而是感动的泪、振奋的泪、喜悦的泪。谈及这一作品的创作，小品统筹王宏坦言曾经一度“找不着北”。因为这一题材非常重大，可表现的内容众多。如何才能准确而又不生硬地揭示出“人民群众最可敬，人民子弟兵最可爱，中国共产党人最贴心”的深刻主题呢？几经周折，编导们把震后重建的两个羌寨争抢解放军回寨做客的故事作为角度，一段段真实救灾故事的诉说，“闪回”出一个个大仁、大义、大勇的绿色身影。节目从创作初成到最后定稿，大改10次，小改无数，几乎每一天都是新版剧本在演出。总政话剧团举全团之力投入排演，剧中许多跑龙套的都是一级演员，虽然没有一句台词，但他们投入真情的表演令人动容。

表演唱《帕米尔向导巴亚克》取材于南疆军区边防某团一本小册子上记载的一句话：塔吉克族老人巴亚克为边防哨所巡逻队做义务向导，一坚持就坚持了37年。决定将此事纳入双拥晚会的创作内容时，晚会总撰稿、词作家赵思恩和作曲家刘钢掌握的素材也就是这么一句话。为了深入地了解这个37年默默无闻的老人，他们冒着严寒登上帕米尔，找到了年近六十的巴亚克。火炉边的促膝深谈，让主创在感动之余兴奋不已：“可是捉住了一条大活鱼！”长达10多分钟的表演唱一气呵成，领唱和女声小合唱互问互答、诙谐活泼，少数民族人民群众与解放军心心相连、并肩守防的高尚情怀跃然而出。

歌舞新作老将新人同台演绎

在今年双拥晚会的所有节目中，声乐作品占有很大分量。除了歌舞《梦圆》、歌曲《你是我的父母我是你的兵》等二度创作外，基本上都是原创作品。大合唱《祖国，请检阅》是军队文艺工作者为即将到来的祖国60华诞献上的新作，歌曲主题坚毅执着，曲风刚强豪迈，“军旗升起在黎明的天空，将军和士兵在阳光下列阵，伟大的祖国，亲爱的党，请检阅英雄的儿女们”的豪言，在一领众和中，营造出山呼海啸般的气势。女声独唱《永远跟你走》通过“外婆”“妈妈”“我”“女儿”四代人的故事，舒缓流畅地表达着亿万军民对党中央以人为本、执政为民的深情赞颂。而作为晚会的压轴之作，歌舞《大地春风》则突破了以往结束音乐必须大气磅礴的“窠臼”，将“大地春风，情暖中华，每一双脚步都伴着爱出发；大地春风，情暖万家，让每一个兄弟姐妹共享繁华”的美好祝愿在娓娓诉说中铺陈开来。

谈及今年的舞蹈编排，舞蹈统筹赵小津相当激动。他说：“为了让每个节目都能最大限度地贴近晚会的总体构思要求，我们特别注意处理好‘准确’和‘精彩’二者的关系。”比如开场舞蹈中，编导们就彰显“综合”之能事，让狮子舞、灯笼舞、绣球舞、铃铛舞、花瓣舞同台欢腾，绚丽多彩、隆重大气、喜庆欢快的节日景象便呼之欲出。

特别值得一提的是，今年的演员阵容除了多年活跃在舞台上的“熟面孔”外，老将的加盟和新人的亮相，更带给观众一股清新拂面之感。年近七旬的老演员克里木化身为“巴亚克大叔”，举手投足间尽显少数民族老人的幽默和亲切；12名在央视青歌赛等全国重大声乐赛事中摘金夺银的青年歌手，集体亮相歌舞《祖国春光好》，显示出我军文艺队伍繁荣发展的大好局面；而在近年全军主持人大赛中脱颖而出的新人于芳、马跃、王静担纲主持，良好的专业素质也让双拥晚会焕发出“二字头”年龄的靓丽青春。

美景华服打造视觉盛宴

今年的中国剧院里，观众们在大赞节目制作精良的同时，几乎都会为舞台上呈现出的美景华服拍案叫绝。为此，舞台美术的各个部门使出了浑身解数，无论是舞台布景、灯光音响，还是服装道具，都独具匠心、别出心裁，无限的创造力给予观众无限的美感。

杂技与舞蹈《沙场雄风》是让舞美总设计李文新颇费思量的一个节目，也是整场舞美设计的一个非常亮点。100多支激光光束在舞台上织起绿色网格，网格在光影的交织中变幻成坦克、雷达、大炮等各异形状。在它们所营造的恢宏壮观、神奇幻化的世界中，杂技演员高难度的对手顶表演，展现出我军官兵在复杂电磁环境下进行现代化演兵的生动场景。那强烈的感官刺激，让人震惊、兴奋、感动到无法用语言表达。

800多套色彩艳丽、款式时尚的华服霓裳，也十分吸引观众的眼球。红黑强烈对比下镶嵌白色毛边的藏族氆氇，装饰亮丽、嫩绿欲滴的维吾尔族艾德莱斯，雍容华贵的牡丹花瓣裙和飘逸的祥云礼花服……件件都美艳动人，超乎想象。人们很难相信，这是服装总设计姜小明仅用半个月就拿出来的作品；但要是您知道从面料选择、款式设计，到布料印染她都事事亲为，连续好几天不怎么合眼的事，有如此出彩的创作也就尽在情理之中了。毕竟精益求精、推陈出新，是双拥人一贯的坚守和追求。

走近巴亚克

赵思恩

3个月前，双拥晚会的主创人员在一次题材讨论会上提及向导大叔巴亚克时，我一脸的茫然。这3个字，我头一次听说。

总导演李福祥塞给我两本书，书里有一段巴亚克的故事。除此之外，我一无所知。我当即提出，去5000公里外的帕米尔高原，见巴亚克。

坐在巴亚克家的炕上，我才得知他是全国双拥模范，听到了他因巡逻外出家里一群羊被狼吃掉的故事；听到了为给部队当向导，妻子、父母先后撒手人寰他都不在身边的故事；听到了他为巡逻队提供的自家10头牦牛摔死累死的故事；听到了他的胸骨头骨曾在巡逻途中摔裂的故事；还听到部队和政府要为他赔偿补助，他却分文不取的故事。

炉火烤红了我的脸，故事滚烫了我的心。我盯住巴亚克，这是一个典型的山民，一个风沙和严寒无法击倒的汉子。

他摸着头顶上那道深深的伤疤，对我提了个请求：小儿子18岁了，能不能再去当兵？

他为什么非让儿子去当兵呢？大儿子刚复员回乡，到现在工作还没有着落。莫非是为了守住当初对父亲的那个承诺，莫非是他30多年对部队积攒的情感至今挥之不去？还是他们塔吉克人，把家园的安宁与边防的稳固紧紧联系在了一起？

其实，答案就在表演唱《帕米尔向导巴亚克》的一字一句中。

万紫千红喜迎春

吕益都

金牛奋蹄，灯笼高挂。在热烈欢快的歌舞《喜迎春》中，2009年军民迎新春文艺晚会拉开了序幕。

一年栉风沐雨，又迎春色满园。军民迎新春文艺晚会的品牌性之一，就在于她具有鲜明的时代特色和文化特色，这样的双重身份使得她的艺术内涵在喜庆、吉祥、和谐的节日氛围之中，更多地歌颂军魂、军威、军民鱼水情深，以及反映一年来祖国新面貌与新气象的艺术创作指向。也因此造就了晚会典雅、庄重、雄浑、大气的整体艺术感染力。

歌舞节目在晚会中占有很大比重。这些作品注重突出鲜明主题，且具丰富的艺术表现力。像歌舞《祖国春光好》，歌颂了改革开放30年来祖国经济、文化、军事等综合国力的大发展。大背景多媒体屏幕拓展了艺术表现的空间，画中有歌、歌中有舞、舞中有情、情景交融，融合成一曲深情的祖国赞歌。歌舞《梦圆》则使观众的心又回到了激情澎湃的奥运会的日子。这个作品注重将演唱与舞美、灯光、服装的设计融为一体，使激越的歌声与闪亮的舞美效果一起编织了奥运圆梦的如诗意境。大合唱《祖国，请检阅》以气势恢宏的交响乐队配合合唱的形式，展现了人民军队“忠诚于党，热爱人民，报效国家，献身使命，崇尚荣誉”的核心价值观。独唱《永远跟你走》和歌舞《大地春风》，以个性化的或是细微平凡的角度切入，表达了对党的热爱这个大主题。

新颖的艺术视角，往往会为作品带来艺术创新点与感染力。短剧《羌寨情》以灾后重建的东西两寨争相请恩人解放军回寨团聚的情境，在对比中回忆与赞颂了“5·12”汶川大地震中解放军桩桩件件的英勇事迹，羌寨人民的感激之情溢于言表。歌曲《你是我的父母我是你的兵》作为一种情绪情感的自然延伸，接在短剧节目之后，更以“父母”与“子弟兵”的直接比喻，来抒发在那场灾难中军民之间无私的大爱与血肉相连的关系。语言节目与歌唱节目之间的自然衔接与融合，也使得单个作品包容了更多的内涵与容量，在构思上显现了新意。小品《俺是航天人》则从航天城中一普通厨师被未来岳父认可的过程，以“小角度”的切入点与诙谐幽默的“包袱”，于轻松中传达着富于深意的主题，赞颂了航天人为航天事业所付出的辛劳与汗水。

舞蹈《金色的收获》与表演唱《帕米尔向导巴亚克》充满军民鱼水情谊。藏族少女与金珠玛米共同劳作炒青稞。老向导巴亚克 37 年如一日，骑着枣红马给年轻的士兵当向导，帮他们适应环境与岗位。两个节目载歌载舞、清新活泼，曲风与舞姿洋溢着边疆的风情。

在歌舞晚会中，杂技节目往往更具强烈的观赏效果。杂技节目《中国结》充分利用中国结的人文与造型特点，既寄予了节日的祝福，又在独特的表演空间展现了中华传统文化之美。而《沙场雄风》则以激光、充满时尚感的配乐、朝气蓬勃的士兵形象，使作品呈现出一种现代感与新、奇、美、难的艺术追求与创新特色。

精心的艺术创意、精美的艺术呈现、精致的艺术刻画，使整台晚会节目异彩纷呈、充满浓情。

为时代喝彩　为人民鼓劲

2009 年军民迎新春文艺晚会评介

陈先义

坐在中国剧院的观众席上，我的心情忐忑不安。回望 2008 年，这是一个大悲中又有大喜的年份。中国，这一年成为环球聚焦的中心：亘古未有的江南冰雪，撼动世界的汶川地震；奥运百年梦圆，“神七”遨游寰宇。年终岁尾，又有中国改革开放 30 年庆典，还有伴随初冬寒风吹遍全球的金融风暴。作为一年一度用艺术形式写就的双拥工作报告——军民迎新春文艺晚会，该如何融入这样一些元素呢?

然而，当大幕开启，一个又一个不但艺术水准高且思想内蕴深刻的作品呈现在面前时，我顿时释然了。不能不说，这是一台高水准的晚会，是一台为时代喝彩、为人民鼓劲的晚会。晚会在喜庆热烈的乐曲声和鞭炮声中拉开序幕，身着节日盛装，手持彩绢、花灯、花伞等道具的女演员及大群头顶牛角帽的娃娃们，把一派姹紫嫣红、绚丽多彩、隆重大气、喜庆欢快的节日景象呈现在观众面前。紧接着，题为《祖国春光好》和《梦圆》的两场歌舞，又把中国改革开放30年的巨大成就和华夏儿女百年奥运梦圆的主题，艺术地浓缩在了舞台上。此后，小品、杂技、独唱、合唱、表演唱等一个又一个艺术精湛的节目，从不同侧面展现了全国军民万众一心，开拓进取，谱写美好生活新篇章的壮志豪情。

过去这一年的大事很多，每一个话题，说起来都让人眼睛发潮，思绪万千。一场晚会，不可能一一再去触摸这些过往的事件，关键是要用艺术去表现我们的时代精神。为时代喝彩、为人民鼓劲——艺术家们正是紧紧把握了这一思想主旨，才使观众在回味那个过往的年份时，在品味艺术带来的审美享受时，沉浸在震撼、兴奋和感动的氛围中，从而对未来更加信心满怀。

表现2008年，不可能不涉及汶川地震。新春佳节不可能再去展示那撕心裂肺、山摇地动的画面。编导者们则别出心裁，在小品《羌寨情》中，一开场便展示了震后充满生机的新羌寨。为了让亲人解放军进寨做客，两个寨子的两支队伍在村口展开了激烈而精彩的实力大比拼。于是，地震中发生的一个又一个催人泪下的故事，在双方的比拼叙述中得以艺术展现，表现了羌寨父老乡亲和人民子弟兵的深厚情感。同样，小品《俺是航天人》则从一对务工青年和老父亲之间的“小误会”开始，把普通老百姓对航天事业的关注，把航天工作者的无私奉献精神，在诙谐的气氛中演绎得生动感人。这些颇具时代气息的作品，编导者截取的都仅仅是一个生活断面，却涵盖了我们这个时代的大主题。

叙述军民团结的真人真事，从2006年开始有弹唱《卡德尔大叔的日记》，去年有让人过目难忘的短剧《甜水》，今年又再次延续了这样一个备受观众喜爱的表演样式，推出了表演唱《帕米尔向导巴亚克》。作品讲述了一个塔吉克老人巴亚克37年如一日义务为边防连队当向导的拥军故事，表现了新疆少数民族热爱祖国，与人民子弟兵心心相连守边防的高尚情怀。剧场上那经久不息的掌声，便是人们对这样一个离生活最近的作品给予的褒奖和肯定。实践证明，艺术作品要赢得人民喜爱，就必须扎扎实实沉入生活的底层，向生活学习，向人民学习，才能创作出为老百姓喜闻乐见的好作品。

循着这样一个思路，在今年双拥晚会的歌曲创作上，编创人员力求拉近艺术与生活的距离。不论是独唱《永远跟你走》，还是大合唱《祖国，请检阅》，或是歌舞《你是我的父母我是你的兵》《大地春风》等，都以蕴含着时代色彩的歌词和旋律，表现了军民之间的融融亲情，表现了我们这个民族对国家迈向和谐发展新时期的那种由衷自信和豪迈。一向以娱乐观赏为主要目的的杂技节目，更在力与美的展示中，讴歌了生龙活虎、奋勇争先的当代士兵风采，突出了人民军队永远听党指挥的主题。

因此，我们十分肯定地说，《万众一心向前进》这样一个既总结过去又展望明天的主题，通过高水准的艺术表现，成为给亿万人民鼓劲加油，向更加辉煌的明天出发前进的壮行曲。

节目单

2009年军民迎新春文艺晚会

《万众一心向前进》节目单

序：歌舞《喜迎春》

作词：王晓岭　　作曲：方　鸣

编导：纪家萱　易　杰　杨　华

表演：陈雅娴　潘水超　唐晓芸　郑　实　张星雨等

一、歌舞《祖国春光好》

作词：赵大鸣　　作曲：印　青　刘　琦

编导：孙育鹏　夏小虎　纪家萱　易　杰

演唱：王宏伟　雷　佳　王丽达　吴　娜　刘和刚　王　莉　吴彦凝　钱　琳　张海庆　王庆爽　曹芙嘉　泽旺多吉

表演：黄璐菲　韩润祺　丁　洁　姜浩芸　王倩影　杨青青等

二、杂技《中国结》

编导：金美花　贾　娟　董争臻

教师：陈丽梅　王春华　　作曲：陈春光

作词：赵思恩

表演：张丝鸽　王晓梅　陈婉仪　王　宇　王天虹　苏　丹　卢　丹等

三、歌舞《梦圆》

作词：贺东久　　作曲：印　青

配器：刘　琦　　编导：边　华　薛　刚

演唱：谭　晶　　表演：王雨秋　王珊珊　王　晶等

四、短剧《羌寨情》

编剧：王　宏　李文绪　王宏坤

导演：王　群　胡宗琪

表演：魏积安　郭　达　王丽云　赵　旭　秦　方　于　恒等

五、歌曲《你是我的父母我是你的兵》

作词：赵大鸣　　作曲：刘　青

配器：刘　琦

表演：蔡国庆　江　涛　白　雪　冯瑞丽

六、歌舞《金色的收获》

编导：达娃拉姆　杰　克　巴　桑

作曲：方　鸣　　配器：惠培锋

表演：国雅琦　韩　笑　刘　京　庞妮娜　王佳影等

七、表演唱《帕米尔向导巴亚克》

作词：赵思恩　**作曲：**刘　钢

编导：李维维　**演唱：**克里木

表演：迪里胡玛尔　米娜娃尔　展娜等

八、大合唱《祖国，请检阅》

作词：王晓岭　**作曲：**孟宪斌

配器：陈　丹　**领唱：**刘　斌

指挥：李玉宁　**合唱：**中国人民解放军合唱团

伴奏：中国人民解放军交响乐团

九、杂技与舞蹈《沙场雄风》

编导：刘晓栋　张　强　**教师：**高俊生

作曲：鄂　矛

表演：姚国瑞　孙立佳　陈　彧　纪樊翔　张野乐　邱文波
张雪松等

十、独唱《永远跟你走》

作词：叶旭全　**作曲：**印　青

演唱：宋祖英

十一、小品《俺是航天人》

作者：王　宏　黄　宏　李文绪　王宏坤　张振彬

导演：胡宗琪　**表演：**黄　宏　邵　峰　牛　莉

十二、歌舞《大地春风》

作词：贺东久　汪国福　**作曲：**印　青

配器：刘　琦　**编导：**李志强　边　华　易　杰

演唱：雷　佳　王丽达　吴　娜

合唱：中国人民解放军合唱团

表演：顾玥瑶　陈志媛　河斯来提　陈　欢　苏　腾　齐　瑜
路梦玥等

监　　制：王建伟　黎国如

策　　划：秦　威　姜秀生

艺术总监：印　青

总 导 演：李福祥

艺术顾问：阎　肃　王晓岭

撰　　稿：赵思恩

文学统筹：赵大鸣

音乐统筹：刘　琦
舞蹈杂技统筹：赵小津
小品统筹：王　宏
舞美总设计：李文新
灯光总设计：杨卫东
服装总设计：姜小明
音响总设计：任晓兵　田辰生
行政总监：王玉祥
舞台总监：李云龙
演出总监：姚志清　段　海
主 持 人：于　芳　马　跃　王　静
舞美总监：段京飞
演出协调：朱　敏　郭迎建　章　梅
电脑屏幕编导：赵　伟
电脑屏幕设计：冯晓宇　金　星　黄振华　谢达峰
舞美设计：孙迎军
灯光设计：武磊平　尚　宇
化妆设计：莽珊珊　隋　颖　张玲亚
服装设计：刘　洁　陈淑珍　丁冀燕
道具设计：李恩杰　谭　征
音乐编辑：宿永良
音乐录制：陈　庆　李洁慧
前台主任：李志强　金东平　王　军　童　伟　高俊生　洪　雁
刘　勇　蔡　鹏　孙向红　王　红　刘　阳　肖　力
后台主任：董争臻　许　健　叶建军　石诗华　梁　虹　周　宁
叶　颖　李晓娟　杨　华　赵　雨　蓝　天
剧院协调：王　超
舞台监督：陈　东　乔高平
舞台管理：张利辉
视频技术：王中孚　茅云祥　陈臻誉　朱宜庄　刘长胜　曲向东
毛永顺　邹振忠
追　　光：贾红宇　王水林　李　斐　李春华　武　铮
灯光操作：方红波　雷晓斌　张　凯　王广思　尤　军　周振峰
奚小峰　王　印　张仕聪　雷书道　汪小鹿　王军平

音响操作：李来红　崔　立　李冰峰　杨　攀　李　涛　王　树
窦　军　寇　淳

吊杆操作：葛双起　李文灿

机械舞台：张　木　王继红

字　　幕：侯玉斌　窦学臻

剧院保障：陈安隆　赵相有　宋朝霞　蒋建开

舞台保障：杨玉林　刘　芳　徐　旭

场　　务：王永久　陈　红　张荣荣　王鹏飞　郝玉慧

舞美制作管理：张安民　杜艳涛　程锦宙

服装管理：潘晓波　于　彦　金永明　李志平　向绍春

安全保卫：杨清章　王志强　蔡亚超　杨晋东　杜大壮　王安平
孙能林　刘新忠

后勤保障：王峰安　崔富国　唐郁兰

灯光工程：北京卡乐佳艺科技有限公司

舞美工程：北京兰睿基文化发展有限公司

演出单位：总政治部歌舞团　总政治部话剧团
总政治部歌剧团　解放军军乐团
解放军艺术学院　八一电影制片厂
沈阳军区政治部文工团　北京军区政治部文工团
济南军区政治部文工团　南京军区政治部文工团
成都军区政治部文工团　广州军区政治部文工团
海军政治部文工团　空军政治部文工团
第二炮兵政治部文工团　武警部队政治部文工团
新疆军区政治部文工团　西藏军区政治部文工团
新疆武警总队文工团　解放军 66322 部队
空军蓝天幼儿艺术团　中国剧院

特别鸣谢：四川五粮液集团有限公司

鸣　　谢：北京太阳圣火广告有限公司

2010年军民迎新春文艺晚会在京举行

胡锦涛、吴邦国、温家宝、贾庆林、李长春、习近平、李克强、贺国强等出席

解放军报北京2月7日讯：展豪情，民族复兴创伟业；抒壮志，科学发展谱新篇。2月6日，2010年军民迎新春文艺晚会在人民大会堂举行。党和国家领导人胡锦涛、吴邦国、温家宝、贾庆林、李长春、习近平、李克强、贺国强等与首都军民欢聚一堂，共贺新春。

今晚的人民大会堂华灯璀璨、笑语欢声，洋溢着节日的喜庆气氛。19时40分许，胡锦涛等党和国家领导人步入晚会现场，向大家亲切致意，表示新春的祝福。全场响起热烈的掌声。

“贴对联，放鞭炮，挂灯笼，踩高跷，高歌飞九霄”，晚会在缤纷绚丽的歌舞《神州欢腾贺新春》中拉开帷幕。京剧与交响合唱《科学发展谱新篇》大气磅礴、意韵悠扬，深情赞颂了亿万军民在党的坚强领导下，万众一心、开拓进取的精神风貌和各项建设取得的辉煌成就。舞蹈《江山如画》、民族歌舞《和谐中华》、二重唱《和风吹来蓝蓝的天》，展开一幅幅盛世祥和的美好画卷，表达了各族儿女对祖国的由衷挚爱。情景诗朗诵《鱼水情》、男女声二重唱《心连心》、短剧《山村喜事》，以不同的艺术形式热情讴歌了军爱民、民拥军、军民团结一家亲的鱼水情谊。杂技《星空畅想》优美绮丽、精彩纷呈，营造出如梦似幻的视觉奇观。男声大合唱《行进在你的目光里》、领唱与合唱《当代革命军人核心价值观之歌》、舞蹈《跨越》气势雄浑、节奏铿锵，表达了我军官兵时刻听从党和人民召唤，爱军精武、献身使命的坚定信念。“走在阳光路上，看旗帜飞扬……走在阳光路上，听凯歌嘹亮……”歌舞《阳光路上》以优美舒展的旋律，展现了科学发展观为和谐中国引领方向，中国特色社会主义道路越走越宽广的壮丽前景，把整台晚会推向高潮。

演出结束后，胡锦涛等领导同志走上舞台，与演职人员亲切握手，祝贺演出成功。

观看演出的还有中央和国家机关有关部门、全国双拥工作领导小组成员单位、北京市和四总部、驻京部队各大单位、武警部队、军委办公厅的负责同志和参加中央党校省部级领导干部专题研讨班的军队大单位领导以及驻京部队官兵和首都各界群众代表。

今年这台晚会以厚重深刻的内涵、恢宏壮美的气势，生动展示了全党全军全国各族人民认真贯彻党的十七大和十七届三中、四中全会精神，高举中国特色社会主义伟大旗帜，以邓小平理论和“三个代表”重要思想为指导，深入贯彻落实科学发展观，各项建设和改革攻坚克难、再创辉煌的可喜局面；反映了全军官兵大力培育当代革命军人核心价值观，有效履行新世纪新阶段我军历史使命的崭新风貌；唱响了全国军民同呼吸、共命运、心连心，奋力夺取全面建设小康社会新胜利，谱写人民美好生活新篇章的时代颂歌。

徐　生　卞　振

彰显伟大的时代精神

——2010 年军民迎新春文艺晚会印象

陈先义

与往年不同，今年的军民迎新春文艺晚会（以下简称双拥晚会）第一次走进雄伟庄严的人民大会堂。在这样一座更具象征意义、更辉煌的殿堂里，军旅艺术家以更精湛的艺术呈现，歌唱“军队和老百姓”这个 80 余年来我们常演常新的传统话题，彰显出伟大的时代精神。

2009 年，值得回味的往事很多很多：振奋军心民心的国庆 60 周年大阅兵，高举和平旗帜的中国全方位外交，标志着军队建设快速发展的野战部队跨大区演练，等等。然而，更让世界叹为观止的，还有在世界性金融危机袭来时一枝独秀的中国经济。这一切成就的取得，都源于全国军民紧紧团结在以胡锦涛为总书记的党中央周围，高举中国特色社会主义伟大旗帜，以邓小平理论和“三个代表”重要思想为指导，深入开展学习科学发展观的伟大实践的结果。对这样一个宏大的政治主题，晚会着力用歌、舞、短剧等多种艺术手段加以表现。在欢腾热闹的序曲之后，开篇的《科学发展谱新篇》便以京剧联唱与交响合唱的形式，对 2009 年祖国取得的伟大成就作了全面的回顾：“农民人均纯收入，首次突破 5000 元。”“社保环保成果显，科技文教喜讯逐浪翻。”“客涌如潮阿里山，海峡两岸情不断。”“大阅兵振雄风，举国欢腾，辉煌的历史新起点。”“应对全球金融危机，谋划全局登高远，保增长，保民生，保稳定，经济率先回升向好春满园。”如数家珍般的叙述，让亿万民众不仅对过往的一年充满自豪，也对未来更加自信，从而对我们伟大的党、伟大的国家和伟大的军队，更加信心满怀。

力求将“对新时期军民关系的咏赞”这一传统题材在思想艺术上进行更加完美的表现，是今年晚会编导在创作上追求的高标准。历史韵味浓郁的情景诗朗诵《鱼水情》、激情流畅的二重唱《心连心》、捧腹之后发人深省的情景短剧《山村喜事》等作品，赋予军民关系和拥政爱民这个传统话题以浓郁的现实生活气息。其中，《鱼水情》以旋转的舞台道具，把建军 80 多年来军民关系史上的经典画面一幅幅再现出来，尤其是为救子弟兵让儿子引走敌人追兵的那个老大娘，让许多观众潸然泪下。它再一次让我们想到关于“安泰”的古希腊神话：安泰离开了大地，就像离开母亲的怀抱，一天也无法生存。今天我们人民军队如果离开了老百姓，也将寸步难行。它同时昭示着一个真理：正是人民这座坚强的靠山，我们才能战胜强敌，建立新中国。今天我们要实现现代化的伟业，要建立强大的人民军队，更需要紧紧依靠人民。正如二重唱《心连心》所唱：“小车推出胜利 / 乳汁喂给伤员 / 祖辈赤诚相待 / 舍得把心掏出来 / 你是我的筋骨 / 我是你的血脉 / 始终连在一起 / 生生死死不分开。”

为了与庄严宏阔的演出场所相协调，编导们还特意把《山村喜事》这样一个本来由两三人演出的节目形式，改为群体性的情景短剧。这种“小品大演”的方式，使节日的舞台更加欢快，更加热闹，更加充满喜庆色彩。在幽默欢乐的笑声中，演员们把新时期的军民关系淋漓尽致地呈现于一个关于儿女情缘的故事中。

为努力表现当下火热的生活，力求作品更具当代气息和时代韵味，编导们做了扎实而认真的努力。民族歌舞《和谐中华》、二重唱《和风吹来蓝蓝的天》以及歌舞《阳光路上》，内容都具有极其强烈的时代气息，表现出亿万军民对党发自内心的拥戴，和祖国迈向和谐发展新时期那种由衷的自信和豪迈。艺术的韵律就是时代的韵律，而用完美的艺术形式表现我们蓬勃向上的新生活，源于军旅艺术家们对我们这个时代、对生活的真诚热爱，源于他们对思想主题的准确把握和理解。

作为军旅艺术，代表广大官兵向党和人民报告人民军队现代化建设的成就，自然是这场晚会必不可少的内容。沸腾的军营生活、人民军队在实现跨越式发展中的隆隆脚步，使广大观众通过舞台艺术再一次看到子弟兵“忠诚于党，热爱人民，报效国家，献身使命，崇尚荣誉”的崇高信念和坚定情怀。比如，对那场国内外高度关注的国庆60年大阅兵，编导们仅用一曲气势磅礴的合唱《行进在你的目光里》，就做了完整的艺术再现：“铁流穿越红色的经典／战鹰掠过不朽的传奇／你的注视是力量的高山／你的嘱托是宽厚的大地／啊，行进在你的目光里／我们是你英雄的儿女／当白鸽飞过纪念碑上空／神圣和自豪在心中升起。”去年我军数万部队参加的跨大区实兵演练，表明了我军远程机动作战能力的迅速提高，而要用艺术的方式在10分钟上下的时间里将其表现出来，却并非一件易事。晚会的编导们独具匠心地创作了一个题为《跨越》的舞蹈，用明快阳刚的舞蹈语汇，展现了人民子弟兵陆海空天练精兵、千里机动谋打赢的崭新风采。

特别值得一提的是，今年的军民迎新春文艺晚会，在对现代科技手段的运用上，较之往年又有了新的进步，声光电的有机组合，大型电子屏幕画面的巧妙转换和运用，营造了辉煌典雅的缤纷画面和热闹欢乐的节日气氛。画面人物与舞台人物的互相衬托，常常给观众虚实难辨、美不胜收的审美感受。

大气磅礴不同凡响

——总导演李福祥解读2010年军民迎新春文艺晚会《科学发展谱新篇》

卞 振

一年一度的军民迎新春文艺晚会，亦称双拥晚会。今年，该晚会首次进入北京人民大会堂举办，又给我们带来了诸多惊喜，令人如沐春风。面对这台大气磅礴、不同凡响的艺术盛宴，晚会总导演李福祥几多感叹，一番解读。

记者：与往年比，今年的双拥晚会突出了什么主题？有哪些精彩看点？

李福祥：本届晚会的主旨，就是要认真贯彻落实党的十七大精神和十七届四中全会精神，突出表现全国军民在党中央的坚强领导下，高举中国特色社会主义伟大旗帜，以邓小平理论和“三个代表”重要思想为指导，深入贯彻落实科学发展观，祖国建设发展取得的辉煌成就；突出表现军队建设改革不断深化，全军大力培育当代革命军人核心价值观，广大官兵有效履行新世纪新阶段我军历史使命的崭新风貌；突出表现部队官兵和全国各族人民紧密团结，同呼吸、共命运、心连心的鱼水深情。通过多种艺术形式，从不同侧面展现全国军民团结一致，开拓奋进，为夺取全面建设小康社会新胜利，谱写人民美好生活新篇章的壮志豪情。

为高质量体现这一主题，我们按照总政领导提出的“要向艺术本体要精彩，要向整齐划一要喝彩”的要求，会集了全军文艺团体最强的演员阵容，集中了军内最优秀的主创人员，从策划到排练，都突出了高标准的创作理念。有体现晚会喜庆、热烈、祥和气氛的开场歌舞《神州欢腾贺新春》，有讴歌一年来国家政通人和面貌的京剧与交响合唱《科学发展谱新篇》，有抒发中华儿女对中华人民共和国60华诞深情祝福的舞蹈《江山如画》，有展示人民军队光荣史上双拥典型故事的情景诗朗诵《鱼水情》以及升华子弟兵与人民间挚爱的二重唱《心连心》、情景短剧《山村喜事》。同时，还有表现民族团结共建中华大家园的民族歌舞《和谐中华》，表达人民军队对党忠诚、热爱祖国人民、履行新世纪新阶段历史使命的合唱《行进在你的目光里》、领唱与合唱《当代革命军人核心价值观之歌》，以及讴歌当代士兵新风貌的男子舞蹈《跨越》，激发人们奋勇拼搏的杂技《星空畅想》，颂扬科学发展观的二重唱《和风吹来蓝蓝的天》，表达全国军民永远跟党走之坚强决心的压轴歌舞《阳光路上》。可谓个个主题突出，精彩好看。

记者：双拥晚会头一次登上人民大会堂的舞台，意味着什么？

李福祥：人民大会堂是全国人民瞩目的神圣殿堂。自1964年音乐舞蹈史诗《东方红》在此公演以来，这里举办过许多次令人激情满怀的重大文艺晚会。近年来，这里就曾举办过纪念抗战胜利60周年、纪念红军长征70周年、纪念建军80周年以及庆祝中华人民共和国60华诞的《复兴之路》等一系列重大文艺晚会。组织上让我担任2010年双拥晚会的总导演，我感到荣幸备至，同时，也决心要很好地利用这次机会，虚心学习借鉴前辈经验，努力超越自我，实现艺术创作上的千峰竞秀。

为何这么说？因为艺术创作是不能简单而盲目地讲超越或者跨越的，而实现自我卓越倒是非常重要的。你看，极目一个张家界，峰峦高低皆俊秀。文艺晚会的创作也同此理。由于某台晚会在特定历史时期需表现的思想主题和内容的不同，必然会带来其舞台呈现样式的千差万别，也会给观众带来“横看成岭侧成峰，远近高低各不同”的丰富观赏兴味。

为举办好这场晚会，早在去年9月初，我们就进入了方案的筹划期。排演中，全军36个单位给予了配合和支持。北京卫戍区某团鼎力协助，在其营区搭建了一个与大会堂舞台同比例的模拟舞台，官兵和演员们在寒冷时节进行了20多天的艰苦排练。晚会进入合排时，人民大会堂等相关单位也在场地保障中做了大量细致的工作。这些支持，都是总导演信心和底气的重要来源。

记者：创新是艺术的生命。你们实现了哪些艺术上的突破？

李福祥：众所周知，人民大会堂主要是用来开会的，高而宽、纵深浅，是它的优缺点。因此，我和主创人员事先对大会堂舞台的各种数据进行了实地测量掌握，主要针对舞台纵深浅这个“短处”，提出了扬长避短以及扬长“借”短的方案，决定舞美设计要向舞台的宽和高两个方向发展。所以，当你走进大会堂会场观赏晚会，首先映入眼帘的就是舞台两侧各有一根托着巨大红灯笼的红金色巨柱。舞台上方，晚会主题“科学发展谱新篇”7个霓虹大字熠熠闪光；下方，数层紫红色宫廷式蝴蝶面幕次第悬挂。此种设计，既与大会堂庄重对称的风格协调，又体现了浓重的过年气氛。同时，台侧两根巨柱以及舞台上移动LED立屏呈现的6根景泰蓝色巨柱，与人民大会堂东门的一排大理石柱相呼应。而两根红金色巨柱的形态，又令人联想起庆祝中华人民共和国60华诞时摆放在天安门广场的56根民族团结柱，再次点化了晚会背景。

为拓展表演空间，我们通过大屏幕播放实景电视片画面，有效渲染了民族歌舞《和谐中华》、情景短剧《山村喜事》、歌舞《阳光路上》等节目的特定氛围，放大和强化了表演情境。同时，我们还在舞台正后方搭建了一面几乎与舞台等高等宽的大型背景表演台架。它有4层高，被分隔成36个可单独表演的同比例隔断，并配有108片可上下升降的布质拉帘。于是，在表演中：全部拉开它们，站上4排士兵，便是合唱《行进在你的目光里》雄壮气势的渲染；拉开部分布帘，出现一组组士兵表演群像，便是再现部队乘坐步战车千里驰行战场的舞蹈《跨越》行进阵容的延伸；全部合上布帘，便似一面巨大的宽银幕，投射上“中国画卷”“红飘带”等象征性影像，点化了舞蹈《江山如画》、情景诗朗诵《鱼水情》等节目的主题，深化了表演意蕴。

记者：双拥晚会一贯以喜庆、热烈、祥和的气氛著称，今年你们是如何保持这一特色的？

李福祥：但凡精彩的文艺晚会，我对此有两个形象的比喻：一像“吹气球”：通过一个个精彩节目的视听刺激，一波波膨胀观众的欣赏兴致，最后达到“开锅”般的审美愉悦。二似“穿项链”：总导演要巧妙地把握整台节目的阳刚柔美、轻重缓急，进行有机的艺术衔接，把晚会节目穿成一根顺乎观众审美情趣的精美的“珍珠项链”。

为做到这两点，在技术层面上，我们充分利用舞台正后方的大型背景表演台架，让开场歌舞《神州欢腾贺新春》、舞蹈《跨越》等节目中的群众演员事先守候在帷帘之后，轮到亮相时拉开帘子即可作背景人物表演。在舞台表演中，为避免情景诗朗诵《鱼水情》、合唱《行进在你的目光里》、领唱与合唱《当代革命军人核心价值观之歌》、歌舞《阳光路上》等节目中众多演员同时步行上台带来的声响，我们利用舞台上铺设的滑行轨道，将事先摆好队形和造型的众多演员一下子从台侧推到表演位置，不但衔接紧凑，也通过推、拉、转丰富了节目表演形式。

在气氛的烘托上，仅在开场歌舞节目《神州欢腾贺新春》中，就投入了大规模的群舞表演，并综合运用了舞美、灯光、服装、道具、音响等手段，似相声“抖包袱”不断推出洋溢整个舞台空间的新奇画面，以达到舞台气氛的“速热”。于是，5分多钟的节目里，观众便看到了72名小伙儿在36个灯笼剪纸图案前的舞姿，百余名姑娘挥舞金钹和银钹的身影，80余名少女组成孔雀开屏般的“花蕊”，120个幼儿园小孩扮成小虎崽滚翻腾跃的场景……动感十足的舞蹈节奏伴着欢快的歌声，将晚会开场气氛渲染到极致。

这种综合艺术手段，我们也运用到了杂技《星空畅想》之中。双拥晚会举办了20届，今年首次集中全军3个杂技团的百余名演员，把3个团的杂技绝活摆杆、抖杆、吊环、蹦床等做了精心串联和再创新，并在杂技道具的使用上有了数量上的增长，使这个亮点频闪的综合性杂技节目在给人们带来惊奇险美的观赏愉悦的同时，也为营造晚会的喜庆欢快氛围再添“干柴烈火”。

与此同理，为了把大会堂舞台演出气氛的“一锅水”烧开，我们在努力保持晚会节目艺术品格的同时，对其表演形式都做了新的探索和创新，使这些节目的舞台呈现更加饱满而丰富多彩。尤其对表演人员相对少、在台上表演更显得孤零零的情景诗朗诵《鱼水情》和情景短剧《山村喜事》，都加入了群体表演以及背景架投影、S形大转台等多种舞美手段予以丰富。

为了达成各个节目间的有机切换，剧组还专门制作了数段过场的背景音乐，使之既能“托”着观众的观赏情绪顺利过渡到下一个节目，同时也能有效遮掩节目切换间舞台上发出的各种声响。当杂技《星空畅想》演至结尾处，大型道具撤下舞台需近40秒时间，但由于过场背景音乐的烘托，加之该节目“摆杆”女孩在一束追光下重新出场表演，吸引了观众们的目光，使得这个切换场时间最长的节目，在我们使用的“障眼法”下顺利过渡。

五大亮点成就华丽盛典

——2010年军民迎新春文艺晚会《科学发展谱新篇》评述

王欣阁

军星闪耀欢腾夜，万紫千红竞芳菲。

当人民大会堂舞台庄严的帷幕徐徐开启，彩灯粲然绽放，人们的双眸瞬时被这台冠名为双拥的军旅大戏点亮。深刻厚重的思想主题、雄浑壮美的军旅气派、昂扬奋进的时代气息、精益求精的艺术品质，在足足90分钟时间内，带给人们阵阵精神悸动和心灵震撼。

当精彩成为经典，当美好载入永恒，站在又一个10年起点的2010年双拥晚会，又闪耀着哪些亮点？

亮点一：场地变换凸显晚会之“大”

今年晚会首次“移师”人民大会堂，场地变换直接影响到节目创作和演出，这对主创人员来说，既是机遇也是挑战。为适应大会堂舞台“超高、超宽、超大”的特点，展现最佳观赏效果，剧组树立起“大格局、大规模、大色块、大气派”的创作理念，在演员阵容、节目类型、艺术呈现形式等方面动足了脑筋。

在参演阵容上突出“大”。开场歌舞《神州欢腾贺新春》以多轮组合的万花筒式“大舞蹈”营造节日气氛，突出喜庆主题，出场演员达400多名。在节目类型上突出“大”。《科学发展谱新篇》让领唱与合唱搭配、京剧与交响乐“联姻”，编排新颖，气势宏大，独具中国气派。在艺术呈现形式上突出“大”。舞美、灯光等部门“大展拳脚”，营造出梦幻般的节日喜庆氛围。

亮点二：庄严与美“比翼齐飞”

晚会艺术顾问阎肃认为，“主题精深和艺术壮美是双拥晚会在全国独树一帜的法宝，只有这两者相融相谐才能谱出绝响。”本届晚会在庄严主题表现和艺术之美呈现方面，可谓水乳交融、“比翼齐飞”。

“有一种雄伟是高山托长城，有一种挚爱是军队和老百姓。”通过情景诗朗诵《鱼水情》、歌曲《心连心》，人民军队和老百姓血肉情深、生死相依的感人画面，再次穿越历史风烟清晰可辨；在歌舞《阳光路上》《和风吹来蓝蓝的天》中，人们真切感受到全党全军全国各族人民在党的十七大精神和科学发展观指引下，高举旗帜、高奏凯歌、意气风发、阔步前进的满腔豪情；民族歌舞《和谐中华》堪称著名歌曲《爱我中华》的姊妹篇，热情讴歌了社会主义祖国大家庭“民族团结心连心、和谐发展手牵手”的深情大爱；歌曲《当代革命军人核心价值观之歌》《行进在你的目光里》等作品，让人们触摸到人民军队排山倒海、一往无前、势不可当的强大力量。

亮点三：“实兵演习”首现双拥舞台

2009 年 8 月，我军首次大规模实兵演习“跨越 2009”在沈阳、兰州、济南、广州 4 大军区全面展开。总政歌舞团舞蹈编导孙育鹏、刘辉、谷亮亮联手创作的男子群舞《跨越》，通过文艺的形式生动展现了这一年度重要的军事事件。为真实刻画坦克兵驾车奔袭的演习场面，生动再现狭小车厢内士兵的精神和心理状态，编导孙育鹏曾专门来到北京军区某坦克师，和战士们同吃同住同训练，追踪捕捉坦克兵的点滴情景。经过艺术加工和巧妙嫁接，最终站立在舞台上的坦克兵静若处子、动如脱兔，引来一片喝彩之声。

以往大部分军事题材舞蹈作品着重表现一种现象和情景，而舞蹈《跨越》的突破意义在于表现了身处演习事件中铁血军人的一种情绪和状态。观众看到，阁楼式舞台和主舞台共同搭建起部队“实兵演习”的主战场，在节奏震撼的音乐声中，号令一出，战车飞驰，机声隆隆，士兵们荷枪实弹、英勇无敌。观众心潮起伏，感慨无限：具有强大战斗力的人民军队值得信赖、值得依靠、值得拥戴！

亮点四：金奖作品演绎金牌品质

2009 年 5 月至 11 月，第九届全军文艺会演在北京拉开帷幕。作为军队规格最高、影响最大的文艺盛会，一大批堪称经典的文艺精品脱颖而出。总政歌舞团的女子群舞《江山如画》、男子群舞《跨越》，广州军区杂技团的杂技舞蹈《抖杠翻腾》等都是其中获得一等奖的优秀作品。这 3 个作品经过二度修改、编排和深加工，呈现在本届双拥晚会的舞台上。

《江山如画》中 80 多名女演员用身体组成荷花花瓣，显示出高超的舞蹈技艺和很强的艺术观赏性。该舞蹈编导、领舞柴明明说：“演员人数从原来的 40 人增加到 80 多人，舞蹈语汇更加丰富，非常适合在人民大会堂舞台演出，这是目前最具艺术性和视觉冲击力的演出版本。”

杂技《抖杠翻腾》在原有基础上重新编排组合，新增“蹦床跑墙”“空中转环”“摇杆独舞”3个环节内容，更名为《星空畅想》崭新亮相。杂技的惊险奇绝和舞蹈的优美舒展有机融合，呈现出层次分明、浪漫绚丽、高潮迭起、如梦似幻的视觉奇观。其空灵深远的意境，突出了现代人对太空的探索和呼唤，也折射出中华民族自强不息、敢于挑战、勇立潮头、开拓创新的时代风采。

亮点五：锦衣华服舞动青春旋律

节目类型多、服装数量大、制作要求高等特点，给今年晚会的服装总体设计提出了更高要求：实现精美、精粹、精致、精彩的艺术追求，达到生动新颖、大气磅礴、行云流水的艺术效果。

服装总设计姜小明和她上百人的服装团队为晚会奉献的3000多套服装色彩绚烂、风格多变、造型奇特，牢牢吸引了观众眼球。

开场歌舞《神州欢腾贺新春》中，上百名小朋友装扮成小老虎的卡通式服装设计源于剪纸艺术，讨喜可爱；群舞《跨越》的服装设计采用简单、明快的线条和色彩，衬托出男演员的刚性和强悍，充分体现出我军将士不畏艰险、敢打必胜的勇气和决心；群舞《江山如画》的服装在特殊面料上用中国画手法写意泼墨，通过展现一幅幅画卷来表达中华儿女对祖国大好河山的赞美；民族歌舞《和谐中华》的服装设计，则力求还原我国56个少数民族服装的各异风韵和本色，用色彩和盛装展现出我国各民族的和谐与团结；设计师大胆采用科技含量很高的发光材料，为杂技《星空畅想》制作服装，设计新奇、不落俗套；歌舞《阳光路上》的服装，则通过不同群舞组合特点，采用不同款式、面料的服装设计和色彩，表现出在中国共产党的正确领导下，国富民安，世界瞩目，中华民族正朝着伟大复兴奋勇前进。

可以说，整台晚会的服装就像是用各类材质奏响的青春旋律，用缤纷色彩汇成青春河流，有力彰显了晚会主题。

语言节目：感人的“鱼水情”

周振天

众所周知，语言节目是一台综合晚会的重头戏，语言节目不过关，整台晚会就会塌腰没底气。正因为如此，2010年的双拥晚会的语言节目的创作者们早早地就进入了“战位”，深入生活、收集素材，然后集思广益，反复研讨，终于创作出情景诗朗诵《鱼水情》和短剧《山村喜事》。

细细品味，不难发现情景诗朗诵《鱼水情》其实就是一部微型诗剧，洗练精粹的历史片段的展现和深邃感人的旁白朗诵，很快将观众带入人民军队与老百姓血脉相连、情真意深的历史进程之中。无论是红军长征出发之际，新婚妻子拿出草鞋与丈夫依依惜别的画面；抗日战争时期农民母亲用自己的儿子换来八路军伤员性命的情节；抑或是解放战争淮海决战中，沂蒙姐妹跳下冰河给子弟兵架人桥的场面；还有汶川灾区老百姓漫山遍野焦灼急切寻呼失事的陆航团飞行员们的情景再现，都如同滴水见太阳般地将老百姓与人民解放军情同母子、恩德似海的关系光彩照人地折射出来。

如果说《鱼水情》的特质具有诗情画意高雅审美品性，那么晚会的另一语言节目短剧《山村喜事》则是在大俗大喜之中展现出它的鲜活生动、趣味横生的艺术魅力。虽然是个老汉嫁女的老套故事，但编剧却巧妙地利用这件喜事将山村百姓与驻地部队多年以来结下的民拥军、军爱民的亲密关系引人入胜地道了出来。

在故事快节奏演进的同时，令人会心一笑乃至捧腹大笑的“包袱”接二连三出现。更难能可贵的是，虽然只是个山村风情短剧，编导者却见缝插针地将一年来发生的国内外大事用诙谐幽默的语言表述给观众。这种大视野的谋篇布局，使得喜剧作品有了强烈的时代意蕴，让观众的笑声里多了一份自豪、一份信心。

音乐：流畅的和谐风

柴志英

长于描情的音乐艺术在综合性晚会中历来就有渲染气氛、刻画意境，甚至串联全场的有机组合作用。今年双拥晚会中的许多节目都以音乐为经纬、视听相统一，为人们提供了诸多的“看点”。

歌舞《神州欢腾贺新春》《和谐中华》和《阳光路上》三阕歌舞作为晚会的发端、中轴和终场，涵盖了“虎年辞岁迎新春”“各族军民共建和谐家园”和“展望科学发展阳光大道”这 3 大主题。《神州欢腾贺新春》中，华夏民族的旋律带着强烈的色彩变幻，音乐语汇的兼收并蓄、推陈出新，与我国交响音乐经典《春节序曲》有异曲同工之妙。《和谐中华》中，藏族、彝族、蒙古族、汉族等歌手欢聚一堂，自引子开始，欢快的节奏贯穿全曲，短句、长句交互铺陈，感染力很强。《阳光路上》不同于昔日终场的刻意张扬，也不要极度恢宏的音响。一首轻音乐风格的圆舞曲，洋溢着轻松、欢乐的气氛，令人耳目一新。

歌曲创作和演唱一直是人们对音乐节目的关注点。在这台晚会中，展示晚会主旨的点题之作———京剧与交响合唱《科学发展谱新篇》以“板腔体”结构演绎京剧的“皮黄腔”曲调，高亢的老生、粗犷的花脸、委婉的青衣、豪爽的老旦各擅所长，在时时穿插的伴唱与合唱中，以京腔京韵抒发着华夏豪情。由王宏伟、谭晶演唱的《心连心》悄然而入，两短一长的乐句在一波三折的升华中悠远绵长。男声亲切淳朴，女声淡雅情真，久违了的二声部写作在成名歌手重唱中回归，为听众留下了些许的企盼。同为二重唱的《和风吹来蓝蓝的天》，朴实无华的旋律浸透着含蓄的情意。在阎维文和宋祖英的完美演绎中，流畅的音符伴着天幕上的蓝天白云，好似和煦的春风扑面而来。男声合唱《行进在你的目光里》出其不意地以高位置“半声”低回环绕，展示着丰富的力度变化能力，与乐队的演奏一起形成了排山倒海般的气势。

舞蹈杂技：奇美的视觉印象

冯双白

赏心悦目的色彩，美轮美奂的画面，优美动人的韵律，幻象神奇的艺术处理，构成了 2010 年的军民迎新春文艺晚会上歌舞杂技节目，让人观后禁不住啧啧赞叹！

杂技《星空畅想》是晚会中一个很有品质的节目。出人意料的衔接方式把摆杆、抖杆、吊环、蹦床等已经常见的杂技元素连接起来，从而有了意外的视觉冲击力量。躺身的蹦床技巧，带给观众新鲜的视觉印象，更因为有了 LED 灯组成的神奇服装而令观众大呼过瘾；此起彼伏的空中吊环，如同日月的东升西落，令人浮想联翩，美意无限；那个在一根大幅度摆动着的高木上做朝天蹬、旁腿控制和斜身探海动作的女孩子，让很多观众手心出汗，内心赞叹！“抖杠”更是一绝！叠加起来的三重高度，险上加险，绝上加绝。当叠罗汉的双人造型在“抖杠”上后空翻一周稳稳落住的时刻，也是杂技艺术家们收获全场喝彩的幸福时光。

舞蹈《江山如画》是极其美丽的一幅盛典大卷，一出场就已经先声夺人。当大屏幕上播映出如诗如画的江山美景时，独舞者悄然出现于一个群舞构成的圆心。她像一点墨滴，滴入江山美色，又慢慢地在舞台“画布”上散开去，晕染出无穷的妙语。渐渐地，舞者手中的纱巾，随着节奏的推进而如同泼墨般挥洒出激情四溢的高潮。整支舞蹈编排流畅优美，特别是手臂的运用很好，不仅形态很美，更带有呼吸。呼吸的臂膀和呼吸的身躯，构成了一幅会呼吸、会流动的江山流韵图。特别是那个由全体舞者接力式地叠加躺卧成的螺旋大圆圈，给人强烈的美感印象。配合大屏幕上那流动的黑白山水，在美学上颇有以一当十、留白当飞、空灵意境之美。

同是舞蹈作品，《跨越》与《江山如画》却如同天地寰宇之间一阴一阳、一柔一刚的两极对应，构出稳定的和谐气场，让整场晚会异常生动。节目的开场很醒目，打开的装甲运兵车之门构成了某种暗藏的玄机，给观众带来了巨大的欣赏期待空间。紧接着，我军将士们在运兵车的局限中展开了一段非同寻常的跨越。编导抓取了军车颠簸的特征，那头戴钢盔、头撞军车的动机，以及战士们在狭小空间里尽量伸一伸懒腰的动作，都被放大成为舞蹈的主题形象，从中贯穿军人坚忍不拔的精神气质。坦率地说，《跨越》在表现机械化部队方面取得了实质性的突破，形成一个新的跨越。

舞美：华丽的盛世景

李智良

2010年军民迎新春文艺晚会《科学发展谱新篇》在舞台美术的创作上，给人以庞大精美、恢宏奇巧之感，艺术水准和视觉美感都较之以往大大提高。

人民大会堂的舞台可以说既大又小。表演区大，而副台却很小，这对于舞台美术的空间处理极有难度。舞美总设计李文新独辟蹊径，在舞台后区搭制了一个高14米、宽33米的框架，内设5层格子，作为演员表演和景的变化，既拓展了舞台空间又丰富了表演展现。序曲《神州欢腾贺新春》、舞蹈《跨越》和大合唱《行进在你的目光里》，都是用这个舞台装置造势。台面演出与台后5层格子里的表演遥相呼应，全方位、立体化跳动变幻，营造出或红火欢乐、或庄严威武的氛围。除此之外，转台、6套大小车台和一个S形的有机型平台不断组合、奇巧地变换空间造型，也为节目演出的不同场景创造出具有视觉美感的各种奇巧造型。从而在演出的整个过程里，台变景迁、景随情移，完美地延伸了演出节目的主题内涵。

如今的舞台灯光作为舞台表现的一种语言，参与表演、揭示主题、延伸内涵。民族歌舞《和谐中华》在色光的渲染下，呈现出一派火热的场面。各族人民载歌载舞的情景，跃然在台面，融化在光色里，也感染着观众，甚至激起观众与演员共同起舞的兴趣。灯光总设计杨卫东还将光束、光斑、光色作为舞台造型因素，在幻化无穷中增强了作品的表现力。如舞蹈《跨越》的灯光处理，使用定点光将战车逐一地显现，形成滚滚铁流、披荆斩棘之势。而后又以格子上跳跃的装饰灯分组交替射向观众席，营造出陆海空齐上阵、天罗地网谋打赢之阵。

这台晚会的特别之处，还在于在我国的舞台演出中首次同时使用了巨型“巴可”动态投影仪和高清晰LED视频影像机。两种设备产生出虚实变换的强烈反差，让观众在审美过程中，于实处受到真实的感染，于虚处得到形式美的熏陶。尤其是在晚会中早已屡见不鲜的LED视频影像，在此次演出中却创造性地被设计成7块几何形，在不同场景中时而组合，时而分解；有时作为局部景，有时又作为现实生活影像视频。甚至在演出过程中，随着舞台气氛，从静到动参与表演，在流动中它们所产生的视觉冲击力，让观众感到震撼。

甘当绿叶衬红花

——北京卫戍区某团参加双拥晚会排演侧记

司　儆　马伟刚　赵瑞敏

2010 年全国双拥晚会首度“移师”人民大会堂，主创、演出阵容空前强大。演出圆满成功，好评如潮。当观众把目光聚焦明星大腕，饶有兴趣地谈论着每一个节目时，有一群幕后工作的人，远离掌声与鲜花，默默地付出他们的辛劳和汗水。

在这群人当中，有一支队伍特别引人注目。他们来自北京卫戍区某团，任劳任怨、干劲十足。其出色表现，赢得了总部首长、晚会导演组和演职人员的赞扬。

去年 12 月，该团受领了双拥晚会舞台保障、背景切换和参演部分节目的任务。为了尽快进入情况，他们在团文化广场搭建了与人民大会堂舞台比例对等的模拟舞台，进行前期“磨合”。

天寒地冻，呵气成冰。有参演任务的官兵，那一段时间天天在室外练着、演着。官兵们头上的汗水凝结成冰碴，脸冻紫了，手冻肿了，依然士气高昂。基层连队有 5 名士官准备春节休假，当他们听说要参加双拥晚会保障和演出，便悄悄把休假报告藏起来，全身心投入排练中。总政歌舞团副团长、晚会总导演李福祥动情地说，这个团的兵个个都是“小老虎”，工作起来总有一股冲劲、干劲。

根据晚会剧情安排，《科学发展谱新篇》京剧联唱，需要 24 名官兵合唱。他们没有一点京剧基础，如何配合？大家当起小学生，练嗓子、找音准，一句一句地学，一个音调一个音调地练。在京剧老师的指导下，他们不到 20 天就学得有模有样。在合唱《行进在你的目光里》的节目排练中，135 名战士在舞台上跨立一站就是四五个小时。

双拥晚会在人民大会堂演出，舞台变大了，整台晚会力求突出“大气派、大格局、大规模、大色块”。这给舞台保障、背景切换提出了很高的要求。

演出期间，拉幕布、转场景、换道具、推台子，数百道工序，上千种指令，要求万无一失。团里制作了“参加双拥晚会，演绎精彩瞬间”的专题网页，将每天的排练视频挂到网页上，供官兵自觉回放镜头，找差距、纠不足；广泛开展“小观摩”“小评比”“小竞赛”活动，提高大家排练热情。24 名负责大转台的官兵，每天封闭在舞台下几乎需要蹲着工作的狭窄空间里，借助手电筒的微弱光线，去推拉、旋转直径达 12 米的大圆台。一天下来，大伙儿累得筋疲力尽。108 名战士负责舞台大背景切换，每人操作 1 个卷帘。他们不仅要顶着舞台灯光的炙烤，还要把每个节目和音乐烂熟于心，做到随着音乐准时启动，准确到位。仅训练了 10 天，同步切换分秒不差。连长乔高平把推台保障人员按照 5 人 1 组，分为 19 个小组，责任到人，每次转台、推拉跟着音乐分毫不差，被导演组确定为舞台监督员。

气势恢宏的舞台艺术精品

——部队官兵观看2010年军民迎新春文艺晚会有感

2010年军民迎新春文艺晚会自2月6日在人民大会堂隆重上演后，以其大气磅礴、不同凡响的艺术魅力深深打动了观众。各部队组织官兵观看晚会、畅谈晚会，使其成为贺新春文化活动的重要内容。7天长假里，编辑部收到大量信件、短信和电话，大家纷纷盛赞：今年的双拥晚会“开眼界、鼓士气、增信心，是一台气势恢宏的军旅舞台艺术精品”。现将部分观感集纳如下，请读者欣赏。

——编者

心连心的时代颂歌

空军某部二营　王晓娜

2010年双拥晚会，气势恢宏，结构简约，节目精彩，以排山倒海般的激情讴歌了子弟兵与老百姓骨肉相连的拳拳之情。看后，我思绪万千，脑海中浮现出几个特别动人的历史画面：1998年的特大洪水让数万群众无家可归，千钧一发之际，人民子弟兵出现在了老百姓的眼前；“5·12”汶川大地震，天昏地暗之时，天际又出现一抹绿色；前段时间，北京地区普降大雪，气温达到50年来最低，为了让驻地道路尽快通车，我们“英雄营”官兵又奋战在街头。这些都是对军民鱼水情的直接体现和生动诠释。

作为一名新时期的军人，我坚信，我们一定会有效履行新世纪新阶段我军历史使命，与全国人民一道唱响军民同呼吸、共命运、心连心的时代颂歌，谱写祖国美好的新篇章。

拥有独特气质和魅力

95881部队　王学波　李　疆

2010年双拥晚会带给我们诸多惊喜。

从宏观来看，她是一台拥有独特气质与魅力的综艺晚会。这种雄浑大美的气质，脱胎于昂扬火热的军旅生活，彰显于意志如钢的军人斗志，并集中凝练在气势恢宏的晚会氛围中。

从细节来看，舞台从平面到立体，从固定不动到开合翻转，可谓变化多样；演员的出场、转场能巧妙地运用舞台旋转大变活人般横空出世；电视大屏幕作为动态的布景，极大地扩展了舞台空间，增大了信息量，与节目内容浑然天成，起到了很好的烘托效果，给我们带来了极大的审美享受。

永不停止的跨越

92786 部队政治处 陈　勇

在今年的双拥晚会上，我最喜欢以实兵演习为背景的舞蹈《跨越》。它表达了我军官兵时刻听从党和人民召唤，爱军精武、献身使命的坚定信念，让人看着特别带劲。

在 2009 年实现的跨越真是很多。军民迎新春文艺晚会第一次走进雄伟庄严的人民大会堂，这是艺术发展的跨越；共和国 60 华诞，天安门大阅兵振奋军心民心，这是综合国力的跨越；中国战舰护航亚丁湾，这是国防力量的跨越；野战部队跨大区演练，这是军队建设的跨越；全国人民坚定沉着迎战金融危机，这是我国经济发展的跨越。

跨越是科学发展的一个印记，是续写新篇章的一个过程，只有不断地超越，才会永远向前。2010 年将是新世纪航程中一个新的起点，我们将笑对考验，继续跨越！

艺术再现大事和喜事

空军某部二营一连 刘金琦

激动人心的作品，鼓舞人心的场面，振奋人心的表演，带着深刻时代印记的双拥晚会将过去一年发生的大事细细回味：情景诗朗诵《鱼水情》以它丰富的情感容量让我们心潮起伏；当代革命军人核心价值观歌曲用它声势浩大、气壮山河的节奏让我们备受震撼……

演出结束了，我的心却久久不能平静。身为基层干部的我，应该将自己有限的生命投入到无限的为人民服务中去。要把热爱人民转化为实实在在的行动，有一份热，发一份光，认真干好自己的本职工作，就是向人民汇报的最切实表现。

鱼水深情总难忘

92854 部队政治部 张　力

“小车推出胜利 / 乳汁喂给伤员 / 祖辈赤诚相待 / 舍得把心掏出来 / 你是我的筋骨 / 我是你的血脉 / 始终连在一起 / 生生死死不分开……”2010 年军民迎新春文艺晚会现场，二重唱《心连心》的旋律在雄伟庄严的人民大会堂悠扬奏响，描绘了一幅军民团结、民族和睦、共同进步的生动画卷。

一年将尽夜，万里未归人。正值普天同庆的新春佳节到来之际，那些还在风雪边关为祖国值勤巡逻、在天涯海角为人民站岗放哨的军人，“铆”在岗位上，与祖国过年，无怨无悔。因为他们深知，人民子弟兵来自人民、为了人民、依靠人民。在他们的内心深处，深藏着一份亲民之情、一颗爱民之心、一腔为民之志。尽管部队的官兵换了一茬又一茬，但为人民服务的接力棒却传了一代又一代，在神州大地绽放出了一簇又一簇军爱民、民拥军的灿烂花朵。

在部队的各项建设实践中，我们要继续牢记我军宗旨，把人民利益放在第一位，模范遵守群众纪律，爱护人民的一草一木，把对人民无限的爱融入具体工作之中，化作认真履行使命的实际行动，将人民军队爱人民，人民军队为人民的优良传统继承好、发扬好，谱写一曲新世纪新阶段军民团结的新赞歌。

一幅和谐盛世图

95881 部队 石 晗 李 岩

神州大地锣鼓震天，欢歌唱响和谐盛世。带着喜庆与祥和，我们观看了题为《科学发展谱新篇》的双拥晚会。晚会充满着浓郁的军营气息，抒发着真实的军人情怀，既让人精神振奋，又令人心醉神迷。

舞蹈《江山如画》表达了中华儿女对伟大祖国 60 华诞深深的祝福，舞出了祖国大好河山的壮丽和秀美。《当代革命军人核心价值观之歌》唱出了军人的铿锵誓言。《阳光路上》《和风吹来蓝蓝的天》描绘出祖国美好的发展蓝图，情景短剧《山村喜事》歌颂党的好政策，赞美咱人民子弟兵与人民的深情厚谊。这一个个极具感染力、震撼力的节目，共同展开了一幅属于中华人民共和国的和谐盛世图画，真是美极妙极！

展现当代军人的价值追求

空军某部 李井辉

忠诚于党，热爱人民，报效国家，献身使命，崇尚荣誉，这是当代中国军人身上的时代元素。今年双拥晚会中的许多节目都凸显了这些元素，展现了当代军人的价值追求。

在二重唱《心连心》美妙的歌声中，我们沉浸在浓厚的军民鱼水情里。战争时期，无数不知名的妈妈用甘甜的乳汁抢回了一个个重伤员的生命，更多的父老乡亲用小推车把人民军队推向了胜利。新的历史时期，人民子弟兵继承了热爱人民的光荣传统并发扬光大，在一次次大灾大难面前奋勇出击，把自己的大爱献给了祖国人民。

看着一个个精彩的文艺节目，我的思绪不禁飘回到部队参加 2008 年汶川大地震抗震救灾的那些日日夜夜。我们和灾区人民同呼吸、共命运，以自己的实际行动，支持乡亲们在党和政府的带领下重建家园。在战友们自发的捐助活动中，向来节俭的一连上等兵王月竟然一下子就捐了 1000 元。他说：“现在灾区人民有困难，我有责任帮助他们渡过难关。”这些在和平环境中成长起来的新一代虽然没有经历过战火硝烟，但是军人独有的那种精气神在危难时刻表现得淋漓尽致。我自豪，因为无论前方有什么样的千难万险，我们都敢于担当。

时代风云尽收眼底

航空兵某师政治部 张万辉

从某种意义上说，双拥晚会的历史就是时代发展的历史，因为每一届双拥晚会都是当年社会生活的生动记录和及时反映。今年的双拥晚会同样以艺术的语言，在舞台上展现时代的风云，表现国家各项建设的新发展。晚会思想主题、艺术语言、表现手段都来源于部队基层的生活，而且具有鲜明深刻的时代印记，让观众从中感受到时代跳动的脉搏，倾听到社会前进的足音。

京剧与交响合唱《科学发展谱新篇》可谓晚会的点睛之笔。由10位京剧名角联袂领唱，将去年发生的大事盛事喜事，在舞台上进行了全面的回顾和再现，让人重温了在科学发展观引领下国家取得的巨大成就。身着民族盛装的演员表演的民族歌舞《和谐中华》，始终洋溢着浓浓的民族情。压轴节目《阳光路上》优美大气、激扬舒展，突出表达了全党全军全国各族人民高举旗帜走在阳光路上，奋力夺取全面建设小康社会新胜利的坚定信念和壮志豪情。

具有时代色彩的不仅仅是一个个精彩的节目，就本届晚会来说，既呼应节目主题又对主题进行有效拓展延伸的服装造型也颇值得一提。中国气派、军旅气派和时尚特色的和谐交汇，使一件件锦衣华服成为承载晚会迎春接福、军民联欢、深情回眸、热切展望之主题框架的重要载体，折射出国家的繁荣发展和军队建设的巨大进步，令人感慨！

节目单

2010年军民迎新春文艺晚会

《科学发展谱新篇》节目单

一、歌舞《神州欢腾贺新春》

编导： 赵小津　纪家萱　易　杰　杨　华　王冬梅　赵　飞

作词： 赵思恩　　**作曲：** 王　猛

表演： 刘琳烨　卢雨亭　李亚利　施　岩　玛尔哈巴　薛碧柳　郁　泉　刁　振　黄　翠　彭　薇等

二、京剧与交响合唱《科学发展谱新篇》

作词： 张志高　　**作曲：** 刘　畅　徐晓明

指挥： 李玉宁　　**编导：** 薛　刚

表演： 尚长荣　安　平　袁慧琴　杜镇杰　张建峰　张　萍　王玉兰　于　兰　张　薇　王　晶

合唱： 解放军合唱团　　**伴奏：** 解放军交响乐团

三、舞蹈《江山如画》

编导： 金美花　柴明明　　**作曲：** 印　青

表演： 柴明明　贾　宇　张　泓　张　睿　苏　娜　邰　璐　宋　珊等

四、情景诗朗诵《鱼水情》

创作： 刘国政　王晓岭　周振天　王树增

配乐： 印　青　刘　琦　　**导演：** 王寿仁

编导： 谢　克　李　青　路　遥　彭　勃　宿　哲

表演： 林达信　温玉娟　洪　涛　肖　雄　宋笠娜　郭　笑　毛　孩　王丽云　吴　军　柳　杨　于　恒　李幼斌等

五、二重唱《心连心》

作词： 阎　肃　　**作曲：** 刘　青

编曲： 鄂　矛

编导： 谢　克　路　遥　李　青　彭　勃　宿　哲

演唱： 王宏伟　谭　晶

表演： 代清瑶　何　婧　王　赫　米娜娃尔等

六、杂技《星空畅想》

编导： 高俊生　刘晓栋　张　强　贾　娟

作曲： 鄂　矛　　**主教练：** 王春华　林　影　郑卫国

表演： 陈　磊　万小华　王　森　乔　鑫　郑　宁　马江发　李萌萌　鄂越仙　刘东亮　吴思仪等

七、民族歌舞《和谐中华》

作词：屈　塬　　　　**作曲：**孟庆云

编曲：刘　琦　　　　**编导：**何燕敏　李维维　达娃拉姆

演唱：巴哈尔古丽　吴　娜　王丽达　索朗旺姆　阿鲁阿卓

王庆爽　陈笠笠　严当当　李　贤　徐　娜　乌英嘎

表演：陈雅娴　姜浩芸　韩馨萱　李诗阳　王晓园　姚晓楠

彭　瑶　张　鹤　毛海媚等

八、男声合唱《行进在你的目光里》

作词：贺东久　　　　**作曲：**刘　琦　郑　健　　**编曲：**陈　黔

编导：宋　伟　程希森　宿　哲　边　华　　**指挥：**郑　健

合唱：解放军合唱团　武警部队政治部文工团男声合唱团

伴奏：解放军军乐团　海军军乐团　武警军乐团

九、领唱与合唱《当代革命军人核心价值观之歌》

作词：集　体　　　　**作曲：**印　青　　**编曲：**陈　丹

演唱：刘　斌　吕继宏　佟铁鑫　聂建华

十、舞蹈《跨越》

编导：孙育鹏　刘　辉　谷亮亮　　**作曲：**鄂　矛

表演：苏　鹏　王旭东　张月明　韩道亮　张雷鸣　杨静林

王　达　齐　奇　康　乐等

十一、二重唱《和风吹来蓝蓝的天》

作词：王晓岭　　　　**作曲：**刘　琦

编导：夏小虎　尹　伊　李星运　　**演唱：**阎维文　宋祖英

表演：国雅琦　肖子金　朱　睿　朱晓旭等

十二、情景短剧《山村喜事》

编剧：王　宏　黄　宏　王宏坤　张振彬

导演：尚大庆　谢　克　　**配乐：**鄂　矛

表演：黄　宏　魏积安　邵　峰　尚大庆　赵　旭等

十三、歌舞《阳光路上》

作词：甲　丁　晓　岭　　**作曲：**张宏光

编导：谢　克　宿　哲　路　遥　李　青　彭　勃　　**演唱：**彭丽媛

表演：门　洋　高璐婕　闫　玲　周　侃　韩　眉　籍静媛

兰　青　江梦洁等

监　　制：王建伟　黎国如
策　　划：秦　威　姜秀生
总 导 演：李福祥
艺术顾问：阎　肃　印　青　王晓岭　周振天　王树增
撰　　稿：赵思恩
文学统筹：赵大鸣
音乐统筹：刘　琦
舞蹈统筹：赵小津　谢　克
杂技统筹：高俊生　刘晓栋
小品统筹：王　宏
舞美总设计：李文新
灯光总设计：杨卫东
服装总设计：姜小明
音响总设计：何　飚
舞台总监：张　良
主 持 人：于　芳　马　跃　王　静
演出统筹：段　海
舞美总监：段京飞
演出协调：申若东　姚志清　李亚平　李小军　房　雷　郑小龙　郭迎建
章　梅　张　亮　于　雪　刘　畅　马伟刚
电脑屏幕编导：赵　伟　赵　亮
电脑屏幕设计：黄振华　岳　琦　李　陵　张文奇　刘　佳
刘康达　魏北平
舞美设计：孙云鹏　杜艳涛　高　健　温海涛
灯光设计：张维维　武磊平
化妆设计：莽珊珊　张玲亚　隋　颖
服装设计：陈淑珍　刘　洁　高玉菲
道具设计：李恩杰　南志峰　李　松　韩抗抗　杨惠娟
音响设计：赵　戎　李珲红　赵晓丹
音乐编辑：宿永良
音乐录制：陈　庆
前台主任：李志强　王春华　林　影　单志瑾　王　奇　刘　勇
刘　阳　吕　浪　张　亮　杨　鹏　刘诗凯　戴莫日更
后台主任：梁　虹　杨　华　周　宁　董　玲　叶　影　谢　娜
齐　奇　童　伟　洪　雁　叶建军　宋立忠　马雪琼
舞台监督：李志强　赵剑英　乔高平

舞台管理：高群涛　郭然斌　李　旺　庞大凡
视频技术：吕　林　路长有　高　辉
追　　光：韦　阳　宫良龙　常小卫　池　帅　章长庆　鄂红志
灯光操作：刘水河　刘　力　毛柏军　雷晓斌　王　印　马建伟
白国权　王辉丽　仇　娇　温再林　张　倩
音响操作：王海东　刘　伟　义　与
吊杆操作：葛双起
机械舞台：阮小华　倪乐村　李上伟
字　　幕：侯玉斌
舞台保障：张　羽　杨奎宁　杨　峰　常　波
舞美制作管理：张安民　任东雷　张利辉　战国强　黎亚胜　张兴盼
服装管理：于　彦　潘晓波　向绍春　金永明　李志平
安全保卫：蔡亚超　王瑞森　胡　冰
后勤保障：白会勇　余国华
灯光工程：北京卡乐佳艺科技有限公司
舞美工程：北京兰睿基文化发展有限公司
机械工程：杭州佳合舞台设备有限公司
视屏工程：北京星月朗明文化发展有限公司
视屏制作：文心雕龙创意工作室

演出单位：总政治部歌舞团　总政治部话剧团
总政治部歌剧团　解放军军乐团
解放军艺术学院　八一电影制片厂
沈阳军区政治部文工团　北京军区政治部文工团
兰州军区政治部文工团　济南军区政治部文工团
南京军区政治部文工团　广州军区政治部文工团
成都军区政治部文工团　海军政治部文工团
空军政治部文工团　第二炮兵政治部文工团
武警部队政治部文工团　内蒙古军区政治部文工团
新疆军区政治部文工团　西藏军区政治部文工团
新疆武警总队文工团　解放军 66322 部队
解放军 66196 部队　空军蓝天幼儿艺术团

特别鸣谢：四川五粮液集团有限公司
鸣　　谢：北京太阳圣火广告有限公司
网络支持：中国人民解放军政治工作网　中国军网

2011年军民迎新春文艺晚会在京举行

胡锦涛、吴邦国、温家宝、贾庆林、李长春、习近平、李克强、贺国强等出席

解放军报北京1月26日电： 神州舞春风，大地歌盛世。2011年军民迎新春文艺晚会26日晚在人民大会堂举行。党和国家领导人胡锦涛、吴邦国、温家宝、贾庆林、李长春、习近平、李克强、贺国强等与首都军民欢聚一堂，共迎新春。

今晚的人民大会堂华灯绽放、鲜花吐艳，洋溢着喜庆祥和的节日气氛。晚7时40分许，胡锦涛等党和国家领导人步入晚会现场，全场响起热烈的掌声。胡锦涛等向大家亲切致意，表示新春的祝福。

晚会在热烈、奔放的军乐与歌舞《军民迎春曲》中拉开帷幕。京剧联唱《高歌赞辉煌》，热情讴歌了在科学发展观引领下祖国建设取得的辉煌成就。舞蹈《春之韵》、歌舞《和谐大家庭》、情景短剧《“村晚”直播》，艺术再现了各族人民共创和谐美好家园的感人场景。拥军歌曲联唱《鱼水欢歌》、音诗画《母亲与士兵》、女声独唱与女声小合唱《兵妈妈》各具特色，展现了浓浓的军民鱼水情。男声大合唱《忠诚》《时刻准备着》、男声独唱《当人民需要的时候》气势雄浑，抒发了部队广大官兵听党指挥、爱军报国的赤诚情怀。杂技《丛林砺兵》生动展示了战士们牢记使命、苦练本领的火热景象。女声独唱《同人民在一起》表达了人民群众对党由衷的爱戴之情。“江河大地上，旗帜在飘扬，辉映九州四海，一派好风光。亿万人心上，旗帜在飘扬，中华儿女奋起，担山赶太阳……”歌舞《旗帜颂》以磅礴的气势和高昂的旋律，奏响了全党全国各族人民在以胡锦涛同志为总书记的党中央领导下，高举中国特色社会主义伟大旗帜，沿着科学发展道路阔步前进的时代主题，将整台晚会推向高潮。

演出结束后，胡锦涛等领导同志走上舞台，与演职人员亲切握手，祝贺演出成功。

观看演出的还有中央和国家机关有关部门、全国双拥工作领导小组成员单位、北京市和解放军四总部、驻京部队各大单位、武警部队和军委办公厅的负责同志，全国双拥模范城（县）、双拥模范单位和个人代表，以及驻京部队官兵和首都各界群众代表。

这台题为《伟大旗帜领航程》的晚会由全国双拥工作领导小组、民政部、广播电影电视总局和解放军总政治部联合举办。

徐 生 卞 振

唱响伟大祖国春之声

四大视角解读2011年军民迎新春文艺晚会《伟大旗帜领航程》

连俊义

当最后一个音符在人民大会堂余音绕梁，轻轻地，又极为不舍地合上2011年军民迎新春文艺晚会（以下简称双拥晚会）《伟大旗帜领航程》红底烫金的节目单，相信在观众们的心里，都会生发出、升腾起如此慨叹和豪气：中国，风景这边独好！

在大气磅礴、五彩缤纷的舞台前，我们的感官一路进行着盛载深情、点燃热望、催生力量的审美游历；然而，最终抵达终点，在心灵卷轴上力透纸背的却是这样几滴墨色——坚守，突破，追求，精彩。

这8个字虽然朴素简短，但它是双拥晚会之花常开不败的“底肥”，是军民团结、万众一心这个文化象征的温暖动人的“泉眼”。

坚守在升华主题中凝聚信仰激发豪情

“没有坚守，双拥晚会就不会一枝独秀22年，更不会成为中国辞旧迎新的一个重要文化品牌。”谈及这一问题，艺术指导阎肃言之凿凿。

在营造节日气氛的同时，突出反映祖国建设的新成就、展示军队建设的新成果、表现双拥共建的新气象。这是历届双拥晚会始终如一、鲜明厚重的主题。今年冠名以“伟大旗帜领航程”，则在坚守这一主题的基础上，将自己放置在“2010年这一年”以及“‘十一五’这五年”两个时空“坐标”上，极尽艺术手段，制造出独具魅力的90分钟。

京剧联唱《高歌赞辉煌》如黄钟大吕配以动地鼙鼓，为晚会的大气厚重敲响了“重锤”。在别出心裁的编排中，快板、急板昂扬奋进、跌宕起伏；慢板、散板委婉动听、荡气回肠。在生、旦、净、末4位名角的一唱一念、一招一式、一颦一笑中，科学发展中的祖国美景尽收眼底。百年历史的国粹艺术与时代品格在这里碰撞、融合，极富意韵，耐人寻味。

晚会的音乐统筹刘琦认为，主题与形式的相辅相成、现实与艺术的亲密对接，在今年双拥晚会的声乐类节目中表现得十分突出。男声大合唱《忠诚》之后，高亢嘹亮的男声独唱《当人民需要的时候》，用跃动的音符和豪迈的情怀作“经纬线”，将国外维和、大洋护航、抢险救灾、盛典保障、畅通天路等我军执行多样化军事任务的不同画面一一连缀，仿佛是一件只要穿上就有坚定信念和顽强战斗力的“迷彩衣”。女声独唱《同人民在一起》则以抒情的笔法，将一种不论远近日夜、冷热忧乐，最为神圣、最高层次的心灵牵挂娓娓道来，自然流畅地抒发了广大人民群众对党中央发自心底的感谢和爱戴之情。晚会尾声的《旗帜颂》虽是一首老歌，但却是主题深化至最高潮时最恰如其分的激情表达。

尤其值得一提的是洋溢着喜悦情绪、幻化着艳丽色彩的歌舞《和谐大家庭》。“人和心舒畅，家和万事兴，世间和为贵，和谐万象新”的唱词，自是源于心灵深处那一波又一波澎湃的潮水，亲切而温柔地拍打着观众的心岸。

突破在继承传统中寻求超越实现创新

每年执导双拥晚会，李福祥都面临着“突破”这个至关重要的命题：“晚会不是做完了就存档那么简单的事，既然要给人看，就要面临观众给你打分的问题。能不能得高分，关键就在于你有没有新招数、新活儿、新样式。重复，只有死路一条。”

晚会热烈、喜庆、祥和、欢乐的“第一脚”怎么踢？主创人员在脑汁绞尽之后，开掘出一块“处女地”——“军乐 + 歌舞”。男子鼓舞奔放大气，行进军乐严整有序，原本并无交集的艺术元素在此处交融，没有“乱炖”之感，倒有“绝配”之妙。

舞蹈统筹赵小津告诉记者：“我们给近 200 名大小演员下达的要求就是，这个节目一亮相，就要给人以色彩斑斓、眼花缭乱的感觉。如今看来，军乐与歌舞《军民迎春曲》这记‘组合拳’打得挺漂亮。它鲜明直观地突出了本台晚会的特点——这是军队和老百姓一起过年。”

异曲同工的，还有拥军歌曲联唱《鱼水欢歌》。将一些经典老歌集结联唱的做法几乎年年都有，可今年的独运匠心在于：从浩瀚的少数民族音乐汪洋中找到了 3 颗光芒依旧的“珍珠”——藏族民歌《心中的歌儿献给亲人金珠玛》、哈萨克族民歌《解放军同志请你停一停》、苗族民歌《筛碗苗山茶献给解放军》，并将它们与《骏马奔驰保边疆》《军民团结向前进》有机衔接，串成了一条镌刻着光荣传统，映射着鱼水光芒的美丽“项链”。歌不同、舞各异，却抒发着同一句心语——“军队和人民，鱼水不能分，发扬好传统，团结一条心。”

连续 16 年负责双拥晚会小品创作的小品统筹王宏，每年这个时候就会“衣带渐宽人憔悴”。“如果说去年首进大会堂是一次挑战的话，那么今年再次在这个并非舞台的舞台上演出，更多的是一场考验。在情景短剧的创作上尤为如此。”王宏感慨地告诉记者，为了拿出一个不同以往的好作品，早在去年 6 月他们就进入了创作状态。从“PK”“春（村）晚”到“挺”“踩”“给力”，《“村晚”直播》汇集了当下的许多关注点、流行语，杂糅小品、音乐剧、活报剧、话剧等不同艺术门类的不同表现手法，于新颖别致、幽默风趣之中，折射出“十一五”期间的农村变化和农民风采。自信、昂扬、感恩的情感“分子”如甘洌的清泉，汩汩而出。

追求在力争完美中挥洒汗水打造精品

翻看李福祥厚厚的导演手记，记者不由得这样想，《伟大旗帜领航程》堪称一个优秀团队在追求完美的道路上打造的 2010 年军旅艺术的收官之作。

之所以这样说，是因为这台晚会凝聚了太多人的智慧和心力，得到了太多人的关心和扶持。记者从主创班子处得知，军委、总政领导对晚会高度重视，多次听取策划方案、审查排练演出，对晚会思想艺术质量的提升给予了有力指导。全军各艺术门类最优秀的创作人员组成强大的策划创作班子，就晚会的主题定位、结构布局、内容安排、艺术表现等，精心构思，反复论证，攻克难点，形成亮点。强大的演出队伍全情投入、倾力演绎，为广大观众捧出了这道艺术的“饕餮盛宴”。

“向精彩要掌声，向整齐要喝彩。”舞蹈《春之韵》和男声大合唱《时刻准备着》是晚会中两个将艺术本体魅力彰显到极致的节目。

如同灼热空气中忽地飘来一阵凉风，如同从火热闹市倏然拐入幽深的小巷，《春之韵》让你在欢腾之后安静下来，静得能听到那在冰封湖面上安睡的天鹅的心跳。吉祥圣洁的“天鹅”苏醒、梳洗、嬉游、翱翔，一连串鲜明准确的意象，营造出春回大地、万物复苏、生机盎然的绝美意境，对祖国锦绣河山的眷恋和对和谐自然的赞美油然而生。

“准备好了吗，士兵兄弟们，当那一天真的来临……”豪迈的旋律，新颖的和声编配，极具深度、宽广度、感染力的男子和谐之声，让这首《时刻准备着》在听者的心中筑起了一道艺术长城。“我们这些合唱演员们横跨 4 个八度的音域，浑厚中透着阳刚，柔韧间饱含深情，用来展现当代官兵时刻准备为党和人民再立新功的高昂士气，再恰当不过了！”指挥郑健骄傲地说。

艺术，没有最好只有更好。在艺术家们不断追求完美的过程中，精品力作如雨后春笋，不断冒出那泛着嫩绿、挂着露珠的尖尖一角来。“喊一声，兵妈妈，我的眼里闪泪花，千万个战友一起喊，回荡在海角和天涯……”晚会上，一曲缓缓的、亲亲的，却浓浓的、融融的女声独唱与女声小合唱《兵妈妈》，就是历经创作者不下 20 次的推翻重来后，才怒放在人们心中的那一束康乃馨。

精彩在频现亮点中张扬大爱书写荣光

“双拥晚会创作的‘痛苦’，是大家自我加压的结果，但‘痛苦’过后一定是丰收的喜悦。”这是艺术指导印青常常挂在嘴边，为大家打气加油的一句话。

诚如斯言。为了这台晚会，艺术家们调动起了全身每一个细胞。而这些能量的汇聚，就是那一个个引人眼球、值得称道的精彩亮点。

音诗画《母亲与士兵》在现场朗诵、情境表演与多媒体视频展现的相互呼应中，讲述了 3 个“兵妈妈”爱战士如爱自己孩子的感人故事，深刻地揭示出人民与子弟兵生死不离的血脉亲情是军人报效国家强大动力这一宏大主题。

写这个作品，让作者之一的周振天再一次体味到创作的真谛。为了让本子“来源于生活”，他和其他几位作者一身迷彩，深入红松白桦掩映的东北边防哨所，爬上“风吹石头跑”的新疆冬古拉玛山口，走进长满感人故事的“双拥模范城”洛阳，与主人公们促膝交谈；为了让本子“高于生活”，他们在香山脚下熬了几多不眠夜，在昆玉河边迎来几度朝霞红，连自己也说不清楚。

如果说音诗画《母亲与士兵》是一颗“催泪弹”，那么，杂技《丛林砺兵》就是集雄浑壮美的军旅气派、浓郁紧张的战斗气息、甘于奉献的军人品格于一身的“视觉大片”。

晚会杂技统筹高俊生坦言：“‘技不惊人死不休’的话好说，实现起来怎一个‘难’

字了得。”据他介绍，为实现用杂技生动展示部队大练兵的场景，编导们用“特种部队丛林演习”的情景创意，将“走软钢丝”“弹板空翻”“高空秋千”“浪桥飞人”等高难技巧巧妙串联，形成一个综合、丰满、立体的大场面。在动感十足、略带神秘的现代电声音乐的伴奏下，在电子屏幕营造出的藤蔓交织、沟壑纵横、堪比实景的“南方山岳”里，特种兵们“翻飞”“腾跃”“弹跳”，呈现出动人心魄、美轮美奂的视觉奇观。当“训练尖子”飞越重重障碍，纵身夺下红旗的最高潮处，人们不由得倒吸凉气，惊叫连连——“太棒了！太神了！”

除了节目本身，美景、华服和炫光，都是精彩的舞台呈现。28 米 ×10 米的超大屏幕上，一会儿绘出国画《江山如此多娇》，一会儿开出羽毛结构的莲花；一会儿为节目内容进行渲染和补充，一会儿又悄悄打开上下演员的“秘密通道”。800 多套色彩艳丽、款式时尚的美丽霓裳，件件都美艳动人，超乎想象。还有那百变炫目的灯光，更是为每一个节目量身定做，给予观众无限的美感。而这些，都是舞美总设计李文新、服装总设计姜小明、灯光总设计杨卫东的心血结晶。

有了这一切的一切，祖国的春色更美，春意更浓，春之声更高远、更动人……

音诗画《母亲与士兵》

鱼水深情的动人倾诉

正　剑

在中国革命历史长河中，党领导下的人民军队和广大人民群众间血脉相连的骨肉深情，孕育了多如繁星的优秀文艺作品，感动、影响了一代又一代人的情感与信念，并作为文艺创作永不枯竭的“富矿”，不断催生着文艺精品的问世。

本届晚会中的音诗画《母亲与士兵》，以创新的思维和独特的视角，从众多拥军典型人物的事迹中，选取了 3 位“兵妈妈”倾情关爱子弟兵的真实故事，以气贯长虹的大情大爱和催人泪下的母子深情，讴歌了新的历史时期中军队和人民血脉相通、骨肉相连、生死与共的鱼水情谊。作品以极富说服力、感染力的内容和语言，生动表达了党领导下的军队和老百姓同呼吸、共命运、心连心，为中华民族伟大复兴共同奋斗的时代风采，同时也响亮地回答了关于当代军民关系现状与走向的时代命题。

“人类的语言有成百上千种，有一个词发音最相近，那就是‘妈妈’。”作品从一开始，就为我们定下了真挚与炽烈的情感基调。作品标题《母亲与士兵》，是作品的创作角度，也是军民关系本质的体现。因为，“母亲”这一亲切的称谓，在一代代士兵心中，既象征着祖国和人民，更是可感可触、可亲可敬，生活在他们身边，给予他们实实在在关心呵护的年长女性。

作品选取了“兵妈妈”们爱兵的 3 件事——送考取军校的士兵出发，迎接被风雪拦住归途的巡逻兵返回，以及为患白血病的士兵寻找骨髓配型。作者对这 3 件看似并不大的事情进行了深入开掘，从“兵妈妈”润物无声的关心体贴对士兵心理与人格成长的强大作用，到“兵妈妈”拥军爱国的情怀对士兵们践行当代革命军人核心价值观的榜样力量，无不体现出鲜明的时代内涵。故事情节在淳朴而壮美的诗句中推进，观众的情感波澜随之一浪高过一浪。作品结尾处，“人民把最深的爱给了穿军装的儿女，我们纵然是千万次赴汤蹈火也无法报答。士兵的生命和光荣永远永远属于你呀，伟大的祖国，伟大的人民，我亲爱的妈妈！”这大气磅礴、激情澎湃的诗句，将情感推至最高潮，使人在崇高的审美氛围中，受到深刻的精神洗礼与强烈的情感震撼。

在《母亲与士兵》中，独具匠心的呈现方式成为其成功的关键因素。由100多名年轻士兵组成的“兵阵”，以坚定眼神和英武身姿，以“大写意”般“军营原生态”的凝重与粗犷，将与这个作品的深刻内涵和浓烈情感相称的阵容与气势，摆开在人民大会堂宏阔的舞台。第一句话尚未出口，便已经令人产生了感受“行为艺术”般的效果，形成了士兵是作品主体，士兵们有重要内心情感将要倾诉的强烈意念。随着主诵演员充满深情的表演和3个故事的逐一展开，“兵阵”变换着造型，与故事的情境、灯光、视频融为一体。精心设计却又不露痕迹的纯本色表演，令人激动而振奋。让人感觉一个以钢铁般信念凝聚在一起、随时准备为祖国和人民流血牺牲的英雄集体，原来与自己的内心是那么接近。而在作品情节的高潮，当那声充满着热爱、依赖与向往的“妈妈”，从这100多个沸腾着青春热血的胸膛中迸发，立时如同重磅炸弹，摧毁了舞台与观众席之间一切的隔离与屏障，引爆了观众内心深处最圣洁也最浓烈的情感。

作品在叙述上采取的演员朗诵同时担任故事主人公的换位表演方式，脱离了传统诗朗诵只有主诵表演的陈旧，又避开了以往使用过的戏剧片段的呈现方式，产生了新颖的艺术效果。主诵演员的全身心表演，以及紧随其后的女声独唱与女声小合唱《兵妈妈》的深情演唱，尤其是3位“兵妈妈”的原型登上舞台，将观众的感动一次次升华，理念与情感、艺术与真实，得以高度完美地融合与统一。

男声大合唱《时刻准备着》

底蕴丰厚的人声交响

柴志英

男声大合唱《时刻准备着》由“战斗精神队列歌曲”《当那一天来临》改编创作，深沉有力的歌声以无伴奏合唱的形式，在声部之间的此起彼伏中，显示出我军将士高昂的士气和敢打必胜的坚强信念，给人们留下了深刻的印象。

改编创作的无伴奏合唱以原作的两个主要音乐主题为基础，把原来的两段体结构扩大成为包括引子、尾声和各含有3个段落的两大部分。

引子具有朗诵般的语调。凝重的音响背景上，下行乐汇的音程扩展及不同声部间的呼应预示了弥漫在全曲的坚毅音调。音响的逐渐崛起，推出了战士的钢铁誓言——“为了胜利我要勇敢前进”。

合唱的第一部分由男高、低音声部的八度齐唱进入，沉稳、有力的行进律动自远方而来，后乐句逐渐分为两个声部，音响厚度不断增加；接着，第一个段落的变奏中，随着力度开始增长，带有节奏模仿的两声部前呼后应，具有继往开来的层次感，合成军种的场面就此逐渐展开。作为第三个段落的副歌以四声部进入，展现在我们面前的是战士们斗志昂扬的形象；这一部分结束处，坚定有力的下行四声音阶唱出的“勇敢前进”犹如坚定的步伐，它分层由低向高次递进入，把合唱推向了高潮。

转调的第二部分慷慨激昂的开始，继往开来的行进更有前赴后继之感。在又一次变奏中，三层次纵向并行的乐句此起彼伏，一派排山倒海、波澜壮阔的景象。副歌的节奏变化更为斩钉截铁、坚不可摧，它的后乐句节奏成倍地放宽拉长，全体将士向祖国和人民发出的誓言强弱呼应，就好像在广阔山野中的回荡。

尾声中，副歌的主题自音响的高点铿锵有力地进入，“放心吧祖国”的呼唤声交织辉映，“队伍”渐行渐远，坚定有力的“步伐”也逐渐远去……

这首男声合唱并未亦步亦趋地解释每一句歌词的词义，而是以引子和尾声的战士誓言前后呼应，主体部分以简洁的音乐语言纵横交织，在人声的交响中塑造出继往开来、威武雄壮又逐渐远去的动态形象，以凝重音调的悲壮美和恢宏音响的崇高美映射出人民军队高昂的士气和勇往直前的战斗精神。

合唱作为每个声部由 3 个或 3 个以上人演唱的多声部音乐表演形式，在我军诞生于抗日战争时期，解放战争中合唱艺术已经得到较广泛的普及，中华人民共和国成立后更是名作辈出，许多我军有史至今的重大题材都是以合唱形式来表现的。在近年的央视青歌赛中，我军的合唱艺术已独占鳌头。

而作为西方文艺复兴时期产物的无伴奏合唱，则采用不同于器乐音响的人声演绎多声部的音乐，更为直接打动人心。在人文主义的旗帜下，它曾经是象征人类精神解放的声乐艺术最高形式。它在近代传入我国，我军在战争年代仅有新四军演唱无伴奏合唱的记载，中华人民共和国成立后除总政歌舞团的无伴奏合唱《小河淌水》以外，优秀的无伴奏合唱作品无论是创作还是演唱总是难得一见。因此，《时刻准备着》可以认为是我军在无伴奏合唱领域中一个有价值的新成果。

这一作品不仅继承了我军队列歌曲的传统，发展了我军音乐创作吸收外来体裁形式和技法并加以发展创新的实践，更重要的是，它凸显了当下与时俱进的观念，通过给人以崇高美的音响体验，唱响了“当祖国召唤的时候”“我就是董存瑞，我就是黄继光”这一新时代的战斗精神，体现了当代革命军人的核心价值观——“忠诚于党，热爱人民，报效国家，献身使命，崇尚荣誉”，是新时代的敢打必胜之歌，是我军军旅文化的厚重积淀。

舞蹈《春之韵》

纯净精巧的和谐描绘

刘　璇

当大红大绿、五光十色的“年彩”将眼球刺激得有些干涩时，为你滴上几滴清泉水；当火热喧闹、喜庆欢腾的“年味”把心房填充得略觉甜腻时，为你采来一抹薄荷香——如此这般的“悦目”和“赏心”，就是2011年双拥晚会的唯一纯舞蹈作品《春之韵》给予观众的，让人沉醉其中不自知、浸淫其里难自拔的精神SPA。

看得出编导何燕敏是热爱大自然、钟情自然美的人。不然，绝不会慧眼独具，仅从冰雪消融的湖面上，由天鹅羽翼的抖动间，便觅得了春意；不然，绝不会感性十足，在纯净、精巧中放大、传递了这片春意。

“立象以尽意。”对舞蹈来说，借助形象表述概念所无法表达和说清的思想，是这门艺术的“看家本事”。在《春之韵》中，那一只只半染白雪、半浸幽湖的天鹅，就是被编导牢牢抓住并表现到极致的“象”。它们被春天叫醒，优雅娴静如处子般梳理着容妆；它们因春回大地而欢愉、嬉戏、畅游，一任红掌拨动清波，在湖面画下绝美的涟漪；它们乘着春风，展翅天空，一同迎接未来，奔向希望……这些对“象”的情景交融的艺术特写，在不知不觉中把观众引入一个无限丰富的想象空间，进而品味到更丰富的“意”——那便是山河锦绣，便是自然和谐。尤其是演员手背上微微颤动的红色绒球，更是在银装素裹的白色和万物复苏的绿色中上下跳跃，给予舞蹈意象无限的扩充和延展——是片片红掌，亦是颗颗红心；是红火的年景，更是红火的盛世！

我们常说，一个好的舞蹈作品应该是“浓妆淡抹总相宜”的。何燕敏为《春之韵》上的是淡妆，那么作品的成功之要，就在于舞蹈本体本身有没有魅力了。毕竟，金玉其外败絮其中的作品，是难登大雅之堂，更难深入人心的。

在这个作品中，舞蹈语汇的塑形、幻形之能事被彰显无遗。天鹅用嘴叼动水面、用翅膀拍打水面，甚至展开双翼飞向天空等画面，都被演员通过手部、腕部、肩部、臂部的运动一一演绎，蒙古族舞蹈的标志性动作经过编导的提炼加工，被不着痕迹地杂糅于舞蹈整体之中，显得精准恰当、流畅自然。4分多钟的时间里，“苏醒”“梳妆”“私语”“畅游”“翱翔”等几个段落自成一体又紧密衔接，舞段与舞段的有机构成，使这个有关春天的故事的讲述完整而动人。

这个大型女子舞蹈在舞台调度上，也显示出编导的功底和创造力。心形、月牙形、三角形、菱形、方形，队形变换目不暇接；从大横排裂变为若干小横排，领舞的跳进跳出，舞群从大斜角方向的奔涌而出，臂膀的链接断开及流水动作，舞台呈现令人叫绝。在此处，超乎单纯的技艺因创意独特的编排，而嬗变为情景化、内容化、意味化的艺术作品。80人的演员队伍，在舞台上于整齐划一、悄然无声中营造出大场面、大格局、大景观、大气派。所以，当天鹅们展翅高飞之时，我们有理由相信，那是一种快乐和幸福的张扬和释放，从开阔的湖面直至无垠的高天……

特别值得一提的还有使《春之韵》成为完美视听艺术的舞蹈音乐。对于音乐和舞蹈的关系，自古就有“乐为舞之心，舞为乐之容”之说。在这个作品中，音乐为舞蹈造诣的功效比比皆是。轻柔婉转的乐段，是对天鹅惬意安详的描述；轻盈跳跃的乐段，是对天鹅自由快乐的表达；激昂雄壮的乐段，是对天鹅飞向寰宇的烘托。音乐与舞蹈异质同构的美妙统一，让观众“看得见”音乐，“听得到”舞蹈；“看得见”的是人与自然和谐之音，“听得到”的是中华大地美好胜景。

忍不住这样说，《春之韵》真是纯到了极点，美到了极致。这种品位上乘的艺术佳作，非有对素材观察久、体味深、把握准的人不能制造。愿我们的艺术家都能具备这样的能力——将强烈的感情、具体的形象、浓厚的气氛、深刻的寓意科学“配方”，加工提炼出一个个“纯美”“精巧”之作，让人于细细品味中深深感动，才能永难忘怀。

杂技《丛林砺兵》

惊险激越的艺术攀登

吕益都

近年来，杂技表演普遍将技术技巧与一定的主题、情景相融合，使高难度的动作附丽于深层的文化内涵，从而彰显作品鲜明的风格特点，使其具有动人心扉的艺术感染力。可以说，今年双拥晚会的杂技《丛林砺兵》，就是将军旅特色和传统技艺“嫁接”，绽放出的艺术创新之花。

《丛林砺兵》综合运用了“走软钢丝”“弹板空翻”“高空秋千”“浪桥飞人”等多种杂技技巧手段，并将其与军事题材巧妙融合，生动地描绘了当代军人在丛林中进行多课目军事训练、展开对抗与竞争的场景：为了潜伏并发现目标，他们步履稳健敏捷——“走软钢丝”的运用使人物行走与攀登的动作自然呈现顿挫的节奏；他们翻越重重障碍、在密林间快速穿插——“弹板空翻”的飞跃与翻腾，展现出火热的训练场景；他们在藤蔓间飞越、侦察与瞭望——“高空秋千”与丛林环境密切配合。

“浪桥飞人”则为作品带来最大的亮色。在激动人心的音乐烘托下，浪桥越摆越高，而舞台中央3根高高的具有弹性的“站人立柱”在左右摇摆。遥遥相对的“飞人”和“站人”必须要同时掌握好飞跃的力度与节奏，控制住恰当的摇摆造型，才能保证“飞人”画出优美的空中弧线，从立柱间飞越而过。这一具有创意的高难度动作，充分发掘与利用了演出器械与舞台空间的特点，从而营造出惊心动魄的视觉震撼。更加具有画龙点睛效果的设计是，在最后一次浪桥摆渡的时候，“飞人”飞越障碍后，一举夺下一面鲜艳的红旗，接着，一幅巨大的红旗从舞台上倾泻而下，将节目推向了高潮。士兵为了胜利夺旗——“红旗”的符号感与“夺旗”的仪式化色彩，鲜明地烘托出当代军人崇尚荣誉、勇夺第一的信念与气概。

整个作品技术技巧设计环环相扣，高超的动作与精湛的表演为观众带来一次又一次的视觉冲击。而作品最大的成功无疑在于巧妙地设计了当代军事题材的主题，正是这个富于时代性的鲜明主题，使动作技巧的本体喻示了战士们训练的难度，以及在特定丛林环境中训练的特点，营造出智者不惑、勇者不惧，长凌飞翮、气吞万里的作品意境。因此，令人惊心动魄与眼花缭乱的技巧，不再是单纯的炫技，更因主题的旨归与意境的营造，而拥有了富于深意的“美”的内涵，使作品具有了内在的“魂”。

与一般反映军事题材的杂技作品不同，《丛林砺兵》不是仅仅展示一种或几种“片段”式的“技巧场面”就完成了“军事题材”的艺术演绎，而是别出心裁地设计了具有悬念、冲突、高潮的“叙事”情节，从而使技巧动作铺设在流畅完整的时间线索上。这样，尽管展示的技巧种类多，但它们都与情节的推进紧密配合、层次分明，并在此基础上凸显了“群像人物”的精神风貌，使审美效果更加丰富饱满而又起伏跌宕。

在空间环境的营造上，LED 等舞美手段将南方丛林的自然风光充分展现了出来。浓密的植物、缠绕的藤蔓、飞流的瀑布等与“剧情”交相辉映、相得益彰，使舞台上战士们训练活动的场景具有了艺术的“现场感”。在主体表演的“中央区”之外，舞台的“前景区”与“后景区”里更充分调度了演员的表演：全副武装的战士们时而奔跑、掩护、侦察，在“全景长镜”中营造出浓郁的军事行动紧张状态；时而策划谋略、运筹帷幄，在“细节特写”中显示出军事对抗的智慧角逐。他们以舞蹈化的动作配合杂技本体的技术技巧，使整个舞台纵深空间排布得更加层次分明。因此，对舞台空间富于想象力的充分开掘，使舞台整体的“画面构图”获得了立体的支撑与错落有致的表现。军事行动疾如风、徐如林的气势藏于九地、动于九天的“排兵布阵”，都使紧张激烈的“情节”与“情境”显露出“大片”式的恢宏与壮观。

作为晚会的压题之作，歌舞《旗帜颂》用庄严、壮丽的混声合唱象征时代旗帜下辽阔的祖国江河大地，展现了中华儿女奋起腾飞的画卷。歌曲唱出了人民的祈愿，表达了全国军民万众一心，紧紧跟着党阔步前进，为中华民族的伟大复兴创造新辉煌的坚定信念。宽广优美，意味隽永。

女声独唱《同人民在一起》具有强烈而鲜明的抒情性特征。歌曲使用复沓的修辞手法，以极为真挚的情感，颂扬了党同人民心心相印、血脉相连的执政理念和亲民形象，表达出全国各族人民对党中央由衷的爱戴与敬仰之情。情真意切，感人至深。

展示豪情激荡　温暖书写忠诚

评 2011 年双拥晚会《伟大旗帜领航程》

张冠华

2011 年的春天，作为中国人民一路追寻梦想、不断发展前进的一个新起点——“十二五”规划开局之年的春天，早已成为一个热望之春、激情之春。那么，我们与春节相约而来的双拥晚会，该向人们怎样展现春天……

在精彩的回眸与憧憬中展示豪情与信心

辞旧迎新这一独特意蕴，在2011年的新春佳节，被赋予了更为宽广深邃的精神内涵。透过欢腾热烈的军乐与歌舞《军民迎春曲》、歌舞《和谐大家庭》，你能感受到全国军民在历经拼搏与辉煌后，那种发自内心的幸福与快乐；观赏别具匠心的情景短剧《“村晚”直播》，你能通过对当代农民精神追求的精彩聚焦，领略到富足起来的中国人民那丰润而又智慧的精神投射；合着京剧联唱《高歌赞辉煌》的板眼，你能从那工整精美、醇厚隽永的文采声韵中，细细品味到昨日的艰辛与甘甜；舞蹈《春之韵》那精致唯美的艺术气韵，又让你从暖暖春潮所泛起的美轮美奂的艺术涟漪中，感受到一个伟大民族憧憬未来的自信平和与优雅从容……

而把这一切凝聚并推向高潮的，是女声独唱《同人民在一起》的深情一曲和压轴歌舞《旗帜颂》的倾情放歌：回眸“十一五”，辉煌来自党和人民“风里雨里同行，共撑地陷天塌”；憧憬“十二五”，“科学发展引道路更加宽广”，“用中国特色写社会主义华章”，抒发了中华民族实现伟大复兴的坚定信念和全国军民跟着党阔步前进的豪迈决心。

在动人的老歌与新曲中激荡温暖与力量

对于歌鱼水深情、颂光荣传统的永恒主题，今年的晚会以一种俯瞰历史、剪裁时空的大跨度艺术处理，以版块的形式加以把握，让伟大军队的精神血脉，在源远流长的全景扫描与动人心魄的细腻特写之间，充盈出浑厚、博大而又生机勃勃的历史感、时代感。如从拥军歌曲联唱《鱼水欢歌》到女声独唱与女声小合唱《兵妈妈》之间的艺术勾连。

而特别值得一提的，是此次晚会的高潮之一——音诗画《母亲与士兵》。作品通过诗意的叙述，讲述了当代3位拥军妈妈的感人故事。120名年轻战士背着迷彩背囊，以变幻多样的造型配合着几位艺术家的表演。当讲述到一位兵妈妈是如何走过漆黑崎岖的山路，去看望她日夜牵挂的战士们时，120个手电光柱在蓦然转身之间突然亮起，“妈——妈——”的忘情呼唤，顿然间撕裂黑暗、洞穿心灵。艺术家用充满创意的艺术想象表达出一种深刻强大的精神张力——拥军爱民的光荣传统，正以它特有的温暖与力量代代相传。

在坚定的信念与誓言中书写忠诚与梦想

面对今年双拥晚会的舞台，最令人激情澎湃的，是我们伟大军队向祖国和人民报告自己的光荣与梦想。男声大合唱《忠诚》不仅以宏大气势和雄壮歌声，表达了全军将士对党的无比热爱和人民军队永远忠于党的铿锵誓言，而且以其高度整齐划一的动作，让人在艺术享受中叹服我军纪律严明、作风过硬的非凡风貌。与这种雄浑激越形成鲜明对比的，是充满深情的男声独唱《当人民需要的时候》。舒展悠扬的歌声，把我军官兵情系人民、报效国家的赤子之心，演绎得令人荡气回肠。

最让人拍案叫绝的，是杂技《丛林砺兵》。这个节目充分运用了杂技特有的高、难、惊、险、奇的艺术表现特点，创造性地融合了多种高难度技巧，在舞台上藤蔓交织、沟壑纵横的山岳丛林中，以令人炫目的极限超越，把我军新世纪新阶段的现代化发展追求，把信息化条件下我军官兵苦练过硬本领、随时准备战胜一切敌人的坚强决心，在令人叹为观止的艺术表现中生动展示出来。

双拥：常演常新的永恒主题

评 2011 年军民迎新春文艺晚会

陈先义

作为一年一度以歌唱军民关系为主题的艺术盛宴——2011 年的军民迎新春文艺晚会，再一次以精湛的艺术构思和紧追时代脚步的思想内容，把人民对新生活的热切期盼和祥和欢乐的节日气氛呈现在广大观众面前。

帷幕拉开，伴随 30 名军号手吹响新年雄壮嘹亮的军号声，舞台上层层绽放的喇叭花、芙蓉花、水仙花和彩色花球，与上百名活泼可爱的孩子装扮的小白兔，组成了艳丽多彩的新春画面，把人民乐观自信、团结奋发的热烈情绪淋漓尽致地再现于舞台之上。

紧接着，4 位京剧艺术家字正腔圆的演唱，把我们刚刚走过的“十一五”用艺术形式加以表现。这 5 年，我们昂首挺胸应对国际金融危机的巨大冲击，我们众志成城战胜重大自然灾害的严峻考验；这 5 年，我们的祖国和人民以更加崭新的面貌在世界亮相。北京奥运、上海世博、广州亚运……中国为世界构筑了一个又一个文化交融的舞台，也把一个热爱和平、倡导和谐的伟大民族的形象展现在世人面前。这 5 年，同样也是创新理念不断发展完善的 5 年，以胡锦涛为总书记的中国共产党人，把以人为本、科学发展、社会和谐、经济社会协调发展的旗帜高高举起，中国特色社会主义全面向前推进。这 5 年，也是人民军队日新月异发展前进的 5 年，跨区机动、联合军演、救灾抢险、护航维和，一个威武之师、文明之师的形象，不仅受到中国人民的称赞，也受到各国人民的赞许。当艺术家们以精练的唱段去细说这些历史辉煌时，每一句唱词每一个音符都透着我们军队和人民的自信和豪迈。我们忽然感到，如果说 60 余年前“中国人民站起来了”这句撼动世界的宣告，只是中国人民推翻三座大山，摆脱剥削和压迫的一种时代象征的话，那么在全世界都期待听“中国声音”的今天，中国作为一个伟大的国家和民族，已经昂然屹立在世界东方。

既然是双拥晚会，表现军民关系自然是其中至关重要的内容。今年推出的包括歌舞、独唱、合唱、短剧、杂技等几个节目，半数以上表现了军民关系这样一个历届晚会不可或缺的主题。特别是拥军歌曲联唱《鱼水欢歌》、音诗画《母亲与士兵》、女声独唱与女声小合唱《兵妈妈》、男声独唱《当人民需要的时候》等节目，把水乳交融的军民关系表现得感人至深。女声独唱《同人民在一起》通过深情的演唱，歌颂了党中央情系人民、心贴百姓的亲民形象，表达了各族人民的爱戴敬仰之情，以及在党的领导下开创美好未来的豪迈情怀。

同样一个题材，同样一类内容，要做到年年出新，的确不易。而今年用音诗画形式表现的《母亲与士兵》，却收获了催人泪下的效果，成为整台晚会至为感人的内容。作品用朗诵和表演的形式，讲述了内蒙古满洲里市孙菊婷、新疆乌恰县布茹马汗·毛勒朵、河南洛阳市乔文娟等当代拥军妈妈的感人事迹，艺术地表现了具有新时代新特点的军民鱼水深情。几个担负现场朗诵及情景表演任务的“兵妈妈”的扮演者，以真实感人的叙述将3位伟大母亲的形象再现于舞台之上。当她们以泪流满面的叙说去演绎故事时，观众也不禁为之动容。特别是当孙菊婷等3位“兵妈妈”最后出现在演出现场时，一下子把剧场效果推向高潮。

一个年年讲述的老故事、老题材，为何能收到不同凡响的效果？这不禁又让我想起那个讲了许多年的神话故事。一个勇猛无比的战士安泰，大地是他的母亲，每逢作战，大地母亲都会给他无穷的力量。今天我们的艺术家以艺术的语言叙述这些故事时，之所以能引起广大群众的强烈共鸣，是因为这个作品在讲述共产党领导的军队与人民之间水乳交融的血肉关系的同时，也在告诫着一代又一代的“安泰”们，永远不能离开亲爱的母亲，那是我们生命依附的大地，是我们汲取力量的源泉，是赐给我们胜利之光的太阳。

一个好作品的推出，必须对生活具有深刻的体验。为了使今年的晚会更好地体现时代色彩，根据军委和总部首长的要求，演职人员奔赴基层进行了现实生活体验，到英模的实际生活中去感受人物的心灵脉动。有了最直接的感受，才有了《母亲与士兵》那样感人至深的好作品。同样，也才有了歌舞《和谐大家庭》、舞蹈《春之韵》、杂技《丛林砺兵》等一批带有浓郁的当代生活气息且都是艺术家们原创的好作品。

自然，双拥晚会作为一种舞台呈现已经20多年的艺术形式，每前进一步，都要付出艰苦的努力。对情节的追求及对当代生活气息的展现，不仅体现了这届晚会部分作品的成功经验，同样也是艺术家们在今后的创作中值得进一步追求的方面。

晚会幕后二三事

王琢舒

睁眼闭眼都是贯口

《“村晚”直播》节目当中，黄宏的嘴皮子功夫，赢得了满堂喝彩。除了极具“黄氏风格”的开场四六句外，节目高潮部分的一段贯口技艺，更是让观众情不自禁地鼓掌叫好。

贯口是相声艺术的一门说功，讲究嗓音亮，吐字清，字正腔圆，气口精当，对表演者的功底是很大的考验。在短剧的排练过程中，这段贯口先后历经了5次修改，最长的一版有36句，最短的一版也有26句。为此，黄宏几乎每天一睁眼就开始背，逢人就拉：“来，听听我这贯口说得溜不？”一次，黄宏做梦梦见正在台上演出，演到这里就忘词了，惊得他一脑门子都是汗。

冰火两重天的煎熬和骄傲

在人民大会堂舞台“迷宫式”的地下化妆间，放置着几百套锦绣华服，那都是服装总设计姜小明的心血杰作。为了今年的双拥晚会，姜小明仅服装设计图就创意了近百幅。不仅如此，就连服装制作的每道工序她都亲自监督。

为了让服装的色彩更光鲜，姜小明与工人们一起在北京郊区的染房里，围着直径两米的大煮锅一边染一边试验，近千米的布料染了整整三天三夜。姜小明戏言，屋外是极致严寒，屋里是近百度的高温热浪，染布的那些日子简直是冰火两重天的煎熬，但这煎熬创造了美丽，她觉得特别骄傲。

喊一声“兵妈妈”士兵情最切

近几年，北京卫戍区“老虎团”成了全军重大文艺演出群众演员的“专业户”。今年的双拥晚会中，该团的120名战士组成了音诗画《母亲与士兵》中的一列列“兵阵”。他们的一声声“妈妈”情真意切，十分感人。

据负责领队的该团副政委周向东介绍，《母亲与士兵》的情感穿透力很强，对官兵的表演技巧，尤其是面部表情的丰富性要求很高。为了让战士们具备更高层次上的表现力，除了按照导演的要求一遍一遍地细抠排练外，团里还专门找来经典的话剧、音乐剧的光盘，让战士们欣赏揣摩。如今看来，喊一声“兵妈妈”，还是士兵情最切。

节目单

2011年军民迎新春文艺晚会

《伟大旗帜领航程》节目单

一、军乐与歌舞《军民迎春曲》

编导：路　遥　尹　伊　魏思佳　杨　华　王冬梅

作曲：王　猛　　**配器**：陈　丹

作词：赵思恩

表演：赵　鹏　石勐尧　黄　硕　艾尼江　贾　宇　河斯来提　潘永超　王圣砚等

参演单位：总政治部歌舞团　解放军军乐团　海军军乐团　武警军乐团　空军蓝天幼儿艺术团

二、京剧联唱《高歌赞辉煌》

作词：张志高　　**作曲**：刘　畅

配器：鄂　矛

编导：刘雪娜　辛俊杰　李星运

演唱：于魁智　李胜素　孟广禄　张　薇

表演：高　飞　田　浇等

参演单位：北京军区政治部文工团京剧队　第二炮兵战士演出队　武警总部直属支队

三、舞蹈《春之韵》

编导：何燕敏　　**作曲**：刘　琦

表演：盛　婕　马莹娇　李梦璐　包晓彤等

参演单位：沈阳军区政治部文工团　武警部队政治部文工团　内蒙古军区政治部文工团

四、歌舞《和谐大家庭》

作词：方　正　　**作曲**：印　青

配器：刘　琦　　**编导**：李　涛　尹　伊

演唱：王丽达　吴彦凝　王　喆　常思思　陈笠笠

表演：岳阆子　芦雨亭　秦　贺等

参演单位：总政治部歌舞团　北京军区政治部文工团　空军政治部文工团　第二炮兵政治部文工团

五、拥军歌曲联唱《鱼水欢歌》

编导：何燕敏　李维维　达娃拉姆　辛俊杰

配器：鄂　矛

演唱：巴　桑　泽旺多吉　巴哈尔古丽　雷　佳　王宏伟　吴　娜

表演：王培培　薛碧柳　王旭东　迪丽胡玛尔　李亚利　阎　格　徐成瑶等

参演单位：沈阳军区政治部文工团　内蒙古军区政治部文工团　新疆军区政治部文工团等

六、音诗画《母亲与士兵》

创作：马正建　王晓岭　周振天　王树增

配乐：栾　凯　孟庆云　**导演**：彭　澎

编导：崔恩全　边　华

表演：温玉娟　王丽云　宋春丽　吴　军　于　恒　马　帅等

参演单位：解放军 66322 部队

七、女声独唱与女声小合唱《兵妈妈》

作词：任　毅　**作曲**：孟庆云

配器：刘　琦　**编导**：李星运

演唱：谭　晶　**参演单位**：解放军合唱团

八、男声大合唱

1.《忠诚》

作词：赵大鸣　**作曲**：刘　琦

领唱：刘　斌

2.《时刻准备着》

作词：王晓岭　**作曲**：王路明

编配：孟卫东　郑　健　**编导**：宿　哲

指挥：郑　健

演唱：解放军合唱团　武警部队合唱团

伴奏：解放军交响乐团

九、杂技《丛林砺兵》

编导：高俊生　刘晓栋　张　强　宿　哲

作曲：鄂　矛　**教师**：赵　斌　王　蛟　黄　维

表演：王　泽　高　尚　曾日官　潘　辰　张红紫　李　辉　王　驰等

参演单位：沈阳军区政治部文工团杂技分团　广州军区政治部文工团杂技分团　成都军区政治部文工团杂技分团等

十、男声独唱《当人民需要的时候》

作词：王晓岭　　**作曲**：刘　青

配器：王　猛　　**编导**：崔恩全　张　坤

演唱：阎维文　　**参演单位**：武警部队直属支队

十一、女声独唱《同人民在一起》

作词：赵思恩　　**作曲**：印　青

配器：刘　琦　　**编导**：薛　刚　边　华　马　宁

演唱：宋祖英

表演：李函墨　帕里哈　陶　德　陈亚楠　钟　媛　李梦思　杨　莹等

参演单位：总政治部歌舞团　沈阳军区政治部文工团

北京军区政治部文工团　武警部队政治部文工团

十二、情景短剧《"村晚"直播》

编剧：王　宏　黄　宏　王宏坤

导演：宫晓东　　**编导**：李　涛　尹　伊

配乐：王路明　赵晓丹

表演：黄　宏　黄晓娟　孙　涛　郭　笑等

参演单位：总政治部话剧团等

十三、歌舞《旗帜颂》

作词：阎　肃　　**作曲**：印　青

配器：刘　琦　　**编导**：阎红霞　汪起正

演唱：彭丽媛

表演：姚　强　齐　瑜　王胤南　张　鑫　唐晓芸　闫　玲　张　彧　黄路霏等

参演单位：总政治部歌舞团　空军政治部文工团　第二炮兵政治部文工团

新疆军区政治部文工团等

艺术指导：阎　肃　张继钢　印　青

总 导 演：李福祥

艺术顾问：王晓岭　周振天　王树增

撰　　稿：赵思恩　马正建

文学统筹：赵大鸣　任　毅

音乐统筹：刘　琦　鄂　矛

舞蹈统筹：赵小津

杂技统筹：高俊生　刘晓栋

小品统筹：王　宏　肖　力

舞美总设计：李文新

灯光总设计：杨卫东

服装总设计：姜小明

音响总设计：何　飚

舞台总监：张　良

演出总监：姚志清　房　雷

舞美总监：段京飞　赵剑英

主 持 人：于　芳　马　跃　王　静

演出协调：申若东　李亚平　李曙光　郑小成　郭迎建　王景山　李宝德　章　梅　赵　雨　陈西明

舞美设计：李雪楠　高　健　温海涛　孙云鹏

视频总设计：文　心

视频设计：赵　伟　黄云根　张文奇　黄振华　李　陵　魏北平　胡绍新　宗佳艺　梁婷婷　闫晨照　刘康达　王　磊　李炫彤　周华丽　郑云辉　赵　亮

灯光设计：董　江　王辉丽

化妆设计：莽珊珊　张玲亚　隋　颖　朱　烨

服装设计：陈淑珍　丁冀燕　刘　洁

道具设计：李恩杰　南志修　李　松　韩抗抗　杨惠娟

音响设计：赵　戎　赵晓丹

音乐编辑：宿永良

音乐录制：陈　庆

前台主任：李志强　刘　阳　李宏伟　戴莫日更　刘时凯　刘　勇　单志瑾　陶　蕾　林　影　蔡　鹏　齐　奇

后台主任：田　芳　姚晓南　甘灵犀　周　宁　杨　华　洪　雁　童　伟　赵　植　叶　颖　刘　达　李娜娜　董　玲

安全顾问：李国胜

舞台监督：李志强　乔高平

字　　幕：侯玉斌　汪　明

舞美制作管理：温海涛　任东雷　王亚东　常明利　常铁桩

服装管理：于　彦　潘晓波　向绍春　金永明　李志平

安全保卫：蔡亚超　王瑞森　胡　冰

视频制作：北京文心雕龙创意工作室

舞美工程：北京兴魏友通建筑工程有限公司

灯光工程：北京卡乐佳艺科技有限公司

视频工程：北京星月朗明文化发展有限公司

服装制作：北京东方明丽服装服饰有限公司

演出单位：

总政治部歌舞团
总政治部歌剧团
解放军艺术学院
沈阳军区政治部文工团
兰州军区政治部文工团
广州军区政治部文工团
海军政治部文工团
第二炮兵政治部文工团
内蒙古军区政治部文工团
西藏军区政治部文工团
武警军乐团
解放军 66322 部队
空军蓝天幼儿艺术团
总政治部话剧团
解放军军乐团
八一电影制片厂
北京军区政治部文工团
济南军区政治部文工团
成都军区政治部文工团
空军政治部文工团
武警部队政治部文工团
新疆军区政治部文工团
海军军乐团
第二炮兵战士演出队
武警部队直属支队

特别鸣谢：四川五粮液集团有限公司
北京太阳圣火广告有限公司

《阳光路上情满怀》——2012年军民迎新春文艺晚会

2012年军民迎新春文艺晚会在京举行

胡锦涛、吴邦国、贾庆林、李长春、习近平、李克强、贺国强等出席

解放军报北京1月14日讯：军民同心跟党走，锦绣山河展宏图。1月14日，2012年军民迎新春文艺晚会今晚在人民大会堂举行。党和国家领导人胡锦涛、吴邦国、贾庆林、李长春、习近平、李克强、贺国强等出席晚会，与首都军民欢聚一堂，共贺新春。

人民大会堂华灯璀璨、笑语欢歌，洋溢着一派喜庆祥和的节日气氛。晚7时40分许，胡锦涛等党和国家领导人步入晚会现场，全场响起热烈的掌声。胡锦涛等向大家亲切致意，表示新春的祝福。

晚会在激昂的鼓乐声中拉开帷幕，奔放、欢快的合唱《迎春序曲》，抒发出亿万军民迎新春的美好心声。领唱与合唱《无限春光又一年》，赞颂了在科学发展观引领下社会主义现代化建设取得的辉煌成就。女子集体舞《万紫千红》，以灵动流畅的舞姿，描绘出社会主义先进文化建设的多彩画卷。《双拥歌曲联唱》、情景诗报告《心蕾绽放》、女声独唱《心心相印》、短剧《老街坊新邻居》，通过多种艺术形式，讴歌了军爱民、民拥军的光荣传统，展现了党和人民息息相通、子弟兵和人民心心相印、各族人民情同手足的深刻意蕴。杂技《星空之恋》优美绮丽、精彩纷呈，表现出中华民族实现飞天梦的壮丽图景。男子集体舞《沙场雄风》、男声独唱《放心吧，祖国》，刻画了全军官兵深入贯彻落实国防和军队建设主题主线重大战略思想，牢记使命、苦练精兵、爱国奉献的时代风采。男声合唱《没有共产党就没有新中国》《天路》，女声独唱《大路越走越宽阔》，气势雄浑、节奏铿锵，唱出了中华儿女坚定不移走中国特色社会主义道路、以优异成绩迎接党的十八大胜利召开的精神风貌。"老百姓是山，老百姓是海，老百姓是共产党的生命源泉……"歌舞《江山》将晚会推向高潮，优美舒展的旋律艺术再现了我们党为人民谋幸福的不懈追求，表达出全国军民紧密团结在以胡锦涛同志为总书记的党中央周围，万众一心、开拓进取，奋力夺取全面建设小康社会新胜利，开创中国特色社会主义事业新局面的壮志豪情。

演出结束后，胡锦涛等党和国家领导人走上舞台，与演职人员亲切握手，祝贺演出成功。

观看演出的还有中央和国家机关有关部门、全国双拥工作领导小组成员单位、北京市和解放军四总部、驻京部队各大单位、武警部队和军委办公厅的负责同志，全国双拥模范城（县）、双拥模范单位和个人代表，以及驻京部队官兵和首都各界群众代表。

这台题为《阳光路上情满怀》的晚会由全国双拥工作领导小组、民政部、广播电影电视总局和解放军总政治部联合举办。

王士彬　卜　振

春潮奔涌　春色满园

2012年军民迎新春文艺晚会《阳光路上情满怀》综述

李　伟

注定，这是一个心潮澎湃的夜晚。这一夜，我们伫立在人民大会堂的恢宏穹顶下，聆听一个个灵动的音符，就恍若听到大地春潮的奔涌；欣赏一段段美丽的舞姿，就恍若徜徉春色满园的神州———2012年军民迎新春文艺晚会（以下简称双拥晚会）《阳光路上情满怀》，此刻带着全军将士和武警部队官兵的忠诚情怀，为党和人民守候春的讯息！

视频彩幕“春天之门”徐徐打开，一派盛世欢歌景象。沿着艺术审美的路径去追寻、体悟和采撷，整台晚会在我们心底烙出4方金印——“主题鲜明、情感真挚、魅力四射、亮点频闪”。而这4方金印，也同样勾勒出了双拥晚会的成长轨迹，勾勒出她婀娜成熟的高雅风姿。

主题鲜明——我们行进在阳光路上

盘点2011，我们心生自豪！这一年，我们迎来建党90周年华诞，革命先辈的丰功伟绩在神州大地广为传唱；这一年，“神八”“天宫”宇宙一吻诠释着中国科技的日新月异；这一年，党的十七届六中全会的召开为祖国文化事业的发展吹响奋进的号角……正是置身这样宏阔的时代，今年的双拥晚会以“阳光路上情满怀”为题，真诚抒发全国军民团结一心、锐意进取、坚定不移地沿着中国特色社会主义道路奋勇前进的壮志豪情。

2011年是“十二五”时期的开局之年。在科学发展观的引领下，全党全军全国各族人民团结奋斗，在经济建设、政治建设、文化建设、社会建设、生态文明建设、党的建设和国防建设等领域都取得累累硕果。领唱与合唱《无限春光又一年》正是以此为基调，创作而成的一部明快大气的作品。“无限春光又一年，经济平稳促发展……无限春光又一年，文化繁荣大发展……喜迎党的十八大，无限春光又一年。”这样朴实达意的歌词在虚实结合中，不仅简洁地描述了国家各项建设的喜人成果，字字句句都唱出了老百姓的心里话。

“双拥晚会的宏大主旨，决定了晚会音乐在艺术表达上就是要唱响共产党好、社会主义好、改革开放好、伟大祖国好、各族人民好、人民军队好的时代主旋律。”晚会艺术指导印青如是说。“……至亲至爱我的中国，气象万千天地人和，八面新风唱新歌，大路越走越宽阔。”女声独唱《大路越走越宽阔》听来直抒胸臆，每一句词都那么贴心。伴着清亮的歌声，身着民族服装的演员们踏歌起舞，表达各族人民的内心喜悦。

歌舞《江山》的词曲饱蕴深意，体现了共产党为人民谋幸福的不懈追求，表达出中华儿女高举旗帜跟党走、团结一心创造幸福生活的美好心愿。“老百姓是地，老百姓是天，老百姓是共产党永远的挂念……”发自肺腑的深情吟唱，如一轮红日，将每个人的心胸都照得格外亮堂和温暖。

处在阔步前进的伟大时代，这一年全军官兵满怀壮志，高歌猛进。男子集体舞《沙场雄风》以特种兵为原型，巧妙融入特种部队训练中的战术动作，表现了我军官兵在信息化条件下苦练精兵谋打赢的精神风貌。嘿哈！齐声呼吼，裹挟着排山倒海的气势，一步腾空跨跳，若猛虎下山……这样的舞蹈充满力量，让我们由衷地赞叹：军中男儿当自强，气吞山河势不可当。

爱军精武的斗志，沸腾在我们的血脉；忠诚使命的信仰，植根在我们的胸怀。当男声独唱《放心吧，祖国》的歌声响起时，那一句句歌词就化作了全军将士的誓言："生当搏击沙场，死则埋骨青山……放心吧，亲爱的党，我会忠诚到永远……"

情感真挚——我们一起感动世界

如何让今年的双拥晚会情感芬芳，香溢开来？主创人员集思广益，依照"酝酿、催泪、共鸣"3个步骤，巧妙地串联起一系列节目。酝酿之时，一组《双拥歌曲联唱》的歌声悠然回荡。联唱选取了《军民团结一家亲》《二月里来》《谁不说俺家乡好》《骑马挎枪走天下》这4首脍炙人口的拥军爱民歌曲，重新编曲、配器，并借助舞蹈的情景化表演，用动情的歌声唤起观众的历史记忆，热情讴歌人民群众对子弟兵的深情厚爱。

情感的潮汐已然令人心旌摇荡，接下来的情景诗报告《心蕾绽放》，让观众的心海骤起波澜。近年来，广州军区广州总医院，第二军医大学、第三军医大学、第四军医大学附属医院等军队医疗机构，与各级地方政府、妇联、红十字会开展了为贫困地区先天性心脏病患儿慈善救治活动；空军总医院、武警总医院与中华慈善总会联手启动了"心蕾工程"，免费救治边疆少数民族先天性心脏病患儿。自这些活动开展至今，军队医疗机构已免费救治1万多名患有先天性心脏病的儿童，赢得了社会各界的广泛赞誉。《心蕾绽放》就是选取救治活动中的真实故事，运用情景表演和诗报告相结合的艺术形式，以极具感染力的语言，深深打动了每名观众。

深入生活才能淘得艺术"真金"。早在2011年夏天，《心蕾绽放》的创作人员就穿大漠、上高原，到边疆地区那些康复的患儿家庭聆听感恩的倾诉，与医护人员推心置腹地交谈，感受他们心中的爱与责任，走进病房寻找被遗忘的细节……正是这样，他们给情景诗报告植入了转经筒、吉祥符、卡通画等这样生动的道具，挖掘出"用图画与少数民族患儿交流、为患病孤儿过一个崭新的生日"等这样鲜活的素材，用感人至深的一席话点明"挽救一个孩子，幸福一个家庭，感动一个村庄，和谐一个社会"这样深远的意义。剧终时，屏幕上放出一个个康复患儿的纯真笑脸。他们的笑容在蓝天下格外灿烂动人，让现场许多观众情不自禁地悄悄抹泪。

纵有万语，此情亦难详解。女声独唱《心心相印》用歌声艺术地升华《心蕾绽放》的主题，恰到好处地唱进人们的心坎："拥抱你是温暖情怀，望着我是真诚笑容，我们一起感动世界……心心相印，鱼水情深……心心相印，四季如春，那绽放的花蕾，让大爱永恒。"屏幕上同步展映2011年部队官兵抢险救火、助学帮困、支援地方建设等画面。这一刻，军爱民、民拥军的光荣传统谱写成一曲心心相印的时代乐章，表达出党和各族人民心心相印、子弟兵和各族人民心心相印的深厚感情。

党的政策似春风，安居工程惠民生。晚会的主创人员与普通百姓感同身受，敏锐地捕捉到这一时代的新风尚。短剧《老街坊新邻居》就是取材于安居工程，以一场喜庆和谐的饺子宴为贯穿始终的线索，讲述了喜迁保障房的老街坊和社区新邻居之间的喜剧故事。故事通过新老邻居对党、国家和军队的大事、喜事的质朴解读，反映党的惠民政策、民生工程深入人心，抒发广大人民群众对党中央发自心底的感激和爱戴之情。晚会小品统筹王宏笑呵呵地说："这个剧的出彩之处就在于一个'情'字。剧中那诙谐幽默的语言，以及偶然的巧合情节，体现了街坊邻里之间的人情与温情，而饺子宴上的美味饺子就艺术化地表达出享受到国家惠民政策的老百姓心中的幸福和甜蜜。"

魅力四射——艺术本体彰显华夏大美

双拥晚会创排之初，总导演李福祥就给每个节目的编导送上一份自己的导演阐述。在阐述中他着重强调了 4 个字"艺术本体"。他说："如果把每个节目比作镶嵌在双拥晚会这顶桂冠上的珠宝，那么艺术本体就是这些珠宝中最耀眼的钻石。"

节目编导们正是循着这条主线，在突出和尊重艺术本体中，寻觅并挖掘出每个节目的艺术魅力。

水袖一扬，恰似万花傲然怒放；折扇一抖，若彩蝶翩翩飞舞……女子集体舞《万紫千红》在一派缤纷艳丽中，摇曳着曼妙舞姿舒展开来，真是应了诗句"等闲识得东风面，万紫千红总是春"所渲染的意趣之美。整场舞蹈由百花盛开、争奇斗艳、万紫千红和彩蝶飞舞几个段落构成，形成灵动流畅的舞蹈画面，表现春回大地、万物复苏、生机盎然的景象，寓意社会主义文化大发展大繁荣的春天已经到来。心随舞动，舞为人美。纤秀的女孩们若春之江水柔顺恣意，又若春之百花姿态万千，于眉目流转中，行云流水般地将一系列串翻身、点翻身、射雁跳等舞蹈技巧完成得轻灵而优雅，将舞蹈本体的艺术魅力展现得淋漓尽致。我们把心静静地沉在舞蹈的流光溢彩中。在这里，我们能看到青春中国的朝气蓬勃，能望见文化中国的繁花似锦。

自不待言，音乐贯穿晚会始终，比重最大，分量最重。"双拥晚会的宏大主旨和庄重品格，决定整台晚会的音乐要有大气象，要具有民族史诗般的交响音画的质感，要求声乐作品必须有宽广的音域呈现。"音乐统筹刘琦坦言。男声合唱的两首曲目《没有共产党就没有新中国》和《天路》非常典型地展现了这一特征。在雄浑威武的军乐伴奏下，先由一名歌唱家领唱《没有共产党就没有新中国》，再由男声合唱以铿锵豪迈的声音，唱出全军将士的坚定信念。而合唱艺术的魅力在无伴奏男声合唱《天路》中得到进一步的展现。表演中，在没有伴奏的情况下，经过全新的和声编配，丰富多声部唱腔，唱出了极具穿透力的男子和声，让《天路》这首经典之作带着观众再次抵近雪域高原，享受着蓝天下明亮和声带来的心灵愉悦。

中华民族的飞天梦已成现实，2011 年"神八"与"天宫"交会对接，让中国人摘星揽月的蓝图更加宏伟壮阔。杂技《星空之恋》表现的正是这一壮丽图景。说起这个节目的创意，晚会杂技统筹李西宁颇有心得："节目中的杂技本体艺术糅合舞蹈特质，显得纯净而富有诗意。而且地面上杂技演员的柔术技巧与高空技巧相结合，从视觉上拓展了空间层次感。”浩瀚的星空下，杂技演员们采用高空绸吊和威亚等各种高难技巧，凌空飞跃，若嫦娥奔月宫、似织女游银河，以写意般的唯美诠释着中华民族的飞天情结。当杂技演员手握一面偌大的国旗在空中掠飞而过、当几个单“绸吊”演员从高空瞬间一齐坠落至离地面1米的低空、当倒挂演员仅凭脚背在空中相互勾连呈现人体力量的美与平衡时，我们不仅感叹杂技艺术的“惊、奇、险、绝、美”，更深深地感受到中华民族的自信与自强！

亮点频闪——带来大地回春的喜悦

每年的双拥晚会，就好比新年里一朵盛开的花。这花，为人们装点节日的喜庆，为军民带来大地回春的喜悦。虽说，年年岁岁花相似，但今年的双拥晚会之花，更显得青春四溢，亮点频闪。

观众一入场，就会被新奇所吸引：由3层视频形成的以中国鼓和鲜花为主要元素的舞美画面首先映入眼帘。舞台上4面平行交错放置的中国大鼓，鼓面显示出红色立体的“春”字。大屏幕上，以“春”字大鼓为中心，牡丹、梅花、荷花、迎春花在音乐中交替盛开。即时，鼓乐激昂，合唱《迎春序曲》迎来一抹亮丽的春色。身着节日盛装的合唱演员，以及身着陆、海、空、武警服装的军人手持金钹，齐声高唱重新填词的《拥军花鼓》。随歌而来的欢乐鼓声，展现出军民团结喜迎新春的崭新风貌。

《双拥歌曲联唱》演员轮番登场，虽说都是经典老歌，但两位年轻编导巧妙地为每首歌的伴舞配以形象的道具，营造出焕然一新的艺术表达。如在唱《军民团结一家亲》时，海岛椰林中，万泉河畔的姑娘们拿着一顶绣有红五星的斗笠翩然起舞；到了《二月里来》，舞蹈演员漫步在碧绿的丘陵梯田间，手端簸箕送军粮；等到《谁不说俺家乡好》的歌声响起，云雾缭绕的沂蒙山下，女娃们端着小木盆给解放军洗军装。唱到《骑马挎枪走天下》时，情景化表演达到高潮：一群英气勃发的士兵身着我军不同时期的军装，胸戴红花、手持钢枪奔赴战场，丰富了歌声中“我为祖国走天下，祖国到处是我家”的崇高精神意蕴。细细品味，这组联唱绝妙之处在于情感的一路承接，清晰地连缀出“送斗笠、送军粮、洗军装，最后送郎上战场”这样完整的拥军爱民的故事情节。

本台晚会的舞美团队，以“简约、大气”的格调谋篇布局，为现场观众打造出一个神奇的梦幻空间。他们根据人民大会堂的舞台特点，挑灯熬夜，画了几千幅设计图稿，为打造全新的舞美效果苦思冥想，拿出了最具创新的设计方案。据舞美总设计李文新介绍，整台晚会以彩幕和视频相结合为视觉支点，在搭成的3级舞台上将视频、灯光、舞美有机衔接，在视觉上形成强烈的立体空间效果。观众看到的上千套色彩缤纷的表演服饰中，设计师们将“龙”年的生肖元素巧妙地融入其中；舞台上，随着那绚丽的灯光变化，大屏幕上时而铺展出一条金色大道，时而变幻出一片绿色葱茏的树林，时而又是一片广袤星空，营造出一个个与节目十分契合的情境氛围场景！

语言类节目

让生活更精彩

王树增

自2005年起，连续数年，部队医务工作者在社会各界的大力支持下，在全国28个省份先后筛查和诊治先天性心脏病患儿数万例，减免医疗和手术费用数千万元，为数千个贫困家庭的先天性心脏病患儿解除了痛苦。2011年是这个活动的高潮年，一批又一批的患儿得到了有效的医治，进而恢复了健康。由此，人们给这个活动起了一个温馨的名字："心蕾工程"。在今年的双拥晚会中，情景诗报告《心蕾绽放》，就是反映这一工程的节目。

创作情景诗报告这类节目，无论对文本、导演和演员，乃至舞台美术创作，都是一个巨大的考验。因为，包含着主题提炼、结构铺排、韵律行文、情感高潮、舞台呈现和戏剧表演等诸多因素，都要在10分钟内完成所有组合，并使之达到具有强烈感染力和深刻思想性及动人的艺术效果。《心蕾绽放》确实犹如一朵绚丽的艺术之花，在双拥舞台上美丽绽放，得到了观众的一致好评。

值得一提的是，连续数年，双拥晚会的情景诗朗诵都采取了纪实手法。每每在节目结束的时候，舞台上都会出现故事中讲述的真实人物，他们的出现将晚会的观赏情绪推向了一个高潮。就艺术而言这是有意为之，但是，我们伟大祖国的繁荣富强和团结进步，不正是无数个普通百姓同心协力努力的结果吗？真实是艺术作品本质的归宿，文化艺术来自人民，服务人民，一切为了人民。

短剧《老街坊新邻居》，取材于党中央高度重视的安居工程。与小品相比，短剧更适合在人民大会堂的舞台上表演。短剧的"短"，指演出时间和舞台含量而言，但作为戏剧作品，无论多短，任何一种戏剧因素的缺失，都会带来艺术上的缺憾。在相对短的时间和有限的空间内，要迅速完成戏剧主题的展开、戏剧矛盾的构成、戏剧流程的完善，以及戏剧人物的刻画，绝非易事。《老街坊新邻居》没有使用惯常的"误会法"，在看似平直的情景下直接进入情境，用"喜上加喜"的叠加方式，层层递进，逐渐将戏剧氛围推向高潮。我们有理由相信，随着有中国特色的社会主义事业的不断发展，我国的改革开放将会更加深入，人民的生活将会越来越精彩。

音乐经典寓新意佳作谱华章

柴志英

在双拥晚会《阳光路上情满怀》的13个节目里，连同歌舞在内的音乐节目有10个，其中包括经典和新创歌曲共11首。在晚会展现“辞旧迎新、军民团聚”的内容中，混声合唱《迎春序曲》、领唱与混声合唱《无限春光又一年》展示了军民欢聚一堂辞旧迎新的场面。

《迎春序曲》以老歌《拥军花鼓》再填新词编曲而成。耳熟能详的旋律两度铺陈，热情洋溢的衬词“哎嗨哎嗨哟”引出在男女声部间此起彼伏的“军民团结”的叠句，音乐就此进入了人声鼎沸、鼓乐喧天的高潮。音乐主题节奏拉开，气息宽广、苍劲有力地再次唱响，合唱队突然改用“半声”娓娓道来，在充满温馨的“赞美新生活”的深情品味之后，声浪峰回路转，叠句再入高潮。无论是节奏拉宽，还是叠句的处理，或是结束句音调与陕北民歌《东方红》的不谋而合，都在今天与昨日双拥传统的勾连中为经典增添了新意。

《无限春光又一年》是本台晚会的新作。混声合唱以“序唱”主题欢腾音调的起承转合，以尾句相叠的扩展形成了热情高涨的开端，其后的3个音乐主题交织出现展现着情绪的层次。第一个音乐主题为“换头合尾”式的两个段落，色调温暖的抒发又以亲切真挚的音调相随，在领唱与合唱队的唱和中叙述了我国经济、政治领域的新成果。第二个音乐主题为“合头换尾”的结构，女声先入的合唱在清新的旋律中赞颂了社会主义文化事业的新局面。领唱、合唱的第一主题变化再现，讴歌了和谐社会建设的新事物。第三主题以男声合唱为先导，进行曲风格的节奏表现出践行当代革命军人核心价值观的人民军队形象。第一主题最后一次再现，歌颂了我国外交战线和执政党建设工作的大好局面。尾声采用“序唱”主题遥相呼应，在明快、欢腾中唱出了对新年景的期盼。

拥军歌曲联唱选用了《军民团结一家亲》《二月里来》《谁不说俺家乡好》《骑马挎枪走天下》4首经典名作。歌曲以“编斗笠送红军”“打五谷充军粮”，把解放军看作是“亲骨肉”，让子弟兵感受到“祖国到处都是我的家”的陈述，表现了人民群众与人民军队源远流长的深厚情谊。

女声独唱《心心相印》是升华情景诗报告《心蕾绽放》主题的点睛之作。曲名之妙在于对爱民之心的赞叹与心脏治疗剧情之间的一语双关。起伏萦绕的旋律辗转着眷恋的深情，大气磅礴的赞叹悠然而起、余波不尽，“心心相印”“鱼水情深”“血脉相融”“大爱永恒”等热切词句，在歌唱者惜字如金的演绎中令人动容。

与去年晚会同一部位相比，今年的男声合唱编排令人耳目一新。采用一首回顾历史的历史名作《没有共产党就没有新中国》作为领唱与合唱，表达我军对党领导的认同；又以一首颂扬边疆建设与美丽风光的“唯美”佳作《天路》，并赋予无伴奏合唱的表演形式，展示我军将士宽广的胸怀。

新创歌曲男声独唱《放心吧，祖国》的歌词，将当代革命军人核心价值观化为“搏击沙场，埋骨青山；今天亮剑，明朝凯旋；爱阳光爱和平，崇尚荣誉建功勋”等生动、形象的战士誓言，加之朴素、简洁、亲切、宽广的旋律和演唱者金属般的音色，堪称近年来在词、曲、唱诸方面的最佳结合。

女声独唱《大路越走越宽阔》是又一首有着少数民族音调的原创歌曲，流露着建设美好家园的喜悦与祥和。在浓烈的歌舞情态中，在源自苗族音调下滑音的基础上，演唱者在歌曲的前段加入了上滑音的润腔，显得时尚有余、别具一格。通过中间段落劲舞踏歌的节奏更迭，紧拉慢唱的宽广乐句再将个性极度张扬，全曲在充满幸福感的陶醉中以最高潮结束。

舞蹈与杂技

万紫千红异彩纷呈

应　杰

鼓声阵阵，百花迎春，普天同庆，辞旧迎新。在鼓、乐、舞合一的《迎春序曲》里，我们载歌载舞地迎来了充满朝气和希望的2012年。今年的双拥晚会除了拥军爱民、喜迎新春的永恒主题外，异彩纷呈的舞蹈与杂技表演格外绚丽耀眼。

晚会一开场，观众就闻到了情趣盎然的春意。舞台上，红日冉冉升起，鲜花含苞待放，朝霞、花丛、彩蝶交织在一起，芳菲吐艳、风姿绰约———这就是青年编导韩真、边华创作的女子集体舞《万紫千红》。舞蹈运用了中国传统艺术元素中的折扇与水袖，在“蝶恋花”的主题中，呈现出“百花盛开”“争奇斗艳”“万紫千红”的意象。舞者们时而雀跃时而妖娆，时而清新时而妩媚。她们红绿相争、蓝紫斗艳，个性迥异、尽显风韵。灵动的扇花伴随着轻盈的碎步，在流动的画面中舞动；翻飞的长袖渗透着四射的激情，在斑斓的花丛中溅起。60名解放军艺术学院舞蹈系的年轻舞者，让我们欣慰地看到了祖国的生机和希望，清新地感受到一份如沐春风、如饮清茗的祥和与充实。

经典歌曲的魅力不仅在于悠扬的旋律本身，更重要的是它会唤起我们尘封已久的记忆。青年编导李涛、尹伊为一曲曲耳熟能详的拥军歌曲赋予了情、舞、歌、景四位一体的全新画面。编导巧妙地通过“编斗笠、筛簸箕、洗军衣、挎钢枪”4个主题来结构4段歌舞，最后，又通过《骑马挎枪走天下》中带有新疆舞“垫步”元素的“走”，勾连了整组歌舞，使其既具浓郁的民族风情，又有深厚的革命情怀。

在天寒色青苍、北风叫枯桑的三九寒冬里，60名特种兵扎着马步，紧握双拳，双眼凝视前方，正在进行艰苦的抗意志训练。由编导金美花、杨笑阳创作的男子集体舞《沙场雄风》，将军旅舞蹈演员和武警北京总队特战队的几十名特种兵同时展现在三维空间的广阔舞台上，男儿的艺术气质和特种兵的方刚血气完美融合。舞蹈注重军人整体气势的展现，在大方阵中蕴含着一份大气场，在“格斗”“扑虎”等训练技巧和富有野性的拼杀声中，展现了军人坚强的意志和勇猛的气势，简单大方、气宇轩昂！

杂技《星空之恋》，用“恋”的寓意巧妙地让观众感受到“神八”“天宫”对接时那份羞涩的“爱恋”和“飞天”的自豪。整个作品前半段优美、后半段惊险，杂技在编导李西宁、张强的手下显得更加纯净化、诗意化、舞蹈化，当高空的杂技演员手握一面5米长、2米宽的国旗从空中划过时，我们仿佛听到了中华民族对浩渺天际的豪迈宣言；当8个单“绸吊”演员从高空瞬间一齐砸落至离地1米的低空时，当倒挂着的演员在没有保险带的高空中仅凭双脚背的细小支点在空中相互勾连时，当力学的美、平衡与控制的美在“对手顶”技巧中精彩呈现时，我们感叹的不仅是杂技的“惊、奇、险、绝、美”，还在一种柔美、空灵的意境中淡淡地饱享着中华民族的自信与自强！

奏响时代强音　谱写盛世欢歌

——2012年军民迎新春文艺晚会主创人员感言

卞　振　方　汉

总导演　李福祥：2012年军民迎新春文艺晚会（以下简称双拥晚会）落幕的那一刻，我快意释然。18年与双拥晚会携手同行，6次担纲总导演，这台晚会锻造和成就了我的艺术生命，也承载着我作为一名军队文艺工作者的荣耀与梦想。整台晚会以“情”贯穿、以情动人，奏响了报晓春天的昂扬旋律：一是大歌正唱抒激情。回眸建党90年光辉历程，礼赞军地建设伟大成就，抒发全国军民团结一心、锐意进取、开创新伟业、创造新生活的奋斗激情。二是军民团结寄深情。梳理年度双拥共建成果，讴歌军爱民、民拥军的光荣传统，展现党和人民息息相通、子弟兵和人民心心相印、各族人民情同手足的血脉深情。三是张扬魅力展豪情。通过展示全军官兵牢记使命、苦练精兵、爱国奉献的时代风采，折射出中华民族昂首屹立于世界民族之林的壮志豪情。四是情浓意挚诉衷情。直抒胸臆表达对党、祖国和人民的热爱与依恋，表达全军将士矢志不渝听党话、跟党走的铿锵誓言。可以说，熔铸“四情”是提升晚会气质格调的精神内核，“恰当”呈现是实现节目完美艺术表达的基本标准。

艺术指导　阎　肃：双拥晚会犹如一个青年正值青春茂盛、光彩照人的人生花季。作为一名军旅文艺老兵，我的岁数几乎是她的4倍。我眼看着这台晚会从无到有、从小到大，从一台名不见经传的主题晚会，成长为在军地有着广泛影响力的军旅文化品牌。可以说，双拥晚会的茁壮成长，是军旅文艺事业蓬勃发展的一个缩影，更是建设先进军事文化的一面旗帜。在我看来，今年的双拥晚会之所以大放异彩，一是各级的坚强领导和倾力支持。二是我们有一支德艺双馨、技艺精湛的编导、演员队伍。三是具体操作过程中得到方方面面的配合与协助。所以说，双拥晚会是军地各系统各部门大力协作、通力合作的结果。

艺术指导　印　青：双拥晚会的音乐创作一贯追求的是，主旋律气质和现代视听美感交相辉映的“堂堂正正的中国气派音乐”。开场大合唱《迎春序曲》采用传统民歌填新词的方法，重新进行编配改造，使“小民歌”变成了黄钟大吕之声。领唱与合唱《无限春光又一年》借鉴了西方音乐回旋曲式的创作技法和中国式的旋律结合，使政治概括性很强的歌词朗朗上口，自然流畅，呈现出很好的艺术效果。女子集体舞《万紫千红》、杂技《星空之恋》的音乐吸收了流行音乐、中国戏剧音乐等多种元素，婉约动听、意境深远。男子集体舞《沙场雄风》的音乐以磅礴之势展现出训练中的士兵们深沉博大的内心世界和阳刚雄放又具有感动人心的力量。歌曲《心心相印》《放心吧，祖国》词佳曲美，使人领略到军人对祖国和人民的大爱情怀。

艺术顾问　王晓岭：今年的情景诗报告，我们将目光锁定在部队医务工作者在社会各界支持下，为数万例先天性心脏病患儿免费诊治这个题材上。为此，我们深入新疆天山南北的患儿家庭，倾听他们心底最真实的声音，和孩子们建立情感联系，才有了舞台上那么多感人的细节。有一个升华主题的细节很有创意：当医护人员问来京治病的孩子们，治好了病最想干什么？孩子们说跳舞、骑马、唱歌等等，当所有孩子异口同声说道“最想到天安门广场看升旗”时，情感表达进入了高潮。艺术作品只有呈现生活质感才能动人心弦，那些接地气、有生气的创作，才是真诚、深切和撼动人心的表达。

艺术顾问　周振天：连续3年参加双拥晚会情景诗报告的创作，每年都有新的感受，但相比起来，今年的感受最为铭心刻骨。情景诗报告《心蕾绽放》演出后，获得了首长和观众的肯定，回顾总结这个节目之所以获得成功与好评，我觉得作为双拥晚会所需要的语言节目，这个选材选得特别准，也特别好。记得创作伊始，我看了军队医务人员在地方相关单位配合下，免费治愈少数民族地区的先天性心脏病儿童的事迹材料时，怦然心动。当我们与那些亲自给孩子做手术的医生接触后，感怀之情更是油然而生。一位主刀军医说：“通过救治那些孩子，我们更懂得了生命的珍贵，更深切地领悟了关爱、悲悯的高尚。”还有那些像母亲一样日夜照顾患儿的护士，千方百计让孩子们快乐地度过在医院里的每一天。正如罗丹所说：“对于我们的眼睛来说，不是缺少美，而是缺少发现。”这次《心蕾绽放》的创作，我更加深刻体会了这句艺术箴言。

艺术顾问　王树增：就思想性和艺术性高度统一而言，每年的双拥晚会对其主创人员的政治和艺术素质要求非常高。艺术素质自不待言，双拥晚会集中了全军各艺术门类最优秀的创作人员，其中不乏全国顶级的艺术家。在政治素质上，晚会创作对全体主创人员的共同要求是：做一名合格党员和合格军人。作为晚会的主创人员之一，我认为，在政治素质上达标，是对双拥晚会创作人员的第一要求。在军队从事艺术创作多年，我始终提醒自己的一句话是：做一名优秀的军队艺术家，首先要做一名合格的党员和军人。这一点，在双拥晚会创作上得到了最真切的体现。

撰稿　赵思恩：担任双拥晚会撰稿已经7年了，我的感受和体会是：准确把握时代脉搏，深刻领会中央精神，反复吃透晚会主题，用心揣摩作品内涵，方能写出上下都满意的主持词。把握时代脉搏，就是要“眼观六路、耳听八方”，让当年的国际国内大事、喜事、难事烂熟于心。吃透晚会的主题。一台晚会，10多个节目，主持词除了穿线连珠的作用、承上启下的功能、提纲挈领的任务之外，最重要的是对晚会主题思想的阐释。突出表现祖国建设的伟大成就，突出表现军队的发展变化，突出表现双拥工作的累累硕果，突出表现全党全军全国人民团结奋斗的精神风貌，是晚会主持词的核心所在。近年来，观众觉得晚会主持词给力、给劲，是因为从中领略了晚会强烈饱满的思想意义，主持词的确也起到了锦上添花的积极作用。

文学统筹　赵大鸣：从1993年《正月里来唱新春》，到2012年《阳光路上情满怀》，屈指算来，笔者以文学撰稿或统筹身份参加双拥晚会的创作已整整20年。20年，当代中国的社会风貌发生了巨大变迁，而双拥晚会则在中国文艺舞台上，以其鲜明的主题立意、深刻的思想内容、强大的社会职能，以及军队文艺独有的风格品质，形成一种恢宏的文化艺术现象。作为这一艺术旅程的亲历者，笔者结论：为双拥晚会而倾其心血的军队文艺工作者们，对社会主义文艺事业的繁荣与发展所作出的真诚奉献是值得铭记的。

舞蹈统筹　杨笑阳：用艺术本体说话，向生活本体索取。从创作之初，我就带着想法来到厦门某特种兵部队体验生活，部队生活又一次帮助了我。在那里，军营生活和可爱可敬的战士们用行动不断对我的视觉、听觉、大脑进行冲击和教育，我的创作激情兴奋到了极点。一幅一幅画面和舞蹈形象飞舞在大脑和我的本子上。回到北京我和金美花仅用两天就创作出大型男子群舞的初稿。这不得不感谢生活，感谢军营，感谢战士们。当我把创作完的第一稿男子群舞《勇者胜》送给领导审查时，就得到了肯定。后来改名为《沙场雄风》，又加入真正的特种兵战士，让舞蹈更贴近生活的真实感。

舞蹈统筹　刘晓栋：这次双拥晚会从创作到排演的经验是值得推广借鉴的，一是大方向明确，没走弯路；二是讲究排练效率，不重复劳动，提高了团队的士气；三是每个节目都突出了本体特点，再通过编排手段真正让它亮起来。正是因为案头工作做得详细和严谨，从而使得舞台合成的工作效率得到了大大的提升。我想这些成功之处得益于众多艺术家多年的创作经验，它将指导我们更加科学严谨地去开展创作编排，从而更好地完成每一次的艺术创作。

杂技统筹　李西宁：面对褒奖与掌声，我深感分量沉重。当初，接受创作任务后，我大胆设想，突破性地将传统“绸吊”的1个吊点发展为13个吊点，紧紧围绕“天宫一号”目标飞行器和“神舟八号”飞船成功交会对接这个主题，以形象写意的表现手法彰显民族自豪感，歌颂我国航天事业的飞速发展和巨大成就。这一构思得到了总政首长的肯定。为倾力打造作品，成都军区政治部战旗杂技团主创人员全力以赴投入排练。他们以航天精神激励斗志，经过半年夜以继日的排练，杂技节目《星空之恋》不负众望，将“神八”与“天宫”对接的壮美画面演绎得震撼人心。

小品统筹　王　宏：保障房建设是我国当下最大的民生工程之一，短剧《老街坊新邻居》从双拥晚会创意之初，就“号”下了这个题材。为此，我们走出去，到棚户区改造工程现场去寻找创作灵感，触摸老百姓的脉动，吸纳老百姓的语言，体验老百姓的情感。但在创作中，我们还是走了不少弯路，掉进了一个以套路“套”生活的怪圈。小品初次立到台上没有达到预期效果，从头再来。三个不眠之夜，我们重新梳理了采访素材，“斗”出了一个全新的思路。在二度创作上，导演的奇思妙想又为小品插上了形式美的翅膀，锅碗瓢盆的交响奏出了生活的原声，也赋予了语言作品音乐的灵性。

舞美总设计　李文新：2012年双拥晚会的舞美设计抓住简约、大气、华美、精致这8个字展开，以龙作为2012年双拥晚会的视觉主体符号，彰显民族特性和国家气派；大量运用LED结构舞台，突出晚会内容的丰富多彩和多媒体艺术的时代特性；紧紧围绕主题结合舞台机械变换空间样式，使舞台效果跌宕起伏如梦如幻，打造出一部高扬时代主旋律的剧场大片。90组龙头和90个中国结横贯舞台的上台檐和下台唇，台口两侧56组金穗如龙盘柱，巨大的宫灯似昂首高鸣的金龙傲立于金柱顶端，虚实结合，华丽而不奢侈，娇美而不艳腻。2012年双拥晚会采取多媒体艺术与舞台技术的巧妙结合，主体结构采用条屏分隔式，22块2米宽、13米高的条形屏幕分布于不同的视觉空间，使舞台层次分明错落有致，推拉台阶也被切割成12块，丰富了舞台表现空间。

服装总设计　姜小明：晚会的服装设计不仅要达到“庄重、亮丽、舒展、美观、协调”的目标，还要充分展示我们国家国富民强的盛世美景，我军将士英姿勃发、不畏艰险和敢打必胜的气概；运用服装多变的色彩和民族盛装来展现我国各民族间的团结与和睦，表现出中华民族正在朝着伟大的复兴奋勇前进的精神风貌。大家认为，今年的双拥晚会在服装方面很好地做到了这一点，服饰款式设计新颖，色彩亮丽多样，时代特征和节目风格十分明显，太平盛世和国泰民安的万种风情，通过多姿多彩的盛装给予最充分的展现，是我们的最高追求。

高歌赞辉煌　热血映丹心

基层官兵热议2012年军民迎新春文艺晚会

总政艺术局收集整理

1月14日晚，2012年军民迎新春文艺晚会《阳光路上情满怀》在人民大会堂隆重上演。高昂的旋律、豪迈的歌舞、精湛的舞美，让观看晚会的官兵心潮澎湃、精神振奋。一时间，热议纷纷，好评如潮——

北京卫戍区某装甲团政委刘海明：这台晚会既是一幅军民同心跟党走、阳光路上情满怀的锦绣画卷，更是一堂唱响共产党好、社会主义好、改革开放好、伟大祖国好、各族人民好、人民军队好的生动教育课。晚会通过艺术的演绎，展现了全国军民紧密团结在以胡锦涛同志为总书记的党中央周围，万众一心、开拓进取，奋力夺取全面建设小康社会新胜利，开创中国特色社会主义事业新局面的壮志豪情。

北京卫戍区某高炮团政治处主任石刚斌：晚会构思巧妙、立意鲜明，观后让人印象深刻。短剧《老街坊新邻居》用朗朗上口的贯口，一口气表达了党和政府2011年一年的重大举措，用事实解读了“老百姓是地，老百姓是天，老百姓是共产党永远的挂念……”

北京卫戍区某步兵团官兵：我们十分有幸地参加了今年双拥晚会的演出和保障任务。作为参与者，我们的亲身体验和切身感受是：晚会节目催人奋进，晚会组织更是一场指挥若定的战斗，从总导演到每一名演职人员，都在用军人的赤胆忠诚、坚强意志确保每一个环节，用震撼人心的表演展示了当代军人的精神风貌。可以说，这就是一场遂行多样化任务的《沙场雄风》。

海军司令部某团官兵：《双拥歌曲联唱》通过多种艺术形式，将感人的拥军场景一幕幕浮现出来，讴歌了军爱民、民拥军的光荣传统，让我们这些80后、90后官兵重温了革命历史时期的优良传统，展现了党和人民息息相通、子弟兵和人民心心相印、各族人民情同手足的深刻意蕴。

海军后勤部某汽车团官兵：情景诗报告《心蕾绽放》中的诗朗诵声情并茂、感人肺腑，我们很多人都流下了热泪。作为表演一部分的舞台背景翻板，时而组合成花朵、阳光，时而组合成生日蛋糕等图案，配合演员的表演，使场景自然转换，有力地烘托了情绪与情感。

海军司令部某通信连女兵：我们最喜欢女子集体舞《万紫千红》这个节目。舞蹈借助古典舞技巧，融合时代律动，运用折扇、水袖等道具，将花朵意象的柔美、鲜艳淋漓尽致地展现出来，十分瑰丽壮观。

海军政治部某干休所官兵：歌舞《江山》用平实真切的歌词和抒情大气的曲调，深情赞颂为人民谋幸福、把人民利益看得高于一切的共产党，给我们留下了深刻印象。回部队的路上，很多战友都情不自禁地哼唱起这首歌。

北京军区空军通信总站排长刘江蒙：整台晚会欢快明亮、热情奔放、形式新颖、催人奋进，既让我们直观地看到祖国和部队在过去一年中的伟大建设成就，也为我们踏上龙年新征途注入了无穷力量。

北京军区空军通信总站班长明利赛：优美动听的歌声、华美流畅的舞蹈、惊奇险绝的杂技，让我们享受到一场高质量的、不可多得的艺术大餐，更让我们感受到祖国和军队的日益强大。

北京军区空军某部战士陈丽荣：军民团结促和谐，鱼水情深意且真，人民视党心中火，激情燃烧暖心窝。

96165 部队女子导弹发射连指导员陈勤：观看双拥晚会，我不仅为那美轮美奂的艺术境界而感动，更为那血脉贲张的军人情怀而热血沸腾。沐浴在社会主义和谐大家庭的明媚阳光下，我们这支火箭兵方阵的新生力量，更应坚定信念，铸牢军魂。

武警北京总队天安门支队战士李孝明：观看演出，最令我心神激荡的是深情抒怀的男声独唱《放心吧，祖国》。我觉得，这支歌既表达了军中男儿热血报国勇于奉献的豪情，也唱出了我们忠诚卫士对祖国的铮铮誓言。晚会精彩纷呈的表演预示着新的一年里，国家各项事业蒸蒸日上，军民携手共创美好未来！

文化排头兵纵情歌唱春之声

2012 年军民迎新春文艺晚会《阳光路上情满怀》观感

张冠华

又是一年春来早。

刚刚迈入 2012 年，就有了这样深切的感受：中华大地上社会主义文化大发展大繁荣的生机勃勃，一路加速着自己春回大地的激情步履。大自然的早春与社会主义先进文化之春的浪漫际会，让党的十七届六中全会后第一个新春的双拥舞台，新意与诗意齐飞，魅力与风采竞放。

1. 大气派大手笔，展示文化繁荣的大气象

今年的双拥晚会，场面的大气派与创意的大手笔使其自始至终蓬勃着一种恢宏气势。

欢腾喜庆一直是迎春晚会的特色基调，但今年双拥晚会的开场，喜庆的氛围因有太多宏大瑰丽的艺术处理而分外火热浓烈。首先撩开人们惊喜的，是 12 块硕大的竖条彩

幕组成的斑斓绚丽、极富象征意义的“春天之门”。当负载着时光、时代、时刻等神圣意蕴的“春天之门”在激昂的鼓乐声中缓缓开启的那一刻，观众的惊喜便因对其所象征的风华时代、文化春天的来临等雄奇意蕴的神会而迸发。与此同时，舞台上的LED高清巨型视频天幕，和着欢腾的鼓点，发挥现代视频技术的神奇，将玄妙的击鼓与色彩斑斓的声波振荡图形交相变换，极佳的视听享受让观众心旌摇荡……而把开场的欢腾喜庆推向最后高潮的，是200名身着节日盛装的合唱队员和120名手持金钹的陆、海、空、武警官兵高歌劲舞的加入。正是这种挥洒千军如卷席的宏大气派和贯通时代与艺术的匠心创意，让豪壮的歌唱、震天的吼声、奔放的舞姿、炫目的色彩……共同渲染出文化春天欢腾勃发的大气象。

此外，300人男声大合唱的声震穹庐、60人女子舞的仪态万方以及100人男子舞的雄风漫卷等，都以各具特色的意境追求，于宏大的艺术表现中，透射出社会主义文化大发展大繁荣的时代气韵。

2. 新手法新故事，描绘优良传统的新风貌

表现军民鱼水深情，是双拥晚会的永恒主题。力求以新手法赋予永恒主题以新风貌，是晚会给人留下的第二个深刻印象。

今年晚会同样选取了一组拥军歌曲，所不同的是，今年的舞台表现大量地运用了情景化的艺术处理手法。特别是《骑马挎枪走天下》这首歌，把情景化手法用得更为别致：为深化歌曲内涵，舞台上不仅设计了如诗如画般的动态白桦林，而且随着王宏伟舒展豪放的歌声，观众眼前依次呈现出从着红军军服到着07式新军装的我军各个历史时期军人的生动形象，从而通过以戏剧化手段对情景化创意的丰富，进而有效深化了“我为祖国走天下，祖国到处是我家”的崇高精神意蕴。

用新手法讲新故事，是双拥晚会让永恒主题常演常新的另一妙招，今年的情景诗报告《心蕾绽放》又是一次可圈可点的成功实践。近百名演员在极富创意的大坡度、大跨度的开阔表演区域，以翻板拼图营造不同画面、不同场景的巧妙艺术手法，为故事的诗化讲述，创造出瑰丽奇美的动人意境。如，用冷峻绵延的雪山延伸患儿医治的艰难，用太阳爷爷长胡子的儿童画表现患儿内心的天真烂漫，用咫尺天涯的场景设置表现超越时空的深情牵挂，更用绚丽的色彩表现获得新生的幼小生命心蕾绽放的幸福温暖。正是这种将情境、表演、节奏、色彩巧妙融为一体的灵动创造，让军民鱼水情深的永恒主题再一次在观众内心掀起阵阵涟漪。

3. 高起点高品质，引领文化创新的高境界

军旅文艺队伍，向来以勇当先进文化排头兵为己任。今年的晚会，再一次以高品质的艺术呈现，展示了军旅文艺锐意创新的高起点高境界。

以军旅版块为例。男声大合唱以特有的阳刚之美以及细腻的声音处理，通过《没有共产党就没有新中国》和无伴奏合唱《天路》，让人们在享受高层次合唱艺术的同时，深切感受我军官兵对人民的无限热爱和对党的赤胆忠诚。男子集体舞《沙场雄风》，以特种兵生活为原型，着力表现信息化条件下，我军官兵苦练精兵谋打赢的拼搏精神。表演者中近一半都是武警北京总队的特战队员，看着这些真正特种兵的矫健身手，让人不能不为节目将生活与艺术的完美融合以及当代士兵全面过硬的军事文化素养所击掌、所

感动。阎维文的男声独唱《放心吧，祖国》是声乐作品中给人留下深刻印象的创新力作。旋律将恢宏气势与抒情格调有机统一，唱出了“生当搏击沙场，死则骨埋青山”“敢在今天亮剑，就在明天凯旋”的铿锵誓言。悠扬旋律与硬朗誓言，加之阎维文精彩演唱所形成的强大艺术张力，让观众的激情瞬间被点燃。

此外，宏大军旅艺术家阵容更使晚会自始至终高潮迭起，令人赞叹我军先进军事文化的人才高地风光旖旎、群星璀璨。

军民齐唱盛世歌

评 2012 年军民迎新春文艺晚会《阳光路上情满怀》

吕益都

振奋的鼓声敲出勃勃生机，鲜花彩绸舞出欣欣向荣。伴着合唱《迎春序曲》的欢快节奏，“春天之门”缓缓开启，2012 年军民迎新春文艺晚会《阳光路上情满怀》再次以高水准的创作表演，给观众留下了深刻的印象。

歌颂祖国的繁荣发展，使晚会格外引人入胜。领唱与合唱《无限春光又一年》，将明快的节奏与真挚的抒情相融合，讴歌了伟大的祖国过去一年在各个方面取得的瞩目成就，氛围热烈、喜庆又和谐。女声独唱《大路越走越宽阔》以情真意切的演唱和多民族的舞蹈，构成绚丽多彩的意境，呈现出各族儿女手牵手在铺满鲜花的大道上共同创造繁荣富强祖国的美好图景。

女子集体舞《万紫千红》中是一片嫩绿轻红的春景。舞蹈借助古典舞技巧，融合时代律动，运用折扇、水袖等道具，将花朵意象的柔美、鲜艳淋漓尽致地展现出来。从圆圈到大三角到各种线条的流动，舞蹈丰富灵动的队形构成了多个层次的立体“画面”，加之大屏幕视频上彩蝶纷飞、祥云萦绕、朝霞万道、红日初升的壮美景象，使春回大地、万紫千红的意象更加瑰丽和壮观。

杂技《星空之恋》是最精彩而又令人震撼的节日。蓝色的基调营造出浩渺的太空意境，背景处的“飞天仙女”寓意中华民族探索太空的悠远梦想，戴红领巾的少先队员荡着秋千数星星，则带着当代“问天”的无限遐想。梦幻般的意境美和技术技巧的新奇美，浑然天成地融为一体，令观众在惊险的赞叹中更油然升华出民族的自豪感。

短剧《老街坊新邻居》以一场喜庆和谐的乔迁饺子宴为线索，通过诙谐幽默的语言，演绎了街坊邻里之间的人情温暖。饺子宴上那些装满祝福和感恩之情的饺子是献给“心中装着老百姓的人”。“打天下，坐江山，一心为了老百姓的苦乐酸甜……”随之而起的歌舞《江山》以平实真切的歌词和抒情大气的曲调，深情地赞颂了共产党为人民谋幸福，把人民利益看得高于一切的不懈追求。

“万泉河水清又清”“二月里来好春光”“谁不说俺家乡好”……当一首首观众耳熟能详的双拥歌曲唱响时，仿佛从不同的革命岁月长河中掬起一朵朵动人的浪花，那些感人的拥军场景一幕幕在眼前浮现出来，拨动着观众的心弦。

如果说《双拥歌曲联唱》唤起的是历史记忆，那么，情景诗报告《心蕾绽放》则运用情景表演和诗报告的艺术形式，展现了新时期双拥工作的新成果。作品表现了我军医务工作者为边疆地区1万多名先天性心脏病患儿免费救治的感人事迹。表演中，作为叙述和串联的诗朗诵声情并茂、感人肺腑。情景再现则巧妙利用舞台背景翻板，灵活组合成花朵、阳光、生日蛋糕等图案，配合演员的表演，使场景自然转换，有力地烘托起了情绪与情感——“心心相印，鱼水情深；心心相印，四季如春”。作为情景诗报告《心蕾绽放》的主题曲，女声独唱《心心相印》以柔美抒情的曲调延伸和升华了情感，进一步表达出作品蕴含的党和人民心心相印、子弟兵和人民心心相印、各族人民心心相印的深刻意蕴。

凸显和塑造当代军人形象的节目，为晚会带来震撼的气势与力量。铿锵有力的男声合唱《没有共产党就没有新中国》以排山倒海的气度和坚定有力、阳光豪迈的表演风格，彰显着当代革命军人永远忠诚于党的坚定信念。无伴奏男声合唱《天路》则呈现出诠释作品的创新意识。雄浑多变与刚柔相济的男声铺展开声音的织体将青藏高原的雄奇壮观、蓝天白云的旷远深邃、天路迢迢的神奇伟大和吉祥祝福的深情厚谊完美演绎，充分展现出合唱艺术的魅力与风韵。

在恢宏大气的曲调伴奏下，男子集体舞《沙场雄风》艺术地展现了当代官兵刻苦砺兵、锻造打赢能力的威武雄风。向前飞腾的腾越、稳健的马步以及翻滚的核心动律，在各种队形的变换中，展现出生龙活虎、气势如虹的男儿气概。舞蹈借鉴融合特种兵真实的训练动作，使作品呈现出沙场搏击的实战感。

深情抒怀的男声独唱《放心吧，祖国》，既表达出军中男儿热血报国、勇于奉献的豪情，也唱出了他们誓言铮铮、满腔赤诚的心声。配合演唱的舞台表演区中，演员们组成了一幅当代军人的群雕，紧握的钢枪、坚毅的线条和沉稳的身姿雕刻出对和平的守候，也传递着无所畏惧、敢于亮剑的意志与信念。

晚会的精彩纷呈预示着新的一年里，龙腾华夏新气象，军民携手创辉煌！

幕后花絮

李　伟

千朵花“盛开”一朵最美的花

开场节目的背景屏幕上，“盛开”着一朵艳丽而动人的牡丹花。殊不知，这一朵花的绽放，让视频制作人员煞费苦心。

舞美总设计李文新告诉记者，本次晚会大量运用了电脑三维合成的视频影像，牡丹花也是用电脑三维合成的。开始团队人员制作了一朵俏丽的花，但他怎么看都觉得不对劲，主要是不够真。他要求所有的视频影像要“真美”，意思就是比真的还要美。为此，李文新带着视频制作人员，开始在上千朵牡丹花中筛选、合成，整整3个通宵，终于将一朵逼真而美丽的牡丹花呈现在观众面前。

魏思佳连续6年在双拥晚会中当舞蹈演员，这次，导演让他以男编导的身份编排女子舞，并要求在《无限春光又一年》中，将女舞蹈演员的长裙“摆”出春风荡漾的情致。为此，魏思佳狠狠地反串了一把“美女”角色，天天穿着裙子“摆”美感。功夫不负有心人，他和另一名编导谢风编排的一系列摆长裙舞蹈动作柔美而奔放，受到一致称赞。

节目单

2012年军民迎新春文艺晚会

《阳光路上情满怀》节目单

一、合唱《迎春序曲》

编导：孙育鹏　易　杰　　**作曲**：刘　琦

配器：刘　琦　　**作词**：赵思恩

合唱：解放军合唱团　北京军区政治部文工团

表演：马　琳　姚若然　朱　峰　郭　英　潘永超　宋瑛楠　何梁杰　唐晓芸等

二、领唱与合唱《无限春光又一年》

作词：赵大鸣　　**作曲**：印　青

配器：刘　琦　　**编导**：魏思佳　谢　风

领唱：金婷婷　泽旺多吉　李　晖　陈永峰　王　喆　司红军　周晓琳　张英席　王　莉　刘和刚等

表演：刘　娜　秦　朗　刘　爽　杨颖慧等

三、女子集体舞《万紫千红》

编导：韩　真　边　华　　**作曲**：张　伟　杨　帆

表演：国雅琦　庞妮娜　李艳超　丁　洁　姜昊芸　王金玉　薛碧柳等

四、《双拥歌曲联唱》

编配：鄂　矛　　**编导**：李　涛　尹　伊

演唱：王宏伟　雷　佳　吕　薇　王庆爽　刘一祯　金　岚　徐　娜

表演：李　雷　万　盛　朱世德　赵　洋　郑　好　依　萌　赵臣宁　陈　功　巴哈地尔　玛尔哈巴　王倩影等

五、情景诗报告《心蕾绽放》

编剧：王晓岭　王树增　周振天　马正建　赵思恩

编导：彭　澎　路　遥　辛俊杰　**配乐**：姬　弦

表演：洪　涛　温玉娟　王丽云　夏米力　潘　军　秦　方　赵　雨　柳　杨　艾　宁　于　恒　王　艺　张乔梅　阿里娅等

六、女声独唱《心心相印》

作词：王晓岭　　**作曲**：刘　琦

编导：路　遥　辛俊杰　　**演唱**：谭　晶

七、男声合唱

1.《没有共产党就没有新中国》

作词：曹火星　　**作曲**：曹火星

配器：陈　丹　　**领唱**：刘　斌

指挥：郑　健　　**伴奏**：解放军军乐团

2. 无伴奏男声合唱《天路》

作词：屈　塬　　**作曲**：印　青

合唱编配：鄂　矛　郑　健　　**编导**：宿　哲

演唱：武警部队政治部文工团男声合唱团

武警总部直属支队战士合唱团

八、男子集体舞《沙场雄风》

作曲：方　鸣　　**编导**：金美花　杨笑阳

表演：覃江巍　黎　星　李　志　何　将　王圣砚　郝振伟

张　润　沈　杨等

九、男声独唱《放心吧，祖国》

作词：任　毅　　**作曲**：印　青

编导：邱　辉　唐黎维　　**演唱**：阎维文

十、杂技《星空之恋》

编导：李西宁　张　强　　**作曲**：郭思达

教师：林　影

表演：张野乐　向　丽　陈　东　于婉青　刘云鹏　王　彬

焦靖颖　刁清超等

十一、女声独唱《大路越走越宽阔》

作词：刘福波　　**作曲**：张千一

配器：张宏光　　**编导**：何燕敏　辛俊杰

演唱：宋祖英

表演：王晓娜　王晓园　张　巾　陈　欢　徐成瑶　张　鑫　秦　雅

杨　宁　艾尼江　展　娜等

十二、短剧《老街坊新邻居》

编剧：王　宏　黄　宏　邵　峰　　**导演**：宫晓东

编导：李　涛　尹　伊　　**配乐**：赵晓丹

表演：黄　宏　黄晓娟　邵　峰　谢　联　郭　笑等

十三、歌舞《江山》

作词：晓　光　　**作曲**：印　青

配器：孟　可　　　　　　**编导**：薛　刚　刘雪娜　易　杰

演唱：彭丽媛

表演：王　薇　籍静媛　李　琳　秦　贺　于　跃　古丽斯坦等

艺术指导：阎　肃　张继钢　印　青

总 导 演：李福祥

艺术顾问：王晓岭　周振天　王树增　刘　星

音乐总监：印　青　刘　琦

撰　　稿：赵思恩

文学统筹：赵大鸣　马正建

舞蹈统筹：杨笑阳　刘晓栋

杂技统筹：李西宁

小品统筹：王　宏

舞美总设计：李文新　孙天卫

灯光总设计：杨卫东

服装总设计：姜小明

音响总设计：何　飚

舞台总监：张　良

演出总监：姚志清

舞美总监：赵剑英

主 持 人：于　芳　马　跃　王　静

演出总协调：赵卫国

演出协调：申若东　李曙光　郭迎建　王景山　章　梅　马　宁　肖　力　赵　雨　陈西明

舞美创意组：李文新　孙天卫　沈庆平　周丹林

视频总设计：文　心　张文奇

视频设计：赵　伟　黄振华　胡绍新　魏北平　宗桂艺　闫晨照　刘康达　王　磊　赵　亮

灯光设计：武磊平　张维维

化妆设计：莽珊珊　张玲亚　隋　颖　杨　倩

服装设计：陈淑珍　刘　洁　高玉菲　彦　军

道具设计：李志平　秦　涛　谭　征

音响设计：赵　戌　张彦伟

音乐编辑：宿永良　刘　顺

音乐录制：陈　庆　李洁慧

前台主任：李志强　夏小虎　刘时凯　刘　勇　陶　蕾　高　博　刘　阳　郑海潮　马　瑞　林　影　侯王军　周向东

后台主任：洪　雁　宋立忠　李晓娟　李迎歆　马旭亮　翟康泰　单志瑾　周　宁　甘灵犀　都晓燕

安全顾问：李国胜

舞台监督：李志强　邱　海　苏　醒

字　　幕：侯玉斌　刘东坡

舞美制作管理：陈有生　李雪楠　高　乐　任东雷　王亚东　常明利　常铁桩

服装制作管理：潘晓波　向绍春　金永明　李建军　于　彦

安全保卫：冯润民　杨保林　刘武勤　蔡亚超　王桂勇

视频制作：北京文心雕龙创意工作室

舞美工程：北京兴魏友通建筑工程有限公司

灯光工程：北京卡乐佳艺科技有限公司

视屏工程：北京星月朗明文化发展有限公司

服装制作：北京东方明丽服装服饰有限公司

道具制作：北京名人名品文化发展有限公司

参演单位：
总政治部歌舞团　总政治部话剧团
总政治部歌剧团　解放军军乐团
解放军艺术学院　八一电影制片厂
海军政治部文工团　空军政治部文工团
第二炮兵政治部文工团　沈阳军区政治部文工团
北京军区政治部文工团　兰州军区政治部文工团
济南军区政治部文工团　南京军区政治部文工团
广州军区政治部文工团　成都军区政治部文工团
武警部队政治部文工团　内蒙古军区政治部文工团
新疆军区政治部文工团　解放军 66322 部队
武警总部直属支队　武警部队北京总队特种作战大队
海军海娃艺术团　北京军区体工队

特别鸣谢：四川五粮液集团有限公司
北京太阳圣火广告有限公司

2013年军民迎新春文艺晚会在京举行

胡锦涛、习近平、吴邦国、温家宝、贾庆林、李克强、张德江、俞正声、刘云山、王岐山、张高丽等出席

解放军报北京2月1日讯：2013年军民迎新春文艺晚会，2月1日晚在人民大会堂举行。党和国家领导人胡锦涛、习近平、吴邦国、温家宝、贾庆林、李克强、张德江、俞正声、刘云山、王岐山、张高丽等与首都军民欢聚一堂，共贺新春。

人民大会堂大礼堂华灯绽放，欢声笑语，洋溢着浓浓的节日气氛。晚7时40分许，胡锦涛、习近平等党和国家领导人步入晚会现场，全场响起热烈的掌声。胡锦涛、习近平等向现场观众亲切致意，表达新春的祝福。

晚会在热烈、欢快的乐曲声中拉开帷幕，歌舞《祖国春光好》，抒发了亿万军民欢庆盛会、喜迎新春的美好心声。联唱《科学发展铸辉煌》、舞蹈《神州欢歌》，全景式、形象化地再现了党的十六大以来，祖国各条战线科学发展取得的辉煌成就。女声独唱《美丽中国》《最美是你》，唱出了各族儿女对建设幸福美好家园的深情期待。乐曲《鱼水情深》、诗朗诵《当人民需要的时候》、男声独唱《双拥花开》，真情讴歌了军队与人民生死相依的血脉亲情。合唱《伟大的中国伟大的党》《小白杨》，表现了我军官兵爱国奉献的豪迈情怀。杂技《虎跃龙腾》、男声四重唱《誓言》、小品《光荣花》，展示了三军将士能打仗、打胜仗的坚强意志。歌舞《旗帜飞扬》，以激昂的旋律将晚会推向高潮。整台晚会抒发了全国军民深入学习贯彻党的十八大精神，沿着中国特色社会主义道路奋勇前进的坚定信念。

中共中央、全国人大、国务院、全国政协、中央军委有关负责同志观看演出。观看演出的还有中央和国家机关有关部门、全国双拥工作领导小组成员单位、北京市和解放军四总部、驻京部队各大单位、武警部队和军委办公厅的领导同志，全国双拥模范城（县）、双拥模范单位和个人代表，以及驻京部队官兵和首都各界群众代表。

这台题为《高举旗帜向未来》的晚会由全国双拥工作领导小组、民政部、广播电影电视总局和解放军总政治部联合举办。

刘声东　卞　振　查春明

赞颂神州美　舞动中国梦

2013年军民迎新春文艺晚会《高举旗帜向未来》侧记

李　伟

站在春天的门槛上，回眸过去的2012年，有许多理由让我们欢欣鼓舞。党的十八大胜利召开，让“中国梦”萦绕在每个人的心头。正是胸怀这般豪情，2013年军民迎新春文艺晚会(以下简称双拥晚会)用舞台艺术的曼妙灵动描绘出全国军民的共同心愿——高举旗帜向未来！

优美歌舞，礼赞中国时代风貌

舞台LED屏幕上，大红灯笼高挂，生肖剪纸、鲜艳百花簇拥着一个“春”字！伴着欢快的旋律，偌大的“春”之门徐徐打开，小伙儿们举着华盖花伞踏歌起舞；女孩身着粉红花裙悠然而至；一队小孩儿头戴红帽，轻盈飘过；军人齐声高唱：“春风浩荡，看旗帜高扬，党的十八大指引方向……”晚会一开场，歌舞《祖国春光好》营造出“万众欢腾庆盛会、神州大地迎新春”的热烈氛围，生动展现在党的十八大精神鼓舞下，全国军民沿着中国特色社会主义道路高歌猛进的崭新风貌。“历年的双拥晚会在主旨意义上一脉相承，其基调就是盘点赞颂祖国建设发展的辉煌成绩。”双拥晚会总导演李福祥这样阐述其中要义。沿着这一主轴去细细欣赏品味，便能聆听到双拥晚会中最洪亮的时代主旋律。

从党的十六大到党的十八大，这10年是国人团结奋进的10年，是祖国腾飞发展的10年。在联唱《科学发展铸辉煌》中，优秀的青年歌手们载歌载舞，艺术化地展现祖国在这十年取得的伟大成就。“……凝聚力量，攻坚克难，建成小康信心强，中国特色社会主义道路越走越宽广。”这样的歌声令闻者无不为之信心满怀。舞蹈《神州欢歌》、混声大合唱《伟大的中国伟大的党》的艺术品格正是植根于这样的情怀，用舞姿和歌声抒发全国军民的心声——舞蹈演员们身穿民族盛装，绘出美轮美奂的画面，表达各族人民在祖国大家庭中的幸福喜悦；混声大合唱《伟大的中国伟大的党》直抒胸臆，唱出了人民和军队对党的衷心赞颂。

神州欢歌中国梦，美丽中国更富强。女声独唱《美丽中国》用意蕴深远的歌词温暖人心，把美丽唱进百姓的生活，展望美好未来。女声独唱《最美是你》细腻温婉地将涓涓真情融入观众心扉。当LED屏幕上放映出社会各条战线先进人物的画像，歌唱家用深情婉转的歌声，赞颂祖国大地处处涌动的人间真情，讴歌那些平凡而高尚的心灵。这种品德之“美”，正是我们华夏儿女血液里流淌的最优秀基因，是我们华夏儿女共创美好明天的最好动力。

双拥华章，笔录军民鱼水情深

今年是纪念延安双拥运动 70 周年。70 年来，拥军爱民的歌谣唱遍千山万水，一路奏响了军民鱼水情深的动人乐章；70 年来，拥军爱民的春风吹进千家万户，一路吹绿了军民共建的繁荣景象。双拥晚会的编导们巧妙构思，编排了 3 个既独具特色又紧密衔接的节目，用艺术的画笔勾勒出双拥工作70年的光辉征程。以“丫头为红军伤员熬汤药”“民工推车送粮上前线”等戏剧情景表演为陪衬，军乐与民乐《鱼水情深》选择《军民团结向前进》《情深谊长》《拥军花鼓》《愿亲人早日养好伤》等经典曲目，充分发挥军乐的宏大叙事优势，结合民乐演奏，奏出优美与深情相融的音乐旋律，再加上背景屏幕上“民拥军”的历史资料画面，让此段乐曲不仅好听，而且好看，生动展现出军队和人民的鱼水深情。

较于去年双拥歌曲联唱的形式，今年双拥类节目注重“典型故事”的讲述。情景诗朗诵《当人民需要的时候》全方位运用朗诵、戏剧、视频等手段，表现内容丰富，极具情感张力。随着 LED 屏幕上呈现“滚滚松花江、抗震救灾、西北山村钻井打水”的不同画面，情景诗朗诵以恢宏的气势，着重讲述了新时期涌现出来的抗洪英雄关喜志、抗震英雄武文斌以及兰州军区英雄给水团的故事，展现军队与人民骨肉相连、生死相依的血脉亲情。舞台上，女孩那一声“爸爸”的呼喊，老大娘那一声“娃儿，你慢走”的悲叹，犹若一枚重磅催泪弹，让人潸然泪下。

如果说，上述两个节目是情感的积蓄酝酿，那么男声独唱《双拥花开》则是情感的迸发和表达。这首专门为纪念延安双拥运动70年而创作的歌曲，唱出了“双拥花开朵朵红”的喜悦之情，并与大屏幕展映当代双拥工作崭新成就的画面相互映衬，让军民一家亲的温暖细细流淌，把军民团结的鱼水深情融化进每个人的心底。

军歌嘹亮，唱出军人忠诚豪迈

在这次双拥晚会上，当脍炙人口的歌曲《小白杨》经过全新的和声编配，在观众耳畔响起时，不仅轻易就拨动了观众的心弦，更带来一种艺术享受。这首男声无伴奏合唱歌曲用浑厚而明亮、富有金属质感的男子和声，引领观众走进军人铁血柔情的内心世界。

在 2012 年的电视荧屏上，特种兵的身姿吸引了全国观众。LED 大屏幕上，一架直升机从天边飞来，悬停半空，数名特种兵从空中降落舞台。刚一开始，杂技《虎跃龙腾》立即抓住观众的眼球，让特战官兵登台当主角，通过“钻圈”“蹦床”“腾空飞杠”与“空中飞人”等技巧的群体表演，大胆进行光影调度，形成平地、中空、高空三个空间递进、观赏性不断提升的表演段落，努力实现力与美、惊与奇相融的艺术效果，以杂技艺术的迷人魅力充分展现部队官兵的爱军精武形象。这个杂技把创作视角聚焦于训练场，内容饱满、品格阳刚，格外提振士气，让台下观众连呼过瘾。

在不懈拓展和深化军事斗争准备中，座座军营掀起练兵热潮，基层官兵个个生龙活虎。小品《光荣花》让观众零距离地领略到了基层官兵那股爱军习武、勇争第一的精气神。小品里的故事发生在海训场上，两名在比武场上轮番夺得第一名的战士，因为谁是第一的问题，在光荣榜前和来队的爷爷产生了一系列幽默误会。当他们被烈日暴晒、海水泡烂的后背出现在爷爷眼前时，爷爷眼含热泪动情地说：“别人的光荣花戴在胸前，你们的光荣花挂在脊梁上！”这个节目不仅表现出我军官兵苦练精兵谋打赢、勇争第一当尖兵的战斗精神，从一个侧面也体现出我军坚决捍卫国家领土主权、维护国家海洋权益的坚强意志。听钢铁誓言山呼海啸，看雷霆霹雳无坚不摧。男声四重唱《誓言》则结合士兵枪操整齐威武的表演，用雄浑有力的歌声充分表达全军官兵坚决听党指挥、忠实履行历史使命的忠诚与豪迈。

强国梦想，光明前景，召唤我们阔步前行。“……抬头望，前进路上，旗帜飞扬。中国人，众手高擎，旗帜飞扬。”晚会落幕时，歌舞《旗帜飞扬》以恢宏雄壮的气势，唱出全国军民认真学习贯彻党的十八大精神，为全面建成小康社会、实现中华民族伟大复兴而奋斗的豪情壮志。

环宇文化科技全力备战 2013 年双拥晚会

环宇文化科技集团公司以其精悍的技术力量，以及精益求精、一丝不苟的工作作风，被指定为 2013 年双拥晚会的激光表演设备供应和舞台特效服务技术支持提供商。

接到这个特殊而又光荣的任务后，环宇文化科技集团公司上下同心，克服技术难度高、时间紧迫、现场施工难度大的难题，调动集团公司最精干的力量，组成以董事长刘伟杰为组长，技术总工林鹏为副组长的项目组，综合设计、研发、采购、生产、品质、物流、安装施工、后勤保障等精干力量，全力以赴，力求超标准完成任务，确保演出成功！

接到任务后，公司以技术总工林鹏为首的技术攻关小组，充分了解了相关单位的演出效果需求，组织技术力量确定技术方案，进行充分论证，并分激光设备及舞台特效两项工作进行技术攻关，最终确定采用大功率轻小型吊杆式激光灯这一方案进行技术开发，以及用最短的时间组织生产。设计开发和生产过程中，根据公司董事长刘伟杰力求超标准完成任务，确保演出成功的总要求，做到了所有的设计图纸在设计师设计出来后，必须经过审图小组成员进行全面审核把关，所有的物料全部按高于平常的检验标准进行检验，所有的生产工序以及工艺，全部按高于平常的检验标准进行检验，实施全过程质量管控。

双拥晚会也叫军民迎新春文艺晚会，是于 1990 年推出的。这台晚会由全国双拥工作领导小组、民政部、国家广播电影电视总局、中国人民解放军总政治部联合主办。在创作上始终坚持与国家和军队建设发展同频共振，用文艺的形式反映时代风云，讴歌时代精神，展现人民群众和部队官兵崭新风采，以鲜明的时代特色、军旅特色和创新特色，赢得了广大观众及部队官兵的喜爱和欢迎，成为每年春节期间首都文艺舞台上一道亮丽的风景线，成为一个具有广泛影响力的著名文化品牌。党和国家领导同志出席观看了历届双拥晚会，都给予了充分肯定和高度评价。

视频呈现多维空间

李智良

为了精准务实地表达双拥晚会的主题，舞台美术总设计孙天卫带领团队更新舞美创作理念，做到了简约大气，尤其在视频呈现上，有诸多可圈可点之处。他们匠心独运地用正方 LED 屏组成一个视频底幕，别出心裁地再将 LED 屏接上可移动的装置，使这二维空间底幕的每个单元能随时伸缩、翻转，巧妙地形成多层次的三维空间，并从下至上错落有致地构成平台和阶梯。舞台底幕经过这样一番处理，本来单调的视频底幕既可呈现和播映图像，又可有 N 次方立体造型变化，丰富了舞台层次，也顺畅了演员上下场的舞台调度。

舞美视频常态下均以二维平面图像为呈现样式。然而，这次晚会底幕视频却从二维平面空间拓展到三维立体空间。不仅如此，底幕随节目演出时间运转从静态到动态，又构成了舞台多维空间。更让人欣慰的是，视频图像闪回、推拉、摇移，与演员舞台动作的表演虚实结合，使得舞台从有限的现实空间转化成了无限的艺术空间。底幕视频与人物的舞台动作交织在一起，与观众的情感意识息息相通，让视频更富有舞台情境的感召力，为晚会众多节目拓展内涵创造了条件。

比如在情景诗朗诵《当人民需要的时候》中，视频不断闪回我军官兵在救灾抢险中，为了人民的生命财产，舍生忘死救援的图景。同时，舞台底幕推出了三层平台，平台上屹立着多组我军官兵抢险救灾的造型群像。造型和视频、情与景、人物与事件相对应，营造出感天动地、宏伟壮丽的舞台场面。当视频播放波涛滚滚的松花江时，车台从上场门缓缓滑进舞台，一组我军官兵打捞蓝色化工原料桶的群雕展现在观众面前。此时，女儿一声“那是我爸爸！”的深情呼唤，让台下多少观众淌下了热泪！这就是舞美赋予节目最动人的情景感染力。

舞蹈杂技精彩纷呈

应　杰

舞蹈是极具力量的艺术表达形式。今年双拥晚会上的舞蹈颇有看点。在双拥晚会上唯一的纯舞蹈作品《神州欢歌》中，编导杨笑阳、金美花、孙育鹏别出心裁，将往年惯有的少数民族歌舞及男女纯舞蹈合而为一，集中表达了各民族的团结繁荣和爱国情怀。不同民族的舞者聚集在国旗下，舞台中心形成一个极具视觉美的“民族大花坛”，从“花坛”到“花心”再到“满天星”，一道道繁花似锦的大花浪在舞台中心层层涌动，让舞者的情感和舞蹈的气氛层层推进。

如果说《神州欢歌》是以一种“圆”的视觉美和一份真性、开怀的情感渲染着晚会的气氛，那么《美丽中国》中的伴舞作为前者的一个情感延续，却峰回路转地让一缕简约、轻松、清新的气息拂面吹来。该节目的编导纪家萱是一位优秀青年编导。从开场女子舞中的“蝶恋花”再到《最美是你》中的一片片“祥云”，对人性美的颂赞是她作品中共同的审美追求。

杂技舞蹈化、军事化已成近年来双拥杂技节目的审美趋势。由编导张强、刘晓栋、宿哲等编排的杂技《虎跃龙腾》充满阳刚之气。这部杂技作品有四大看点：一是龙腾虎跃的“钻圈”，表演者需在一连串的小翻后用“空中抱腿前滚翻”的技巧穿越一个个不断旋转的菱形框；二是飞檐走壁的“蹦床”，蹦床不再是直上直下，而是要在迅速弹起的蹦跳中落在立面墙体伸出的抽屉式的小甲板上；三是震撼人心的“高空顶功”，演员用头作为顶功的支点，在离地近 7 米的高空中倒立式蜷腿旋转；四是直穿云霄的“空中飞人”，空降兵们仿若高空“蹦极”一般飞流直下，在高空中荡着“旋转秋千”。观众在杂技中看的是演员的“绝活”，而杂技演员则用扎实的功底来渲染艺术激情。

故事结构编排奇巧

王树增

在今年双拥晚会的语言类节目中，情景诗朗诵《当人民需要的时候》叙述了三段军民之间的动人往事。第一段故事是至今流传在东北松花江畔的某部参谋长关喜志舍身为民的故事，是一首极具时代特色的英雄颂歌。第二个故事所叙述的往事令每个当代中国人无不记忆犹新。汶川山崩地裂的时刻，成千上万名军人奔赴灾区，他们的泪水、汗水乃至鲜血和灾区人民流淌在一起，患难中的军民相互鼓励，谱写出一首生死相依感天动地的时代颂歌。第三段讲的是兰州军区给水团为民打井找水的故事。

《当人民需要的时候》所展现的故事仅仅是发生在这片国土上无数个军民鱼水情深往事的小小缩影，却生动阐述了人民军队“全心全意为人民服务”的宗旨。

晚会的另一个语言类节目是小品《光荣花》。近年来，部队文艺工作者为了创作出反映部队训练生活的舞台作品付出了巨大心血。军事训练题材难写，当代军营生活难写，众所周知的困难令创作者呕心沥血。从喜剧结构、主题呈现、性格塑造、观剧效果以及审美情趣上讲，《光荣花》当属精品佳作。小品名为《光荣花》，顾名思义，是反映连队训练生活的故事。这部作品的编剧之一李文绪是近年来全军涌现出的优秀编剧。他以部队生活题材见长，深谙戏剧结构的建立和戏剧矛盾的铺排，其作品均有相当水准。而另一位编剧王宏，则是享誉全国全军的著名编剧。他凭借高深的艺术造诣和锲而不舍的钻研精神，多年来创作出的优秀舞台作品不但数量惊人，且思想性艺术性均属上乘。他俩携手合作，将这个小品的故事结构编排得格外奇巧，引人逗乐的“包袱”也抖得十分巧妙，使得这部小品接地气、笑料多、有思想。

民韵国风融为一体

柴志英

多种民族地域风格素材的运用，使双拥晚会音乐的风格百花齐放，色彩纷呈。开场歌舞《祖国春光好》、联唱《科学发展铸辉煌》具有刚柔相济的山—陕音调；男声独唱《双拥花开》醇厚的坐标是山东；女声独唱《最美是你》包含了汉族民歌的元素；舞蹈《神州欢歌》依托于多彩的云南少数民族音乐素材；女声独唱《美丽中国》似乎是西南、新疆少数民族音调兼而有之；四人演唱的《誓言》则采用了突出阳刚之气的五声化大调。

在晚会的音乐节目中，如采用民间素材表现群众生活景象的作品可以称为“民俗作品”，那么，《祖国春光好》《科学发展铸辉煌》《美丽中国》《鱼水情深》《双拥花开》《小白杨》《最美是你》等均属“民韵”之列。如采用较多艺术元素加工提炼的素材，更多表现精神境界的作品可以称为“大雅之作”，那么，《神州欢歌》《伟大的中国伟大的党》《誓言》就应属于“国风”的范畴了。

歌舞《旗帜飞扬》的音乐以一首混声合唱曲构成全篇。它的歌词用诗化的语言展现了中华民族为复兴大业英勇奋斗的壮阔画卷。特别值得体味的是，在歌词中部的前段中，使用了“热辣辣”“旺腾腾”“壮巍巍”“美煌煌”等带有民俗韵味的叠字来表现祖国兴旺发达的景象，这与贺敬之《回延安》中的陕北乡音有异曲同工之妙，故有俗中见雅的意味。中部后段歌词在“顶针格”的联句法中以“奋发图强”“意志如钢”“一如既往”作为四字枢纽在前后句中相叠，表现了我们意气风发的民族精神。“顶针格”是民间叠字逻辑在诗、词、曲句法中的升华，将当代成语、熟语的相叠见诸这一民族诗篇更有雅中见俗的底蕴。如此雅俗交融的诗篇为合唱音乐“大厦”的建立奠定了成功的基础。

幕后故事

张永红　唐文韬

在 2013 年的双拥晚会中，有一批藏在幕后默默无闻的部队官兵。他们担负晚会保障任务，还在一些节目中担任群众演员。他们以过硬的作风、良好的形象、辛勤的汗水为双拥晚会的成功举办作出了贡献。他们的故事听来让人感动。

“错一次，就再来十次。”舞台总指挥，负责整台晚会上百个舞台场景的变化操作，要求与音乐、演员达到默契配合，不能有丝毫差错。营长李彦岗是这场晚会舞台装置操作的总指挥。当晚会导演组第一次和他谈论舞台操作要求时，他感到压力很大。李彦岗在经过短暂的思想“过电”后，立刻按照导演组的要求，登台熟悉舞台上百个操作装置，连夜动手绘制操作使用图纸，分发给操作人员。他要求每名操作人员必须按要求规定做动作，对他们说：“错一次，就再来十次。”从此，每天都可以看到他在舞台上前前后后指挥操作。每天，他总是第一个到达舞台现场，最后一个离场，最后一个就寝。

“我是一名警卫战士。”1月6日晚上，一天的节目排练刚刚结束。保障班战士王冰洁到演员更衣室打扫卫生。在一个角落里，他捡到一部摄像机，第一时间向现场负责人报告，妥善封存。在第二天上午演员入场完毕后，王冰洁主动在上百名演员中寻找失主。当得知有人丢失摄像机后，他和战友立即找到这名演员，经过仔细核对，最后将摄像机归还给了失主。失主感动地说：“幸亏是在这里，幸亏是你们，摄像机才能回到我的手中。”王冰洁回答：“我是一名警卫战士，这是我应该做的事。”说完，他又投入其他工作中。

“差一毫厘都不行。”冯子亮，是一名有16年兵龄的军士长。在担负晚会保障任务之初，连队考虑到他年纪较大，还有家属孩子需要照顾，就没有把他列入人选。得知情况后，冯子亮拿着请战书和保证书找到了连队干部。连长关心地问：“老冯，能坚持到最后吗？”冯子亮憨厚地笑了笑，说：“没问题。”在演出中，冯子亮带领两名战士负责一组移动装置的推拉，在拉回装置时要准确无误地回到起始线。在一次排练中，拉回的装置离起始线还有两厘米不到，要是一般人肯定不以为然。但冯子亮却敏感地发现了这个细微的不同，他立刻上报现场负责人，要求停下来进行安全检查。旁边有人说：“班长，不就两厘米吗？没事。”冯子亮转脸瞪了一下说话人，继续低头找问题。最后，在推拉轨道中，找到一个卡住的螺丝钉。当装置再次回到起始线时，他对着身边的战友说：“两厘米虽小，但带来的是无穷的安全隐患。差一毫厘都不行！”

“让每一位演职人员满意。”对指导员张利平来说，担任晚会保障班负责人可不是一个轻松的差事。他要带领战士全天完成安全检查、消防检查、警卫勤务和场内勤务等工作。自从1月18日，由模拟场馆搬到人民大会堂后，他更是丝毫没有懈怠，每天早上5点30分准时起床，一直工作到第二天凌晨两点，才能回到宿舍短暂休息。在节目排练和演出期间，张利平每天都要根据演职单位需求，提前安排饭菜，保障演职人员就餐。每次在所有演职人员吃完饭离场后，他还要带领人员打扫就餐区和化妆间卫生。如果要问最后一个吃饭的人是谁，那肯定是张利平。

面对每天繁重的保障工作，他从未出过任何差错。张利平经常对自己说的话就是：“让每一位演职人员满意，是我应该做好的工作。”

节目单

2013年军民迎新春文艺晚会

《高举旗帜向未来》节目单

一、歌舞《祖国春光好》

作词：王晓岭　　**作曲**：印　青　刘　琦

编导：孙育鹏　易　杰　纪家萱　王冬梅

表演：苏　鹏　钟　实　艾尼江　马　蓉等

二、联唱《科学发展铸辉煌》

作词：赵大鸣　　**作曲**：印　青

配器：刘　琦　　**编导**：魏思佳　谢　风

演唱：王庆爽　泽旺多吉　李　晖　陈笠笠　咏　峰　金婷婷

周晓琳　阿鲁阿卓　曹芙嘉　矫妮妮　吴　娜　刘和刚

王　莉　陈苏威　王　喆　张海庆　张英席　郑　洁

王丽达

表演：芦雨亭　籍静媛　刘　舒　谢　娜等

三、舞蹈《神州欢歌》

编导：杨笑阳　金美花　孙育鹏　**作曲**：亢竹青

表演：柴明明　覃江巍　玉米提　彭　捷　赵　松　姜浩芸

毛　莹等

四、女声独唱《美丽中国》

作词：刘福波　　**作曲**：张千一

编导：纪家萱　　**演唱**：谭　晶

表演：王金玉　赵亚捷　郭　婷　李嘉妮等

五、军乐与民乐《鱼水情深》

编曲：陈　丹　　**作曲**：李　涛　尹　伊

演奏：解放军军乐团　济南军区政治部文工团

表演：刘　勇　孙秋月等

六、情景诗朗诵《当人民需要的时候》

创作：刘　星　周振天　王树增　马正建

配乐：刘　琦　　**编导**：彭　澎　路　遥　辛俊杰

表演：温玉娟　洪　涛　魏积安　王丽云　孙潇玮等

总政话剧团　解放军66477部队

七、男声独唱《双拥花开》

作词：王晓岭　　**作曲**：刘　琦

编导：路　遥　辛俊杰　　**演唱**：王宏伟

表演：王晓娜　萨尼亚　闫姜博文等

八　合唱

1. 混声大合唱《伟大的中国伟大的党》

作词：赵大鸣　　**作曲**：印　青

配器：刘　琦　　**指挥**：李　成

演唱：解放军合唱团　解放军艺术学院　北京军区政治部文工团
解放军 66477 部队　武警部队直属支队

2. 男声无伴奏合唱《小白杨》

作词：梁上泉　　**作曲**：王　心

合唱编曲：任知超　　**指挥**：郑　健

演唱：武警部队政治部文工团男声合唱团　武警部队直属支队

九、杂技《虎跃龙腾》

编导：刘晓栋　张　强　宿　哲　蒋　帆

教师：葛俊生　李德伟　罗九保　帅　玺　潘迎春

作曲：鄂　矛

表演：王　森　乔　鑫　庞士博　曾日官　李　辉　潘躍新　肖兴东
刘云鹏　王进革　江　雄等

十、男声四重唱《誓言》

作词：贺东久　　**作曲**：刘　青

配器：刘　琦　　**编导**：唐黎维

演唱：刘　斌　吕继宏　佟铁鑫　司红军

表演：解放军 66477 部队

十一、女声独唱《最美是你》

作词：王晓岭　　**作曲**：孟庆云

配器：刘　琦　　**编导**：纪家萱

演唱：宋祖英　　**表演**：门　洋

曲晓：宋珊等

十二、小品《光荣花》

编剧：李文绪　王　宏　　**导演**：李文绪　武　文　于　宙

表演：唐爱国　尚大庆　武　文

十三、歌舞《旗帜飞扬》

作词：阎　肃　　**作曲**：印　青

配器：刘　琦　　**编导**：薛　刚　边　华

领唱：阎维文　　**演唱**：解放军合唱团

表演：国雅琦　崔玉姗等

监　　制：周　涛　黎国如
策　　划：秦　威　姜秀生
艺术指导：阎　肃　印　青
总 导 演：李福祥
艺术顾问：王晓岭　周振天　刘　星　王树增
音乐总监：印　青　刘　琦
总 撰 稿：王晓岭
文学统筹：赵大鹏　马正建
舞蹈统筹：杨笑阳　刘晓栋
杂技统筹：高俊生　张　强
小品统筹：王　宏
舞美总设计：孙天卫
灯光总设计：杨卫东
服装总设计：姜小明
音响总设计：何　飚
舞台总监：张　良　牧元吉
演出总监：姚志清
舞美总监：赵剑英
主 持 人：于　芳　马　跃　王　静
演出总协调：段　海
演出协调：郭迎建　马　宁　申若东　李曙光　马守浩　陈西明
章　梅　赵　雨
视频总设计：孙天卫　赵　伟
视频设计制作：房泽东　张　进　孙立超　赵　平　陈思远
付国甲　杨　杰　韩　露　张　军　胥朝晖
视频技术：冯永贯　刘东林　陈　宝　冯志宇
激光设计编程：刘伟杰　宋　飞　赵自光　黄金键　蒋金波
钟志慧　李宁波　刘　磊
舞美设计：林安康
舞美制作：张宪国　李维峰　杨万起　樊领兵
灯光设计：武磊平
化妆设计：莽珊珊　张玲亚　隋　颖　朱　烨
服装设计：刘　洁
道具设计：秦　涛
音响设计：胡　伟

音乐编辑：宿永良

音乐录制：张　庆　李洁慧

装置调度：李彦岗

前台主任：李志强　邱　晖　刘　勇　黄　硕　王天力　韩　锐
罗　洪　吕　浪　谢　娜　王　鑫　李迎歆　刘　翥

后台主任：洪　雁　姜丽娜　李晓娟　石镜渝　马绪亮　周　宁
单志瑾　张　岩　陈旭光　王英新　张　阳

舞台监督：李志强　邱　辉

舞台保障：杨瑞杰　刘海明　吴长林　徐士民　张永红　张　栋
何建秋　张银平　杨志杰　张利平　高俊文

字　　幕：邵旭东

服装管理：陈淑珍　潘晓波

安全保卫：杨清章　蔡亚超　王桂勇

舞台机械：杭州佳合舞台设备有限公司

多媒体工程：北京中视迅驰舞美艺术有限公司

舞美工程：北京博维百纳展览展示有限公司

灯光工程：北京卡乐佳艺科技有限公司

服装制作：北京东方明丽服装服饰有限公司

道具制作：北京名人名品文化发展有限公司

激光制作：东莞市环宇文化科技有限公司
广州市全亚贸易有限公司

参演单位：
总政治部歌舞团　总政治部话剧团
总政治部歌剧团　解放军军乐团
解放军艺术学院　八一电影制片厂
海军政治部文工团　空军政治部文工团
第二炮兵政治部文工团　北京军区政治部文工团
兰州军区政治部文工团　济南军区政治部文工团
广州军区政治部文工团　成都军区政治部文工团
新疆军区政治部文工团　武警部队政治部文工团
解放军 66477 部队　武警总部直属支队
空军蓝天幼儿艺术团　北京军区体工队

特别鸣谢：四川五粮液集团有限公司
北京太阳圣火广告有限公司

选举之前（小品）——2005年军民迎新春文艺晚会作品选登

编剧：张振彬、金东平、王 宏

作曲：邓建明

导演：胡宗琪

时间：当代

地点：农村某家庭

人物：大娘——50岁，娘。大爷——50岁，爷。儿子——30岁，儿。

〔幕启：舞台上是一个东北普通的农村家庭。桌子上放着一个扩音器。

爷：噗，噗，响了。老少爷们儿注意了！再过15分钟，召开第二轮选举村委会主任大会。注意事项，老爷们儿不许酒后到会，老娘们儿不许勾肩搭背，未成年人统统劝退，怀里抱的一律哄睡，民主选举票要投对，打钩画叉一步到位，就这几句整得挺累，我喝口水润润肺……（儿子匆匆上场，关掉扩音器）噗，噗。

儿：爹，我都关了你还吹啥呀?

爷：谁让你关的?我告诉你，选举结果没产生之前，你爹我还是村委会主任。

儿：爹，上午第一轮选举，咱俩的票数可是一样啊！

爷：对，投你的都看你是转业军人素质高。

儿：投你的都说你经验丰富有绝招。那您老预测一下，第二轮投票咱俩谁会当选?

爷：谁能当选?也许、大概、差不多，我胜你一个百分点。

儿：我还胜出你一个百分点呢，吹呗！

〔音乐起，大娘挎一篮子上场。

娘：（唱）红梅迎春雪花飘，绿芽儿爬上柳树梢儿。人都说，日子好过老来俏，哪知道，夕阳恋情更逍遥。想起这事儿心就跳，羞羞答答脸发烧。

（白）说着说着就到了。

（唱）大娘我抬手把门敲。

（白）老栓，开门哪！

爷：谁呀?

娘：翠花。

儿：爹，翠花婶来了。（欲去开门）

爷：等会儿。你看我这脸上干净不干净?

儿：（看爹）爹，你抹的啥呀?

爷：为了增加吸引力，我抹了你点增白蜜。

儿：（开门）翠花婶。

娘：你好，这孩子越长越精神。

〔音乐起。

爷：（唱）这小子当了十几年兵，受过嘉奖立过功。我想让他进县城，他非回村要务农。

娘：（唱）孩子心里有准星，家乡父老总关情。回到家乡出把力，他脱下军装还是个兵。行，我看这孩子，能干一番大事业。

爷：能，一回来就竞选村委会主任，雄心勃勃，计划把我弹劾。

娘：闹了半天，你们爷儿俩在这儿较劲儿呢?

儿：刚才把票一数，我俩整个平杵儿。

爷：不到最后揭锅，胜负还很难说。

娘：胜负揭晓不难，我特地赶来增援。

爷：她来参选，你就危险，就比你多这一个百分点。

儿：别逗了，翠花婶，还没正式过门儿，不算咱村的人儿。

娘：那我要成了你妈?

儿：选票立马就发。

爷：好，拿出来给他看看，我还整不过你了。

〔翠花婶从包里掏出结婚证书。音乐起。

娘：（唱）结婚证书红艳艳哪。

爷：（唱）看在眼里心喜欢哪。

娘：（唱）今天正式把门儿过呀。

爷：（唱）户口和家一起迁。

合：（唱）有了选举权。

儿：你们啥时候登的记呀？

娘：投票结果一出，你爹催我去乡里登的记。

爷：本来想过一阵儿再把日子选，可情况紧急刻不容缓。

娘：你爹说了，一切为打赢，这叫跨越式发展。

儿：村委会主任只能选一人儿，俺妈肯定向着儿。

娘：对。

爷：天上星星向北斗，老婆儿跟着老头儿走。

娘：没错。

儿：妈，你到底算哪伙儿的?

爷：一会儿他一会儿我，你牛犊子吃奶两头嘬呀?〔音乐起。

娘：（唱）这一票，沉甸甸，不能歪来不能偏。

爷：（唱）生姜还是老的辣。

儿：（唱）青菜还是嫩的鲜。

娘：（唱）生姜青菜都值钱。

爷：我真抓实干有经验。

儿：我科学管理眼界宽。

娘：（唱）都能把那重任担。

爷：我和乡亲共冷暖。

儿：我和家乡情相连。

爷：让乡亲走上小康路。

儿：让家乡山水换新颜。

娘：（唱）爷儿俩全都不简单，这一票给谁让我犯了难。

爷：关键时刻。

儿：立场要稳。

爷：神圣一票。

儿：投得要准。

娘：好！我看今天这事儿咱这么办。

爷、儿：咋办？

娘：各自发表施政方案，本老太太当回裁判。

爷：你看我们现场表现，然后你再作出决断。

儿：我先说。

爷：我先说。

儿：行，让爹先说。

爷：我说，我说就说，我说啥？咱们是农民，咱们靠土地吃饭，靠勤劳致富，咱们村要想富，就得靠老祖宗给咱留下的那片枣树。咱们收大枣，卖大枣，挣枣钱，吃枣饭。

儿：那晚饭呢？

爷：晚饭……你提晚饭干啥？我没跟你开玩笑。

儿：爹，我也没跟你开玩笑。

娘：停！儿子，你说。

儿：咱们村要改变面貌必须坚持科学发展观。咱们村地处山区，抬头是野果，低头是野菜，捧一捧就是矿泉水，抓一把就是生命态。

娘：对，咬一口就是脑白金，掰一块就是盖中盖。

儿：咱要综合开发，利用党中央振兴东北老工业基地的大好机遇和政策优势，建成咱自己的深加工基地，让咱树上的大枣变成大枣酒、大枣茶、大枣罐头、大枣蜜、大枣醋、大枣粥、大枣营养补血剂。

娘：孩子，喘口气。

儿：憋死我了。那就是大把大把的人民币。

娘：对，这就是咱村的桥，这就是咱村的路，这就是咱村的大金库。

儿：党的“三农”政策好，咱们的未来就一个字——富！

爷：激动啥呀！他的想法挺好，就怕实现不了。

儿：爹，这是我这几个月的调查报告，连县长都说能行。

爷、娘：县长看过？

娘：太好了！以前我看你爹聪明能干又忠厚，没想到白捡个儿子比他优秀。嫁对了！

爷：等等！儿子，当村官的，千条线，一根针。点点滴滴见民心，你得像总书记要求的那样，堂堂正正地做人，踏踏实实地做事，真正成为人民群众信赖的贴心人、带头人，你得说到做到，不能放空炮啊。

儿：爹，妈，我曾经是个军人，我是个共产党员，我们在长江大堤上立过军令状，我们在森林火场上也立过军令状，假如我今天当上村委会主任，我可以当着全村 128 口老少爷们儿再立一次军令状！

娘：好样的，脱下军装还是个兵。

爷：像我儿子！咱们就按部队的规矩，不打完最后一枪，不见输赢。

儿：一言为定！

娘：出发！

爷、儿：走！〔音乐起。

娘：（唱）眼前一条康庄道，

爷：科学发展架金桥。

儿：春风万里阳光照，

合：明天一定更美好，更美好……

——剧终

背影（小品）——2005 年军民迎新春文艺晚会作品选登

编剧：黄　宏、全维润

导演：黄　宏

时间：当代

地点：长江边上某渔村村口

人物：赵记者——男，70 多岁，离休军旅摄影家

蒋大爷——男，70 多岁，1949 年划船送亲人过大江的支前模范

鲁大娘——女，70 多岁，1949 年划船送亲人过大江的支前模范

〔幕启，舞台上片片白帆，

〔蒋大爷扛着一根大擀面杖兴冲冲上场。

蒋：来了个记者要照相，把我们折腾得好够呛，还让带上划船的桨，扛不动了，我只好整根儿擀面杖。（冲幕后）老婆子，你倒是快点儿啊！

鲁：（幕后喊）来啦！（鲁大娘挎着包上）老头子，你看我这身打扮好看不？

蒋：好看，好看，就这模样能好看到哪儿去。

鲁：这死老头子！

蒋：我跟你说啊，听说这个记者，是来寻找当年的一位大辫子姑娘，这姑娘是他当年的对象。

鲁：拉倒吧，人家是寻找当年的偶像。

蒋：偶像这两个字啥意思你懂吗？配偶、对象，加一块偶像。

赵：（上场）大哥，大嫂，你们好啊！

蒋：你好，你好，你就是从北京来的照相的？

赵：对，照相的。

蒋：贵姓啊？

赵：姓赵。

蒋：你看，干啥姓啥呀！

赵：您二位贵姓啊？

蒋：我是划船的，姓蒋；她是摇船的，姓鲁。

赵：划船和摇船有什么区别？

鲁：那区别可大了，摇船的左右摆。

蒋：对，划船的往后拽，基本上南北两大派。

赵：大哥大嫂，我这次来主要是想找个人。

蒋：知道，寻人启事里都说了。

赵：寻人启事？

鲁：我们村儿里天天广播，不就那几个条件吗：会划船的，支过前的……

蒋：家住这一片儿的，从小梳过辫儿的……

赵：没错！大嫂，您年轻的时候是不是也留过辫子？

蒋：留过。不但她留过，我也留过。

赵：你还留过辫子？

蒋：没留过辫子村里能让我来吗？

鲁：小时候他妈怕他不好养，给他留了个长寿辫。

蒋：别说，长寿辫这玩意儿挺管用，送亲人过大江，枪林弹雨，好几个来回，啥事儿没有！

鲁：你净瞎说，当时我就在你后面看着呢，一个炮弹落在船边，要不是解放军你早没命了。

赵：大嫂，当年您的辫子长吗？

蒋：长，小时候短，长大了长。结婚的时候让他妈给剪了。

赵：完了，刚有点线索又断了。

蒋：你要是按着辫子找线索，我估计你是一时半会儿找不到了。

赵：为什么？

蒋：你想啊，姑娘结婚时不把辫子截了，那还能叫结（截）发夫妻吗！

赵：大哥大嫂，过大江之前你们就认识吗？

蒋：不认识，她住江之头，我住江之尾，她家在江南，我家在东北。

赵：相隔这么远，你们怎么碰一块儿啦？

蒋：那时候全国都支前哪。

鲁：我们是在支前大军中认识的，过江那阵儿他划一条船，我划一条船。

蒋：后来她那条船让炮弹炸飞了，回来的时候，没办法啦，她就上了我的船啦。

赵：哈哈哈……大哥大嫂，你们当年有没有印象当时在你们身边有个手里拿相机的？

蒋：相机没注意，当时光注意敌人的飞机了。

赵：大哥大嫂，（指着大屏幕）这张照片就是 1949 年解放大军过长江的时候，我拍下来的。

〔舞台上悬挂的船帆上出现《我送亲人过大江》的照片。

赵：我看到的始终是这个姑娘的背影，她这弱小的背影就是我们民族最坚强的脊梁，我这回来就是想找到这位当年的大辫子姑娘。

蒋：（欣赏地看着照片）真好看。当年，你的辫子差不多也有这么长！

鲁：可我没这么好看的身条儿。

看着这张照片，我就想起了当年；看着这条大江，我就想去划船（边说边做起优美的划船动作，记者不停地拍照）……

赵：（看着数码相机）这张照片抓得真不错。遗憾的是手里拿了根擀面杖。

蒋：擀面杖咋了？这擀面杖是革命文物！解放军过江的时候，咱给亲人包过饺子，回来的时候，煮过面条儿，都是用它擀出来的！

鲁：对，庆祝胜利那会儿，咱还用它擀过团圆饼哪！

蒋：现在部队都现代化了，咱想赶都赶不上了。

鲁：就是啊，咱孙子都当上驱逐舰长了。

蒋：不用咱两个老东西去划船啦。

赵：不，如果现在打起仗来，那一定会是一场现代化的人民战争！军队打胜仗，人民是靠山，想当年正是有了千千万万的人民群众，我解放大军才能横扫千军如卷席，打过了长江。

鲁：把敌人赶出了南京。

蒋：一直赶到了台湾岛！

鲁：有人还想搞分裂。

蒋：敢！（举起擀面杖）我擀不扁他！

赵：大哥，你往这一站，我又看到了当年的一条好汉。

蒋：好汉，支前大军中就没孬种。老婆子！

鲁：老头子！

蒋：解缆！

鲁：解缆！

蒋：升帆！

鲁：升帆！

蒋：准备好了吗？

鲁：准备好了。

合：开船！

〔舞台灯光交相辉映，枪炮声大炮声，《解放军进行曲》的乐曲声响起，银幕上，《我送亲人过大江》的照片，幻化成一组百万雄师过大江的短镜头……老两口在银幕下，喊着号子，做着当年送亲人过大江时的划船动作。

蒋：撑稳舵呀！握住桨啊，万众一心，奔前方啊，军民团结，打胜仗啊，勇往直前，过大江啊，嘿……嘿！

〔直至高潮。银幕又定格在《我送亲人过大江》的照片上。

赵：（激动地）大嫂，是你！就是你！你就是照片上的这位大辫子姑娘。

鲁：赵记者，真的不是我！如果是我的话，她的头上还少了样东西。

赵：少了样东西？

鲁：（从随身的包袱里，取出一个钢盔）那天，我刚上船，有个解放军哥哥摘下头上的钢盔对我说：小妹妹，你年纪太小，把它戴上。后来我就再也没见到过那位战士。

蒋：是啊，当时一发炮弹落在我的船边，是一位解放军兄弟把我压在身下，我脱险了，可那位解放军兄弟再也没有起来，到现在我都不知道救我的恩人叫什么名字。船一靠岸，所有的战士拼着命地往前冲，我看到的全是他们的背影！

赵：为了这背影，我苦苦寻找了好多年，今天我终于找到了，她是你，是你。

蒋：不，是你，是她！是千千万万个老百姓和子弟兵，是那些永远不知姓名的背影，为我们换来了一个欣欣向荣的共和国！

赵：来！（激动地举起照相机）大哥大嫂，我今天给你们照一张合影。

蒋：照？

鲁：照！

合：一、二、三！（二人一起转身造型，把背影留给赵）

赵：咳！今天咱不照背影，照正脸儿！

鲁：现在正脸儿没法看了。

蒋：满脸皱纹，都是年轮！

赵：大哥大嫂，你们的正脸儿更生动、更美、更好看！

合：不照，不照……

赵：别动！

〔在推让过程中，赵按下了快门儿，那片船帆上显现出蒋大爷、鲁大娘的特写照片。

〔电视剧《江山》的主题歌音乐响起："老百姓是地，老百姓是天，老百姓是共产党力量的源泉……"

——剧终

男女表演唱《情暖神仙湾》——2007年军民迎新春文艺晚会作品选登

作词：赵思恩

作曲：简　易

配器：王路明

编导：谢　克、杨　凌

演唱：王宏伟、冯瑞丽

表演：达列里汗、萨贝堤、玛尔哈巴艾

歌词：站在最高的执勤点
伸手就能摸到天
守在最冷的雪线上
心中的阳光最温暖
都说喀喇昆仑山四季是高寒
都说吃不上青菜指甲也凹陷
都说天上没有鸟地上不长草
都说缺氧难以生存除非是神仙
串串冰挂是战士解渴的冰激凌
弯弯山路是士兵健身的呼啦圈
飕飕风雪是连队免费的交响乐
皑皑冰山是我们边防旅游的风景点
为什么听不到叫一声苦

为什么听不到说一声难
为什么战士总是那么阳光
为什么你们总是笑声不断
祖国疼爱咱
人民牵挂咱
党中央的关怀温暖着咱
祖国疼爱咱
人民牵挂咱
今天的边关哨所一切都在变
新建成的保温库房四季能保鲜
新配发的制氧机让活力增添
新安装的卫星天线开阔了视野
新铺设的通讯光缆把亲情相连
新开通的电子邮箱塞满了慰问电
新装备的巡逻车穿越冰山
历史使命光荣传统牢记在心坎
卫国戍边再立新功守好昆仑山
相隔千山和万水
北京心系边关
相隔千山和万水
情暖神仙湾

父女情深（小品）——2007年军民迎新春文艺晚会作品选登

编剧：王　宏、张振彬、黄　宏
时间：当代
地点：老功臣幸福院
人物：院长　40多岁，公司老板，幸福院院长
　　　高老伯　78岁，抗战老军人
　　　大妈　60多岁，山区农民。

院：树上喜鹊叫喳喳，幸福院里开新花。为老功臣有个完整的家，我给老爸找大妈！高老爸……高老爸。

〔大妈上场。

妈：院长，你跑了十几里路接俺来相亲，感谢你的一片心。那老头儿跟我不见面，我觉得有点伤自尊。闺女呀，我回去了。（欲走）

院：别走啊，大妈你听我说，我们幸福院，搞的这个“幸福工程”，就是关注老功

臣的情感，让他们都能找到自己的另一半，高老爸是头一个，他要是不通，别人的工作就更不好做。

妈：那跟我有啥关系？

院：大妈，你俩成不成的再说，跟高老爸见见面就算帮我做工作了。

妈：做工作没问题，多难收拾的老头儿，我一谈就通。

院：那行，你拿着这壶水，给高老爸送进去，他要问你是干啥的，你就说是服务员。

妈：行。

院：不过你得装得像点，高老爸在部队的时候是特务连的。

妈：那怕啥，我在村里演过女特务。

院：太好了，你主动点。

〔院长下，大妈冲台后喊。

妈：老高同志，老高同志！

〔高端个水杯上。

高：我从小报名参军，为革命奉献青春，一辈子都是单身，院长要给我包办婚姻，对她这种做法，我只有两字：逃婚。我坚决不能失身——份。有事啊？

妈：送水。

高：新来的服务员哪？

妈：是的。你咋知道呢？

高：我是干啥的？我特务连的啥不知道啊！

妈：还特务连的，特务都来到身边了，还当是服务员呢。

高：这一天把我憋得，电视机让我调乱了，半导体听得没电了，想上上网还掉线了。

妈：你还会上网啊？

高：都是院长教的，小到网络游戏，大到市场经济、博览世界风云、外语 ABCD。

妈：你还学外语呀？

高：刚考完试，四级。

妈：啊！

高：没过嘛！卡在初级那儿啦！

妈：院长对你们生活照顾得咋样啊？

高：平常热心周到，病了端屎、端尿，就是亲闺女也不一定完全做到。

妈：这么好的院长，你还总躲着她干啥？

高：我哪是躲她呀，我是躲新来的老太太。

妈：老太太？

高：院长她给我介绍了个对象。

妈：咋的，那你不想找哇？

高：我傻呀？我不想找。我是不能找。

妈：为啥不能找呀？

高：你一个服务员，问那么多干啥？总是窥探一个单身男人的隐私。（伸出水杯）来，帮我把水倒上。你哆嗦啥呀？

妈：我说不哆嗦就不哆嗦，我不就不哆嗦啦嘛。

高：算了，不喝了。就这样还当服务员呢，应该给你找个服务的。

妈：对不起，我走了。（欲走）

高：等会儿！

妈：干啥呀？

高：帮我干件不哆嗦的事？

妈：啥事不哆嗦呀？

高：你帮我演一回我对象。

妈：那我更哆嗦。

高：你帮我演回我对象，我不就回了院长给我介绍的那个对象。

妈：你不同意就说不同意呗，人家还不一定看上你呢。

高：都是有身份的人，院长给我介绍的也是个老功臣。

妈：她给你介绍个老功臣？

高：啊，老功臣配老革命，门当户对嘛。

妈：（自语）这院长是怎么回事？跑了几十里山路，把我接来相亲，咋又给他介绍个老功臣，我还以为是一步到位，这还得参加海选，跟人家PK。

高：行不行啊？

妈：行。（自语）我倒要看看这院长葫芦里装的什么药？

高：其实见了院长你也不用说多少话，我说啥你就在旁边说一个“是的”。

妈：是的。

高：听明白了吗？

妈：是的。

〔院长上场。

院：高老爸！

高：院长来了！来来来，院长，你来得正好，我给介绍一下，这是……

院：新来的服务员。

高：你说的是她的工作职称，我说的是我俩的关系。这是我的女友……对象……也算是未婚妻吧。

妈：是的。

院：（惊讶地）大妈，这么快就拿下了。

妈：是的。（自语）不拿下，老功臣就介入了。

院：这才几分钟啊。

高：啥几分钟啊，都几十年了。

院：你怎么没跟我说过呀？

高：这事能说吗？爱情是藏在心里边琢磨的。

院：这么说，你对大妈的情况很了解啦？

高：不是很了解，太了解了。我们可以说是，朋友、密友加战友。

院：大妈没当过兵啊？怎么还是战友呢？

高：战友嘛，她想占有我，我想占有她，“占有”嘛。

妈：是的。

院：大妈我问你，你们俩是怎么认识的？

妈：是的。（对高）咋认识的？

高：啊啊……这我来回答，话说1948年，她的故事到处传，都知道红嫂乳汁救伤员，她就是那位红嫂，我就是那位伤员。

妈：是的。

院：乳汁救伤员，大妈今年61，1948年，大妈才3岁呀。

高：啊……对啊，她3岁嘛，是她母亲的乳汁救伤员。她母亲太伟大了，我们人民战士是吃着人民的乳汁长大的嘛！

妈：你咋非说乳汁救伤员呢？

高：我要说刘胡兰从容就义，你不就牺牲了吗？

院：那后来呢？

高：后来的故事就好编了。

院：啊？

高：不是……后来就简单了。我随革命大军走了。她就下嫁给村里刘大有了。刘大有病故注销户口了，我们俩又第二次牵手啦。

妈：是的。

高：来，拉拉手。

妈：干啥呀？

高：这样才像。

院：别说，你们俩还真有点夫妻相。

高：啥叫夫妻相，那叫像夫妻。往这一站身高、腰围都差不多。你三尺二吧？

妈：是的。

高：我二尺三嘛。

院：老爸，你对大妈的个人情况了解吗？

高：个人？一个人嘛。

院：大妈有几个孩子？

高：一个……（伸出食指和拇指，大妈点头），八个嘛。

妈：啥八个呀，两个。

高：那你点啥头呀？

妈：你不是从一个发展成二吗？

高：那我误解了。

妈：那也不对，人家是一二往里收，你咋往外翻呢？

高：我手受过伤，收不回来嘛。

院：是男孩还是女孩啊？

妈：（指指高又指指自己）

高：一个老头儿一个老太太嘛。

院：啊？

高：一个男孩一个女孩，龙凤胎嘛。

院：那我再问问大妈。

高：别问了，她小脑萎缩，说不对还以为她蒙你呢。

院：老爸你不蒙我就行了。

高：那你问吧。

院：（对大妈）高老爸身体不好，胃做过手术。他一天吃几顿饭？（高冲大妈伸出一个拇指、一个食指）

妈：两顿。

高：八顿嘛。

妈：你不说这是二吗？

高：二和八是通用的。

院：高老爸每天起几次夜？

高：（又伸出食指和拇指做手势）

妈：八次。

高：两次，一宿起八次夜，我还睡不睡了。

妈：这咋又两次了？

高：扣过来是二，翻过来是八。

妈：那仨咋比画呀？

高：三嘛。（伸食指、拇指、小指）

妈：这不是非常六加一吗？

高：他是六加一，我是五减二，等于三嘛。

院：大妈，我再问问你。高老爸受过几次伤？

高：等会儿，你问她问题可以，不能间接考数学啊，她数学不好。

妈：没事，闺女，你随便问，你高老爸立过一次特等功，受过二次伤，身上有三块弹片。

高：呀！看见没有，绝对夫妻相，手势都一样。你咋蒙上的？

妈：不是蒙上的，一到幸福院，院长首先把我接到荣誉室。

院：大妈在你的照片前站了半天。从大妈的眼神里我看出，大妈看中你了。

妈：是的，那是一种崇拜。

高：你不是新来的服务员吗？

妈：是的，院长让我打入内部的。

院：这就是我给你介绍的那位大妈。

高：你不是说给介绍个老功臣吗？

院：大妈是多年的拥军模范，战士们都叫她兵妈妈。她就是那位老功臣啊！

爸：停停……不演了，上当了，演到这儿就结束了，爱情至此谢幕了。

院：老爸，这不是谢幕是开幕啊。刚才你们虽然是在演戏，可我看得出你们是那么默契，那么温馨，那么幸福，你们要是天天这样开心多好啊。有些欢乐是做儿女的无法给予的。老爸，新房我都准备好了，只要你和大妈同意，咱就把大妈接过来，在幸福院里永远安家。

高：不行啊，院长，这些年你管我们叫老爸，我们把你当亲闺女。幸福院里一家亲，你致富不忘报党恩。你投资几百万，建了这个幸福院。现在社会上有个别人，连自己的亲生父母都不孝敬，可是十几年来，你先后赡养了100多位老同志，衣食住行、生老病死，不容易啊。你50斤黄豆起家，挣点钱不容易，天底下哪有父母不为儿女着想的，我们每天掐着指头算哪，光养我们这些老家伙一年就得几十万，再给我们找个老伴，那不是给你增添双倍的负担嘛。现在是商品经济，你是企业家，你计算过成本吗？你计算过利润吗？

院：老爸，你们这些老功臣把一辈子都奉献给祖国和人民了，你们跟谁讲过成本，跟谁要过利润啊？（音乐起）当年咱们唐山大地震的时候，我被埋在漆黑的废墟下，就在我感觉生命即将结束的时候，我突然看见了满天的星星，满天红色的星星，那是解放军头上的帽徽呀！是解放军救了我，是解放军给了我第二次生命。没有共产党，没有解放军，没有这样的好社会，没有各级政府和民政部门的关怀，哪有我的今天，哪有咱们的幸福院哪。（拉住老爸的手）地震后我成了孤儿，再没有叫过爸爸、妈妈，你不是说，幸福院里就是家嘛，有爸有妈才是一个完整的家啊！大妈，给老爸倒杯水吧。

妈：不行，我哆嗦。（提壶倒水）

高：没事，我也哆嗦，根据我侦察兵射击的经验推断，一方哆嗦容易出现误差，双方都哆嗦兴许就能哆嗦到一块儿了。

〔音乐声中，大爷端着水杯，大妈为他倒水。

院：倒上了。

〔开饭号声响起。

院：开饭了，老爸，大妈，今天是个喜日子，咱全幸福院要为你们喝上一杯订婚酒。

高：（悄悄拉住大妈的手）走。

妈：拉啥手啊。

高：刚才拉着没感觉，现在拉着挺和谐。

院：走。

〔欢快喜庆的音乐中，三人下场。

——剧终

—综述—

一年一抹亮彩报告春的消息

——写在双拥晚会步入双十年华之际

刘　璇

每年的这个时候，她信步而至，捎来春的消息；每年的这个时候，她翩然而来，乘着艺术的翅膀；每年的这个时候，她就那样出现在你面前，像个信守“一年一聚”承诺的老朋友，带着不变的熟悉气息，却总在你的眼前呈现多变的绚丽亮彩——这亮彩“一年一抹”，绝不重样；这“一年一抹”的亮彩，报告了20个春天来临的消息。

她，21岁，芳名双拥晚会。

有太多的拥趸，是那样热切地期盼她的现身。基层官兵早已掀开等待的锅盖，急着想把今年这顿军旅文艺年饭的喷香吸进鼻腔；他们把袖口挽起，随时准备为集聚了浓郁军营气息和激越军人情怀的精彩节目拍红手掌。社会各界的观众早早就打听起晚会的演出场次，他们想尽办法坐进剧场，只为了能再次沐浴军民鱼水深情的雨露，品咂其中的爱与奉献。就连每年都要“为伊消得人憔悴”的各路艺术家们，也再难克制那泉涌般的创作冲动，用一年的厚积，装扮他们心中最美的姑娘。

于是，我们记住了一句句饱蘸春意的诗句。“正月里来唱新春”“又是春风满人间”“东方风来满园春”“春绿大地情满怀”“和谐花开神州美”“和风吹来万里春”……伟大祖国和人民军队改革开放的发展图景就在眼前徐徐展开，军民团结、双拥共建结出的累累硕果就在空气里香气四溢。这美景，让人精神振奋；这香气，令人心醉神迷。

于是，我们熟稔了一个个经典之作。无须费神，就能为它们作精准的报幕：是军人就爱唱的《什么也不说》《当兵的人》《说句心里话》；改革开放春风吹来、传遍大江南北的《走进新时代》；捧红了酒窝深深的王宏伟，还引得无数有志学子投身西部大开发的《西部放歌》《西部情歌》和《西部赞歌》；让人无限神往“神鹰飞翔的地方”，在不经意间就想飙一飙高音的《天路》。还有舞蹈《酥油飘香》《穿越》《扎西德勒》，小品《种子》《保险》，杂技《芭蕾对手顶》……这些春之仙子，洒向人间的永远是盎然的春之意，是跃动的绿色风，是深沉的鱼水情。

于是，我们亲近了一张张陌生的面孔，落泪于一个个动人的故事。记了1000多篇解放军爱民日记的卡德尔老人，对子弟兵的情意如同他刀刻般的皱纹一样深切；赶着牦牛为巡逻官兵领航37年的巴亚克大叔，背包里打的全是有关边防、国防的大思考。宁夏军区给水团为自古干旱缺水的陡坡村打出3口甜水井，喷涌而出的《甜水》至今想来都是那么清纯甘冽；奋战33个小时建成的《风雪小站》，把2008年的那场冰雪灾害挡在了门外，把温暖汇聚于人心。

20年了，虽然每一届双拥晚会的热力终将消散，惊喜也渐渐平淡，但其中跳动着的感触、感动、感佩之火，却依然蔓延在我们的心田，并时不时地激活我们的记忆和期待。

这独特的馈赠，值得我们珍藏，更值得我们感恩。

在又一个十年开始的这个冬日，双拥晚会再次绽放迷人的芳华，回到人间。如约再会的她已经步入了更加灿烂的双十年华，带着一如既往的端庄大气，眉目间亦多了些诗情画意。她把《心连心》化为最真诚的祈祷，把《江山如画》当作最美好的心愿，把《行进在你的目光里》写成最坚定的誓言。礼物翻新，祝福却不变，依旧扮靓着又一个春天。

（2010年2月7日刊载于《解放军报》）

一路高歌旗帜扬

——双拥晚会的创作历程和创新发展

解正轩

双拥晚会由全国双拥工作领导小组、民政部、国家广播电影电视总局、中国人民解放军总政治部联合主办，在创作上始终坚持与国家和军队建设发展同频共振，用文艺的形式反映时代风云，讴歌时代精神，展现人民群众和部队官兵崭新风采，以鲜明的时代特色、军旅特色和创新特色，赢得了广大观众及部队官兵的喜爱和欢迎，成为每年春节期间首都文艺舞台上一道亮丽的风景，成为一个具有广泛影响力的著名文化品牌。党和国家领导同志出席观看了历届双拥晚会，都给予了充分肯定和高度评价。

回顾历年来双拥晚会的辉煌历程，如同打开了一部厚重的历史……《军民团结向前进》（1990年）、《心连心》（1991年）、歌剧《党的女儿》（1992年）、《正月里来唱新春》（1993年）、《又是春风满人间》（1994年）、《春天与我们同行》（1995年）、《祖国永远是春天》（1996年）、《春风里　阳光下》（1997年）、《携手欢歌向未来》（1998年）、《欢歌奔向新世纪》（1999年）、《世纪的春天》（2000年）、《世纪之歌》（2001年）、《东方风来满园春》（2002年）、《高歌奋进向未来》（2003年）、《祖国春光好》（2004年）、《春绿大地情满怀》（2005年）、《和谐花开神州美》（2006年）、《和风吹来万里春》（2007年）、《旗帜高扬春光好》（2008年）、《万众一心向前进》（2009年）、《科学发展谱新篇》（2010年）、《伟大旗帜领航程》（2011年）、《阳光路上情满怀》（2012年）、《高举旗帜向未来》（2013年）……浏览这一篇篇浸润春意的书页，阅读这一个个传递和谐的名字，我们仿佛看到了伟大祖国和人民军队在改革开放的春风里日新月异的发展图景，见证了军民团结、双拥共建结出的累累硕果，感受到了时代跳动的脉搏和祖国前进的足音……

深刻厚重的主题思想

历届双拥晚会都有鲜明的时代主题。在注重营造喜迎新春节日气氛的同时，突出反映祖国建设的新成就、展示军队建设的新成果、表现双拥共建的新气象，特别是注重结合国家经济社会发展的形势，结合党、国家和军队的重大决策部署，结合人民群众和部队官兵普遍关注的热点、焦点，提炼升华主题思想，并通过艺术的形式进行精彩的表现。

这些年来，重要的历史事件在双拥晚会上都有表现。可以说，双拥晚会记录和反映了国家和军队改革开放的历史进程；同时也可以说，是改革开放的生动实践赋予了双拥晚会丰富的内容和斑斓的色彩，赋予了双拥晚会深刻厚重的主题和恢宏大气的品格。

1997 年初，在香港回归临近的时刻，双拥晚会创作推出了歌曲《香港你好》，表达了全国军民翘首企盼、迎接香港回归的喜悦心情。歌曲《走进新时代》在 1998 年的双拥晚会中唱响，抒发了中国人民在党的带领下，乘着改革开放的春风，阔步迈进新时代共奔小康的豪迈情怀，后来这首歌曲传遍大江南北，成为一个时代的形象标志。1999 年的舞蹈节目《生命之舟》反映了伟大的抗洪精神，2000 年的小品《阅兵村来信》反映了庆祝中华人民共和国成立 50 周年大庆，2003 年的歌曲《天路》反映了青藏铁路建设工程，2004 年的小品《今夜“神舟”飞过》反映了载人航天飞行。连续 3 届双拥晚会推出的歌曲《西部放歌》《西部情歌》和《西部赞歌》，热情歌颂了党中央实施西部大开发的决策部署。在 2006 年双拥晚会《和谐花开神州美》中，表演唱《卡德尔大叔的日记》让卡德尔大叔的拥军事迹传为佳话。2008 年春节，我国南方地区遭受了罕见的低温雨雪冰冻灾害，在正式演出临近的情况下，双拥晚会紧急调集创作力量，以分秒必争的拼搏突击精神，用了不到 33 个小时，创作了反映全国军民团结一心抗击低温雨雪冰冻灾害的歌曲《大雪无情人有情》和小品《风雪小站》，完成了几乎不可能完成的任务。这两个节目在演出中反响非常强烈，受到中央领导同志的高度评价和观众的一致称赞。

紧跟时代步伐、讴歌时代精神是双拥晚会永远不变的主题，也是双拥晚会的鲜明特色和显著标志。20 多年来，双拥晚会始终唱响共产党好、社会主义好、改革开放好、人民军队好、人民群众好、伟大祖国好的时代最强音，弘扬科学发展、共建和谐的主旋律，颂扬人民群众和部队官兵奋发进取的崇高精神。在当前各种思潮交织激荡、文化形态复杂多样的情况下，发挥了重要的示范、导向作用。以社会主义核心价值体系为引领，以建设社会主义先进文化为己任，坚持贴近时代、贴近生活、贴近人民群众和部队官兵，是双拥晚会不断取得成绩、作出贡献的基本经验和重要保证。

雄浑壮美的军旅气派

看过双拥晚会的观众，都会被浓郁的军营气息、激越的军人情怀和深厚的军民鱼水之情所感动。每一届双拥晚会，都始终洋溢着爱国主义和革命英雄主义精神，彰显出军人特有的钢铁意志和保家卫国、牺牲奉献的品质，呈现出崇高、壮美的风格特征，具有强烈的震撼力和感染力。

2007 年双拥晚会歌曲《使命》和 2008 年的歌曲《党啊，我想对你说》等节目，深情地表达了人民军队永远忠于党，在新形势下肩负起新的历史使命的豪情壮志。1991 年的歌曲《说句心里话》《不要问为什么》用感人的曲调，把军人甘于奉献的高尚境界和宽广胸怀生动地表现出来。1995 年的歌曲《当兵的人》节奏铿锵，刚劲有力，气势豪迈，一经推出就受到热烈欢迎，至今传唱不衰。2003 年的舞蹈《穿越》等作品，反映了当代官兵狠抓军事训练、做好军事斗争准备的饱满士气。歌曲《当兵走阿里》《阿拉山口小唱》《边关军魂》和歌舞《我们巡逻在草原上》《情暖神仙湾》等节目，反映了边防军人以苦为乐、戍边卫国的生活。组歌《情深谊长》，联唱《双拥花开代代红》、民族歌舞《鱼水情深》、小品《种子》《保险》等双拥题材的作品，既歌颂了军民团结的优良传统，也表现了当代双拥共建的新气象。2005 年，总政治部面向全社会举办了战斗精神歌曲创作征集评选活动，共收集作品 4000 多件，评选出 25 首向部队推广。其中，歌曲《神圣的使命》《当祖国召唤的时候》和《当那一天来临》分别被 2005 年、2007 年和 2008 年双拥晚会选用，对于激发部队官兵的战斗精神，鼓舞军心士气发挥了积极的作用。

气势磅礴的军乐演奏、合唱和阵容严整的仪仗表演，是双拥晚会的特色和亮点。每届双拥晚会几乎都有大型军乐、合唱节目，黄钟大吕般的军乐演奏，声势浩大的大合唱和交响乐伴奏，显示出军人特有的力与美。在 1996 年的双拥晚会《祖国永远是春天》中，首次把仪仗表演搬上了舞台，解放军仪仗大队严整的军姿和威武的气势，为晚会增加了隆重、庄严的氛围，给观众以巨大的震撼。此后，仪仗表演成了双拥晚会的一个保留节目，强化了晚会的军旅气派。

严谨细致的创作态度

20 多年来，一批批优秀的军队文艺作品通过双拥晚会的打磨在全社会广泛传播，一批批优秀的艺术家在这个舞台上锻炼成长，可以说，双拥晚会是军队文艺工作成果和军队文艺工作者艺术才华的展示平台，每年双拥晚会的圆满成功都凝聚了各级领导和艺术家们的辛勤劳动。

军委、总政领导对双拥晚会高度重视，非常关心，对每届晚会都多次听取策划方案，反复审查排练演出，对晚会思想艺术质量的提升给予了有力指导。各大单位领导对双拥晚会也非常重视，在节目和人员上给予大力支持，为双拥晚会的成功提供了重要保证。为搞好双拥晚会，总政每年都调集全军各艺术门类最优秀的创作人员，组成强大的创作策划班子，对晚会的主题定位、结构布局、内容安排、艺术表现等，进行精心的构思和反复的论证，对晚会的难点，采取集体攻关，实现重点突破。进入排练阶段后，从全军抽调演出队伍和明星大腕，形成群星荟萃的强大演出阵容，精心组织、精心排练、精心修改，确保每个节目、每个细节都臻于完美。参加晚会创作表演的人员，都能以军队文艺工作者高度的政治责任感和使命感全身心地投入，为晚会的成功付出了巨大的心血和汗水。高质量的晚会需要有高标准的艺术要求。在双拥晚会的创作历程中，始终坚持以最严谨的态度、最高的标准来抓创作、抓演出。晚会的总体设想和节目的创作构思，都经过反复推敲、反复斟酌，经常出现被推倒重来的情况。2008 年的短剧《甜水》在创作时，多次调整结构和构思，经过长时间的修改打磨。作品的前十几稿被全部推翻，为了深化作品的思想艺术内涵，创作人员先后 3 次赴甘肃陡坡村采访，搜集了解大量素材，经过精心的结构创作，历经两个多月才有了短剧现在呈现的面貌。双拥晚会的许多节目都有过类似艰苦的创作过程，可以说，双拥晚会上的每一个节目都是千锤百炼的结果。

脚踏实地的艺术创新

“诗文随世运，无日不趋新。”创新是艺术的生命和发展进步的动力。特别是双拥晚会，每年举办一届，更加需要根据生活的发展变化在艺术上加以创新突破。从双拥晚会20多年的创作实践看，坚持不懈地进行艺术创新是最宝贵、最持久的法宝。一是晚会样式的创新。双拥晚会一般采用熔声乐、器乐、舞蹈、杂技、小品等多种艺术形式为一炉的综艺性晚会样式，主要由专业文艺队伍承担。但1999年和2004年，正逢全军业余文艺会演刚刚结束，推出了一大批优秀的业余文艺作品和文艺骨干，这两年的双拥晚会《欢歌奔向新世纪》和《祖国春光好》采取专业和业余相结合的方式进行，部队生活气息浓郁，风格清新，时代感强，受到广泛赞誉。1992年，总政歌剧团的歌剧《党的女儿》刚创作演出不久，在社会各界产生了良好反响，第3届双拥晚会就采用了歌剧的样式，获得了巨大成功。二是节目形式的创新。双拥晚会的节目形式在不断增多，本身也在不断创新。前几届晚会中的节目只有歌曲、歌舞、魔术、京剧、相声等传统形式。1993年双拥晚会《正月里来唱新春》开始出现革命歌曲大联唱之后，各种联唱形式在后来的晚会中不断翻新，逐渐出现了流行歌曲联唱、京剧联唱、军歌联唱等形式，不落俗套，变化多样，深受观众的喜爱。特别值得一提的是，2005年的京韵交响《春绿大地情满怀》和2007年的京韵交响《和风吹来万里春》，用京腔京韵将国家和军队一年来的大事喜事唱出来。传统与现代交织，历史与现实对撞，恢宏大气，韵味十足，不仅戏迷们喜欢，还吸引了很多年轻观众。在双拥晚会节目形式的创新中，最显著的就是杂技。1990年双拥晚会《军民团结向前进》中只有魔术表演，从1991年双拥晚会《心连心》出现杂技《顶圈》《百戏迎春》后，杂技成了每届双拥晚会的一大亮点。此后，双拥的杂技创新实践从未间断，它逐渐将现代舞蹈与传统杂技有机融合，令人耳目一新。如果说杂技与舞蹈的有机结合是双拥杂技艺术的第一次飞跃的话，那杂技与军事题材的结合则实现了它的第二次飞跃。2002年的《腾飞》、2005年的《踏浪飞歌》、2006年的《攀跃》、2007年的《龙腾虎跃》都属于军旅题材的杂技精品。三是舞美呈现的创新。每届双拥晚会的舞台舞美都是以庄重、热烈、喜庆为基调，但每一届都与以往不同，且常看常新。充分调动灯光、音乐、舞台美术、服装、道具等元素，巧妙搭配融合，使舞台变幻多姿。尤其是大屏幕的使用，令晚会舞台的时空大幅度拓展，节目的艺术表现力和视觉冲击力得到了巨大提升。舞台和道具制作观念的变化，也令晚会呈现出多维表现空间，通过旋转、推拉、摇移，组合成各种符合晚会结构的舞台样式，多角度、多视点地营造出隆重热烈、喜庆欢快、昂扬振奋、军民同庆、官兵同乐的节日气氛。

回顾过去，双拥晚会奉献了多姿多彩的绚丽华章，走过了令人难忘的战斗征程。展望未来，双拥晚会一定会推出更多的精品力作，造就更多的文艺人才，在新的起点上实现新的发展繁荣。我们相信，双拥晚会必将以突出的成就和独特的魅力永载当代军事文艺的光辉史册，在中国文艺大舞台上放射出璀璨夺目的光芒。

双拥晚会难忘瞬间

乔林生

● 1990 年：《军民团结向前进》

这是一个非同寻常的开始。这一年晚会上最耀眼的“明星”，当数 15 岁的唐山少女党育苗。当她和自己的救命恩人、“唐山抗震救灾模范红二连”的代表紧紧拥抱的那一刻，会场内外热泪横飞。拥政爱民、拥军优属，一个永远值得歌颂的时代命题。军队和人民用血肉之躯凝结的《鱼水新篇》，无论何时都是舞台上最亮丽的色彩。

● 1995 年：《春天与我们同行》

当迎春的大幕徐徐拉开，《当兵的人》第一次登台亮相。这是一次饱含深情的诉说，诉说对祖国和人民无限的爱；这是一次激情澎湃的表达，表达对使命职责的庄严承诺和赤热情怀。昂扬奋进、气势如虹的歌声中有我们不能忘记的故事，有我们都想讲述的故事，故事中有忠诚、有智慧、有信心，更有三军将士用双手捧出的《陆地·海洋·天空》。

● 1998 年：《携手欢歌向未来》

总是有一些文字能够留存下来，总是有一种旋律经常萦绕心怀。让我们记住这首经典歌曲：我们唱着东方红，当家做主站起来；我们讲着春天的故事，改革开放富起来；继往开来的领路人，带领我们走进那新时代，高举旗帜开创未来。

● 1999 年：《欢歌奔向新世纪》

这是共和国经历了 1998 年抗洪考验之后的一次欢聚。《生命之舟》如泣如诉地演绎着《青春集合在军旗下》的绝对英勇和忠诚。那些狂风恶浪中的揪心呼号，那些艰难行进中的血肉之躯，那些与不可一世的洪魔搏斗的壮烈场景，又一次印证着一个颠扑不破的伟大真理：军民团结如一人，试看天下谁能敌。

● 2006 年：《和谐花开神州美》

一年一年春风度，我们不忘先辈们写下的光荣；一代一代鸿雁来，我们不忘后来人开创的业绩。这是一个《光荣颂》的时代，科学发展观指引中国巨轮破浪前行。啊，《卡德尔大叔的日记》，你记录了人民子弟兵对人民的赤胆忠诚和无私大爱，你也记录了西部边疆改革开放历史巨变的丰富多彩；它就像少数民族兄弟手中的冬不拉，美妙而欢乐地拨动着人们的心弦。

● 2009 年：《万众一心向前进》

我们也有我们的“雪山草地”，我们也有我们的“长征组歌”。南方冰冻、汶川地震、北京奥运、金融危机，同样是千辛万苦，同样是风霜雪雨，同样是千难万险，同样是二万五千里的长途跋涉。

（2010 年 2 月刊载于《解放军报》）

后 记

《记录：双拥晚会》一书的付梓，得益于全国双拥工作领导小组办公室、解放军政治工作部宣传局和《解放军报》、中国军网等媒体及马飞雄、顾磊、王忠诚、孙军、仇学平、王红、任毅、许愿等同志的大力支持和帮助，在此一并表示衷心的感谢。

由于收集、整理、编辑时间和编辑者知识水平所限，不足之处在所难免，恳请读者批评指正。